시에세이 009

서하예성의 세 번째 글모음

사랑

시에세이 009

사랑

초판 1쇄 발행 | 2020년 11월 25일

지 은 이 | 서경희
펴 낸 이 | 문정영
펴 낸 곳 | 시산맥사
책임교정 | 오 늘
편집위원 | 이송희 박성현 전철희 한용국
등록번호 | 제300-2013-12호
등록일자 | 2009년 4월 15일
주   소 | 03131 서울특별시 종로구 율곡로 6길 36,
          월드오피스텔 1102호
전   화 | 02-764-8722, 010-8894-8722
전자우편 | poemmtss@hanmail.net
시산맥카페 | http://cafe.daum.net/poemmtss

ISBN | 979-11-6243-155-9(03810)

값 20,000원

* 이 책은 전부 또는 일부 내용을 재사용하려면 반드시 저작권자와 시산맥사의 동의를 받아야 합니다.
* 이 도서의 국립중앙도서관 출판시도서목록(CIP2020050298)은 서지정보유통지원시스템 홈페이지(http://seoji.nl.go.kr)와 국가자료공동목록시스템(http://www.nl.go.kr/kolisnet)에서 이용하실 수 있습니다.

* 이 에세이집은 교보문고와 연계하여 전자책으로도 발간되었습니다.
* 이 도서는 카카오톡 선물하기 〈독서의계절〉에서도 구입할 수 있습니다.

* 저자의 의도에 따라 작품의 보조 동사와 합성 명사는 띄어쓰기가 달라질 수 있습니다.

서하예성의 세 번째 글모음

함께 쓰는 사랑 이야기

■ 엮은이의 글

복이 내리다.

"이 일이 갑자기 되었을지라도 하나님이 백성을 위하여 예비하셨음을 인하여 히스기야가 백성과 더불어 기뻐하였더라." -역대하 29:36-

백편이나 되는 복編의 단상을『사랑』에 담아 놓고 이 일을 감히, 일사천리로 진행되었던 히스기야 왕의 치적治績에 견주어본다. 그랬다. 작년 이맘때, 사랑하던 아버지를 고향인 남도의 선산에 모시고 미국으로 돌아와 힘든 마음 추스르고 있을 즈음이었다. 부친상을 당한 지 한 달이 지났기에 갈 수 있었던 어느 혼인 잔치에서 처음으로『사랑』에 관한 이야기가 시작되었다. 그로부터 정확히 일 년이 지난 오늘, 나는『사랑』의 서문을 쓰고 있다. 두 번째 글모음『소망』을 펴낸 후 이태가 넘도록 단 한 줄도 쓰지 못했던 일을 감안하면 이 일은 갑자기 일어난 일, 즉 하나님이 예비하신 일이라고 말을 해야 상황 설명이 될 것 같다. 결혼식 피로연에서 오랜만에 만난 지인 박인애 작가 옆에 앉았던 것도 예삿일은 아니었다.

사랑이 모이다.

"모든 글의 밑바탕에는 사랑이 깔려있다."라는 말을 공감하고 생각나는 분들에게 원고를 부탁드렸다. 가칭 '함께 쓰는 사랑 이야기'에 담을 글이지만 어떤 소재든 무관하다고 먼저 부담을 덜어 드렸다. 미국에 살면서 이런저런 인연으로 만났던 사람들의 마음을 서하예성의 세 번째 글모음『사랑』에 담고 싶었기 때문이다. 이 일은 100가지 복을 토대로 써 내려간 복福의 묵상처럼 갑자기 시작한 것이 아니다. 미국의 저명한 작가, 잭 캔필드Jack Canfield와 마크 빅터 한센Mark Victor Hansen이 엮은 『마음을 열어주는 101가지 이야기』 시리즈를 애독하면서부터 품어 왔었다. 본문 중에 '사랑은 소통과 연결이다.'라는 제목의 글이 있다. 안부 물었던 기억이 가물가물한 사람들에게조차 연락하여 원고를 부탁했던 일에도 『사랑』을 이루기 위한 소통과 연결의 끈이 예비 되어 있었음을 나중에 깨달았다. 이 책의 제2장 「사랑이 모이다」에는 한국과 미주한인문단에서 활동하고 계시는 문인들의 글과, 처음으로 자신의 글을 지면에 발표해본다는 분들의 글도 실려 있다.

그리고 나누다.
 글쓰기는 또 다른 나눔의 시작이라고 한다. 글을 쓴다는 것은 곧 이야기라는 향기를 세상에 뿌리는 일이며, 생각과 추억을 누군가와 나누는 것이라고 한다. 아홉 분의 목사님들께 부탁드려 모인 글을 제3장에 싣고 그 소제목을 '그리고 나누다'로 정했다. 요한계시록에 나오는 일곱 가지 복이 수록된 장이다. 백일 성경 통독 기간에 와 닿았던 성경 구절들이 『사랑』을 엮는 밑거름이 될 줄은 작년 11월 100일 기도가 끝나는 시점까지도 몰랐었다. 사랑이라는 이름으로 모인 이야기들과 이 세상에 충만하게 내려 주신 하늘의 복이 향기가 되어서 뿌림이 되고 나눔이 되기를 소망해 본다.

코로나 19로 인하여 집에 머무는 시간이 있었기에 가능했던 글쓰기, 좋은 직장을 허락하신 하나님께 먼저 감사드린다. 그리고 바쁘신 중에도 「사랑이 모이다」 「그리고 나누다」를 엮을 수 있도록 귀한 글로 참여해 주신 모든 분께 심심한 감사를 드리며 보이지 않는 곳에서 기도와 응원과 조언으로 힘을 보태 주신 분들께도 진심으로 감사드린다. 『사랑』이라는 작품집이 두세 해 앞당겨 나올 수 있도록 동기부여를 제공해준 박인애 작가와의 인연에 감사하며, 책을 정성스레 묶어주신 『시산맥』과 문정영 대표님께 깊은 감사의 마음을 전해드린다.

2020년 10월, 서경희

■ 목 차

제1장 복이 내리다

새해 복 많이 받으세요 _ 015
어느 결혼선언문 _ 018
안식일과 갭 이어 _ 022
떠남에서 시작되는 인생 여정 _ 026
사랑의 다른 이름 _ 029
개명 _ 033
역사의 뒤안길 _ 036
물러나서 바라보니 복福이더라 _ 040
그, 사람 _ 044
부전자전의 복 _ 048
복 주신 밭의 향취로다 _ 052
돌베개를 베고 얻은 영감 _ 056
더부살이의 여유 _ 060
오뚝이 꿈 알 _ 065
앙코라 임파로 _ 069
흙 제단의 위로 _ 074
기브 앤 테이크 _ 077
대추나무 사랑 걸렸네 _ 080
엄마의 가마솥 _ 084
대大 미션 _ 088
걸리구거의 역설 _ 090
아름다운 부자 _ 093
이삭은 떨어뜨려야 주울 수 있는 것이다 _ 096
해가 뜰 때부터 해 질 때까지 _ 099
도란거리는 자연 _ 103
KS마크 _ 106
아름다운 성찰 _ 109

스승은 누구나 될 수 있다 _ 112
고 엘의 미학 _ 115
흔들바위는 건재하답니다 _ 118
청교도 후예들 _ 122
천수답 _ 126
그 시대의 사건들 _ 129
우리는 이겼노라! _ 132
흔들거리는 인류 _ 135
추억을 먹고 사는 나이에 _ 138
옛날 아주 먼 옛날에 _ 141
기독교는 종교가 아니다 _ 144
천상의 목소리 _ 147
여호와의 소리가 물 위에 있도다 _ 149
희망을 노래하다 _ 152
꽃샘바람에 견주실까 _ 154
마스크의 해 _ 157
이해가 되지 않을 때는 _ 160
병상에서 드리는 기도 _ 163
찬송이 시온에서 주를 기다리나이다 _ 166
신이 너를 억누를 때, 그에게 감사하라 _ 169
하늘에 열린 수박, 땅의 소산이다 _ 172
눈을 어디로 향할 것인가 _ 175
마음에 있는 시온의 대로 _ 177
지구의 날에 생각하는 우문현답 _ 180
가슴 뛰는 이야기 _ 183
아는 것이 힘이라 _ 186
하늘은 여호와의 하늘이라도 땅은 인생에게 주셨도다! _ 189
머릿돌 이야기 _ 192
바람은 돛단배의 매뉴얼이다 _ 195
상상 속의 성화^{聖畵} _ 198

시온에 내린 이슬 _ 201
역사는 밤에 이루어진다 _ 204
할렐루야! 할렐루야! _ 207
어리석은 소원들 _ 210
첫사랑의 연가 _ 213
소통은 이웃의 바로미터 _ 217
언어의 단상 _ 221
나디브 _ 224
국가 기도의 날에 _ 227
프레임, 눈은 마음의 창이다 _ 231
자녀 교육에는 왕도가 없다? _ 234
기다림의 미학 _ 237
언어는 사고를 지배한다 _ 240
눌렀던 과거는 흘려보내라 _ 244
하늘을 향해 기도하는 외로운 나무 _ 247
벽에서 들려오는 소리 _ 250
신 포도와 맛있는 포도 _ 253
화평의 언약 _ 257
그 발 강가에서는 부르지 못한 노래 _ 260
내 몫을 누릴 것이라 _ 263
만군의 여호와가 이르노라 _ 266
모나리자의 미소와 뭉크의 절규 _ 269
행복지수 1위는 _ 272
코로나 19 예방 생활수칙 1호 _ 275
박수는 아무에게나 치는 것이 아닙니다 _ 278
가장 길었던 시간 _ 282
좋은 질문이 인생을 바꾼다 _ 285
이웃집에 사는 신 _ 288
이 어찌 된 일인고? _ 291
이월되지 않는 잔고 _ 294

일상의 복 _ 297
벽창호의 기초 _ 301
마음을 여는 초대장 _ 304
다락방 강화 _ 308
오가리 개 패는 소리 _ 311
제2의 인생은 _ 314
세상을 감동시키라 _ 317
다른 복음은 없다 _ 320
한 알의 씨앗이 땅에 떨어지면 _ 323
캥거루족 _ 327
교회는 종 치는 집이다 _ 330
백악관으로 보낸 편지 _ 333
고난은 기도의 선생이다 _ 335

제2장 사랑이 모이다 -함께 쓰는 사랑 이야기

사랑은 연결과 소통이다 _ 341	손용상
봄날의 쉼표 _ 345	김정숙
오월의 향기 _ 350	박인애
김장김치 이야기 _ 354	박혜자
풀꽃 예찬 _ 358	김미희
하와이 이야기 _ 363	김수자
음악 선생님 _ 369	방정웅
사랑의 모습, 30대의 이야기 _ 376	이다빈
그중의 제일이 사랑이라 _ 380	조정락
다름의 축복 _ 383	황순원
작은 메모 _ 386	서전희
시어머님의 선물 _ 388	제미순

어느 가을에 _ 392	김수근
사랑은 언제까지 떨어지지 아니하되 _ 396	한용숙
일념 Conviction _ 401	조남희
사랑이란 _ 405	송철주
아들을 먼저 보내며 _ 409	송화숙
사랑을 말하다 _ 414	김재율
사랑은 여기 있으니 _ 419	임명자
나의 기억 나의 아버지 하나님 _ 423	홍은아
너희 집에 갈 거야 _ 427	김정안
새로운 세상 새로운 경험 _ 431	박신영
나를 찾아 떠나는 산사랑 여행 _ 435	김영희
달님아 달님아 _ 442	박서영
익어가는 삶 _ 444	이혜속
난 지금 행복합니다 _ 448	정영자
1988년 8월에 _ 452	정규미

제3장 그리고 나누다

사랑의 공동체가 된 베데스다 하우스 _ 457	서정수 목사
작은 초상화 액자 _ 462	김경도 목사
영원하고 참된 복이란 _ 465	강대중 목사
Well Being Well Dying _ 471	이구광 목사
사랑할 수 있는 복 _ 476	기영렬 목사
지금 나는 잔치국수를 먹고 있다 _ 481	윤성은 목사
그리스도와 더불어 왕 노릇 하는 제사장 _ 487	김영성 목사
계시록에 나타난 7 복 중 6번째 복에 관하여 _ 494	김승학 목사
자기 두루마기를 빠는 자들은 복이 있으니 _ 500	서상호 목사

복이 내리다

1부

복의 단상 1

새해 복 많이 받으세요

"하나님이 큰 물고기와 물에서 번성하여 움직이는 모든 생물을 그 종류대로, 날개 있는 모든 새를 그 종류대로 창조하시니 하나님의 보시기에 좋았더라. 하나님이 그들에게 복福을 주어 가라사대 생육하고 번성하여 여러 바닷물에 충만하라. 새들도 땅에 번성하라 하시니라." 창세기 1:21~22

"So God created the great creatures of the sea and every living thing with which the water teems and that moves about in it, according to their kinds, and every winged bird according to its kind. And God saw that it was good. God blessed them and said, Be fruitful and increase in number and fill the water in the seas, and let the birds increase on the earth." Genesis 1:21~22

천지가 개벽할 일이 밤사이에 일어나 있을까 싶었던 아침이 있었다. 새 천년이 시작되었던 밀레니엄! 2000년대의 첫날이었다. 철든 어른이 되고부터 그날처럼 내일에 대한 궁금증을 안고 새해의 벽두 새벽을 열었든 적은 없었던 것 같다. 컴퓨터에 입력되어 있는 수많은 정보들이 흔적도 없이 사라질 것이라는 속설에 불안하여, 인류가 합세하여 만반의 준비를 하고 기대 아닌 기대를 걸며 잠자리에 들었던 때가 벌써 이십 년 전의 일이 되었다.

마음의 세밑은 아직 저만큼 먼 거리에 있을 때부터 성탄을 알리는 소식에 새해 인사말까지 덧붙여 옛정들이 먼저 오고 갔다. 새해 복 많이 받으세요! 새해 복 많이 받으세요! 저물고 있는 해의 끝자락까지라도 붙잡고 싶은 소망의 끈이 있었지만 아쉬움을 뒤로하고 메아리처럼 나도 복을 빌어 주며 새로운 해를 맞을 준비를 했다. 새해 복 많이 받으세요!

어제를 묵은해로 실려 보내고 사람들은 오늘을 새해라 이름 지었다. 세 살 터울 손녀들이 새해 인사를 하러 왔다. 올해에는 그들의 나이가 세 살과 일곱 살이 될 터이다. "할머니 새해 복 많이 받으세요." "그래 우리 예쁜 공주들도 새해 복 많이 많이 받으세요." 앙증맞은 두 손을 깍지 끼어 이마에 올리고 마루에 엎드려 큰절을 한다. 두툼한 할머니의 세뱃돈 봉투를 받으려 양팔에 가득 안기는 해맑은 웃음들이 내가 받은 오늘의 복이었다. 돈의 가치를 아직 모르는 손녀들도 2020년의 복福을 가득 담아 건네는 할머니의 사랑이 그들에게 복이 될 것이다.

『새들이 떠나간 숲은 적막하다』라는 책에서 법정 스님은 "복은 어느 누가 주는 것이 아니라 내가 지어서 내가 받는 것이라" 말씀한다. 그래서 이제부터는 새해 인사를 "새해에는 복을 많이 지으십시오!"라고 고치면 어떻겠느냐 조용히 반문도 하고 있다.

네 번째의 밀레니엄이 시작되는 서기 3000년의 새해 인사는 어찌 바뀌려나? 떠들썩했던 2000년 벽두에도 그랬듯이 머나먼 미래의 우리 후손들도 여전히 새해 첫인사는 이렇게 할 것 같다. "새해 복 많이 받으세요." 감동을 먼저 받아야 감동을 줄 수 있다는 앙드레 지드의 말처럼, 복을 짓고 받은 복을 나누기 위하여 하나님이 내리신 복福을 먼저 받아야 하기에… "하나님이 그들에게 복을 주어 가라사대."

(2020년 1월 1일)

복의 단상 2

어느 결혼선언문

"하나님이 자기 형상 곧 하나님의 형상대로 사람을 창조하시되 남자와 여자를 창조하시고 하나님이 그들에게 복을 주시며 그들에게 이르시되 생육하고 번성하여 땅에 충만하라, 땅을 정복하라, 바다의 고기와 공중의 새와 땅에 움직이는 모든 생물을 다스리라 하시니라." 창세기 1:27~28

"So God created man in his own image, in the image of God he created them; male and female he created them. God blessed them and said to them, Be fruitful and increase in number; fill the earth and subdue it. Rule over the fish in the sea and the birds in the sky and over every living creature that moves on the ground." Genesis 1:27~28

"결혼이란, 성스러운 영적 교섭이고 관계 속에 내제된 모든 권위와 책임을 똑같이 나누며 있을 수 있는 짐을 모두 똑같이 지고, 그 영광을 똑같이 나누는 동등한 배우자로서 사랑하는 사람과 함께하는 여행이다." 닐.

잊어버리고 있었는데, 두어 달 전 결혼식을 올렸던 새 신랑·신부의 Thank you 카드를 오늘 직장 출근길에 건네받았습니다. 또박또박 한 자 한

자 정성을 담은 필체가 먼저 눈길을 끌었고 축복해주었던 일에 감사드리며, 즐거운 성탄과 복된 새해가 되기를 바란다는 내용이 마음에 와 닿는 카드였습니다. 신혼여행을 다녀온 후 장래 일을 계획하느라 인사가 늦어졌지만 축복해준 만큼 열심히 잘살겠다는 다짐도 잊지 않은 깜찍함이 다시 한 번 두 사람의 앞날에 복을 빌어 주게 하였습니다.

『신과 나눈 이야기』의 저자 닐 도날드 월쉬Neale Donald Walsh는 다섯 번씩이나 이혼한 경력을 지녔습니다. 매달 양육비를 보조해야 하는 아홉 명의 자녀를 가진 사람이라고 합니다. 읽었던 글이 눈으로 보는 영화와 다르듯이 우연히 듣게 된 오디오북과 종이책이 다를 것 같아 인터넷 주문을 하려다가 책의 구입을 미루었습니다. 평탄한 가정을 이루지 못했던 작가의 이력이 걸림돌이 된다는 사람도 있었고, 작가와 대화를 나누었다는 신의 정체는 과연 존재하는가 하는 진실성에도 의문을 제기했기 때문입니다.

알려지다시피『신과 나눈 이야기』는 닐 도날드가 인생의 가장 어려운 시기에 신을 만나 삶에 관한 모든 질문에 대답해 주는 것을 받아 쓴 글이라고 하지요. 받아쓰기 하기를 3년, 그렇게 모아 만든 책이 27개 국어로 출간되어 베스트셀러가 되었습니다. 힘겨운 삶의 끝, 죽음의 벼랑 끝에도 서 보았던 그가 이제는 신의 메시지를 사람들에게 전하는 비영리 재단 '재창조'를 설립하여 바쁜 활동을 하고 있다 하네요. 이 책을 연구하는 모임이 2천여 개나 생겼고 평론가들의 연구대상이 되기도 하며 우리나라에도 그가 운영하는 비영리 재단 '재창조Re-Creation'에 가입한 그룹을 비롯하여 몇 개의 스터디그룹이 있다 합니다. 이 책을 픽션이라고 했다면 사람들은 어떤 반응을 보였을까 하는 엉뚱한 생각을 하여봅니다. 논픽션이라고 하기에 걸러내면서 받아드려야 하는 어려운 부분이 연구에 대상이 되고 있겠지요.

『신과 나눈 이야기』 제3권 13 챕터에는 결혼에 관한 대화가 나옵니다. 사실 내가 이 책에 관하여 알게 된 것은 우연이었습니다. 저자 닐슨이 "내 인생을 왜 이다지도 엉망진창으로 만들어 놓았느냐"고 신에게 항의문을 휘갈겨 썼던 날 밤처럼 나도 어느 날 잠에서 깨어나 답답한 심정으로 결혼이란 무엇이냐? 라는 물음표를 인터넷 검색창에 던졌었습니다. 그때 일 순위로 떠올라 눈길을 끌게 하였던 제목이 '약속, 결혼에 대하여'였지요. 숨통 트이는 답이라도 얻을까 싶어 오디오북을 베개 삼아 다시 잠을 청하며 들었던 대화의 마지막 단락은 마치 '진정 네가 그것을 알고 싶어 하느냐?'라고 닐의 질문에 신이 대답을 주었다는 것과 같은 뚫림이 있었지요. 숙면으로 다시 빠져들 수 있었던 그 밤에는 정말 그렇게 생각되었습니다.

그 마지막 단락에, 신과 나눈 결혼 선서 이야기가 나옵니다. 완벽하게 만들었다고 신이 닐에게 칭찬을 했던 글입니다. 처음엔 남녀의 결혼에 관하여 묻는 닐의 질문에 신의 대답은 오리무중, 듣는 이로 하여금 혼돈하게 만드는 동문서답이 이어집니다. 결국, 질문자는 이런 말로 신의 말허리를 자르지요. "당신은 결혼 비관론자입니까?" 그때서야 신은 결혼의 정의와 결혼에 관한 자신의 신념을 알려줍니다. "네가 지금 함께 살고 있는 여섯 번째 아내 낸시와 결혼할 때 만들었던 결혼 선서를 결혼을 앞둔 모든 사람들도 볼 수 있게 하여라. 결혼이 무엇인가를 똑바로 안다면 내가 장담하는데, 이혼율이 급락할 것이다."

한 장의 서약서가 결코 결혼생활의 행복을 좌우할 수는 없겠지만 예비 신랑 신부들에게 결혼예비학교를 적극적으로 권장하고 있는 맥락으로 이해한다면 '결혼이란 무엇인가?'라는 질문에 대한 답이 되었다는 생각이 들 정도로 그 선언문은 감동을 주는 내용으로 가득했습니다. 긴 글을 이곳에 전부 옮기지 못하고 결혼선서 마지막을 장식하였던 기도문을 글 말미에 실으며, 감사카드를 보내왔던 신혼부부와 새로운 가정을 세워나가기 위하여 짝을 찾고 있는 선남선녀들을 축복합니다.

"사랑과 생명의 성령이시여, 이 넓고 넓은 세상에서 두 영혼이 서로를 찾아냈습니다. 이제 둘의 운명은 한 문으로 짜여질 것이고 두 사람의 어려움과 기쁨 또한 나누어짐을 알지 못할 것입니다. 두 사람의 가정에 들어서는 모든 이들이 행복의 자리가 되게 하시고, 남녀노소 모두가 서로의 만남으로 새로워지는 곳, 성장과 나눔이 이루어지는 곳, 음악과 웃음이 있는 곳, 기도와 사랑을 위한 장소가 되게 하소서. 바라건데 이 두 사람을 가까이 알고 있는 사람들이 이 두 사람 때문에 활기찬 사랑으로 풍요로워지게 하시고, 이들의 일이 세상에 봉사하는 삶에 기쁨이 되게 하시며, 이들이 지상에서 착하게 오래도록 살 수 있게 하소서 아멘 또 아멘."

(2020년 정초)

복의 단상 3

안식일과 갭 이어

"천지와 만물이 다 이루니라. 하나님의 지으시던 일이 일곱째 날이 이를 때에 마치니 그 지으시던 일이 다하므로 일곱째 날에 안식하시니라. 하나님이 일곱째 날을 복福 주사 거룩하게 하셨으니 이는 하나님이 그 창조 하시며 만드시던 모든 일을 마치시고 이날에 안식하셨음이더라." 창세기 2:1~3

"Thus the heavens and the earth were completed in all their vast array. By the seventh day God had finished the work he had been doing; so on the seventh day he rested from all his work. Then God blessed the seventh day and made it holy, because on it he rested from all the work of creating that he had done." Genesis 2:1~3

휴식이란 반드시 쉼을 뜻하는 것이 아니라 해야만 되는 일을 잠시 멈추고 하고 싶은 일을 하는 것이라 합니다. 의대를 지원하기 위하여 치르는 MCAT 점수가 평소 실력보다 낮게 나와서 아들이 갭 이어를 하기로 했다는 어느 엄마의 고민을 들었습니다. 정해놓고 걷는 수순을 밟아 가지 못하여 한발 늦어지는 인생 행보가 될까 봐 염려된다고 하였습니다.

오래된 일이긴 하여도 비슷한 고민을 두어 해 동안이나 했던 경험이 있어서 그 마음을 이해할 수 있었다고 생각했는데 그 엄마가 염려했던 갭 이어를 하는 아들과 내가 느꼈던 재수생의 개념이 완전히 다른 것임을 나중에 알게 되었습니다. 갭 이어란 해야만 되는 일을 잠시 멈추고 하고 싶은 일을 하는 휴식을 동반한 여유로움이 있는 노동이요, 재수하는 것은 말 그대로 입학시험에 실패한 뒤 한 번 배웠던 과정을 다시 공부하는, 스트레스가 가중된 상태의 일을 말하고 있는 것입니다. MCAT 치르고 두 번씩이나 낙방의 고비를 마셨던 우리 둘째가 진로를 바꾸느라 또 다른 준비로 분주했던 시기에 제대로 재수생? 엄마 노릇을 했었나 싶어 미안한 맘이 뒤늦게 들었습니다.

몸도 마음도 여유를 누리지 못하고 바삐 사느라 나를 챙기지 못했던 사람들이 그 대열에 끼고 싶어 줄을 선다는 갭 이어의 뜻을 이제야 알게 되다니! 원래 취지는 이른바 십 대들의 안식년이라 하여 선진국 여러 나라에서는 이미 대학입학 전 합격자들에게 Gap year 프로그램을 권장하고 학기 중에도 제공하는 제도라고 합니다. 주요 대학들이 이것을 권장하는 이유는 갭 이어를 경험한 학생들의 대학 중도 포기율이 낮기 때문이고 학업 성취도가 높다는 연구 논문들이 발표되기 때문이라지요. 60년 전 영국에서 처음으로 시작되었다는 갭 이어가 요즈음 우리나라에서는 십 대 학생들보다는, 어렵사리 직장을 얻고 가정을 이룬 30대들의 안식년으로 호응을 받고 있답니다.

인생에서 가장 많이 후회하는 것은 살면서 한 일들이 아니라 '하지 못했던' 일들이라고 합니다. 하지 못했던 일을 하고 있는 그 여유로움에 부러운 시선이 머물긴 해도 과연 이 안식년의 쉼을 누릴 수 있는 30대의 가장이 얼마나 될까 싶어서 왠지 마음이 짜안합니다. 곁눈질할 사이 없이 살아도 빠듯한 삼십 대의 젊은 층보다는 오히려 사십 대, 오십 대는 물론이요, 중년이라 부르기도 그렇고 노인층에 끼기도 좀 억울하다 싶은 육십 대에게 더더욱 필요한 것이 갭 이어의 안식년일 것 같습니다. 안식년이란 일정기간 동안 쉼을 가진 후 돌아올 자리가 있어야 되는 것을 전제로 하겠지요? 또한, 해야 하는 일을 내려놓음과 동시에 여러 가지 생활 염려도 따르지 않아야 진정한 휴식이 될 것입니다. 얽매임에서 떠나 자신을 찾는 시간! 나를 사랑하여 잠시 마음에 쉼을 얻게 하는 일로 한 해를 보낼 수 있다면 무슨 일을 하며 보낼까요?

어쩜, 살아오면서 꼭 해야 하는 일이, 하고 싶은 일보다 더욱 중요한 것일 수도 있습니다. 우리는 이런 일들을 일상이라고 부르지요. 일상에 대한 감사함이 부족하여 허락된 휴식마저 귀하게 여기며 살지 못하고 있는지 모르겠습니다. 질서의 하나님께서는 엿새 동안에 세상을 창조하시고 이레째 되는 날 안식하시며 그날을 거룩하게 하시고 복을 주셨지요. 이 복되고 거룩한 안식일이 사람을 위해서 있는 것이지, 사람이 안식일을 위하여 있는 것이 아니라는 예수님의 말씀을 생각해 봅니다. 엿새 동안 꼭 해야 하는 일을 열심히 하고 복된 날 거룩하게 안식 할 수 있다면 Gab Year가 아닌 Gab Life가 될 것 같습니다.

오늘은, 월 파이어의 『인생이 바뀌는 하루 3줄 감사의 기적』 중에서 나오는 짧은 글을 생각하며 기적의 세 줄 감사를 하고 싶습니다.

직진하여 앞으로 나아가기를 잠시 미루고 '나'를 찾는 갭 이어로 우회하려는 결심에 감사!

두 해 동안이나 앞만 바라보며 재수생을 감내하며 달렸던 그 우직함도 감사!

일곱째 날 안식하시며 그날을 복 주사 우리에게도 안식하라 하신 그 사랑에 감사!

(2020년 1월)

복의 단상 4

떠남에서 시작되는 인생 여정

"여호와께서 아브라함에게 이르시되 너는 너의 본토 친척 아비 집을 떠나 내가 네게 지시할 땅으로 가라. 내가 너로 큰 민족을 이루고 네게 복(福)을 주어 네 이름을 창대케 하리니 너는 복(福)의 근원이 될지라. 너를 축복하는 자에게는 내가 복(福)을 내리고 너를 저주하는 자에게는 내가 저주하리니 땅의 모든 족속이 너를 인하여 복(福)을 얻을 것이니라 하신지라." 창세기 12:1~3

"The Lord had said to Abram, Go from your country, your people and your father's household to the land I will show you. "I will make you into a great nation and I will bless you I will make your name great, and you will be a blessing. I will bless those who bless you, and whoever curses you I will curse; and all peoples on earth will be blessed through you." Genesis 12:1~3

100%의 기대를 안고 둘러본 고대도시 페트라는 300% 놀라움과 만족으로 화답해 주었다는 어느 여행가의 글을 읽으면서 차일피일 미루던 일에 결정을 내렸습니다. 내년 봄에 있는 이스라엘과 요르단을 거치는 성지순례 단체여행에 참여하는 것입니다. 성경 속에 나오는 역사의 흔적과 인물들의

발자취를 더듬는 것이 여행의 주목적이긴 하지만 황홀하게 써 내려가는 페트라 방문기가 자석처럼 내 마음을 요르단으로 끌어당기는 것을 느꼈기 때문입니다.

올봄, 바울의 선교 발자취를 따라 그리스와 터키로 학습탐방 선교여행을 떠나시던 목사님 부부팀들을 보면서 부러움 반 진담 반으로 나누었던 이스라엘 성지순례 이야기가 일 년도 채 안 되어 이루어지다니! 감사한 일입니다.

『엄마, 일단 가고 봅시다!』라는 책은 깡마른 60세 엄마와 키만 큰 30세 아들이 300일 동안 무려 70개국을 돌면서 겪은 일을 담은 여행에세이집입니다. 우연히도 세 권 중의 제일 마지막 권 이야기는 우리가 이제 가러 하는 이스라엘의 예루살렘과 요르단의 페트라 2박 3일의 투어를 숨 가쁘게 그려내고 있습니다. 크리스천인 엄마가 꿈꾸던 성지순례와 여행계의 가장 핫한 작가로 알려진 아들이 쓴 페트라 방문기는 '독서란 앉아서 하는 여행이다'라는 말 그대로, 읽는 이로 하여금 감정이입을 하게 하고 있습니다.

우리말에 '백문이 불여일견'이라는 말이 있습니다. '귀로 듣는 것은 눈으로 직접 보느니만 못하고, 눈으로 보는 것은 발로 직접 밟아 보는 것만 못하며, 발로 밟아 보는 것은 손으로 직접 판별해 보는 것만 못한다'는 뜻이 담겨있답니다. 그래서 이 모든 것을 체험하려고 여행을 떠나는 것일 겁니다. 우리도 그곳에서 많은 것을 듣고 보고 발로 밟고 만지고 올 것입니다. 살까 말까 하는 물건이 있다면 사지 말고, 떠날까 말까 하며 망설이는 여행은 무조건 떠나라고 누군가 훈수를 주었건만 떠나지 말아야 될 하 많은 이유들을 따돌리느라 시간 보내고 내린 결정이라 더욱 기대가 됩니다. 함께 떠나는 분들과 건강하고 안전하고 유익한 여행 복된 발길이 되기를 기원해 봅니다.

(2019년 11월 29일)

복의 단상 5

사랑의 다른 이름

"아브람이 그돌라오멜과 그와 함께 한 왕들을 파하고 돌아올 때에 소돔 왕이 사웨 골짜기 곧 왕곡에 나와 그를 영접하였고 살렘 왕 멜기세덱이 떡과 포도주를 가지고 나왔으니 그는 지극히 높으신 하나님의 제사장이더라. 그가 아브라함에게 축복하여 가로되 천지의 주재시요 지극히 높으신 하나님이여 아브라함에게 복_福을 주옵소서. 너희 대적을 네 손에 붙이신 하나님을 찬송할지로다 히며 아브림이 그 얻은 것에서 십 분의 일을 멜기세덱에게 주었더라." 창세기 14:17~20

"After Abram returned from defeating Kedorlaomer and the kings allied with him, the king of Sodom came out to meet him in the Valley of Shaveh(that is, the King's Valley). Then Melchizedek king of Salem brought out bread and wine. He was priest of God Most High, and he blessed Abram, saying, Blessed be Abram by God Most High, Creator of heaven and earth. And praise be to God Most High who delivered your enemies into your hand." Then Abram gave him a tenth of everything." Genesis 14:17~20

구약을 연구하는 학자들은 살렘왕 멜기세덱이 나오는 창세기 14장은 내용이나 양식에 있어서 모세오경의 어느 기초 문헌에도 속하지 않은 특수

자료로 해석상 어려움이 있다고 한다. 아브람이 살렘(예루살렘 고대 명칭)의 왕이자 제사장인 멜기세덱에게 꼭 축복을 받아야 했는가? 아브람은 이미 하나님께 복을 받기로 약속이 되어 있는 사람이었기 때문이다. 어쩌면 이 구절은 성경을 연구하시는 분들보다 일반인들이 편안하게 있는 그대로 받아들이면 이해가 더 빠를지 모르겠다. 조카 롯을 위하여 행했던 아브라함의 노고를 치하하여 떡과 포도주를 가지고 마중 나와서 아브라함에게 더 복을 주시라고 하나님께 기도하는 모습만 기억해도 은혜가 될 것이다.

평생 하나님을 향한 기도를 삶의 최우선으로 삼고 살았다는 E. M. 바운즈는 그의 책에서 프랑소아 페넬롱의 말을 인용했다. "완전한 기도는 사랑의 다른 이름일 뿐이다."

전 세계로 확산되고 있는 신종 코로나바이러스가 언제 종료될지 모르는 가운데 이 전염병의 발병지인 중국 우한시에는 날마다 감염 확진자의 수가 천오백 명씩이나 늘고 있다고 한다. 처음 보도를 들었을 때 지역 발음이 왜 하필이면 우환憂患인가 서로 농담까지 하며 강 건너 불구경하는 심정이었는데 생각보다 훨씬 심각한 그곳 상황 소식을 연일 접하면서 불안하고 안타까운 마음에 간절한 기도가 나온다.

아프리카에 선교사로 가 있던 미국 의사가 에볼라 바이러스에 감염되었을 때 온 미국이 술렁이며, 안타까운 마음으로 여러 사람이 모여 그를 위하여 눈물 흘리며 기도했던 때가 있었다. 그 의사와 함께 레지던트 과정을 밟

앉던 사람이 전화를 걸어왔었다. 힘든 레지던트 과정이 끝나자 곧바로 어린아이들을 데리고 온 가족이 아프리카로 떠났는데, 환자들을 치료하던 중에 병이 전염되었다는 것이다. 매우 위중한 상태여서 살아서는 미국으로 돌아올 가망이 희박한 듯 말하면서도 기도 부탁은 잊지 않았다. 그 당시, 우리가 살고 있는 지역에 에볼라 바이러스로 한 사람이 사망하였고 그 환자를 치료하던 간호사가 감염되면서 텍사스 전체가 불안에 떨고 있을 때였다. 소식을 들은 후 얼마 지나지 않아서 에볼라 공식 종료라는 반가운 소식을 접했고 그 뒤 미국으로 후송되어 치료를 받던 의사도 완쾌되어 다시 아프리카로 의료선교를 떠나갔다는 훈훈한 신문기사도 보았었다.

한때는 에볼라 전염병이 음모에 의해서 만들어진 미국의 생물 무기라는 소문을 퍼뜨리는 사람들을 보았는데 이들은 전염병보다 무서운 사람들이라는 생각이 든다. 인류역사상 가장 큰 재앙으로 기록된 중세 유럽에서 유행했던 흑사병은 1347년부터 약 3년 동안 2천만에 가까운 희생자를 냈다고 한다. 이 전염병의 시기를 직접 겪은 피렌체 태생 조바니 보카치오는 그의 책 『데카메론』에는 이탈리아 으뜸가는 도시 피렌체에 무서운 흑사병이 덮쳤을 때 믿기지 않을 정도로 부모들이 어린아이들을 마치 자기 자식이 아닌 것처럼 피했다고 쓰여 있다. 긴 병에 효자 없다더니 장기간 계속되는 전염병 앞에서 자녀들을 버려둘 정도만큼 마음도 황폐되었다는 말일 것이다. 이처럼 무서운 전염병을 음모론까지 가세하여 혼동시키는 무서운 세상에 우리가 살고 있다.

신앙심 깊은 사람들이 갖가지 기도문을 외워도 아무런 소용이 없었다고 고백한 보카치오는 데카메론에 나오는 100가지 이야기 중 첫째 이야기에서 기도에 관한 이야기를 다루고 있다. "그럼에도 불구하고 모든 일을 다 알고 계시는 하나님은 마치 자신이 축복된 이의 가슴속에라도 계시는 것처럼, 기도를 드리는 이의 무지나 죄과를 나무라시기보다 그 순수함에 대해 기도를 들으시는 것입니다."

에볼라 때처럼 코로나 19시대에도 많은 사람들이 사랑의 다른 이름으로 불리우는 기도를 드리고 있다. 너무 커서 기도의 제목이 될 수 없는 것과 너무 작아서 기도의 제목이 될 수 없는 것은 아무것도 없다. 기도는 우리 삶의 가장 사소한 것들에 미치며 우리에게 관계된 가장 중대한 것들을 포함한다. 기도의 사람 E. M. 바운즈의 말을 되새겨 보는 하루다.

(2020년 2월 초)

복의 단상 6

개명

"하나님이 또 아브라함에게 이르시되 네 아내 사래는 이름을 사래라 하지 말고 그 이름을 사라라 하라. 내가 그에게 복(福)을 주어 그로 네게 아들을 낳아 주게 하며 내가 그에게 복(福)을 주어 열국의 어미가 되게 하리니 민족의 열왕이 그에게서 나리라. 아브라함이 엎드리어 웃으며 심중에 이르되 백 세 된 사람이 어찌 자식을 낳을까 시라는 구십 세니 어찌 생산하리요 하고 아브라함이 이에 하나님께 고하되 이스마엘이나 하나님 앞에 살기를 원하나이다. 하나님이 가라사대 아니라 네 아내 사라가 정녕 네게 아들을 낳으리니 너는 그 이름을 이삭이라 하라. 내가 그와 내 언약을 세우리니 그의 후손에게 영원한 언약이 되리라." 창세기 17:15~19

"God also said to Abraham, As for Sarai your wife, you are no longer to call her Sarai; her name will be Sarah. I will bless her and will surely give you a son by her. I will bless her so that she will be the mother of nations; kings of peoples will come from her. Abraham fell facedown; he laughed and said to himself, "Will a son be born to a man a hundred years old? Will Sarah bear a child at the age of ninety?" And Abraham said to God, "If only Ishmael might live under your blessing! Then God said, "Yes, but your wife Sarah will bear you a son, and you will call him Isaac. I will establish my covenant with him as an everlasting *covenant for his descendants after him." Genesis 17:15~19*

'기다리면 이삭이고 조급하면 이스마엘이다.' 아브라함의 나이 백 세에 얻은 이삭은 기다림의 상징으로 쓰고 있는 이름이 되기도 합니다. 크리스천 작가 조이스 마이어는, 우리는 하나님이 이삭을 주실 때까지 기다리는 법을 배워야 한다고 말합니다. 이삭은 우리가 살아있는 동안 늘 우리에게 복이 될 것이기 때문이랍니다. 반면 구하고 분투하고 심지어 기도할 때조차도 우리는 이스마엘을 낳지 않도록 주의해야 한다고 덧붙였습니다. 왜냐하면, 그 뒷감당을 평생 하며 살아갈 수 있기 때문이랍니다. 그렇지요. 때로 우리가 놀라운 복이라고 생각하고 욕심을 따라 추구하는 일이 실은 우리에게 복이 되지 않을 수 있으니까요.

호랑이는 죽으면 가죽을 남기고 사람은 죽으면 이름을 남긴다는 말이 있습니다. 그만큼 사람에게는 이름이 중요하다는 뜻이겠지요. 아흔아홉 해를 "아브람"으로 살았던 사람이 아브라함으로 개명하여 믿음의 조상으로 불리며 반만년을 향해가고 있습니다. 우연히 성경을 읽다가 영어 알파벳 스펠링 "H" 한 자를 아브람과 사래의 이름에 더하거나 바꾸므로 말미암아 그들의 이름에 기운氣運이 부어졌음을 알았지요. 아브람보다는 아브라함이란 발음이 듣기에도 힘이 있게 들리지 않습니까? 그리하여 한동안 한글 자모의 여덟 번째 글자인 이응(ㅇ) 대신에 영어 H에 해당되는, 우리말 열네 번째 자모가 되는 히읗(ㅎ)을 사용하여 몇몇 사람의 이름을 바꾸어 불렀던 적이 있습니다. 이를테면 "운"을 훈으로, "안"을 한으로 말입니다. 하나님께서 아브라함과 사라의 이름을 바꾸어 주실 때 약속하신 엄청난 복을 떠올리며 축복해주는 마음을 담았었지요.

　한국과 미국을 통틀어 서른 명 정도 되는 가족 톡방에 낯선 이름이 올라와서 누구인가 했더니 50줄 넘은 손아래 동서가 개명을 한 것이었습니다. 여성스러움이 배어있는 부드러운 이름 대신에 지적이면서도 아이덴티티가 느껴지는 이름으로 불리고 싶었나 봅니다. 그리고 얼마 지나서 대학을 갓 졸업한 조카는 할아버지가 지어준 돌림자 대신에 자신이 바라고 있는 뜻을 담아 개명하였노라고 역시 단체 톡방을 이용하여 알려 왔습니다. 돌림자로 똘똘 뭉친 여덟 명의 사촌들 대열에서 이탈자가 생긴 것 같은 느낌이 들었는지 댓글을 달아준 사람이 없었습니다. 처음엔 큰 엄마가 되는 나도 그런 고루한 생각이 들었으니까요. 후에 이름 바꾼 내력을 전해 듣고 뜻이 담긴 그대로 복된 사람이 되라고 모두들 축복해주었습니다.

　백 살이 될 때까지 그의 아버지 데라가 지어준 이름으로 살던 아브람에게 하나님께서는 하루아침에 "아브라함"으로 개명을 시키십니다. 뿐만 아니라 그의 아내 사래도 "사라"로 이름을 바꾸시지요. 가나안 땅을 아브람에게 주어 업으로 삼게 하려고 갈대아 우르에서 그들을 이끌어내신지 스물다섯 해가 되어가던 날에 입니다. 기나긴 기다림이었습니다.

(2020년 2월)

복의 단상 7

역사의 뒤안길

"여호와의 사자가 하늘에서부터 두 번째 아브라함을 불러 가라사대 여호와께서 이르시기를 내가 나를 가리켜 맹세하노니 네가 이같이 행하여 네 아들 네 독자를 아끼지 아니하였은즉 내가 내게 큰 복福을 주고 네 씨로 크게 성하여 하늘의 별과 같고 바닷가의 모래와 같게 하리니 네 씨가 그 대적의 문을 얻으리라. 또 네 씨로 말미암아 천하 만민이 복福을 얻으리니 이는 네가 나의 말을 준행하였음이라 하셨다 하니라." 창세기 22:15~18

"The angel of the Lord called to Abraham from heaven a second time and said, I swear by myself, declares the Lord, that because you have done this and have not withheld your son, your only son, I will surely bless you and make your descendants as numerous as the stars in the sky and as the sand on the seashore. Your descendants will take possession of the cities of their enemies, and through your offspring all nations on earth will be blessed, because you have obeyed me." Genesis 22:15~18

'역사는 사람을 만나는 공부'라는 말이 있습니다. 고대부터 근현대까지의 긴 시간 안에 엄청나게 많은 삶이 녹아 있는, 나보다 먼저 산 사람들이 빚어낸 이야기가 있기 때문입니다. 그 이야기를 만든 사람들을 만나는 것이 역사공부겠네요.

번번이 절실하게 느끼면서도 미리 예습을 못 하는 일이 있습니다. 여행지 답사입니다. 날품 팔아 하는 것도 아니요. 돈 들이는 일도 아니련만 현지 여행가이드의 안내를 받으면서 통역이 필요하다 싶으면 후회를 하곤 합니다. 여행 오기 전에 인터넷으로 벼락치기 역사공부라도 좀 했더라면 좋았을 걸 하고 말입니다.

지지난해 멕시코 캔쿤으로 가족여행을 떠났을 때도 그랬습니다. 갑자기 정해진 여행길도 아니었는데 그곳을 다녀온 사람들에게 얻어들은 정보만 가지고 그저 따라갔다는 표현이 딱 어울릴 것입니다. 마약 거래로 인한 멕시코의 치안상태가 어수선하던 때라 올 인클루시브 all-inclusive 정책으로 유명한 캔쿤 호텔에서 맛있는 것 실컷 먹고 인진지역 안에서 즐기고 돌아오자는 아이들 계획에 따른 것이지요. 볼거리를 찾아 떠났던 여행이 아니라 어린아이들을 동반한 가족 휴식에 초점을 맞춘 셈입니다.

말로만 들어왔던 멕시코 남동부에 위치한 캔쿤은 역시 국제적인 휴양지다웠습니다. 하늘에 맞닿아 있는 푸르른 바다와 길이의 끝이 보이지 않는 백사장, 하늘과 바다 중간에 둥둥 떠다니는 뭉게구름의 조화로움이라니! 그래서 돈 많은 이웃 나라 부자들이 황혼기의 여생을 보내고 싶은 곳 일 순위로 꼽고 있나 봅니다. 불과 몇십 년 전에는 마야인들 생활 수단인 낚시와 채집으로 100여 명의 원주민이 살던 조용한 동네였답니다. 그런데 이처럼 아름다운 관광지로 탈바꿈할 줄을 그들이 알았겠습니까. 천국은 침노하는 자가 빼앗는다고, 매년 세계 각국에서 몰려오는 여행객이 400만에 이르러도 정작 그곳의 3만 노동자들은 움막 신세를 벗어나지 못하는 주거생활을 하고 있다 하네요. 하기야 어디 양지만 있는 나라 땅이 있겠는가만 다음에 또 갈 기회가 있으면 그들을 위하여 팁 서비스에 인색하지 말아야겠다는 선한 생각을 하게 만듭니다.

24시간 룸서비스에 그 비싼 맥주, 위스키, 럼을 비롯한 온갖 주류가 무한정 제공되는 호텔, 이리 퍼 주고도 수지가 맞을까 하는 의문스러움도 있었습니다. 세 끼 식사 외에는 탐식이 없는 우리 가족 같은 사람들 때문에 밑지는 장사는 아닐 것이라고 염려 아닌 염려를 내려놓기도 했지요. 염려라! 네 살배기 손녀와 갓 첫돌이 지나 걸음마를 벗어난 둘째 손녀랑 어울려 돌아다니느라 잠시 접어두었던 집 걱정이 이틀간의 휴식이 지나자 슬그머니 고개를 들기 시작했습니다. 여행을 떠나오던 날 새벽에 갑자기 쏟아져 내렸던 우박으로 온 동네가 아수라장이 되었는데, 비행기 탑승 시간에 쫓겨, 박살 난 집의 유리창과 차 문 유리를 얼기설기 둘러놓은 빈집에 자물쇠만 채워 놓고 헐레벌떡 비행장으로 향했거든요. 다행히 그동안 달라스의 날씨는 계속 화창해서 더 이상의 피해는 없었다는 소식을 접했고, 동네 전체가 입은 크나큰 재해로 인해 보험회사들과 연락하기가 좀 힘들었으나 남아있는 2박 3일 캔쿤에서의 휴식 시간을 야구공만큼 컸던 오뉴월의 우박에게 빼앗기지는 않게 되었지요. 휴양지에서 전화통화로 그렇게 큰 문제들을 해결하고 아무 일 없는 것처럼 즐길 수 있다니! 새삼, 좋은 시대에 살고 있음에 마음 뭉클했던 기억이 납니다.

염려했던 일들이 순조롭게 해결되자 멕시코가 제아무리 여행객에게 위험지역으로 분류된 시기라 하여도, 안전한 뜰 안에 갇혀 지내다 가기는 아깝다는 담대함이 생겼습니다. 어린아이들이 딸린 아들 가족 네 사람은 캔쿤에 머물고 하루 날 잡아 어른 둘이서 마야문명을 찾았습니다. 역사 공부를 떠난 셈입니다. 덩치 커다란 사내의 안내를 받으며 따라다녔던 그 날 하루가 4박 5일의 여행 중에 가장 인상에 남는 시간들이었습니다. 태양신전이라 불리는 치첸이사의 명물 쿠쿨칸 피라미드를 배경으로 찍었던 스냅사진이 마음에 쏙 들었는데, 살아있는 사람들의 심장을 꺼내 재물로 드려졌던 역사 이야기에서 만난 처연한 주검들 앞에서는 어떤 표정이 어울릴까 하는 엉뚱한 생각도 했던 그런 시간이었습니다.

성경도 역사책입니다. 백 세에 얻은 아들, 이삭을 향한 아비의 사랑보다 하나님의 말씀 준행 여부를 시험했던 아브라함 모리아 산 사건을 들어 역사가들은 기독교의 원조에도 인신 공양, 인신 제물이 있었다는 기록을 남기고 있습니다. 그러나 내가 만난 성경 역사공부 어느 곳에도 사람이 제물로 드려졌던 제사는 없었습니다. 오직 피조물을 사랑하신 조물주의 십자가 사랑만이 희생 제물로 드렸던 기록으로 남아있어 감사할 따름입니다.

(2020년 3월 1일)

복의 단상 8

물러나서 바라보니 복福이더라

"아브라함이 나이 많아 늙었고 여호와께서 그의 범사에 복福을 주셨더라. 아브라함이 자기 집 모든 소유를 맡은 늙은 종에게 이르대 청컨대 네 손을 내 환도 뼈 밑에 넣으라. 내가 너로 하늘의 하나님, 땅의 하나님이신 여호와를 가리켜 맹세하게 하노니 너는 나의 거하는 이 지방 가나안 족속의 딸 중에서 내 아들을 위하여 아내를 택하지 말고 내 고향 내 족속에게로 가서 내 아들 이삭을 위하여 아내를 택하라." 창세기 24:1~4

"Abraham was now very old, and the Lord had blessed him in every way. He said to the senior servant in his household, the one in charge of all that he had, Put your hand under my thigh. I want you to swear by the Lord, the God of heaven and the God of earth, that you will not get a wife for my son from the daughters of the Canaanites, among whom I am living, but will go to my country and my own relatives and get a wife for my son Isaac" Genesis 24:1~4

　　냉동 오리 한 마리를 사다가 가슴팍에 붙은 살 몇 점 바르고 나니 남는 것은 뼈와 기름뿐이다. 뒷다리와 두 날개에 붙어 있는 근육 살이 아까워 손질된 오리에 찬물을 자작거리게 붓고 양파 반쪽, 감자 한 개, 짤막한 당근한 토막, 네 등분한 카베지 한 쪽을 넣어 반 시간 정도 끓였다. 오리고기에서 나는 누린내를 없애려고 넣었던 통마늘과 생강이, 두어 수저 넣은 된장과 어울려 그럴듯한 냄새를 우려내어 비 오는 날 이른 저녁에 시장기를 돋운다. 건더기를 건져내니 한 사발 남짓한 국물이 노르스름 먹음직스러워 보인다. 기름을 걷어낸 후 싱싱한 파를 송송 썰어 듬뿍 넣으니 비주얼도 맛을 한몫 거들 것 같다. 소금과 후추로 간을 마무리 하니 손색없는 홈메이드 오리탕이 되었다. 건져 놓은 고기와 야채를 넓은 접시에 둥글려 예쁘게 담고, 미리 준비해둔 참기름 섞은 소금을 도자기 종지에 곁들이니 상 차림새가 그럴듯해 보인다. 고소한 참기름 맛에 적시어 부드럽게 넘어가는 음식 맛이, 코로나를 이길 수 있는 항체를 만들어 면역력도 높여 줄 것 같아 포만감에 감사한 맘까지 안겨 주었다.

터키 사람들은 고난과 슬픔을 당한 이웃에게 "빨리 지나가기를 바란다."라는 말로 위로를 한다고 한다. 이제는 팬데믹 시대에 살고 있는 지구촌 사람들에게 더 어울리는 인사말이 아닌가 싶다. 바람과는 달리 멈출 줄 모르고 갈수록 확산되는 텍사스의 바이러스 상황이, 한국에 살고 있는 친척들에게도 염려를 안겨 주고 있는 것 같다. 안부를 물어오는 형제들 문자 속에 주름진 엄마 얼굴도 어려 있어서 새벽녘에 전화를 드렸다. 날마다 오락가락 하고 있는 비 때문에 한참 햇볕이 필요한 농작물이 자라나지 못하고 있다고 하신다. 코로나 이후로 굳게 잠겨진 마을 회관은 아직도 마을 어른들의 마실방 역할을 못 하고 있는 모양이다. 농사철이 접어들어 외국 노동자들이 마을로 드나들면 마스크를 꼭 착용하시라고 몇 번이고 주의를 드렸다. 참기름 소금에 오리탕 건더기를 찍어서 먹은 맛이 일품이었던 것은 팔십 중반의 나이에도 일손을 놓지 않고 있는 엄마의 덕택이다. 뜨거운 햇볕에서 거둬들이는 마늘과 참깨 농사는 당신 자식들 일 년 양념거리다. 작년 가을 아버지 병문안 갔다가 장례식까지 치르고 올 때 가져온 참기름은 어느 해보다도 그 맛이 고소했다. 고슬고슬 지은 흰 쌀밥을 진간장에 비벼 기름 한 방울 떨어뜨리면 밥 한 그릇 뚝딱이었다. 비 오는 날의 오리탕 이야기를 했더니, 올해는 집 가까이에 있는 텃밭에 참깨를 심었으니까 가을에 참기름 짜 놓거든 가져가라신다. "엄마, 나는 코로나가 빨리 지나가야 한국 나갈 수 있어요."

효도를 하려고 해도 부모는 기다리지 않는단다. 내 경우가 그랬다. 시집 와서 애들 키우고 사느라 믿어 주시겠거니 싶어, 친정 부모님께 드리는 효도란 마음뿐이었다. 조금만 더 기다려 주셨어도 이리 아쉬워하지 않을 텐데, 아버지날이었던 어제는 작년 가을에 돌아가신 아버지 생각이 간절했다. 이 세상에 오는 날은 순서가 있어도 갈 때는 순서가 없다지만 내 나이가 많아질수록 주위의 어르신들 부음을 자주 접하고 있다. 작년에는 몇 달 간격으로 우리 시어머님과 내가 정말 좋아했던 친정 큰엄마, 그리고 우리 아버지가 세상을 떠나셨다. 다 해드리지 못한 효 때문에 참 힘들어했던 시간들이었다.

아브라함은 늙을 때까지 하나님께서 범사에 복을 주셨다고 한다. 알다시피 그는 복된 사람이었다. 사랑하는 아들, 이삭의 아내 될 사람을 찾으러 믿고 심부름 보낼 수 있는 사람이 옆에 있다는 것도 복이었다. 그런 그의 인생 여정도 가까이 들여다보면 빨리 지나가기를 바랐던 시간들이 있었다.

일 년이라도 더 우리 곁에 사셨더라면 하는 아쉬움을 자식들에게 남기고 떠난 분들을 다시 떠올리며 멀리 서서 되돌아보니 세 분 모두 범사에 복을 받으셨던 분들이라는 생각에 위로가 된다. 전 세계가 몸을 도사리며, 인생 마지막 가는 길도 배웅 못 하고 있는 이때를 피하셨던 일도, 가신 분들과 자손들에게는 분명 복福이었다.

(2020년 6월 22일)

복의 단상 9

그, 사람

"라반이 가로되 여호와께 복福을 받은 자여 들어오소서. 어찌 밖에 섰나이까. 내가 방과 약대의 처소를 예비하였나이다. 그 사람이 집으로 들어가매 라반이 약대의 짐을 부리고 짚과 보리를 약대에게 주고 그 사람의 발과 그 종자의 발 씻을 물을 주고 그 앞에 식물을 베푸니 그 사람이 가로대 내가 내 일을 진술하기 전에는 먹지 아니하겠나이다. 라반이 가로되 말하소서. 그가 가로되 나는 아브라함의 종이니이다." 창세기 24:31~34

"Come, you who are blessed by the Lord," he said. "Why are you standing out here? I have prepared the house and a place for the camels." So the man went to the house, and the camels were unloaded. Straw and fodder were brought for the camels, and water for him and his men to wash their feet. Then food was set before him, but he said, "I will not eat until I have told you what I have to say." "Then tell us," Laban said. So he said, "I am Abraham's servant." Genesis 24:31~34

『그 일이 일어난 방』의 이야기는 출간 전부터 매스컴의 초점을 끌어당기고 었었다. 국가기밀 유출을 이유로 내세운 출판금지와 출판보류 소송도 잠재우고 드디어 오늘 공식 출간을 했다고 한다. 세계가 주목하는 방, 백악관을 지칭한 그 방 안에서 일어난 그 일들을 담은 책의 내용이 정치 세계에 문외한인 우리들까지 궁금하게 만들고 있다.

아마존 전국서점 베스트셀러 1위를 달리고 있는 이 책의 저자, 존 볼턴을 일컬어 사람들은 "슈퍼 매파"라 부른다. 처음엔 매파라는 단어를 우리말 중신어미 매파媒婆에 해당되는 언론의 비꼼 시사용어로 이해를 했다. 미국 국가안보보좌관은 미국 대통령을 보좌하는 백악관 비서라고 하던데 존 볼턴은 중개역인 로비스트에도 뛰어난 분인가 했었다.

매파라는 말은 미국의 정치 상황에서 상대방과 타협하지 않고 강경히 사태에 대처하려는 팽창주의자들을 일컫는다. 매의 공격성에 빗대어, 외교 정책 등에서 무력 사용도 불사하겠다는 사람들을 가리킨다는 것을 오늘 배웠다. 그리고 매파라는 용어는 베트남 전쟁이 장기화되다가 교착상태에 빠지게 되면서 온건파인 비둘기파에 대응하여 다시 퍼지기 시작했다고 한다. 매파인 미국 공화당은 베트남 전쟁의 확대·강화를 주장하였으며, 비둘기파인 미국 민주당은 전쟁의 조속한 종결을 주장하여 대립했단다. 「그, 사람 슈퍼 매파」라는 칼럼 제목으로 인하여 미 정치 세계를 엿볼 수 있는 소득이 있는 하루였다.

「그, 사람」이라는 또 다른 칼럼이 눈에 띄어 읽었다. 우리가 잘 알고 있는 전국노래자랑의 사회자 송해 어른이시다. 우리 나이로 올해 94세라고 한다. 아직도 정정하다. 정정하다는 말도 정확한 표현이 아닐 수 있겠다.

그의 트레이드마크인 "전국~ 노래자랑"을 외칠 때는 지금도 청년으로 보이기 때문이다. 1등과는 거리가 멀었던 그가 언제부터 선두가 되었을까. 그의 인터뷰가 언론에 등장하기 시작하는 것이 2010년대부터란다. 그의 나이 80이 넘어서고 최고령 방송 진행자의 위상이 공고해지던 시기였다. 그의 전성기가 80에 시작된 것이다. 그러나 지금의 영광에 가려진 그의 지난 삶은 눈물이 반이었다고 한다. 〈전국노래자랑〉 진행을 맡을 때가 그의 나이 환갑이 지난 61살이었다. 그때까지도 경제적으로 안정되지 못해 그의 부인은 구리시에서 식당을 했고 그는 그 식당에서 서빙을 했다. 일등과는 거리가 멀었다. 코미디 프로그램이 전성기를 누리던 70년대, 그는 A급 코미디언은 아니었다. 국민 코미디 프로그램이었던 〈웃으면 복이 와요〉에서 배삼룡, 구봉서, 이기동에 비하면 그의 존재감은 미미했다. 그는 "그 자리에 끼었다는 것만으로 영광이라고 생각했다"라고 회고했다.

그가 이제 우뚝 서 있다. 그가 은행 광고를 하면 그 은행으로 돈이 몰린다. 그가 광고하는 상품은 매출액이 달라지고 그의 이름을 딴 공원이 생기고 길이 생겼다. 머지않아 송해 박물관이 문을 연다. 그의 사진이 전국 곳곳에 높이 걸려 있다. 입원을 해도 뉴스, 퇴원을 해도 뉴스가 된다. 어쩌다 〈전국노래자랑〉 녹화를 하지 않으면 그게 곧 뉴스가 된다.

한 유명 감독이 그의 영화를 찍는 중이고 어떤 방송사는 그의 일대기 다큐멘터리를 찍고 있다. 그가 나오면 시청률 곡선이 달라진다. 인터뷰와 방송 섭외 1순위다. 그의 얼굴 한번 보려고 그의 사무실 주변을 위성처럼 떠도는 사람이 필자만은 아니었다.

그의 인생은 아직 정점을 찍지 않았고 그가 추락할 일은 없을 것이다. 하루하루가 기록의 경신이다. 최고령 사회자, 최다 진행, 최고 시청률 등등. 건강, 장수, 행복, 명예, 대중의 사랑. 돈도 남부럽지 않게 벌었을 것이다.(출처: SBS 뉴스)

이름이 '그, 사람'으로 나오는 또 한 인물이 있다. 아브라함의 절대 신임을 받았던 사람으로 이삭의 중신아비 역할을 했던 사람이다. 창세기 24장은 이삭의 배우자를 얻기 위해 하란으로 파송된 그, 사람의 이야기로 가득하다. 아브라함이 맡긴 일을 자신의 최우선 목표로 하여 일을 충직하게 행하는 그의 발걸음에서 하나님과 주인 아브라함을 신뢰하는 인격이 고스란히 드러나고 있음을 볼 수 있다. 히루 만에 성사되는 이삭과 리브가의 셜혼 과정을 온전히 하나님의 인도하심으로 영광을 돌리며 결론을 내리는 그, 아브라함의 늙은 종 "그 사람"은 복을 받을만한 사람이었다.

나를 포함한 수많은 '그 사람'의 영상이 내 안에 자리하고 있음을 본다.

(2020년 6월 23일)

복의 단상 10

부전자전의 복

"이삭이 거기서 옮겨 다른 우물을 팠더니 그들이 다투지 아니하였으므로 그 이름을 르호봇이라 하여 가로되 이제는 여호와께서 우리의 장소를 넓게 하셨으니 이 땅에서 우리가 번성하리로다 하였더라. 이삭이 거기서부터 브엘세바로 올라갔더니 그 밤에 여호와께서 그에게 나타나 가라사대 나는 네 아비 아브라함의 하나님이니 두려워 말라 내 종 아브라함을 위하여 내가 너와 함께 있어 네게 복(福)을 주어 네 자손으로 번성케 하리라 하신지라 이삭이 그곳에 단을 쌓아 여호와의 이름을 부르고 거기 장막을 쳤더니 그 종들이 거기서도 우물을 팠더라." 창세기 26:22~25

"He moved on from there and dug another well, and no one quarreled over it. He named it Rehoboth, saying, "Now the Lord has given us room and we will flourish in the land." From there he went up to Beersheba. That night the Lord appeared to him and said, "I am the God of your father Abraham. Do not be afraid, for I am with you; I will bless you and will increase the number of your descendants for the sake of my servant Abraham. Isaac built an altar there and called on the name of the Lord. There he pitched his tent, and there his servants dug a well." Genesis 26:22~25

또다시 날짜를 정하고 기도를 시작하였습니다. 오늘이 3월 7일이라서 예레미야 3장 33절과 마태복음 7장 7절 약속의 말씀을 붙들기로 하였습니다. 두 구절을 일컬어 하나님의 전화번호라는 말을 하기도 하지요. 그리스도인이라면 누구나 습관을 따라 날마다 기도를 하겠지만, 날짜를 정하고 의미를 부여하면서 드리는 작정기도는 옷깃을 여미며 드리는 심정이 됩니다. 이번 기도 형식은, 걸어서 15분이면 갈 수 있는 가까운 교회에서 새벽예배를 드리는 것으로 정하였습니다. 첫날인 오늘 설교는 예레미야가 하나님 말씀을 선포한 옛 언약과 새 언약에 관한 것이었습니다. 날이 이르면 하나님께서 새 언약을 세우리라고 약속하셨는데 현재 우리는 그 새 언약 안에서 살고 있으며 말씀하신 그대로 이루어졌다고 하였습니다.

아직 가보시 못한 나라 이스라엘 땅은 귀로만 들어도 익숙하게 느껴지는 지명들이 있습니다. 그중에 '브엘세바'라는 단어는 정겹기까지 합니다. 브엘은 우물, 세바는 일곱이라는 뜻이라지요. 이스라엘의 최남단 네게브 사막에 위치한 브엘세바는 인구 20만으로 이스라엘에서 네 번째 큰 도시라고 하는군요. 성경에서 자주 등장하는 지명 "단에서 브엘세바", 기회가 주어진다면 한번 밟아 보고 싶은 땅이기도 합니다. 몇 년 전에는 뜻하는 바가 있어서 작정기도를 하였는데 그 명칭을 브엘세바 기도라고 불렀었습니다. 기간을 열 달로 정했던 날이 다 되어 갈 즈음에 물이 귀한 어느 황무한 나라의 이야기를 전해 듣게 되었습니다. 그 지역 사람들의 식수와 농작물 재배를 담당할 수 있는 큰 규모의 우물 이야기입니다. 우연히 귀에 들린 소리가 아닌 것 같아서 샘물 이름을 "브엘세바"라 지어주십사 하는 부탁과 함께 도움을 드렸습니다. 전혀 계획에 없었던 일이 갑자기 이루어진 셈이지요.

우물, 지금이야 땅속 깊숙이 흐르는 수맥을 찾아 기나긴 파이프를 통해 나오는 수돗가의 물이 식수가 되고 있지만 어릴 적 우리들은 깊은 샘에서 두레박으로 퍼 올린 물을 마시며 살았었지요. 한여름에도 오싹하게 차가웠던 그 옛날, 우리 시골 마을의 맛있었던 물이 그냥 깊은 땅속에서 솟아난 물이 아니라 샘을 만드는 기법에 의해 이루어졌음을 알고 조상님들의 지혜로움에 탄복이 갑니다.

우물은 땅속에 한번 집수集水 된 물이 잦아들거나 흘러나가지 않도록 저수貯水가 되어야 유리하므로 그 점을 고려하고 쌓아야 한답니다. 물의 성질을 천연스럽게 유지하고 탁하거나 썩지 않게 발달된 축조법이 공돌쌓기인데, 돌과 돌의 이를 맞추어 쌓는 기법으로, 돌각 담쌓는 방식을 취한답니다. 그리고 우물 돌은 운두가 낮고 뒤 뿌리가 길쭉하여야 한답니다. 접착시키는 모르타르 등을 이용하지 않고 돌만으로 쌓아야 하기 때문에 돌끼리 편하게 놓여야 토압土壓 등으로 인한 충격을 감당해낼 수 있다고 하네요. 물에 닿는 돌의 표면을 거칠면서도 궁굴리게 하는 방법으로 다듬는데 그래야 물에 자극을 주어 늘 유동하게 하기 때문이랍니다. 들여다보는 물은 마치 그릇에 담긴 물처럼 정체되어 있는 듯이 보이나 실제로는 솟는 샘물로 인하여 늘 유동하고 있답니다. 이 유동에 적절히 자극을 주면 물의 성격을 차분하게 하고, 맑고 깨끗하고 차고 맛있게 만든다고 하네요.

크리스천들은 어디를 가든 교회를 세운다고 하는데, 믿음의 조상들은 가는 곳마다 우물을 먼저 파는 것을 볼 수 있습니다. 일곱 우물, 언약우물이라는 뜻을 가진 브엘세바는 아브라함이 암양 일곱 마리를 주고 확보해서 정착한 후 이삭, 야곱 등 믿음의 조상 삼 대가 삶의 터전으로 삼았던 곳입니다. 지금도 그곳에 가면 아브라함의 우물과 이삭의 우물을 볼 수가 있습니다. 여전히 10여 미터의 깊은 샘 아브라함의 우물에서는 시원한 물이 나오고 있다 합니다. 그 아버지에 그 아들이라는 말이 있듯이 우물 사건으로 인하여 이 두 부자에게 똑같은 일이 일어납니다. 넘치는 복으로 인하여 이웃에게 시샘을 받았던 일입니다. 파는 우물마다 물이 나기 때문에 그 땅 사람들이 텃세를 부린 것이지요. 아버지 아브라함 때도 그랬듯이 그 아들이삭도 목자들이 다투는 동안 인내하며 기다렸습니다. 기다림 끝에 마침내 그 땅의 왕과 군대 장관들이 찾아오지요. 그리고 100년이란 세월의 시차를 두고 두 부자에게 똑같은 고백을 합니다. "네가 무슨 일을 하든지 하나님이 너와 함께 계시는 것을 우리가 보았도다. 너는 하나님께 복을 받은 자니라."

믿음의 친구와 함께 언약의 말씀을 붙들고 기도할 수 있는 것도 복된 일이어서 감사하는 하루입니다. 성령님이 함께하시는 일들이 되어 마르지 않는 샘의 복이 있기를 기원합니다.

(2020년 3월 7일)

복의 단상 11

복 주신 밭의 향취로다

"그 아비 이삭이 그에게 이르되 내 아들아 가까이 와서 내게 입 맞추라. 그가 가까이 가서 그에게 입 맞추니 아비가 그 옷의 향취를 맡고 그에게 축복하여 가로되 내 아들의 향취는 여호와의 복福 주신 밭의 향취로다. 하나님은 하늘의 이슬과 땅의 기름짐이며 풍성한 곡식과 포도주로 네게 주시기를 원하노라. 만민이 너를 섬기고 열국이 네게 굴복 하리니 네가 형제들의 주가 되고 네 어미의 아들들이 네게 굴복하며 네게 저주하는 자는 저주를 받고 네게 축복하는 자는 복福을 받기를 원하노라." 창세기 27:26~29

"Then his father Isaac said to him, Come here, my son, and kiss me." So he went to him and kissed him. When Isaac caught the smell of his clothes, he blessed him and said, "Ah, the smell of my son is like the smell of a field that the Lord has blessed. May God give you heaven's dew and earth's richness an abundance of grain and new wine. May nations serve you and peoples bow down to you. Be load over your brothers, and may the sons of your mother bow down to you. May those who curse you be cursed and those who bless you be blessed." Genesis 27:26~29

나이가 들어 눈이 잘 보이지 않은 이삭은 눈앞의 아들을 후각으로 분별하고 있다. 아비가 그 옷의 향취를 맡고 이렇게 말한다. 내 아들의 향취는 하나님의 복 주신 밭의 향취로다! 얼마나 멋있는 표현인가, 그의 큰아들은 사냥꾼으로 드넓은 땅을 휘저으며 돌아다녔기에 퀴퀴한 땀 냄새가 몸에 배어있는 사람이다. 그러나 아버지 이삭은 사랑하는 아들이 입고 있는 옷에서도 하나님이 주신 복의 냄새를 맡은 것이다.

탄생 90여 년이 지난 샤넬 넘버 5는 여전히 전 세계를 통틀어 30초마다 한 병씩 팔린다고 한다. 이 숫자는 엄청난 것이며, 이런 판매세는 최근에 와서 두드러진 현상이 아니라 한다. 1920년대 이후로 계속 압도적인 성공을 거두어 왔기에 향수 업계에서는 1세기가 다 되도록 세계 시장을 지배하고 있는 이 향수에 경의를 담아 '괴물'이라는 표현까지 쓰고 있단디.

세기의 스타 마릴린 먼로는 무엇을 입고 자느냐는 기자의 질문에 "내가 입는 것은 샤넬 NO 5의 몇 방울"이라는 의미 있는 멘트를 남겼었다. 그래서 더 유명해진 향수인지도 모른다. 또한, 세계 최초로 인공향수를 만들어 향수 업계에 혁명을 일으킨 샤넬의 설립자 코코 샤넬도 "여성은 사랑받고 싶은 곳에 향수를 뿌려야 한다."라는 명언을 남겨 향수 애호가들의 로망이 되었다. 아직까지는 세상에서 샤넬 넘버 5보다 사랑받는 향수를 찾아볼 수 없다고 하니 그 작고 노란 병에 도대체 어떤 무형의 마법이 걸려 있기에 이토록 놀라운 인기가 가능한 것일까? 하고 어느 사람이 반문하던데 아직 그 향냄새를 모르는 나도 궁금하기는 마찬가지다.

냄새에 무감각한 사람을 후각 소실증이나 무취증이 있는 사람이라고 한다. 갑자기 냄새를 못 맡으면 일단 코로나 19를 의심하라는 세계 의사들의 경고가 있어서 나처럼 무취 증세가 약간 있는 사람들은 더욱 신경 쓰일 것이다. 다행히 오래전부터 있던 증세라 마음이 놓이지만 때가 때인지라 끙끙거리며 냄새 맡는 일에 예전보다 더 민감함을 보이고 있는 나 자신을 본다. 술이나 담배, 치약 냄새는 먼 거리에서도 맡으면서 지독하다는 남편의 발 냄새는 전혀 모르고 살았으니 무취 증세가 내게는 불행인지 다행인지 모르겠다.

나이가 들면 자연스럽게 풍기는 냄새가 있다. 이른바 노인 냄새다. 혹여 그 옛날 내가 우리 할머니에게서 맡았던 쾌쾌한 노인 냄새를 우리 손주 녀석들도 내게서 맡지 않을까 싶어진다. 어느새 내가 이런 염려를 하는 나이가 되었나 싶어 서글픔이 일기도 하다. 가령취라고 부르는 노인 냄새는 안타깝게 청결에 신경을 쓰더라도 완전히 제거하지는 못한다고 한다. 노화가 시작되면 자연스럽게 신진대사 능력도 떨어지게 된다. 이때 노폐물 배출이 원활하지 못해 '노네날Nonenal'이라는 성분이 모공을 막게 되고 공기 중 유해 성분과 만나 부패하며 악취를 내게 되는 것이다. 오래된 자동차 엔진이 노후 되면 연료가 불완전 연소 돼 검은 연기가 나는 것과 같은 원리라 한다. 나이가 들면 흰 머리가 나고 주름살이 늘듯이 노력해도 잔여물로 남는 노인 냄샐랑은 안쓰러운 사랑으로 덮어야 할 젊음의 몫이 아닐까 생각해 본다.

비록 샤넬 넘버 5 같은 매혹적인 냄새를 민감하게 맡아내지는 못하지만 나이가 들어가면서 내 자손과 후손들이 풍기는 하나님이 내리신 복의 냄새는 맡으며 살아가고 싶다. 비록 노인 냄새를 청결로써 다 제거하지 못하며 살지라도 그리스도를 아는 냄새, 그리스도의 향기를 풍길 수 있는 노후가 되기를 소망해 본다. 하나님이 주시는 복의 냄새가 있는 우리는 복된 사람들이다.

(2020년 3월)

복의 단상 12

돌베개를 베고 얻은 영감靈感

"야곱이 브엘세바에서 떠나 하란으로 가더니 한 곳에 이르러는 해가 진지라 거기서 유숙하려고 그곳의 한 돌을 취하여 베개하고 거기 누워 자더니 꿈에 본즉 사다리가 땅 위에 섰는데 그 꼭대기가 하늘에 닿았고 또 본 즉 하나님의 사자가 그 위에서 오르락내리락 하고 또 본즉 여호와께서 그 위에 서서 가라사대 나는 여호와니 너의 조부 아브라함의 하나님이요 이삭의 하나님이라 너 누운 땅을 내가 너와 네 자손에게 주리니 네 자손이 땅의 티끌같이 되어서 동서남북에 편안할지며 땅의 모든 족속이 너와 네 자손을 인하여 복福을 얻으리라" 창세기 28:10~14

"Jacob left Beersheba and set out for Harran. When he reached a certain place, he stopped for the night because the sun had set. Taking one of the stones there, he put it under his head and lay down to sleep. He had a dream in which he saw a stairway resting on the earth, with its top reaching to heaven, and the angels of God were ascending and descending on it. There above it stood the Lord, and he said: I am the Lord, the God of your father Abraham and the God of Isaac. I will give you and your descendants the land on which you are lying. Your descendants will be like the dust of the earth, and you will spread out to the west and to the east, to the north and to the south. All peoples on earth will be blessed through you and your offspring," Genesis 28:10~14

    영화 '타이타닉'이 개봉되던 즈음, 미주리 주 브랜손으로 여행을 갔었다. 그때는 아이들이 운전을 하기 전이라 숙소에 차를 세워놓고 온 동네를 걸어서 구경 다니기 좋았던 그런 관광지였다. 이제는 아물거리는 추억이 되었지만 산천초목이 아름다워 낯선 땅이 익숙하게 느껴지는 평안이 좋았었고, 온갖 종류의 라이브 쇼로 유명한 마을답게, 비싼 표 사서 들어갔던 극장을 나올 때마다 "혼자 보기 아깝다"고 중얼거렸던 기억이 난다. 물론 혼자서 본 것은 아니었다.

    마지막 날, 여행지에서의 피날레를 멋있게 장식하려고 세웠던 계획이 있었다. 이제까지 보았던 어떤 쇼보다 더욱 큰 감동을 안겨 줄 것이라고 기대를 걸며 기다렸다. 군것질거리가 귀하던 어린 시절 어쩌다 생긴 먹거리 중 제일 맛있어 보이는 건 맨 나중에 먹었던 때와 같았던 심정일까, 드디어 시간이 되었다. 아이맥스 극장은 수많은 관객으로 이미 만원이었고 초대형 스크린 가득히 담겨진 예고편 영화를 보는 동안 여기저기서 감탄조가 새어 나왔다. 현실보다 더 아름답고 웅장하게 촬영된 조물주의 작품인 위대한 자연은 마치 관객의 숨결까지 흡수하고 있는 것 같은 효과를 내고 있었다. 웅장한 음향이 생생함과 현장감을 극대화시킨 액션영화의 한 장면에서는 나는 듯 달려오는 오토바이가 우리를 덮치고 지날 것 같아 눈을 아예 감고 음향감각으로 보았었다. 잠시 후면, 타이타닉의 호화여객선 안에서 벌어질 일들의 기대감을 더욱 부풀게 하였다. 이런 화면으로 볼 수 있는 행운이라니! 영화 관람 후 극장 문을 나설 때 "혼자 보기 아깝다"라는 말을 또 중얼거릴 것 같았다.

모르면 용감하다고 했던가, 사람의 눈으로 볼 수 있는 최대화면 크기로 영화를 감상한다는 아이맥스 영상 시스템을 이해하지 못해서 받았던 실망감은 컸다. 영화가 시작되면서 반쪽으로 쪼그라들어 버린 스크린을 보며 몰랐기에 용감하리만큼 기대를 걸었던 나 자신이 부끄럽기도 했다. 그래도 워낙 유명했던 영화라 스크린 사이즈에 대한 불평은 이내 사라졌고 감동으로 채워진 마음을 안고 극장을 나올 수 있었다. 역시 사람의 마음을 움직이는 명화는 달랐다.

영화 '타이타닉'하면 떠오르는 명장면이 많다. 그중에 오늘 말씀과 연관이 있는 감동적인 장면도 있다. 서서히 침몰하고 있는 배의 갑판 위에서 죽음을 초연하게 받아들이며 끝까지 연주를 하고 있는 사람들의 모습이다. 비록 크리스천이 아니더라도 이 장면 앞에서는 눈시울이 뜨거워 옴을 느끼지 않는 사람이 없을 것이다. 타이타닉호의 악단 단장이었던 월레스 하틀리의 묘지에는 '그의 영웅적이었던 행동을 후세에 전하고자 이 기념비를 세운다.'라는 글이 새겨져 있다고 한다. 타이타닉의 생존자들이 기억하고 있었던 그들의 마지막 연주는 아시다시피 찬송가 '내 주를 가까이하려 함은'이다.

이 곡을 작시한 사라 에프 아담스S. F. Adams는 인생의 마지막이라고 생각하던 어느 날 창세기 28장을 읽게 되었다. 한 말씀 또 한 말씀 읽어가는 중

성령의 강한 영감을 받고 미친 듯이 가사를 적어 내려갔다. 건강이 좋지 못하여 암울하게 지내던 그녀의 일필휘지 찬송시가 그녀를 다시 일어서게 하였다고 한다. 돌 한 개를 골라 베개 삼아 광야에서 잠을 자는 야곱의 모습에서 자신이 늘 누워 지내는 병상을 연상했다. 야곱이 잠에서 깨어 했던 고백은 그녀의 영혼을 살리는 능력이 되었을 것이다. "과연 여기가 하나님이 계신 곳인데 내가 알지 못하였도다. 이곳은 다른 곳이 아니라 하나님의 전이요 하늘의 문이로다."

(2020년 3월 15일)

복의 단상 13

더부살이의 여유

"라반이 그에게 이르되 여호와께서 너로 인하여 내게 복(福) 주신 줄을 내가 깨달았노니 네가 나를 사랑스럽게 여기거든 유하라. 또 가로되 네 품삯을 정하라 내가 그것을 주리라. 야곱이 그에게 이르되 내가 어떻게 외삼촌을 섬겼는지, 어떻게 외삼촌의 짐승을 쳤는지 외삼촌이 아시나이다. 내가 오기 전에는 외삼촌의 소유가 적더니 번성하여 떼를 이루었나이다. 나의 공력을 따라 여호와께서 외삼촌에게 복(福)을 주셨나이다. 그러나 나는 어느 때에나 내 집을 세우리까?" 창세기 30:27~30

"But Laban said to him, If I have found favor in your eyes, please stay. I have learned by divination that the Lord has blessed me because of you." He added, "Name your wages, and I will pay them." Jacob said to him, "You know how I have worked for you and how your livestock has fared under my care. The little you had before I came has increased greatly, and the Lord has blessed you wherever I have been. But now, when may I do something for my own household?" Genesis 30:27~30

코로나바이러스로 인한 고국의 상황은 날이 갈수록 더 어려워지고 있는 것 같아 마음이 아프다. 더구나 오늘 같은 주일날은 수백만의 한국교회 성도들이 각자 집에서 인터넷 예배를 드리고 있을 것을 생각하니 더욱 안타깝게 느껴진다. 하루빨리 함께 모여도 되는 날이 오기를 바라며 아직은 자유로이 예배를 드릴 수 있는 미국 환경이 감사하게 느껴지는 하루였다.

예배 후에 코로나 19 대응 방안 행동지침이라는 낯설은 인쇄물과 무거운 마음을 가방에 넣고 가까운 호숫가로 향했다. 목장 식구들이 오랜만에 야외에서 고기를 구워 먹기로 정했던 날이기 때문이다. 햇볕이 따뜻했던 어제와는 달리 구름 덮인 호숫가의 차가운 봄바람이 두툼한 털목도리를 집에 두고 나온 것을 후회하게 하였으나, 이곳저곳에 지피어 놓은 숯불 기운이 추운 마음을 이내 따뜻하게 녹여내었다. 인생의 연륜과 신앙의 연륜이 쌓인 사람들의 행보에는 풍요와 여유로움이 배어있어서 보는 이의 마음을 느긋하게 만든다. 밤새 양념장에 재워두었던 갈비를 굽느라 바람막이로 빙 둘러 서 있는 사람들과 알루미늄 호일에 둘둘 만 감자를 모닥불에 던져 넣고 감자와 함께 익어가는 이야기가 있던 곳에는 코로나 19의 흔적은 오간데 없고 삶의 여유로움만 묻어있었다.

금강산도 식후경이라고 포만감을 느끼며 걸었던 산책로 끝에서 귀한 선물을 한 아름 얻는 행운을 잡았다. 호숫가에 쓰러져 있는 고목나무에서 더부살이를 하고 살던 겨우살이를 얻은 것이다. 큰 나무 위, 그것도 높다란 가지에만 붙어서 자라는 '나무 위의 작은 나무'로 불리는 겨우살이는 일반인은 채집하기 어려운 것이라고 한다. 순전히 원인 모르게 뿌리째 뽑혀 누워있는 커다란 고목 덕분이었다. 버버리코트를 걸치고 산보를 나와 한껏 멋스러워 보이던 권사님이 마음만큼 넓어 보이는 코트 자락을 펼치자 너도나도 한 줌씩 따낸 푸른 잎사귀를 그 옷자락에 채웠다. 그늘에 잘 말려서 향이 그윽해질 때 다시 모여 따끈한 차 한 잔씩 마시잔다. 처음 보고 들은 겨우살이의 내력은 매력이 있었다. 귀한 약재료로 쓰인다는 차의 효능에 귀 기울이기보다 구상하고 있는 글 제목이 먼저 뇌리를 스치고 지나갔기 때문이다.

이십 년 동안 처가살이를 했던 야곱의 생애 한 토막은 외삼촌 집의 더부살이였다. 두 명의 정실 아내와 두 명의 첩, 그들에게서 낳은 열한 명의 자녀를 거느렸음에도 '나는 어느 때에 내 집을 세우리까?'라는 고백을 한다. 외삼촌 라반이 형통의 복을 누리고 있는 것은, 하나님께서 야곱 때문에 그 집에 내리신 복이라는 것을 자타가 인정한 일인데, 야곱은 자신의 소유 하나 없이 라반에게 더부살이를 하고 있는 것이다.

더부살이란 남의 집에 어렵사리 얹혀사는 사람을 말한다. 여유를 부리며 살지 못하는 공간일 것이다. 사람 사는 세상과는 달리 희희낙락 더부살이를 즐기는 나무 나라 얌체족인 겨우살이의 재미있는 이야기가 있어 옮겨본다.

남의 눈치 안 보고 자기 잇속만 차리는 사람을 두고 우리는 흔히 얌체라고 한다. 인간사회의 얌체족이 선량하고 순박한 사람을 속여먹듯이 뻐꾸기는 남의 둥지에 알을 낳아 멍청한 박새가 한 계절 내내 헛수고하게 만드는 새 나라의 얌체다. 그렇다면 나무 나라의 제일 얌체는 누구일까? 나무의 생태를 조금이라도 아는 이라면 오래 생각할 것 없이 '겨우살이'라고 할 것이다. 이 나무는 겨우겨우 간신히 살아간다고 하여 겨우살이, 또는 겨울에도 푸르다고 하여 겨울살이라고 불리다가 겨우살이로 되었다는 두 가지 설이 있단다. 한자로 '동청凍靑'이라고 하니, 겨울살이에서 이름이 유래되었다는 이야기가 더 신빙성이 있다. 겨우살이는 주로 참나무 종류의 큰 나무 위 높다란 가지에 붙어서 자라는 '나무 위의 작은 나무'로서 멀리서 보면 영락없는 까치집이다. 모양은 풀 같지만 겨울에 어미나무의 잎이 다 떨어져도 혼자 진한 초록빛을 자랑하기 때문에 늘 푸른 나무로 분류된다. 가을이면 굵은 콩알만 한 노란 열매가 열린다. 맑은 날 햇살에 비치는 반투명 열매는 영롱한 수정처럼 아름답다.

열매는 속에 파란 씨앗이 들어 있고 끈적끈적하며, 말랑말랑한 육질이 주위를 둘러싸고 있다. 이 열매는 산새와 들새가 숨넘어가게 좋아하는 먹이다. 배불리 열매를 따 먹은 산새가 다른 나뭇가지로 날아가 '실례'를 하면 육질의 일부와 씨앗은 소화되지 않고 그대로 배설된다. 이것이 마르면서 마치 방수성 접착제로 붙여 놓은 것처럼 단단하게 가지에 달라붙는다. 비가 오나 눈이 오나 나뭇가지에서 떨어지지 않고 끄떡없이 씨앗을 보관할 수 있도록 설계를 해둔 것이다. 알맞은 환경이 되면 싹이 트고 뿌리가 돋아나면서 나무껍질을 뚫고 살 속을 파고 들어가 어미나무의 수분과 필수 영양소를 빨아먹고 산다. 그래도 한 가닥 양심은 있었던지, 잎에서는 광합성을 조금씩 하여 모자라는 영양분을 보충하며 삶의 여유를 즐긴다.

사시사철 놀아도 물 걱정, 양식 걱정은 하지 않아도 된다. 세찬 겨울바람이 아무리 몰아쳐도 겨우살이는 흔들흔들 그네를 타는 어린아이처럼 마냥 즐겁다. 땅에 뿌리를 박고 다른 나무들과 필사적인 경쟁을 하는 어미나무의 입장에서 보면 정말 분통 터질 노릇이다. 뽑아내 버릴 수도 없고 어디다 하소연할 아무런 수단도 방법도 없으니, 고스란히 당하면서 운명이겠거니 하고 살아간다. 미국이나 유럽에서는 크리스마스 축하 파티가 열리는 방 문간에 겨우살이를 걸어 놓고 이 아래를 지나가면 행운이 온다고 알려져 있다. 또 마력과 병을 치료하는 약효를 지니고 있는 것으로 믿었으며, 겨우살이가 붙은 나무 밑에서 입맞춤을 하면 반드시 결혼을 하게 된다는 이야기도 전해진다. 겨우살이는 전국 어디에서나 자라며 가지는 Y자처럼 두 갈래로 계속 갈라지고, 끝에서 두 개의 잎이 마주나기 하며, 가지는 둥글고 황록색이다. 키가 1미터에 이르기도 하나 대체로 50~60센티미터 정도이며, 가지는 얼기설기 뻗어 동그란 까치집 모양을 하고 있다. 잎은 피뢰침처럼 생겼고 진한 초록빛으로 도톰하고 육질이 많으나, 다른 상록수처럼 윤기가 자르르하지는 않다. 암수 딴 나무로 이른 봄 가지 끝에 연한 황색의 작은 꽃이 핀다.

우리는 모두 이 세상에서 있는 동안 더부살이하며 살다 가는 것이 아닐까?

(2020년 3월 8일 주일)

복의 단상 14

오뚝이 꿈 알

"여호와께서 요셉에게 함께 하시므로 그가 형통한 자가 되어 그 주인 애굽 사람의 집에 있으니 그 주인이 여호와께서 그와 함께하심을 보며 또 여호와께서 그의 범사에 형통케 하심을 보았더라. 요셉이 그 주인에게 은혜를 입어 섬기매 그가 요셉을 가정 총무로 삼고 자기의 소유를 다 그 손에 위임하니 그가 요셉에게 자기 집과 그 모든 소유물을 주관하게 한 때부터 여호와께서 요셉을 위하여 그 애굽 사람의 집에 복을 내리시므로 여호와의 복이 그의 집과 밭에 있는 모든 소유에 미친지라." 창세기 39:2~5

"The Lord was with Joseph so that he prospered, and he lived in the house of his Egyptian master. When his master saw that the Lord was with him and that the Lord gave him success in everything he did, Joseph found favor in his eyes and became his attendant. Potiphar put him in charge of his household, and he entrusted to his care everything he owned. From the time he put him in charge of his household and of all that he owned, the Lord blessed the household of the Egyptian because of Joseph. The blessing of the Lord was on everything Potiphar had, both in the house and in the field." Genesis 39:2~5

"세계보건기구 WHO가, 감염병 세계적 대유행을 의미하는 팬데믹을 선언하면서 코로나바이러스 소문이 더욱 흉흉하게 들려오고 있습니다. 중국 우한 땅에서 전염병이 급속도로 확산되고 있을 때 강 건너 불구경 같았던 소문이 이제는 피부 가까이 다가오고 있는 느낌이 듭니다. 목이 갈하여 헛기침 한 번 하고, 코가 간지러워 재채기 두어 번 하는 것도 옆 사람 눈치가 보여 참으려고 애를 쓰게 되네요. 아직은 연세 많은 사람들의 축에 들어 있지 않은 나이라고 생각하며 나름으로 때늦은 꿈도 꾸며 살고 있는데, 그 환상이 여지없이 무너지는 소리가 귓전을 때리고 있습니다. 장수長壽의 나라 이탈리아에서는 갑자기 창궐한 전염병 앞에 고령자의 생명이 먼저 포기되고 있다 합니다. 절대 부족한 의료시설이 그 이유라는 소문이 사실이 아니기를 바라는 하루입니다.

같은 뉴스라도 때와 장소에 따라 듣는 느낌이 다릅니다. 이른 아침 출근길에 들은 뉴스는 직장에서 이야깃거리를 만들 수 있어서 좋고 저녁나절 퇴근길에 듣는 이야기는 하루 일과를 정리하는 기록에 옮길 수 있어서 좋습니다. 작년 가을 방송국 프로그램 개편으로 없어져 아쉬움을 주는 심층보도 뉴스를 듣고 있노라면 세상 돌아가는 일에 관심을 갖게 되어 요즘 말로 나 자신이 업그레이드가 되는 느낌도 받았었지요. 오늘 아침 출근길 차 안에서 들었던 뉴스로 인하여 쌓였던 두려움을 용기로 싹 바꿈! 하게 만들었던 한 권의 책 제목이 재미있습니다. 『싹! 바꾸는 꿈 알 싹 바꿈』 날마다 아침 인사를 대신하여 지인이 보내오는 직장 이메일에 우한폐렴의 염려에서 잠시 멀어지게 하는 명언이 실려 있었습니다. "꿈의 마지막 종착지는 사명입니다. 꿈을 꾸되 그 꿈이 사명으로까지 나아가면 좋겠습니다. 꿈은 여전히 내 안에 머물지만 사명은 나를 벗어나는 것입니다. 먼저는 꿈을 가져야 합니다. 그리고 그 꿈에 의미를 부여하고 점차 나아가 사명으로 발전이 됩니다. 사명을 발견하는 날이 생애의 가장 중요한 날이 될 것입니다."

보통 사람은 아니겠다는 생각이 들어 검색창에 저자의 이름을 입력했더니 화려한 수식어가 그분의 경력을 말해주고 있었습니다. 꿈 알 월드 회장, 34년 군 복무, 40여 권의 책 지음, 손자병법 만 독 등, 손자병법을 천 번만 읽어도 신의 경지에 이른다는데 만 번이나 읽었다면 그분은 어떤 경지에 머물고 있을까? 어느 분야에서건 성공한 사람들의 이야기를 들으면 없던 힘도 생깁니다. 그래서 그런 사람들의 한 시간 강연료는 천정부지, 보통 사람의 일 년 치 급료와 같은가 봅니다.

우리말의 꿈이나 외래어의 드림은 크게 두 가지 뜻을 담고 있습니다. 잠자는 동안 일어나는 심리적 현상의 연속인 꿈과, 살면서 실현하고 싶은 희망이나 이상理想을 품는 꿈을 뜻합니다. 그런데 꿈의 해석으로 유명한 오스트리아의 정신분석학자 프로이트에 의하면 '꿈은 소원 실현이 위장되어 표현된 것이며 신경증의 증상들과 마찬가지로 정신의 내부에서 욕망과 이를 실현하지 못하게 하는 금지 사이의 충돌이 타협한 결과인 것이다.'라고 말하기도 합니다. 두 가지의 각기 다른 뜻이 하나의 고리로 연결되어 있다고 하지요. 그는 또 말하기를 사람들이 기억하여 이야기하는 꿈의 현상적인 내용은 잠복된 의미를 베일로 가리고 있는 것으로 이해해야 하며 꿈은 매일 겪는 즉각적인 경험의 잔재가 가장 깊고도 유아적인 욕망과 혼합되어 있어서 논리적인 정합성을 가지고 있지 않지만, 궁극적으로는 해석이 가능하다고도 말합니다.

정신분석학자 프로이트는 유대인으로서 성경, 그것도 구약말씀을 꿰뚫고 있을 것입니다. 구약 시대에는 많은 범인들이 꿈으로 계시를 받았었지요. 요셉도 그중 한 사람입니다. 어렸을 적 잠자다 꾸었던 꿈이 그를 애굽의 국무총리가 되기까지의 행보에 버팀목이 되었습니다. 미래를 내다보는 희망이 있는 꿈이라면, 잠을 자다가 꾸는 비몽사몽간의 꿈이든 마음에 소원이 있어 꾸고 있는 몽상에 가까운 꿈이든지 꿈에 머물지 않고 사명으로 발전된다면, 이 모두 "꿈 알"이 되지 않을까요?

(2020년 3월 12일)

복의 단상 15

앙코라 임파로

"요셉은 무성한 가지 곧 샘 곁의 무성한 가지라. 그 가지가 담을 넘었도다. 활 쏘는 자가 그를 학대하며 그를 쏘며 그를 구박하였으나 요셉의 활이 도리어 견강하며 그의 팔이 힘이 있음이라. 그로부터 이스라엘의 반석인 목자가 나리라. 네 아버지의 하나님께로 말미암나니 그가 너를 도우실 것이요 전능자로 말미암나니 그가 너를 도우실 것이요 전능자로 말미암나니 그가 네게 복福을 주실 것이라. 위로 하늘의 복福과 아래로 원천의 복福과 젖 먹이는 복福 태의 복福이로다." 창세기 49:22~25

"Joseph is a fruitful vine, a fruitful vine near a spring, whose branches climb over a wall. With bitterness archers attacked him; they shot at him with hostility. But his bow remained steady, his strong arms stayed limber, because of the hand of the Mighty One of Jacob, because of the Shepherd, the Rock of Israel, because of your father's God, who helps you, because of the Almighty, who blesses you with blessings of the skies above, blessings of the deep springs below, blessings of the breast and womb." Genesis 49:22~25

태초에 말씀이 계시니라! 그 안에 생명이 있었으니 이 생명은 사람들의 빛이라! 요한복음 첫머리에 당당하게 선포된 문장이다. 말씀 안에는 숨을 쉬고 있는 생명이 있다는 말이 가슴 깊숙이 와 닿는다. 중국 우환 땅을 넘어 한국의 대구 땅을 침범한 코로나바이러스가 이제는 이탈리아를 덮쳤다는 소식이 아직은 이 바이러스의 추이를 관망하고 있는 미국 땅의 내일을 두려움으로 바라보게 하는 하루이다. 우리를 도우실 분은 생명의 주관자이신 전능자이시다. 위로 하늘의 복과 아래로 원천의 복과 젖 먹이는 복과 태의 복의 근원이신 하나님이심을 나는 오늘도 배운다.

이탈리아어로 안코라 임파로 Ancora imparo는 "나는 아직도 배우고 있다."라는 뜻이라고 한다. 사람은 죽을 때까지 배우며 산다는 우리 옛 성현들의 말도 있는데, 코로나로 온 세계가 숨죽이고 있는 이때, 왜 이 짧은 외래어가 갑자기 유행을 타게 되었을까. 말이란 언제 누가 했느냐에 따라서 그 가치를 드러내는 것 같다. 안코라 임파로는 세기의 천재 화가 미켈란젤로가 시스티나 성당의 천장 그림을 완성하고 나서 스케치북 한쪽에 적은 글이란다. 그가 지닌 이름의 브랜드도 유명하지만 그의 나이 87세 때의 일이란 것에 뭇사람들에 시선이 머물고 있는 것이리라.

오늘 좋은 글을 하나 만났다. 손길원 목사님이 올린 글이라고 한다. 미켈란젤로가 인생의 황혼기에 나는 아직 배우고 있노라고 고백한 글을 인용하여 그의 인생 60에 배운 것을 적은 글이다. 공신력 있는 시앤앤 뉴스라고 강조한 보건국의 관리는 말하고 있다. 지금 미국이 코로나바이러스를 정확하게 판단하지 못하면 이태리와 같은 어려움을 당할 것이고, 잘하면 한국과 같은 좋은 일이 있을 것이란다. 마스크를 쓰고 사회적 거리두기를 하고 있는 고국을 생각하며 읽다 보니 아직은 딴 세상 이야기를 듣고 있는 기분이 든다.

나는 배웠다.

모든 시간은 정지되었다. 일상이 사라졌다. 만나야 할 사람을 만나지 못한다. 만나도 경계부터 해야 한다. 여러 사람이 마주 앉아 팥빙수를 겁 없이 떠먹던 날이 그립다. 가슴을 끌어안고 우정을 나누던 날이 또다시 올 수 있을까? 한숨이 깊어진다. 비로소 나는 일상이 기적이라는 것을 배웠다. 기적은 기적처럼 오지 않는다. 그래서 기도한다. 속히 일상의 기적과 함께 기적의 주인공으로 사는 일상을 달라고.

니는 배웠다.

마스크를 써 본 뒤에야 지난날의 내 언어가 소란스러웠음을 알고 침묵을 배웠다. 너무나 쉽게 말했다. 너무 쉽게 비판하고 너무도 쉽게 조언했다. 생각은 짧았고 행동은 경박했다. 나는 배웠다. '살아 있는 침묵'을 스스로 가지지 못한 사람은 몰락을 통해서만 '죽음으로 침묵'하게 된다는 사실을.

나는 배웠다.

세상을 움직이는 것은 정치인이 아니었다. 성직자도 아니었다. 소식을 듣자 대구로 달려간 신혼 1년 차 간호(천)사가 가슴을 울렸다. 잠들 곳이 없어 장례식장에서 잠든다는 겁 없는 간호(천)사들의 이야기에 한없이 부끄러웠다. 따뜻한 더치커피를 캔에 담아 전달하는 손길들을 보며 살맛 나는 세상을 느꼈다. 이마에 깊이 팬 고글 자국 위에 밴드를 붙이며 싱긋 웃는 웃음이 희망 백신이었다. 나는 배웠다. 작은 돌쩌귀가 문을 움직이듯이 세상을 움직이는 것은 저들의 살아 있는 행동인 것을.

나는 배웠다.

죽음이 영원히 3인칭일 수만은 없다는 것을. 언젠가 내게도 닥칠 수 있는, 그래서 언제나 준비되어 있어야만 하는 것이 죽음인 것을 배웠다. 인간이 쌓은 천만의 도성도 바벨탑이 무너지듯 한순간에 무너질 수 있다. 만물의 영장이라는 인간이 미생물의 침투에 너무도 쉽게 쓰러질 수 있는 존재인 것을 배웠다. 그런데도 천년만년 살 것처럼 악다구니를 퍼붓고 살았으니… 얼마나 웃기는 일인가를 배웠다.

나는 배웠다.

인생의 허들경기에서 장애물은 '넘어지라'고 있는 것이 아니라 '넘어서라'고 있는 것임을. 자신에게 닥친 시련을 재정의하고 살아남아 영웅이 될지, 바이러스의 희생양이 될지는 나의 선택에 달려있다. 닥친 불행과 시련을 운명이 아닌 삶의 한 조각으로 편입시키는 것이 무엇인지를 배웠다. 그때 희망의 불씨가 살아나고 있었다.

나는 배웠다.

카뮈의 『페스트』에 등장하는 북아프리카의 항구 오랑은 아비규환의 현장이었다. 서로를 향한 불신과 배척, 죽음의 공포와 두려움… 지옥이었다.

신종 코로나바이러스 감염증의 최대 피해 지역인 대구는 '공황도 폭동도 혐오도 없었다. 침착함과 고요함이 버티고 있었다.'(미국 ABC 방송 이언 기자) 일본의 대지진 때 일어났던 사재기도 없었다. 오히려 '착한 건물주 운동'으로 서로를 감싸 안았다. 외출 자제로 인간 방파제가 되어 대한민국을 지켰다. '배려와 존중'으로 빛났다. 나는 위기에서 '사람의 인격'이 드러나고 극한 상황에서 '도시의 품격'이 확인된다(이동훈)는 것을 배웠다.

나는 배웠다.
어떤 기생충보다 무섭고 무서운 기생충은 '대충'이라는 것을. 모든 것이 대충이었다. 손 씻기도 대충, 사회적 거리 유지도 대충, 생각도 대충…. 이번 사태에도 너무 안이했다. 이제는 나 스스로 면역주치의가 되어야 한다는 것을 배웠다. 환경 문제나 생태계의 파괴가 남의 일이 아니라 내 일이라는 것을 배웠다. 또다시 찾아올 바이러스에 대처하기 위해 두 눈 부릅뜨고 환경 지킴이가 되어야 한다. 나는 확실히 배웠다. 공생과 공존이 상생相生의 길이라는 것.

나는 배웠다.
가장 큰 바이러스는 사스도 코로나도 아닌 내 마음을 늙고 병들게 하는 절망의 바이러스라는 것을. 나는 배워야 한다. 아파도 웃어야만 이길 수 있다는 것을. 아니 그게 진정한 인간 승리임을. 나는 기도한다. "마지막에 웃는 자가 되게 해 달라고." - 출처 국민일보 -

(2020년 3월 17일)

복의 단상 16

흙 제단의 위로

"여호와께서 모세에게 이르시되 너는 이스라엘 자손에게 이같이 이르라. 내가 하늘에서부터 너희에게 말하는 것을 너희가 친히 보았으니 너희는 나를 비겨서 은으로 신상이나 금으로 신상을 너희를 위하여 만들지 말고 내게 토단을 쌓고 그 위에 너의 양과 소로 너의 번제와 화목제를 드리라. 내가 무릇 내 이름을 기념하게 하는 곳에서 네게 강림하여 복_福을 주리라." 출애굽기 20:22~24

"Then the Lord said to Moses, Tell the Israelites this: 'You have seen for yourselves that I have spoken to you from heaven: Do not make any gods to be alongside me; do not make for yourselves gods of silver or gods of gold. "Make an altar of earth for me and sacrifice on it your burnt offerings and fellowship offerings, your sheep and goats and your cattle. Wherever I cause my name to be honored, I will come to you and bless you." Exodus 20:22~24

아직 공식적으로 행정명령이 떨어진 것은 아닌데 우리가 살고 있는 동네도 코로나로 인하여 마음들이 어수선하기 시작하고 있다. 교회 지도부에서 논의를 한 끝에 다음 주일부터는 각자 집에서 인터넷으로 예배를 드리기로 결정했다는 문자통보를 받았기 때문이다. 열 명 이상 모이는 모임을 자제해 달라는 주 정부의 요청에 따르는 일이기도 하지만 자신을 위하고 서로를 배려하기 위하여 내려진 조치이다. 인터넷 예배는 이미 한국 각 교회에서 시행되고 있는 현상이라 그리 낯설게 느껴지지는 않으나 그래야만 되는 오늘의 현실이 서글픔으로 와 닿는다.

사마리아 수가라 하는 동네에 남편이 여섯 명이었던 여인이 있었다. 우리는 그녀를 수가 성 여인이라고 부른다. 하루는 그 여인이 우물가에서 예수님을 만난다. 물 길으러 나온 그 시각이 그녀에게는 행운이었다. 늘 많은 무리와 제자들에게 둘러싸여 계시던 예수님이 길 가다가 홀로 우물가에 앉아 잠깐 쉬고 있을 때였기 때문이다. 그 기회에 그녀가 예수님과 단독대담을 할 수 있게 된 것이다. 그는 예수님의 말씀을 들을 줄 아는 여인이었다. 그녀가 질문하는 내용을 보면 알 수 있다. 그냥 물 길으러 나온 평범한 아낙의 싱거운 물음이 아니라 심도 있는 질문이었다. 묻기만 할 뿐 아니라 소신껏 자신이 알고 있는 의견을 피력하며 대화를 이어 갈 줄 아는 여자였다.

우물가에서의 대화는 꽤 길게 이어진다. 인종차별에 관하여, 영생에 관하여, 사생활에 관하여, 예배에 관하여 그리고 메시아, 그리스도에 관하여 대화가 오고 간 것이다. 주님과의 대화가 무르익을 때 그녀의 영안이 차츰 열리고 있음을 본다. 그 여자가 이르되 "주여, 내가 보니 선지자로소이다. 우리 조상들은 이 산에서 예배하였는데 당신들의 말은 예배할 곳이 예루살렘에 있다 하더이다."하고 종교적 정치적 이유가 있는 이슈를 조심스레 내어 비춘다. 먹을 것을 사러 동네에 들어갔던 제자들이 돌아와 이 여인과 대화를 나누고 있는 예수님을 이상히 여겼으나 입을 열어 궁금한 것을 묻는 자가 없었다고 한다. 사마리아 여인이라고 무작정 하대하기에는 망설임이 앞선 것이다. 영적인 분위기를 제자들이 파악했을 것이다.

하나님께서 모세에게 말씀하신다. "너희를 위하여 은이나 금으로 신상을 만들지 말고 토단을 쌓고 번제와 화목제를 드리라 내가 무릇 내 이름을 기념하는 곳에서 네게 강림하여 복을 주리라." 그리고 주님께서 우리에게 말씀하신다. "하나님은 영이시니 신령과 진정으로 예배할지니라." 흙으로 만든 제단이든 금으로 만든 제단이든 장소가 중요한 것이 아니라 성 삼위일체 하나님의 이름을 기억하며 신령과 진정으로 예배하는 자들을 찾으신다는 말씀이 인터넷으로 예배를 드려야 되는 마음에 무거움을 잠시 내려놓게 한다.

(2020년 3월 19일)

복의 단상 17

기브 앤 테이크

"너는 그들의 신을 숭배하지 말며 섬기지 말며 그들의 소위를 본받지 말고 그것들을 다 훼파하며 그 주상을 타파하고 너의 하나님 여호와를 섬기라 그리하면 여호와가 너희의 양식과 물에 복을 내리고 너희 중에 병을 제하리니 내 나라에 낙태하는 자가 없고 잉태치 못한 자가 없을 것이라 내가 너의 날 수를 채우리라." 출애굽기 23:24~26

"Do not bow down before their gods or worship them or follow their practices. You must demolish them and break their sacred stones to pieces. Worship the Lord your God, and his blessing will be on your food and water. I will take away sickness from among you, and none will miscarry or be barren in your land. I will give you a full life span." Exodus 23:24~26

친구와 기간을 정하고 드리기 시작한 작정기도 일자가 벌써 두 주나 되었다. 계획은 사람이 세울지라도 그것을 이루게 하시는 이는 하나님이시라는 말씀이 떠오른다. 집에서 먼 거리에 있는 본 교회는 날마다 갈 수가 없어서 집 가까이에 있는 곳을 걸어서 다니기로 한 것이 애초의 계획이었다. 그런데 차질이 생겼다. 우리의 노력으로는 어쩔 수 없는 일, 코로나바이러스 감염 때문에 열 명 이상 되는 모임은 자제해 달라는 주문이 있었기에 조심스럽다. 새벽예배 출석 인원이 나를 포함해도 열 명이 채 안 되기는 하여도 망설여지는 것은 그 교회 분들에게 민폐를 끼치는 것이 아닌가 싶어서이다. 이 같은 상황이 언제까지 계속되려나, 이부자리 속에서 예배 시간이 다 될 때까지 고민하다 떠오르는 성경말씀이 있어서 일어나 내리는 비를 맞으며 집을 나섰다.

다음 달 연합 기도회에 올릴 말씀으로 생각하고 있었던 성경구절을 강단에서 나눔으로 위로를 받고 돌아왔다. 약속에 관한 말씀이었다. 우리가 여호와께 부르짖으며, 여호와께 와서 기도하면, 하나님이 우리의 기도를 들으시겠다는 약속이시다. 전제가 있는 약속, 언제 또 다른 행정명령이 떨어져 발이 묶일지 모르겠으나 우리가 할 수 있는 일은 하면서 살아야 되겠다고 다짐을 해보는 하루다.

약속이란 장래의 일을 상대방과 미리 정하여 어기지 않을 것을 다짐한다는 뜻이고, 언약은 이 약속을 말로써 맺는 것을 말한다. 성경은 약속으로 가득한 책이다. 우리는 이 약속 책의 이름을 구약舊約과 신약新約이라고 부른다. 구약성경에는 여러 가지 언약 형태를 볼 수 있다. 양쪽이 동등한 입장에서 맺는 사람끼리의 언약도 있고, 유력한 쪽에서 일방적으로 맺는 상하 간의 언약도 있으며, 하나님께서 인간과 맺으신 언약 등이다. 이 중 하나님과 사람 간에 맺는 언약은 하나님께서 주권적으로 행하시는 피로 맺은 은혜로운 약정이다. 그 주도권은 언제나 하나님께 있고 사람은 수혜자가 되는 형태로 하나님께서 인간에게 일방적으로 세우시는 약속들이다.

아브라함과는 할례로 언약을 맺었고, 노아와는 무지개로 언약을 맺으셨다. 이외에도 성경에는 이삭, 야곱 등 수많은 사람들과 언약을 맺으신다. 구약의 많은 언약들 가운데 구속사에 있어서 최고의 정점인 예수 그리스도 및 그의 구속사역에 초점을 맞추고 있는 언약이 많다. 대홍수 이전의 당대에 의로운 사람이라고 인정받았던 노아는 하나님께서 개인적인 언약을 맺으셨으나 그로 인해 가족과 동물까지도 생명을 보존할 수 있었던 것이다. 이는 대표 원리가 적용된 것이다. 즉 아담의 타락으로 전 인류와 피조계가 함께 저주를 받은 것과 마찬가지로 노아의 의로움이 동물에게까지 그 영향력을 미쳤던 것이다. 이러한 대표 원리는 그리스도에게서 그 절정을 이루셨다. 곧 그분 한 분이 대속의 죽음을 죽으심으로 모든 인류가 그 공로를 힘입어 속죄함을 받은 것이다. 언약의 성취는 예수 그리스도로 완성되있기에 우리 모두는 높으신 분의 언약 가운데 살아가고 있다.

어제나 오늘이나 내일도 동일하신 하나님이 지금도 말씀하고 계신다. "부르짖으며 기도해라 내가 듣겠다. 어떤 상황에도 우상을 섬기지 말라 너희 양식과 물에 복을 내리고 너희 중에 있는 병을 제하겠다."

(2020년 3월 20일)

복의 단상 18

대추나무 사랑 걸렸네

"너희는 내 법도를 행하며 내 규례를 지켜 행하라. 그리하면 너희가 그 땅에 안전히 거할 것이라. 땅은 그 산물을 내리니 너희가 배불리 먹고 거기 안전히 거하리라. 혹 너희 말이 우리가 만일 제 칠 년에 심지도 못하고 그 산물을 거두지도 못하면 무엇을 먹으리요 하겠으나 내가 명하여 제 육 년에는 내 복(福)을 너희에게 내려 그 소출이 삼 년 쓰기에 족하게 할지라." 레위기 25:18~21

"Follow my decrees and be careful to obey my laws, and you will live safely in the land. Then the land will yield its fruit, and you will eat your fill and live there in safety. You may ask, "What will we eat in the seventh year if we do not plant or harvest our crops? I will send you such a blessing in the sixth year that the land will yield enough for three years." Leviticus 25:18~21

"글이란 만남이 있어야 빚어지는 마찰이고, 나눌 것이 있어야 담을 수 있는 그릇"이라는 어느 글귀가 떠오른다. 무심히 보아 넘기던 성경구절이 오늘은 나에게 이런 만남으로서 시선을 모으게 하였다. "일곱째 되는 해에 땅으로 하여금 안식하게 하라. 그것은 여호와께 대한 안식이니라. 그리고 가꾸지 아니하여도 포도나무가 스스로 맺은 열매의 소출은 네 남종과 여종, 품꾼과 나그네, 가축과 들짐승들이 먹도록 거두어 드리지 말라." 땅을 쉬게 하는 것이 여호와께 대한 안식이라니!

손바닥만 한 뒷마당 귀퉁이에 심어진 대추나무가 올해는 촘촘히 열린 열매의 무게로 인하여 무성한 가지들이 버드나무처럼 휘어져 흔들거리고 있다. 예년에 비하여 소출이 배나 될 것 같기도 하다. 해마다, 텍사스의 늦여름인 팔월 말쯤이면 붉은 색깔을 띠기 시작하는 대추를 수확하여 마을잔치를 하곤 한다. 마을이라 함은 거리의 이웃이 아닌 마음 가까이 있는 사람들을 말함이다. 하기야 내 집과 이웃하고 사는 미국 아저씨와 인도 아저씨도 우리처럼 대추를 먹을 줄 안다는 것을 작년에야 알기는 했다. 나눌 이웃이 는 셈이다.

'대추나무에 연 걸렸네'라는 말과 관련하여 재미있는 이야기가 있다. 모세와 아브라함은 친구였는데 모세가 아브라함에게 100코펙을 빌렸단다. 기한이 지나 내일 아침에는 무슨 일이 있어도 갚아야 하는데 그의 수중에는 1코펙도 없어 잠이 오지 않아 방 안을 왔다 갔다 하며 서성거렸다. 그때 모세의 아내가 사정을 알고 이런 말을 했다. "참 딱하시기도 하지. 오늘 밤 잠을 이루지 못할 사람은 당신이 아니라 아브라함이 아니겠어요?" 은행 금리를 자꾸 내리고 서민들로 하여금 많은 빚을 지게 만들고 있는 정부를 빗대어 하는 말인데 시사하고 있는 내용이 이해가 될 듯도 하다.

여기저기 빚을 많이 지고 있는 사람을 일컬어 대추나무에 연 걸렸다고 비유한다면, '대추나무에 사랑 걸렸네'는 KBS한국방송의 장수 프로그램이었던 전원 드라마다. 붙여진 제목이 옛날 시골집 대나무 숲에 서 있던 대추나무를 연상케 하여 서정적인 풍경을 떠올리게 하고 있다. 내가 어린 대추나무 묘목을 집 뒤뜰 안에 심을 때도 그런 심성을 담았었다. 벌써 나이테가 이십 년이 지나 동네 골목지기 같은 커다란 고목으로 자리매김을 하고 있는 나무가 열매도 크고 맛도 달달하여 몇 개 먹으면 제법 시장기도 가시게 하여 제 몫을 하고 있다. 그런데 어느 해부터인가 온 동네에 있는 새와 다람쥐, 거기다 징그러운 쌩 쥐까지 울타리 안으로 불러들여 장사진을 치게 만들었다. 죄 없는 대추나무 탓은 아니련만… 새는 쫓을 방법을 몰라서 포기하고 쥐와 다람쥐는 알고 있는 상식을 다 동원하였으나 속수무책이었다. 그래도 워낙 큰 나무라 주인 몫으로 남겨진 양도 적지는 않았지만 알토란 같은 대추를 그들과 나누지 않고 싶은 욕심이 계속 휴전상태로 남았었다.

코로나바이러스로 인하여 문 닫아걸고 지낸 지도 넉 달이 되었다. 머지않아 대추나무에 걸린 사랑을 챙겨서 닫혀있는 문들을 두드려 보려 하니 어찌 이 한 달이 더디 갈 것만 같다. 작년 늦가을, 퇴근길 차 안에서 마음 뭉클한 광경을 보았었다. 수확이 끝난 대추나무 잎사귀 사이에 몇 알씩 숨어있던 대추를 찾아내어 양쪽 볼이 터지도록 입에 가득 물고 있는 다람쥐 한 마리가 나의 시선과 맞닥뜨린 것이다. 앙증맞게 두 앞발을 오므려 트려 가슴에 모아 만든 주머니 속에 대추 몇 알 더 챙겨 넣고 행복에 겨워하며 뛰어나오는 모습이라니! 그래, 내년부터는 너희들이 먹고 남은 것이 나의 몫이다. 멀뚱히 날 쳐다보고 있는 그 녀석에게 약속했더랬다. 올해, 유난히 많이 열린 대추를 보면 난 부끄럽게 이 말을 되뇐다.

    주라! 그리하면 채우리라!

(2020년 8월 3일)

복의 단상 19

엄마의 가마솥

"여호와께서 모세에게 일러 가라사대 아론과 그 아들들에게 고하여 이르기를 너희는 이스라엘 자손을 위하여 이렇게 축복하여 이르되 여호와는 네게 복을 주시고 너를 지키시기를 원하며 여호와는 그 얼굴로 네게 비취사 은혜 베푸시기를 원하며 여호와는 그 얼굴로 네게로 향하여 드사 평강 주시기를 원하노라 할지니라. 그들은 이같이 내 이름으로 이스라엘 자손에게 축복할지니 내가 그들에게 복을 주리라." 민수기 6:22~27

"The Lord said to Moses, Tell Aaron and his sons, This is how you are to bless the Israelites. Say to them, The Lord bless you and keep you; the Lord make his face shine on you and be gracious to you; the Lord turn his face toward you and give you peace." "So they will put my name on the Israelites, and I will bless them." Numbers 6:22~27

'사재기 패닉, 영국 간호사 눈물의 호소'라는 제목이 영상 미디어를 타고 세계를 돌고 있는 하루다. 영국 국민 공공 보건서비스 소속의 한 간호사가 눈물을 흘리며 코로나로 인하여 이성을 잃고 있는 사람들을 향해 호소를 하고 있는 영상이다. 중환자실에서 48시간 교대 근무를 마치고 마트에 들렸는데 식료품 코너가 텅 비어있었단다. 그녀는 단지 마흔네 시간 먹을 음식을 원할 뿐인데 어떻게 건강을 유지해야 할지 모르겠다며 울먹였다. 그리고 호소하기를 "당신들이 아플 때 돌볼 수 있는 사람들은 나 같은 사람들이에요. 그러니까 이제 그만 사재기하지 마세요."라며 닭똥 같은 눈물을 주먹으로 훔쳤다.

들려오는 소식이 충충하니 날씨라도 밝으면 좋으련만 어제오늘에 이어 내일까지도 밝은 날은 아닐 모양이다. 정확하게 밝혀진 이야기는 아니라지만 뜨거운 햇볕이 쨍하고 나오면 돌고 있는 전염병이 맥을 못 추고 꼬리를 내릴 수 있다 하여 더운 지방에 살고 있는 사람들은 지푸라기라도 잡는 심정을 껴안고 있는데 날씨마저도 도움이 안 되고 있나 싶어진다. 엊그제 퇴근길에 사다가 이틀 동안 핏물을 뺀 가종 뼈를 키다란 들통에 넣고 끓이기 시작했다. 십 년 전 그라지 세일에서 건진 스테인리스 들통은 순전히 곰국 전용으로 쓰이고 있다. 니켈과 크롬 등을 많이 포함하고 있어 쉽게 녹슬지 않는 장점이 있다는 이 그릇은 오랜 시간 끓이고 한꺼번에 양을 많이 끓이는 데는 안성맞춤이다. 결코, 한번 마음먹기 만만치 않은 곰국을 내 언제부터 고았는가 싶어 생각하니, 당신 입맛에는 내가 끓인 곰국이 제일이라며 칭찬해 주시던 시어머님이 떠오르고, 곰국을 순댓국이라고 부르며 밥 한 공기를 국물에 말아 뚝딱 비운다는 어린 손녀들 덕분인 것 같다. 음식은 정성이 들어가야 맛이 있는 법. 스물네 시간 깨끗한 물 갈아주며 핏물을 말끔히 뺀 후, 주말이 시작되는 금요일 밤늦게 끓이기 시작하여 이튿날 토요일 오전 중에야 마무리가 된다. 사흘의 정성이 들어간 음식이다. 그렇게 하여 만든 국물이 5리터 남짓 되는 적은 양이라 한 모금도 버리기가 아깝다.

곰국을 끓이는데 동생이 보낸 문자가 왔다. 글을 보냈다고 한다. 바쁘게 살면서 언제 글을 썼을까 반가운 마음에 이메일을 열고 보니 이제까지 받아본 사람들 것 중에서 제일 긴 글이다. 내용도 알차다. 결혼하고 곧바로 시작했던 음식 장사, 벌써 30년 넘게 해오고 있는 우리 아버지의 셋째 딸이다. 오랜 세월 음식 만드느라 거친 손이 되었지만, 후하게 베푸는 성격이라 호탕한 마음에 손까지 큰 여자다. 한국에 갈 때마다 시골 엄마 집에 내려가 보면 큼직큼직한 냉장고에 음식물이 가득하다. 각종 김치에다가 생고기, 익은 고기, 젓갈 등 이런 식품들은 대개 손 큰 동생이 다녀간 흔적들이다.

지금도, 구십을 향해 걸어가고 계시는 꼬부랑 친정엄마는 수돗가 우물 곁에 걸어놓은 커다란 가마솥에 장작불을 지펴 곰국을 끓이신다. 순전히 셋째 딸 때문이다. 생고기만을 고집하는 음식점에서 나오는 고기 뼈를 모아다가 엄마에게 갖다 드려서 그렇다. 뙤약볕 구슬땀으로 지은 곡식더미에 봉다리, 봉다리 얼려놓은 곰국 덩어리를 포개어 차에 싣고 떠나는 자식들 뒷모습에 주름 가득한 웃음을 보내시던 우리 엄마의 모습이 떠오른다. 풍성한 기억으로 안도의 숨을 쉬어보는 하루다.

풍문이라고 생각해 버리고 싶은 일들이, 곰국 끓일 뼈다귀를 사려고 마트에 들렸을 때 직접 눈으로 확인을 했다. 텅텅 비어있는 선반들이 보기에도 무색하다. 그리 많이 사재기하여 언제 다 쓰려나, 냉동고에 얼렸다가 나누어 줄 수 있는 것들도 아닌데.

하나님의 얼굴빛을 그 영국 간호사에게 비춰소서!

그녀의 눈물을 주의 병에 담으시어 모두의 마음에 은혜 베푸시옵소서!

(2020년 3월 22일)

복의 단상 20

대大 미션

"너는 너의 하나님 여호와의 명한 대로 네 부모를 공경하라 그리하면 너의 하나님 여호와가 네게 준 땅에서 네가 생명이 길고 복福을 누리리라." 신명기 5:16

"Honor your father and your mother, as the Lord your God has commanded you, so that you may live long and that it may go well with you in the land the Lord your God is giving you." Deuteronomy 5:16

　인터넷 예배, 우리도 이제 그 대열에 끼었다. 좀 더 정성스레 예배자의 준비를 할 것을, 동영상에 비추는 인도자를 따라 순서를 이어가는 동안 흐르는 눈물도 함께였다. 이유를 묻는다면 여러 가지를 말할 수 있겠지만 가슴으로 숨을 들이쉬며 찬송가를 부를 수 있다는 사실이 고마워 흘리는 감사의 눈물도 섞여 있었다. 코로나바이러스에 감염된 중증 환자들은 스스로 숨을 쉬지 못하는 극심한 고통을 겪는다고 한다. 그들이 의료 인공호흡기에 의존하여 치료를 받아야 하는데 인공호흡기 패닉 소식도 사람들의 마음을 오그리어 작아지게 만들고 있기 때문이다. 언제쯤 일상으로 돌아갈 수 있는 것일까, 많은 전문가들이 염려하는 대로 지금이 시작이라면 앞으로 어찌 되는 것인가, 병원 응급실에서 무방비 상태로 일하고 있는 아들을 위하여 기도 요청을 해온 집사님의 생각에 또 눈물이 난다.

    어젯밤, 피곤하여 일찍이 잠자리에 누웠던 탓에 한숨 자고 깨어 시계를 보니 자정이 막 지나고 있었다. 거제도 동서가 보내온 글이 시야에 들어온 순간 아직도 덜 풀어진 노곤함이 일시에 달아난다. 3월 말까지의 시일을 주며 원고를 부탁했었는데, 어려운 때에 힘을 보태려고 속속 보내고 있다는 느낌이다. 작은 위로라도 받고 싶음에 스스로 만들어낸 생각일지도 모르겠다. 그래도 힘이 되어 고마웠다. '함께 쓰는 사랑 이야기'의 주제에 어울리는 소재를 고르느라 애쓴 흔적이 묻어있는 글은, 작년에 돌아가신 어머님을 회상하며 그동안 일어났던 마음의 변화를 진진하게 그리고 있었다. 사랑, 삶, 미션, 궁극적으로 신이 주시는 가장 근본적인 미션은 사랑하는 것이고, 사랑을 통해 인생을 충만하게 사는 것이 곧 예수님이 주시는 미션이다, 라는 깨달음의 끝맺음에서 잠시 나를 돌아본다.

    열 손가락 깨물어 아프지 않은 손가락은 없다는 말은 부모가 자식들 대하는 마음을 말하고 있다. 그래도 마음이 더 가는 자식은 있기 마련이다. 이것을 우린 편애라고 말한다. 어려서부터 몸이 약했던 동서의 남편은 어머님의 아픈 손가락이었나 싶다. 물질적인 것을 떠나 마음으로 효를 다했던 시동생이다. 사람이 하나님을 대할 때, 자녀가 부모님을 대할 때, 부모가 자녀를 대할 때, 그 중심의 잣대가 사랑에 고정된다면 주어진 삶의 미션을 잘 수행하고 있는 것이리라.

(2020년 3월 22일)

복의 단상 21

거리두기의 역설

"오직 너희 하나님 여호와께서 자기 이름을 두시려고 너희 모든 지파 중에서 택하신 곳인 그 거하실 곳으로 찾아 나아가서 너희 번제와 너희 희생과 너희의 십일조와 너희 손의 거제와 너희 서원제와 낙헌 예물과 너희 우양의 처음 낳은 것들을 너희는 그리로 가져다가 드리고 거기 곧 너희 하나님 여호와 앞에서 먹고 너희 하나님 여호와께서 너희 손으로 수고한 일에 복䳢 주심을 인하여 너희와 너희 가족이 즐거워할지니라." 신명기 12:5~7

"But you are to seek the place the Lord your God will choose from among all your tribes to put his Name there for his dwelling. To that place you must go; there bring your burnt offerings and sacrifices, your tithes and special gifts, what you have vowed to give and your freewill offerings, and the firstborn of your herds and flocks. There, in the presence of the Lord your God, you and your families shall eat and shall rejoice in everything you have put your hand to, because the Lord your God has blessed you." Deuteronomy 12:5~7

두 주간의 자택 체류! 직장 생활 22년에 이리 긴 시간을 집에서 보낸 일은 없었던 것 같다. 어젯밤 자정을 기해 내려진 달라스 시 행정명령에 순응하여 화요일인 오늘부터는 우리 회사도 임시 휴무에 들어갔다. 외출을 삼

가고 집 안에만 있어야 하는 일이 생긴 것이다. 법으로 정해진 일을 어기면 처벌이 따르므로 지켜지는 질서이다. 서로의 안전을 위하고 지역사회를 돕는 차원에서 정부 시책을 따르는 것은 공동으로 실천하는 사랑으로 느껴진다. 이른 새벽에 인근 교회를 들렀다. 평소 열 명도 채 모이지 않았던 곳이다. 공식 예배는 이미 중단되었고 서로들 멀찌감치 떨어져 앉아 은은하게 퍼지는 찬양 소리에 묻혀 조용히 기도를 드리고 있었다. 보이지 않는 곳에서도 사회적 거리두기 운동에 동참하고 있는 모습이라 싶어 경건함이 더하였다. 눈에 보이지도 않는 미생물과 싸우느라 몸살을 앓으며 최선책으로 내놓고 있는 '거리두기' 방법이 지구인들의 유일한 행동 무기가 되고 있다.

"우리는 당신을 위하여 병원에 있을 터이니, 당신들은 우리를 위하여 집에 머물러 달라"는 어느 의사의 호소문이 자택 체류의 의미가 무엇인지를 설명하고 있다. 그럼에도 아랑곳하지 않는 소수의 사람들 뚝심이 또 다른 이들의 눈살을 찌푸리게 하고 있다. 병상과 의료진이 턱없이 부족하여 하루 사망자가 700명이 넘었다는 이탈리아를 생각하면 눈물의 기도를 아니 드릴 수 없다. 경제문제와 더불어 병역체계가 전쟁을 방불케 한다는 소식도 곳곳에서 들려온다. 일선(병원)에서 일하고 있는 사람들의 안전을 위한 간구도 쉬지 말아야 할 것 같다. 이 어려운 일들이 장기화될지 모른다는 전문가들의 말이 빗나가는 예상이기를 바라는 마음뿐이다.

황금기(?) 같은 휴가를 받았음에도 어두운 현실만 보았던 눈이 따뜻한 봄기운에 싹이 트이듯 잠시나마 두려움에서 벗어날 수 있었던 것은 감사의 마음 덕분이다. 오늘 하나님이 내게 내리신 복이었다. 경제적 손실을 감안하고 전 직원에게 두 주간의 유급휴가를 결정해준 회사에 감사하고, 엿새째 집에 들르지도 못하고 언제 마지막 식사를 했는지조차도 모르는 현실에서 하나님이 주신 평안을 경험했다는 어느 이탈리아 의사의 고백에도 감사를 올렸다.

거리두기로 두 주 동안 집 안에 머물면서 하나님께 드릴 감사의 예물을 모아보자. 그 수효는 일곱 가지 예물보다 더 많을 것이다. 그리고 그것들을 얻기 위하여 우리들의 손으로 수고하는 일에 복을 주심을 인하여 하나님 앞에서 즐거워하자. 역설적이기는 하나, '거리두기' 기간에 멀리할수록 복이 되고, 가까이할수록 더 복이 되는 길을 걸어가 보자.

(2020년 3월 24일)

복의 단상 22

아름다운 부자

"너는 반드시 그에게 구제할 것이요, 구제할 때에는 아끼는 마음을 품지 말 것이니라. 이로 인하여 네 하나님 여호와께서 네 범사와 네 손으로 하는 바에 네게 복福을 주시리라. 땅에는 언제든지 가난한 자가 그치지 아니하겠으므로 내가 네게 명하여 이르노니 너는 반드시 네 경내 네 형제의 곤란한 자와 궁핍한 자에게 네 손을 펼지니라" 신명기 15:10~11

"Give generously to them and do so without a grudging heart; then because of this the Lord your God will bless you in all your work and in everything you put your hand to. There will always be poor people in the land. Therefore I command you to be openhanded toward your brothers and toward the poor and needy in your land." Deuteronomy 15:10~11

세계적인 기부가 빌 게이츠와 워런 버핏을 살짝 따돌리고 자산대비 기부 비율 순위 일인자가 된 '척 피니'는 한국전쟁 참전용사로 알려져 있는 사람이다. 그의 유명한 어록들 중에 "한 번에 두 켤레의 구두를 신을 수는 없다."라는 말과 "수의에는 주머니가 없다."라는 말이 있는데 우리 옛 선조들의 정서가 담겨있는 것 같아 친근하게 들려진다. 한 마디로 이 세 사람의 공통점을 말할 수 있는 단어가 있다면 노블레스 오블리즈 noblesse oblige 일 것이다.

찰스 프란시스 척 피니는 아일랜드계 미국인 사업가이자 박애주의자이며 세계에서 가장 큰 개인 재단 중 하나인 애틀랜타 박애재단의 설립자이다. 척 피니는 1931년 미국 뉴저지에서 태어난 경건한 기독교 신자다. 그는 면세점 개념의 개척자로서 자신이 만든 DFS 그룹(Duty Free Shoppers Group)의 공동 설립자로서 재산을 만들었다. 그는 비즈니스 분쟁으로 1997년 자신의 정체성이 드러날 때까지 수년 동안 은밀히 재산을 기부했다. 그의 생애 동안 80억 달러 이상을 기부하였는데 그는 열심히 일을 하다 보니 부자가 되었고 부는 사람을 돕는 데 쓰여야 한다는 것이 그의 철학이었다고 말한다.

"노블레스 오블리즈"는 프랑스어로 '귀족의 의무'를 의미하는 것으로 부와 권력, 명성은 사회에 대한 책임과 함께해야 한다는 의미로 쓰이고 있다. 어원을 직역하면 노블레스(noblesse)는 능력 있는 사람들, 즉 귀족의 지칭이며 오블리즈(oblige)는 묶여 있는, 책임, 의무라 할 수 있다. 즉 오블리즈는 책임이며 의무이다. 30조 원 기부로 세계 일인자로 군림했던 빌 게이츠도 처음부터 남을 돕는 자로 살지는 않았다고 고백했다. 검소한 빈손으로 남몰래 기부하며 살아오던 '척 피니'의 선행이 세상에 알려지면서 그를 롤모델로 삼았단다. 그가 빌 게이츠에게는 기부의 롤모델로, 워런 버핏에게는 영웅으로 인정받고 있는 이유는 '노블레스 오블리즈를 행하며 살고 있기 때문이'라고 한다.

우리나라에도 노블레스 오블리즈의 롤모델이 있다. 교과서와 어린이 동화책으로 엮어져 그 정신을 후세에 심어주고 싶어 하는 경주 최씨 집안 이야기다. 우리말에 '권불십년'이란 말이 있다. 아무리 강해 보이는 권력도 십년을 유지하기 힘들다는 의미이다. 그리고 비슷한 개념으로 '부불삼대'라는 말이 있다. 부라는 것은 삼대를 유지하기 힘들다는 것이다. 세계적으로 가장 부자였던 이태리의 메디치는 겨우 200년을 유지했을 뿐이다. 하지만 한국의 부자 경주 최씨는 무려 300년간 만석 이상의 부를 유지했다. 부자는 단순히 재테크의 문제는 아니며 특히 300년 이상 부를 유지한다는 것은 남다른 철학이 있어야 가능하다고 한다. 경주 최씨 가문이 자손 대대로 지켜왔던 몇 가지 철학 중에는 노블레스 오블리즈가 있었기에 오늘날까지 부자로 살고 싶어 하는 사람들에게 교훈을 주는 주인공이 된 것이다.

성경은 말하기를 가난한 사람은 이 땅이 있는 동안 계속 있을 것이라 한다. 노블레스 오블리즈를 행할 때 네 범사와 네 손으로 하는 일에 복을 주겠노라 약속하신다. 그래서 척 피니는 고백했나보다. 줄 때는 행복을 느꼈고 줄 수 없을 땐 불행했노라고.

(2020년 3월)

복의 단상 23

이삭은 떨어뜨려야 주울 수 있는 것이다

"네가 밭에서 곡식을 벨 때에 그 한 못을 밭에 잊어버렸거든 다시 가서 취하지 말고 객과 고아와 과부를 위하여 버려두라. 그리하면 네 하나님 여호와께서 네 손으로 하는 범사에 복福을 내리시리라. 네가 네 감람나무를 떤 후에 그 가지를 다시 살피지 말고 그 남은 것은 객과 고아와 과부를 위하여 버려두며 네가 네 포도원의 포도를 딴 후에 그 남은 것을 다시 따지 말고 객과 고아와 과부를 위하여 버려두라." 신명기 24:19~21

"When you are harvesting in your field and you overlook a sheaf, do not go back to get it. Leave it for the foreigner, the fatherless and the widow, so that the Lord your God may bless you in all the work of your hands. When you beat the olives from your trees, do not go over the branches a second time. Leave what remains for the foreigner, the fatherless and the widow. When you harvest the grapes in your vineyard, do not go over the vines again. Leave what remains for the foreigner, the fatherless and the widow." Deuteronomy 24:19~21

프랑스 자연주의 화가, 장 프랑수와 밀레의 그림 '이삭 줍는 여인들'을 떠오르게 하는 말씀이 신명기 24장에 연거푸 세 번씩이나 나오고 있습니다. 내용은 조금씩 다르지만 반복해서 강조하는 뜻은 하나이지요. 가난한 자들이 이삭을 주워 담을 수 있도록 일부러라도 인심을 흘려 놓으라는 것입니다. 잊어버리고 챙기지 못했던 곡식의 한 뭇, 한꺼번에 다 털어내지 못한 올리브의 열매, 잎사귀에 가리어 보이지 않는 포도송이를 다시 살피어 거두지 말아서 그 시대, 불쌍한 자들의 대명사로 불리었던 객과 고아와 과부를 위한 몫이 되게 하라는 것입니다.

프랑스 노르망디에서 가난한 농부의 아들로 태어난 밀레는 농부였던 자신의 경험을 토대로 농촌의 고단하고 열악한 일상의 삶을 그렸던 19세기 프랑스의 대표적인 자연주의 화가입니다. 그의 대표작으로 꼽히는 '이삭 줍는 사람들'과 '만종'은 우리가 어디서나 흔하게 볼 수 있어 남녀노소 모두에게 정겨운 그림이 되고 있지요. 밀레의 또 다른 대표작으로 꼽히는 '씨 뿌리는 사람'과 '키질하는 사람'도 나와 같은 농촌 출신들에게는 피부로 와 닿는 소재로, 고향의 유년기를 뒤돌아보게 하는 그림이기도 합니다. 여담이지만, 밀레의 이 두 그림에 등장하는 주인공들이 남자가 아닌 여자라야 그 옛날 내 고향 정서에 어울리는 그림이 되기는 할 것입니다.

'이삭 줍는 여인들' 작품은 여인들이 밭에서 허리를 굽히고 추수 이후에 남겨진 이삭을 줍고 있는 풍경으로 곤궁에 처한 유럽과 아메리카의 노동자 계급에 대한 그들의 삶을 그린 상징이자 기념이었다고 합니다. 추수 이후에 남겨진 것들을 줍는 것은 그 사회에서도 가장 최하급의 일들 중 하나로 여겨지고 있었는데, 밀레는 이 작품에서 이들을 마치 영웅과도 같은 구도로 표현하여 멸시받는 민중들을 귀족이나 왕과 같은 존귀한 인물들로 부각시켰답니다. 열심히 일하는 그녀들의 어깨에 밝은 빛을 그려 넣고, 그들의 뒤로 끝없이 펼쳐진 밭은 드넓고 장대한 하늘 아래 저물어가는 노을빛을 받아 금빛으로 물들게 하여 세 여인의 고달픈 삶의 모습에서 소박한 아름다움을 느낄 수 있도록 표현한 것이지요.

『해석에 반대한다』라는 책 속에서 얻은 글 한 토막이 그림에 안목이 없는 내게 위로가 되었습니다. 자연을 동경해서 찾아든 화가들의 은신처였던 파리 근교의 작은 마을 바르비종에서 그렸던 밀레의 그림은 해석이 필요하지 않아서 편한 그림입니다. 그러나 문외한의 눈에 비추인 것이 그림의 전부라고 생각하면 화가에 대한 예의가 아니겠지요. 작가의 심오한 마음을 읽는 방법은 익숙함의 차이라는 말이 나에게 도전을 주고 있습니다. '해석은 예술 작품을 가만히 내버려 두지 않겠다는 잔인한 호전 행위로 보인다.'라고 말하는 책의 저자는, 음악은 시시콜콜 따지지 않고, 해석하지 않고, 듣고 느끼고 즐기면서 그림은 감상하는 것이 아니라 의미를 해석하려고 애쓰며, 이해하려고 노력한다고 합니다. 공감이 가는 말입니다. 이것은 시각과 청각의 차이가 아니라 익숙함의 차이라는 것이지요.

떨어진 이삭을 주어야만 살아갈 수 있는 사람들에게, 빛을 그려 줄 수 있는 화가의 마음, 이들에게 복을 내리시겠다는 하나님의 말씀은 어려운 해석이 따로 없을 것 같습니다.

(2020년 3월 25일)

복의 단상 24

해가 뜰 때부터 해 질 때까지

"네가 네 하나님 여호와의 말씀을 순종하면 이 모든 복॥이 네게 임하며 네게 미치리니 성읍에서도 복॥을 받고 들에서도 복॥을 받을 것이며 네 몸의 소생과 네 토지의 소산과 네 짐승의 새끼와 우양의 새끼가 복॥을 받을 것이며 네 광주리와 떡 반죽 그릇이 복॥을 받을 것이며 네가 들어와도 복॥을 받고 나가도 복॥을 받을 것이니라." 신명기 28:2~6

"All those blessings will come on you and accompany you if you obey the Lord your God: You will be blessed in the city and blessed in the country. The fruit of your womb will be blessed, and the crops of your land and the young of your livestock—the calves of your herds and the lambs of your flocks. Your basket and your kneading trough will be blessed. You will be blessed when you come in and blessed when you go out." Deuteronomy 28:2~6

축복의 산인 그리심산과 저주의 산인 에발산에서 복과 저주를 선포한 내용이 나오는 신명기 28장 말씀입니다. 신명기 28장은 총 68구절로 길게 구성되어 있습니다. 그중 1절부터 14절까지는 받을 복에 관하여, 15절부터 마지막 68절은 여호와의 말씀을 듣고도 순종하지 아니하면 받게 되는 하나님의 심판, 저주에 관한 것입니다. 복과 저주에 관한 비율이 5대 1인 셈입니다. 하나님의 말씀에 순종하면 받을 복에 관해서는, 자주 듣고 보아서 잘 아는 익숙한 구절들입니다. 반면 무서운 저주에 관하여 선포한 말씀은 눈여겨 읽지 않으면 들을 기회조차 별로 없는 사람들에게 외면당하는 그런 구절들입니다.

해 뜨는 시각이 6시 47분이라고 했는데 6시가 못 되어 집을 나서 교회로 향하는 동네 길은 어둠이 깔려있습니다. Daylight Saving Time에 맞추어 며칠 전 시계를 한 시간 앞당긴 탓도 있나 봅니다. 밝은 날을 좀 더 활용하려고 짜낸 인간들의 지혜도 코로나바이러스로 사람들의 시간까지 묶어 무색하게 되었습니다. 해가 뜨려면 아직 한 시간이 남아서인지 구름이 걷힌 하늘이 청명하여 별들이 빛을 발하고 있는데 가로등이 없는 곳을 지날 때는 무의식중에 주위를 휘둘러보게 됩니다. 마스크로 얼굴을 가린 사람이라도 골목에서 불쑥 나오지 않을까 싶어서입니다. 어제까지 열려있었던 교회가 오늘은 닫혀있는 현관문에 조그만 안내문을 붙여 놓았습니다. 무슨 일이 있었기에 일주일간이나 폐쇄한다는 것일까? 요즘은 개인 사정이 있어서 가게 문만 닫아도 괴소문이 삽시간에 퍼진다는데…. 차 한 대도 없는 텅 빈 주차장 잔디밭 가에 걸터앉아 기도를 드리고 왔습니다. 모두의 안녕을 위하여.

정오의 나른함이 온 누리를 덮고 있습니다. 이 시간쯤이면 열띠게 오가던 대화방 팀들도 약속이나 한 듯 오늘은 조용합니다. 창문 너머로 보이는 자연도 잠자듯 조용하고, 집 앞을 지나고 있는 사람들의 발걸음도 조용합니다. 열어놓은 창가로 슬며시 들어온 춘삼월의 미풍이 왕 부채 같은 마리안느의 잎사귀를 간질입니다. 발걸이에 올려놓은 내 발바닥도 살짝 건들며 눈치를 봅니다. 소리 없이 들어와도 되는지 묻고 있는가 싶습니다. 아무렴! 일곱 날의 햇빛을 안고 들어오렴, 꽃내음 가득 싣고 들어오렴, 오는 이 없어 닫아둔 마음의 문을 열고 반깁니다. 사방에 흐르는 정오의 정적을 깨고 늦은 점심으로 준비한 연둣빛 양상추 위에 놓인 연분홍 연어 살 위에도 사뿐히 앉아달라고 주문했습니다. 자연치유 면역력을 키울 수 있도록.

해돋이의 아름다움이 희망이라면 해넘이의 아름다움은 완성미를 느끼는 여유로움에 있는 것 같습니다. 선셋 거리로 나왔습니다. 이참에 다녀왔던 산책길을 저녁에 한 번 더 하기로 결심했기 때문입니다. 코비로 인하여 우울증에 시달리는 사람들에게 어느 정신과 의사가 조언하는 다섯 가지 팁 중 한 개는 아무 생각 없이 걷는 것이랍니다. 무엇에 쫓겨 그리 바쁜지 걸으면서 명상이라도 해야 흐르는 시간 붙잡고 있는 줄 알았는데, 지체는 여러 개나 머리는 하나인 것을 잊고 살았습니다. 오늘부터는 그리하지 않으렵니다. 6피트 간격을 유지하지 않아서 400불짜리 티켓을 받았다고 떠다니던 오늘의 괴소문은 사실이 아니라고 몇 분 만에 정정되는 에피소드가 있었습니다. 남녀노소 가족들이 애완견을 데리고 걷는 한가로운 길로 경찰차가 웃으며 지나갑니다. 우린 아직 누구에게도 티켓을 준 적이 없노라고 염려 놓으랍니다. 예전에 볼 수 없었던 아름다운 광경이지요. 붉은 해는 아직 서산에 걸려 있는데 산들바람이 등 떠미는 산책길에 굵은 빗방울이 뚝 하고 떨어집니다. 집에 도착할 때까지 기다려 주려무나! 오늘이 칩거 삼 일째 되는 날입니다.

축복의 산과 저주의 산이 등장하는 신명기 28장 말씀은 코로나 19로 인하여 힘들어하고 있는 시점에서 깨닫게 하시는 것이 있습니다. "네가 모든 것이 풍족하여도 기쁨과 즐거운 마음으로 네 하나님 여호와를 섬기지 아니함으로 말미암아," 평온한 날들을 감사하지 못한 것도 죄라고 하시며 그에 따르는 벌이 있다고 하십니다. 하루빨리 온 세계가 역병을 이겨내고 기쁘고 즐거워하는 마음으로 함께 모여 하나님께 예배드릴 수 있기를 소망합니다.

(2020년 3월 26일)

복의 단상 25

도란거리는 자연

"여호와께서 너를 위하여 하늘의 아름다운 보고를 열으사 네 땅에 때를 따라 비를 내리시고 내 손으로 하는 모든 일에 복福을 주시리니 네가 많은 민족에게 꾸어줄지라도 너는 꾸지 아니할 것이요 여호와께서 너로 머리가 될지언정 꼬리가 되지 않게 하시며 위에만 있고 아래에 있지 않게 하시리니 오직 너는 내가 오늘날 네게 명하는 네 하나님 여호와의 명령을 듣고 지켜 행하며 내가 오늘날 너희에게 명하는 그 말씀을 떠나 좌로나 우로나 치우치지 아니하고 다른 신을 따라 섬기지 아니하면 이와 같으리라." 신명기 28:12~14

"The Lord will open the heavens, the storehouse of his bounty, to send rain on your land in season and to bless all the work of your hands. You will lend to many nations but will borrow from none. The Lord will make you the head, not the tail. If you pay attention to the commands of the Lord your God that I give you this day and carefully follow them, you will always be at the top, never at the bottom. Do not turn aside from any of the commands I give you today, to the right or to the left, following other gods and serving them." Deuteronomy 28:12~14

누군가 말하기를 우리는 단어 속에 자신의 흔적을 남긴다고 했다. 그리고 혹자는 말하기를 말이란 우리의 감정을 담아내는 그릇 같지만, 그 배후에는 품지 못해 흘러내린 수많은 의미와 오해와 반성이 똬리를 틀고 있다고 한다. 사람들은 이런 류의 언어를 일컬어 감정의 언어라 부른다.

우한폐렴, 집단 감염, 폐쇄된 공간이라는 삭막한 단어가 이제는 귀에 익숙해졌다. 집에서 지내기를 4일째, 동녘이 밝아오면 창문을 여는 일이 하루 첫 일과가 되었다. 온종일 열어 두기에 좋은 날씨다. 동쪽을 향하고 있는 부엌 창문을 들어 올리니 창가에 즐비하게 늘어선 실내관상수들이 기지개를 켜고 심호흡을 한다. 잎사귀 하나에서 번식된 갖가지 나무들도 오늘 맡은 임무에 충실할 태세를 취하며, 잠시 후 떠오를 해맞이 준비에 나서는 모양새다.

남쪽을 향하고 있는 거실 유리창은 올릴 때마다 힘이 든다. 텍사스의 주택은 계절을 탄다고 하더니 날씨가 뜨거워지면 좀 느슨해지려나, 기름칠이 필요한 기계처럼 빡빡거리며 힘겹게 올라간다. 반쯤 열린 문으로 쏟아져 들어온 빛과 바람을, 크고 작은 나무들이 잎사귀를 흔들며 반긴다. 봄이 오는 소리가 들리면 어김없이 하얀 봉우리를 피워 올리는 난꽃, 이십 년의 연륜에 어울리는 키다리 아저씨 같은 머니추리, 칠십여 개의 종족을 번성시키고 늠름하게 서 있는 마리안느 가족, 사시사철 꽃이 피고 지는 이름 모를 분홍 꽃, 이들의 도란거림이 들린다. 이들을 통하여 '빛과 바람'의 여류화가 앨리스 달튼 브라운Alice Dalton Brown의 그림 한 폭을 감상하게 한다. 그녀는 자연에서 느낄 수 있는 최상의 안전과 편안, 그리고 로맨틱을 빛과 바람에 담아 우리에게 선사하는 메신저이다.

　서쪽을 향하고 있는 안방 창은 우리 집에서 제일 넓다. 그 창 넓이만큼의 펜스를 따라 집주인이 심어놓은 넝쿨 개나리의 노랑꽃 때문에 난 이 집을 사게 되었는지 모른다. '어리숙하다'라는 단어가 미련을 뜻하지 않으면 좋으련만 창문 가득 피어 있는 꽃이 황홀하여 집을 계약할 때 낡아 가고 있는 담장은 보지 못했었다. 그 창문을 오늘 열었다. 어제는 못 보았던 잡초가 밤새 자란 듯이 문지방 위로 쑥 올라와 있다. '까꿍! 주인님, 우리 좀 봐주세요!' 몇 차례 단비가 내렸던 뒤뜰에 나갔다. 수북하게 어우른 어린 쑥이 제일 먼저 반긴다. 조갯살 된장에 들깻가루 듬뿍 넣어 쑥국 끓여서 엄마 맛에 길이든 아이들 갖다주란다. 기다란 키를 가누지 못하고 비스듬히 누워버린 부추도 주인을 올려다본다. 냉랭한 집 안에 고소한 부침이 냄새로 가득 채우고 싶지 않으냐는 눈빛이다. 그리고 언제 어디서 날아왔는지 돌짝 사이를 비집고 나온 수많은 상추 모종은 비옥한 땅으로 이주를 시켜달라고 아우성이다. 그래, 오늘 해야 할 나의 임무를 알게 해주어 고맙구나!

　너희들을 위하여 하늘에 보고를 열으사 너희가 뿌리내린 이 땅에 때에 따라 비를 내리시는 하나님께 감사드리자꾸나!

(2020년 03월 28일)

복의 단상 26

KS마크

"여호수아가 백성에게 이르되 너희가 여호와를 능히 섬기지 못할 것은 그는 거룩하신 하나님이요 질투하시는 하나님이시니 너희 허물과 죄를 사하지 아니하실 것임이라 만일 너희가 여호와를 버리고 이방 신들을 섬기면 복을 내리신 후에라도 돌이켜 너희에게 화를 내리시고 너희를 멸하시리라 백성이 말하되 아니니이다 우리가 정녕 여호와를 섬기겠나이다." 여호수아 24:19~21

"Joshua said to the people, You are not able to serve the Lord. He is a holy God; he is a jealous God. He will not forgive your rebellion and your sins. If you forsake the Lord and serve foreign gods, he will turn and bring disaster on you and make an end of you, after he has been good to you." But the people said to Joshua, No! We will serve the Lord." Joshua 24:19~21

"할 일이 있고, 사랑하는 사람이 있고, 희망이 있는 사람이라면 그 사람은 지금 행복한 사람"이라고 독일의 철학자 칸트는 말했다. 사랑하는 대상을 고정시키지만 않는다면 나도 지금 충분히 행복한 사람이라고 우산을 들고 산책길에 나서며 생각했다. 칸트처럼 매일 똑같은 시간에 집을 나서지는 못하지만 길을 걷다 보면 엇비슷한 시간, 같은 장소에서 만나는 사람들이 많다. 건강을 위하여 운동을 하고 있는 일도 지금 내가 할 일이고, 이런저런 인연으로 이루어진 만남들을 사랑의 대상으로 여기니 이 또한 즐거움이고, 오늘보다 나은 내일을 희망하며 살고 있는 나도 칸트가 말하는 행복한 사람의 범주에 들어갈 것이다.

KN 95-마스크가 필요한 사람에게 구입처를 알려주겠다는 문자가 단체-톡에 올라왔다. 시간이 갈수록 한 사람 한 사람 구입을 희망하는 사람들이 늘어났다. 시중에서 마스크를 구입하는 것은 이미 오래전에 포기한 상태다. 어느 나라의 물품인가 싶어 망설이는데 K로 시작되는 것은 분명 메이든 코리아라고 누군가 귀뜸을 해주었다. 나누어 쓸 요량으로 열두 개들이 두 박스를 주문했다. 그런데 정확히 3분 후에 처음 정보를 주었던 분이 상품 그림과 제조회사의 국적을 알리는 문자를 단체-톡에 다시 올렸다. 우리나라 K를 표방한 중국산이었다.

'KS마크' 오랜만에 떠올려본 단어다. 믿을 수 있는 사람을 지칭하는 심벌마크가 되던 때도 있었다. KS마크는 1961년에 공포・시행된 공업표준화법에 따라 1963년부터 본격적으로 적용되었다고 한다. 이 마크가 찍힌 상품은 국가의 검증을 거쳤기에 소비자는 안심하고 물건을 살 수 있었다. 코로나바이러스로 몸살을 앓은 가운데서 도드라지게 돋보이는 것이 있다. 메이든 코리아이다. 메이든 코리아 자체가 KS마크로 인정을 받는 느낌이다. 내 조국이 인정받으니 좋은 일이다. 언제부터였는지, 순 100퍼센트 한국산이라는 문구를 그대로 믿고 가격에 움츠림 없이 상품에 손이 가는 나 자신을 보았다. 품질 보증을 믿고 무엇이나 살 수 있는 세상이 된다면 이 또한 행복의 조건이 될 것이다.

믿을 수 있는 사람들이 옆에 있는 것도 행복의 조건이 될 것이다. 출애굽 사건 후, 이스라엘의 새로운 지도자로 세움을 받았던 여호수아의 행적이 나오는 성경 '여호수아'에는 복이라는 단어가 거의 나오지 않는다. 이스라엘 민족이 요단을 건너 에발산과 그리심산 앞에 서서 축복과 저주의 율법을 선포하는 의식에서도 복이라는 말은 생략이 된다. 약속대로 가나안의 수많은 땅을 정복하고, 하나님께서 주위의 여러 대적으로부터 이스라엘을 쉬게 하신 지 오랜 후에 여호와가 내리신 복에 대하여 마침내 입을 뗀다. 여호수아는 광야생활 사십 년 세월을 겪고, 가나안을 정복하면서, 사람은 믿을 대상이 되지 못한다는 것을 알고 남음이 있었을 것이다. 그래서 그는 최후로 이스라엘 민족에게 다짐을 받아 낸다. "너희가 섬길 자를 오늘 택하라 오직 나와 내 집은 여호와를 섬기겠노라. 만일 너희가 여호와를 버리고 이방 신들을 섬기면 복福을 내리신 후에도 돌이키시리라."

(2020년 3월 28일)

복의 단상 27

아름다운 성찰

"룻이 가서 베는 자를 따라 밭에서 이삭을 줍는데 우연히 엘리멜렉의 친족 보아스에게 속한 밭에 이르렀더라. 마침 보아스가 베들레헴에서부터 와서 베는 자들에게 이르되 여호와께서 너희와 함께하시기를 원하노라 하니 그들이 대답하되 여호와께서 당신에게 복 주시기를 원하나이다. 하니라." 룻기 2:3~4

"So she went out, entered a field and began to glean behind the harvesters. As it turned out, she was working in a field belonging to Boaz, who was from the clan of Elimelek. Just then Boaz arrived from Bethlehem and greeted the harvesters, The Lord be with you! The Lord bless you! they answered." Ruth 2:3~4

'타산지석'이라는 고사성어가 있다. 남의 산에 있는 돌이라도 나의 옥을 다듬는 데에 소용이 된다는 뜻으로, 다른 사람의 하찮은 언행 또는 허물과 실패까지도 자신을 수양하는 데 도움이 된다는 말이라고 어학사전은 타산지석을 풀이한다.

세상의 모든 일에는 선이든 악이든 어떤 영적인 뜻이 있다고 믿는 사람이 「코로나 19는 정녕 우리에게 무엇을 가르치는가?」라는 제목으로 글을 올려 네티즌들이 발 빠르게 실어 나르고 있다. 공유하고픈 내용이어서 나누는 글일 수도 있겠지만 세계 최고 부자로 꼽히고 있는 빌 게이츠의 이름을 내세운 글이라 더 유명세를 타고 있는지 모르겠다. "빌 게이츠의 아름다운 성찰"로 명명되어 있는 긴 문장의 글 속에는 코로나 19라는 재앙에서 타산지석으로 챙겨야 할 교훈이 많았다. "많은 사람들이 코로나 19 바이러스를 거대한 재앙으로 보고 있지만, 나는 오히려 위대한 교정자로 보고 싶다. 우리가 잊고 살아온 중요한 교훈들을 일깨워 주기 위해 그것이 주어졌고, 그것들을 배울지 말지는 우리에게 달려있다."라는 글쓴이의 마지막 멘트가 크게 울림으로 와 닿는다. 잊어버리기 전에 세 가지 정도는 다듬어 보자.

"코로나 19는 이 시간이 종말이 될 수도 있고, 새로운 시작이 될 수도 있다고 가르치고 있습니다. 이 시간은 성찰과 이해를 통하여 잘못으로부터 배우는 시간이 될 수도 있고, 우리가 배워야 할 것을 배울 때까지 계속되고 반복되는 회로의 시작이 될 수도 있습니다."

"코로나 19는 모든 난관이 지나간 뒤에 평온이 있다고 가르칩니다. 인생은 주기에 따라 이루어집니다. 이번 일도 거대한 주기의 한 단계에 지나지 않습니다. 공황에 빠질 일이 아닙니다. 이것도 지나갈 것입니다."

"코로나 19는 우리의 자아상을 계속 점검하라고 가르치고 있습니다. 우리가 스스로 대단하다고 생각하거나 다른 사람들이 우리가 훌륭하다고 생각한다고 해도 단 하나의 바이러스가 이 세상을 멈춰 서게 할 수 있습니다."

빌 게이츠의 아름다운 성찰 가운데, 우리는 모두가 서로 연결이 되어 누군가에게 영향을 끼치며 살고 있음을 코로나 19가 일깨워 주고 있다고 말한다. 세상의 모든 일에는 선이든 악이든 영적인 뜻이 있다는 첫 멘트로 나오는 말과 일맥상통하는 느낌이 든다.

'우연히' 낯선 땅으로 옮겨 디뎠던 룻의 발걸음에 '마침' 농지를 찾아온 보아스의 발걸음이 멈추었던 사건에도 서로를 연결 지어 영향을 끼치도록 보이지 않은 영적인 뜻이 있었을 것이다.

(2020년 3월 29일)

복의 단상 28

스승은 누구나 될 수 있다

"시모가 그에게 이르되 오늘 어디서 주웠느냐 어디서 일을 하였느냐 너를 돌아본 자에게 복(福)이 있기를 원하노라. 룻이 누구에게서 일 한 것을 시모에게 알게 하여 가로되 오늘 일하게 한 사람의 이름은 보아스니이다. 나오미가 자부에게 이르되 여호와의 복(福)이 그에게 있기를 원하노라. 그가 생존한 자와 사망한 자에게 은혜 베풀기를 그치지 아니하도다. 나오미가 또 그에게 이르되 그 사람은 우리의 근족이니 우리 기업을 물을 자 중의 하나이니라." 룻기 2:19~20

"Her mother-in-law asked her, Where did you glean today? Where did you work? Blessed be the man who took notice of you!" Then Ruth told her mother-in-law about the one at whose place she had been working. "The name of the man I worked with today is Boaz," she said. "The Lord bless him!" Naomi said to her daughter-in-law. "He has not stopped showing his kindness to the living and the dead." She added, "That man is our close relative; he is one of our guardian-redeemers." Ruth 2:19~20

"인내는 쓰고 그 열매는 달다." 프랑스 계몽기의 사상가였던 장 자크 루소가 남긴 인생 명언입니다. 스스로 배울 생각이 있는 한 천지 만물 중 하나도 스승 아닌 것이 없다고 말하는 그는, 그런 맥락에서 사람에게는 세 가지 스승이 있는데 하나는 대자연, 둘째는 인간, 셋째는 모든 사물이라고 합니다.

이른바 코로나 안전수칙으로 인하여 힘든 인내를 요구하고 있는 이때, 짤막한 영상 하나가 잔잔하게 감동을 주고 있습니다. 루소가 말한 것처럼 대자연계를 스승으로 삼는 배움이라고 할까요. 낙타 이야기입니다. 낙타 하면 제일 먼저 떠오르는 것이 낙타의 등에 있는 커다란 물혹입니다. 우리 눈에는 짐스럽게까지 보이는 그 혹이 낙타에게는 생존을 위해 가장 소중한 것입니다. 그 속에는 많은 양의 지방이 저장되어 있어 몇 달 동안 먹지 않아도 살 수 있으며 영양분이 부족할 시 혹에 저장되어 있던 지방이 양분과 물로 바뀌기에 사막에서 생존할 수 있다고 합니다. 낙타는 긴 눈썹을 가지고 있습니다. 낙타의 긴 눈썹은 모래바람을 막아내어 길을 잃지 않고 앞을 내다볼 수 있게 눈동자를 보호합니다. 그래서 모래바람이 불어도 행진을 계속 할 수 있는 것이지요.

오늘 영상에서 감동을 느끼게 하는 것은 굳은살이 박여 있는 낙타의 무릎입니다. 때때로 사막에는 낙타의 긴 눈썹으로 막아낼 수 없는 모래폭풍이 몰려올 때가 있답니다. 이때 낙타는 조용히 무릎을 꿇은 채로 모래폭풍이 지나가기를 하염없이 기다립니다. 사막의 달인 낙타라도 휘몰아치는 강풍을 스스로 뚫고 갈 수 없는 길임을 알고 있는 것입니다. 인내를 말하고 있는 것이지요. 낙타의 물혹과 긴 눈썹 그리고 굳은살 박여 있는 무릎의 기능을 설명하는 내레이션의 목소리가 우직스럽게 자연에 순응하며 걸어가는 낙타와 어울리는 아름다운 영상이었습니다.

'The story of Ruth' 영화에는 룻의 시어머니 나오미가 땅바닥에 무릎을 꿇고 밤새워 기도하며 인내하는 장면이 나옵니다. 고단하기만 한 그녀의 삶에 또다시 모래폭풍이 몰려왔기 때문입니다. 긴 눈썹으로는 막아내지 못할 사람들의 모함들이었지요. 어두운 밤이 깊어 갈 무렵 차가운 바닥에 무릎 꿇고 엎드린 그녀의 등 위로 위로부터 밝은 빛이 비치어옵니다. 어려움이 지나가기를 기다린 그녀의 쓴 인내가 단 열매를 맺게 하려는 징조가 보인 것입니다.

사막에 엎드린 낙타처럼, 하나님 앞에 엎드린 나오미처럼, 이들을 스승 삼아 우리도 엎드려 기다려야 되는 시간인 것 같습니다.

(2020년 3월 30일)

복의 단상 29

고 엘의 미학

"가로되 네가 누구뇨 대답하되 나는 당신의 시녀 룻이오니 당신의 옷자락으로 나를 덮으소서 당신은 우리 기업을 무를 자가 됨이니이다. 가로되 내 딸아 여호와께서 네게 복 주시기를 원하노라. 네가 빈부를 물론하고 연소한 자를 쫓지 아니하였으니 너의 베푼 인애가 처음보다 나중이 더 하도다. 내 딸아 두려워 말라 내가 네 말 대로 네게 다 행하리라. 네가 현숙한 여자인 줄 나의 성읍 백성이 다 아느니라." 룻기 3:9~11

"Who are you?" he asked. "I am your servant Ruth," she said. "Spread the corner of your garment over me, since you are a guardian-redeemer of our family." "The Lord bless you, my daughter," he replied. "This kindness is greater than that which you showed earlier: You have not run after the younger men, whether rich or poor. And now, my daughter, don't be afraid. I will do for you all you ask. All the people of my town know that you are a woman of noble character." Ruth 3:9~11

"읽기와 듣기는 소유가 되고 말하는 것과 쓰는 것은 나눔이 된다."라는 말을 어느 글쓰기 강연에서 들은 것 같다. 글은 쓸수록 자신에게 유익이 생겨 즐거워지는 일들이 있는데 그중 하나가 지식이 쌓여가는 기쁨이란다.

모르는 것이 많을수록 알려고 노력하기에 앎의 축적이 생기고, 아는 것이 힘이라는 시너지 효과는 또 다른 욕심까지 생기게 만든다는 것이다. 양질의 '나눔'을 쓰고픈 욕심일 것이다.

"당신의 옷자락으로 나를 덮으소서."라는 문체가 아름다워, 다른 사람들은 이 구절을 어떻게 받아들이고 있나 싶어 검색창을 열어보았다. '당신의 옷'이라고 겨우 네 글자를 입력했는데 기대를 충족시켜줄 만한 글들이 올라와 있었다. 덕분에 영국의 크리스쳔 작가 로이 헷숀을 알게 되었고, 그가 책 제목으로 그의 종교서적 시리즈 다섯 번째를 룻이 보아스에게 했던 말로 채택하고 있음을 알게 되었다. 책을 추천하는 역자는 말하기를, 저자가 이 성경구절을 인용하게 된 배경은 그가 말했던 "성령 충만은 우리의 신실함에 대한 하나님의 보상이 아니라 우리의 패배에 대한 하나님의 선물이다."라는 것과 연관성이 있는 내용이 실려 있기 때문이라고 하였다. 왜냐하면 저자 로이 헷숀은 이 책에서 룻기를 실패한 자녀의 대표적인 인생 드라마로 설정하고, 그 실패한 그리스도인이 성령의 충만을 받아 부흥이라는 인생 역전의 드라마를 수놓고 있는 것을 바로 룻기로 보았던 것이다.

분명 룻기는 인생 역전의 드라마이다. 머나먼 타국에서 남편과 두 아들을 잃어버렸던 나오미는 일곱 아들보다 귀한 며느리에게서 노년의 봉양자가 될 아들을 얻었고, 젊은 나이에 남편을 잃어 청상과부가 된 모압 여인 룻은 덕망이 있는 보아스의 현숙한 아내가 된 것이다. 살길이 막막하여 이삭줍기로 연명하던 이 두 고부의 패배를 하나님은 어느 통로를 통하여 그들을 부흥이라는 역전으로 바꾸셨는지 룻기를 읽으면 금방 알 수 있는 일이다. 그런데 오늘은 예전에 알지 못했던 "고엘Goel"이라는 단어를 읽어 내 앎의 소유로 삼을 수 있었다.

고엘이란 고대 근동 히브리 사회에서 발견할 수 있는 독특한 제도라 한다. 친족 및 혈연 공동체를 중심으로 사회생활이 이루어지던 때에 공동체의 구성원들이 서로의 생명과 재산 및 가문을 위한 일종의 상호 보호제도였다. 고엘은 히브리어에서 온 단어로, '친족, 친족으로서의 역할을 한다.'라는 뜻이 담겨있다고 한다. 우리말은 '가업을 물려받을 자'로 되어 있다. 고엘에 해당하는 근족近族이 가지는 의무와 권리는 크게 세 가지가 있는데 그 중의 한 가지 법이 룻의 가정에 역전 드라마를 안겨준 통로 역할을 한 것이다.

『고엘, 교회에 말을 걸다』라는 책이 있다. 교회가 감당해야 하는 고엘은 과연 무엇인가? 라는 의문문을 달고 미학美學을 주문하며 말을 걸기 시작했다고 한다.

(2020년 3월 31일)

복의 단상 30

흔들바위는 건재하답니다

"여호와의 궤를 옮겨 다윗 성 자기에게로 메어 가기를 즐겨하지 아니하고 치우쳐 가드 사람 오벧에돔의 집으로 메어 간지라. 여호와의 궤가 가드 사람 오벧에돔의 집에 석 달을 있었는데 여호와께서 오벧에돔과 그 온 집에 복福을 주시니라. 혹이 다윗 왕에게 고하여 가로되 여호와께서 하나님의 궤를 인하여 오벧에돔의 집과 그 모든 소유에 복福을 주셨다 한지라 다윗이 가서 하나님의 궤를 기쁨으로 메고 오벧에돔의 집에서 다윗성으로 올라갈 세." 사무엘 하 6:10~12

"He was not willing to take the ark of the Lord to be with him in the City of David. Instead, he took it to the house of Obed-Edom the Gittite. The ark of the Lord remained in the house of Obed-Edom the Gittite for three months, and the Lord blessed him and his entire household. Now King David was told, The Lord has blessed the household of Obed-Edom and everything he has, because of the ark of God. So David went to bring up the ark of God from the house of Obed-Edom to the City of David with rejoicing." 2 Samuel 6:10-12

한 사람이 밀어도 움직이는 커다란 바위가 열 사람이 힘을 합쳐 밀어도 그냥 흔들려줄 뿐 제 자리를 지키고 있습니다. '흔들바위'지요. 장난감 오뚝이는 아무렇게 굴려도 다시 일어날 수 있도록 밑을 무겁게 만들었기에 쓰러질 염려가 없으나, 자연계의 침식으로 스스로 다듬어진 뒤뚱이 흔들바위는 밀면 금방이라도 굴러떨어질 것 같은 불안정한 모습으로 서 있습니다. 그래서 사람들은 호기심의 밀치기를 하면서도 행여 굴러가 버릴까 하는 조바심이 있나 봅니다.

오늘은 만우절입니다. 가벼운 거짓말로 남을 속이며 장난칠 수 있는 날입니다. 악의 없는 거짓말이나 익살스러운 장난은 어지간하면 웃어넘기고 경직된 얼굴의 근육 한번 풀었다 위안 삼아 넘어들 가지요. 누구나 한 번쯤은 거짓말을 했던 기억도 있고 깜박 속아 넘어간 경험도 있을 것입니다. 만우절은 서양에서 유래한 오래된 풍습이라고 합니다. 이 날이면 동서고금, 큰 자와 작은 사, 가리지 않고 기발한 속임수를 연구합니다. 그중 뭐니 뭐니 해도 많은 사람을 한꺼번에 속일 수 있는 기관은 미디어, 즉 언론일 것입니다. 예를 들어 BBC 방송은 나무에서 스파게티를 수확하는 모습을 영상에 담아 내보냈는데 완전히 속아 넘어간 많은 사람들이 재배방법을 물어왔다고 합니다. 언론플레이가 가능한 것은 이처럼 순진하게 믿어 주는 사람들 때문일 것입니다.

작년 이맘때쯤의 일입니다. 연세가 구순을 지나셨어도 젊은이 못지않은 감각으로 매사에 관심을 갖고 계시는 분이 분노하며 언론에서 들은 이야기를 하셨습니다. 이분은 6.25 동란 때, 고등학교를 갓 졸업한 신분으로 사선을 넘어 홀로 월남하여 자수성가하신 분입니다. 철없던 어린 시절의 북녘

땅 이야기부터 아메리칸 드림을 이루고 사시는 오늘까지의 일들을 기회가 닿을 때마다 들려주시곤 하는데 덕분에 많은 것을 배우게 됩니다. 군사, 경제, 정치, 스포츠, 유명한 미국의 칼럼니스트 등 당신이 직접 경험하신 일을 말씀하기도 하지만 주로 책이나 언론에서 얻은 정보를 알려주십니다. 이십 년이 훨씬 넘게 지켜본 분이라 이제는 간단한 대화 가운데에서도 관심사가 어느 곳에 있는지 금방 알 수 있을 정도가 되었지요. 작년 이맘때에 들려주셨던 이른바 '흔들바위' 이야기에 나타난 그분의 분노는 순전히 나라를 아끼는 애국심에서 나온 것이었습니다.

물맷돌 몇 개를 호주머니에 넣고 천하무적 골리앗을 향해 돌진하던 다윗은 용맹과 순수함의 양면을 갖춘 사람이었습니다. 하나님의 궤를 보관하고 있다는 이유로 오벳에돔의 가정에 하나님이 복을 내리셨다는 소식을 듣고 힘을 다하여 덩실덩실 춤을 추며 궤를 다시 메고 왕궁으로 돌아오는 장면에서 행동의 순수함을 볼 수 있습니다. 또한, 다윗 마음의 순수는 그의 고백에서 알 수 있습니다. "내가 감당하지 못할 큰일이나 놀라운 일을 하려고 힘쓰지 아니하나이다. 실로 내가 내 영혼으로 고요하고 평온하기를 젖 뗀 아이가 그의 어머니 품에 있음 같게 하였나니 내 영혼이 젖 뗀 아이와 같도다."

만우절에 속아 넘어간 사람은 이듬해 만우절까지 행운이 따른다는 속설이 있던데, 남의 나라 문화재를 훼손한 미국인 관광객들에게 무거운 형을 내려야 된다고 하시며, 우리나라 문화관광부 관계자들을 나무라시는 그 옛날 육군 장성이셨던 어르신의 얼굴이 어찌하여 하나님 앞에서 순백의 영혼으로 춤을 추던 다윗 왕의 모습과 겹쳐질까!

어르신, 지방 문화재 37호 설악산 흔들바위는 아직까지 건재하답니다! 저도 오늘에야 알았습니다. 팬데믹 가운데 건강하시길 기원합니다.

(2020년 4월 1일)

복의 단상 31

청교도의 후예들

"만군의 여호와 이스라엘의 하나님이여 주의 종에게 알게 하여 이르시기를 내가 너를 위하여 집을 세우리라 하신고로 주의 종이 이 기도로 구할 마음이 생겼나이다. 주 여호와여 오직 주는 하나님이시며 말씀이 참되시니이다. 주께서 이 좋은 것으로 종에게 허락하셨사오니 이제 청컨대 종의 집에 복을 주사 주 앞에 영원히 있게 하옵소서 주 여호와께서 말씀하셨사오니 주의 은혜로 종의 집이 영원히 복을 받게 하옵소서 하니라" 사무엘하 7:27~29

"Lord Almighty, God of Israel, you have revealed this to your servant, saying, 'I will build a house for you.' So your servant has found courage to pray this prayer to you. Sovereign Lord, you are God! Your covenant is trustworthy, and you have promised these good things to your servant. Now be pleased to bless the house of your servant, that it may continue forever in your sight; for you, Sovereign Lord, have spoken, and with your blessing the house of your servant will be blessed forever." 2 Samuel 7:27-29

"사고팔 것이 없는 곳에서 상인은 할 일이 없는 법이다." 청교도 명언 중에 나오는 말입니다. 특별히 그리스도인은 항상 선을 주고받으며 살아야 하고, 따라서 친구 사이도 선을 주고받을 수 없는 친구여서는 아니 된다고 합니다. 사고팔 것이 없는 곳에는 상인이 할 일이 없다는 명언과 선을 행하며 살아야 하는 인간관계의 필연을 연관시키는 화법이 대단합니다. 우리나라에서 처음으로 상인이라는 계층이 형성되었던 시기는 고려시대부터라고 합니다. 그때 당시의 상인이란 최하위 신분 서열로 천민 계층에 속하여, 관리 등용은 물론 교육의 기회도 주어지지 않았으며 군역의무도 부여되지 않았다고 합니다. 그러나 지금 우리가 살고 있는 자본주의 물질문명 시대는 어느 나라이건 어느 분야이건 심지어 신성한 종교까지도 상업적입니다. 현대에 사는 우리가 모두 물신적物神的 존재는 아니라 할지라도, 신분상의 계층이 필요 없는 한 사람의 상인으로 살고 있지 않은지 모르겠습니다. 그래서 예수님께서도 달란트 비유를 들어 인간의 책임의무를 말씀하셨을까요.

올해는 청교도 이주 400주년이 되는 해입니다. 신앙의 자유를 찾아 메이플라워호를 타고 대서양을 건너왔던 사람들의 순결하고 아름다웠던 믿음을 회복하는 운동이 일어나기를 바라는 기도모임이 정초부터 활발했었습니다. 코로나 19로 인하여 뒷전으로 물러난 운동이 되기는 하였으나 거대하게 보이던 나라가 힘없이 흔들리고 있는 모습을 보이고 있는 것 같아서 마음 모아 기도해야겠다는 생각이 듭니다. 태평양을 건너 청교도의 후예들이 살고 있는 이 땅으로 온 지도 벌써 30년이 넘었습니다. 청교도들이 우리 가족보다 불과 삼백몇십 년 먼저 이 땅에 건너온 사람들이라고 하니 그들과의 거리가 좀 더 좁게 느껴집니다.

청교도 후예들 중에는 그 조상들의 경건한 삶으로 인하여 대대로 복을 받은 가문의 이야기가 우리 크리스찬들에게 많이 회자 되고 있는 사람이 있습니다. 조나단 에드워즈입니다. 할아버지와 아버지 3대를 이어 목회 길을 걸었던 그는, 성경은 하나님의 말씀이고 그 말씀이 세계를 섭리하고 있다고 확신하는 신학자이며 교육자이며 철학자입니다. 그는 말하길 하나님이 우리에게 성경을 주셨는데, 금으로 주신 게 아니라 금맥을 주셨다고 합니다. 즉 금은보화가 담긴 성경을 캐낼 때만 금을 발견할 수 있고 금은보화를 얻을 수 있다는 것입니다.

그의 경건한 후손들을 통해 미국 사회의 각계각층에서 나타난 선한 영향력과 조나단 에드워즈와 동시대를 살았던 무신론자 맥스 유커스 가문의 사회에 끼친 악을 비교한 연구 결과는 유명합니다. 이 비교는 단순한 흥미를 위한 것이 아니라 오랫동안의 과학적 토대에 근거한 연구 추적에 의하여 나온 통계라고 합니다. 2세기를 거치며 연구된 두 가족사의 걸어온 길은 빛과 어둠으로 나눌 수 있습니다. 다윗은 하나님을 향한 선한 마음이 있었습니다. 아직 실행하지도 않는 그 선이 받은 바 되어 그는 하늘의 복을 약속받았습니다. 확증하는 의미에서 다윗이 소원을 아룁니다. "종의 집에 복을 주사 하나님 앞에 영원히 있게 하시고 주의 은혜로 영원히 복을 받게 하옵소서."

친구 사이에도 선행함이 있어야 하듯 하늘과 땅 사이에도 선을 주고받아야 하는 것은 진리라는 생각이 듭니다. 하늘에서 이룬 것 같이 땅에서도 이루어진다는 이치입니다. 선한 것을 서로 사고파는 상인들이 되어 청교도의 후예답게 영원히 하나님 앞에서 복을 받는 이 땅이 되기를 기원해봅니다.

(2020년 4월 2일)

복의 단상 32

천수답

"다윗의 시대에 해를 거듭하여 삼 년 기근이 있으므로 다윗이 여호와 앞에 간구하매 여호와께서 가라사대 이르시되 이는 사울과 피를 흘린 그의 집을 인함이니 그가 기브온 사람을 죽였음이니라 하시니라. 기브온 사람은 이스라엘 족속이 아니요 그들은 아모리 사람 중에서 남은 자라 이스라엘 족속들이 전에 그들에게 맹세하였거늘 사울이 이스라엘과 유다 족속을 위하여 열심이 있으므로 저희 죽이기를 꾀하였더라. 이에 왕이 기브온 사람을 불러 물으니라. 다윗이 그들에게 묻되 내가 너희를 위하여 어떻게 하랴 내가 어떻게 속죄하여야 너희가 여호와의 기업을 위하여 복(福)을 빌겠느냐" 사무엘 하 21:1~3

"During the reign of David, there was a famine for three successive years; so David sought the face of the Lord. The Lord said, It is on account of Saul and his blood-stained house; it is because he put the Gibeonites to death." The king summoned the Gibeonites and spoke to them. Now the Gibeonites were not a part of Israel but were survivors of the Amorites; the Israelites had sworn to spare them, but Saul in his zeal for Israel and Judah had tried to annihilate them). David asked the Gibeonites, "What shall I do for you? How shall I make atonement so that you will bless the Lord's inheritance?" 2 Samuel 21:1~3

미국의 저명한 목회자요, 신학자요 저술가인 팀 켈러Tim Keller는 "걱정이란 하나님보다 내가 더 잘 안다는 마음 깊은 곳의 감정이다. 그리고 내가 하나님보다 더 세상을 잘 다스릴 수 있다는 그런 마음에서 시작된다"라고 말합니다. 지나친 염려에 묶여 사는 것도 어느 면에서는 하나님 앞에 올바르지 못한 일이 아닌가 싶습니다. 현재 국내·외의 크리스천들에게 설교와 책으로 많은 영향력 끼치고 있는 그가 지난 6월에 췌장암 진단을 받은 후 기도를 요청하는 글을 보았습니다. 네 가지의 기도 요청 제목 가운데 두 번째는 그와 그의 아내가 세상이 주는 기쁨을 멀리하고 하나님의 임재 가운데 오직 주님만 바라보고 나갈 수 있게 해달라는 것이었습니다. 팀 켈러의 저서 중 『고난에 답하다』라는 책이 있습니다. 내용 중에 "고난으로 신앙을 떠나거나 고난으로 하나님을 만나거나"라는 구절이 있습니다. 코로나로 인한 고난이 장기화되면서 그 영향이 개개인의 삶에 변화를 일으키고, 특별히 크리스천들에게는 영적으로만 해명이 되어야 하는 민감한 부분까지 확장되고 있는 시점이라, 이 구절이 던지는 의미가 남다릅니다. 팀 켈러가 투병생활 가운데서도 하나님을 더욱 깊이 만나는 시간이 되어 완전하게 회복되시기를 기원해 봅니다.

삼 년이나 연거푸 기근이 있었다면, 300년 전 이스라엘 왕 다윗에게도 크나큰 고난의 시기였을 것입니다. 성경에서 자주 인용된 이른 비와 늦은 비의 의미는 하늘에서 내리는 복의 대명사로 쓰인 것은 이스라엘이 마치 천수답과 같은 물이 귀했던 메마른 땅이었고 시대였기 때문입니다. 기도의 사람이었던 다윗이 척박한 땅에 엎드려 아뢰고 또 아뢰었을 기나긴 시간을 헤아려 봅니다. 하나님의 침묵은 3년간이나 계속되었지요. 처음에는 비를 내려 주라는 것이 그의 간청이었을 것입니다. 지금 우리들이 코로나 전염병이 하루빨리 종식되기를 바라고 있는 마음처럼 말입니다. 그리고 자기성찰을 하는 단계가 될 때 하나님을 만나고 그분의 음성을 듣습니다. 우리도 이제는 다윗처럼 뒤를 돌아보며 앞을 볼 수 있는 기나긴 기도생활로 들어가야 하지 않을까요? 하늘에서 내리는 비가 있어야 모내기를 할 수 있는 천수답처럼 우리 마음이 오로지 하늘의 비를 목말라 할 때 귀에 들리는 하나님의 음성이 있지 않을까 싶습니다.

(2020년 7월)

복의 단상 33

그 시대의 사건들

"야베스는 그 형제보다 존귀한 자라. 그 어미가 이름하여 야베스라 하였으니 이는 내가 수고로이 낳았다 함이었더라. 야베스가 이스라엘 하나님께 아뢰어 가로되 원컨대 주께서 내게 복에 복을 더 하사 나의 지경을 넓히시고 주의 손으로 나를 도우사 나로 환란을 벗어나 근심이 없게 하옵소서. 하였더니 하나님이 그 구하는 것을 허락하셨더라." 역대상 4:9~10

"Jabez was more honorable than his brothers. His mother had named him Jabez, saying, I gave birth to him in pain." Jabez cried out to the God of Israel, "Oh, that you would bless me and enlarge my territory! Let your hand be with me, and keep me from harm so that I will be free from pain. And God granted his request." 1 Chronicles 4:9~10

『성경 역대기』는 기원전 5세기에 처음 쓰였는데 오늘에 이르기까지 여러 번 제목이 바뀐 책이라고 합니다. 히브리어 성경은 역대기 전체를 '그 시대의 사건들'이라 하였고, 그 후 70인 역 성경은 '생략된 사건들'로 고쳤으며 라틴어 성경은 '거룩한 역사의 역대기 전서'로 부르다가 루터의 독일성경에서부터 오늘까지 '역대상'으로 부르게 되었다고 합니다. 역대상의 시작은 한마디의 설명도 없이 아담으로 시작된 조상들의 이름이 나옵니다. 성경에서 나오는 족보 중에서 제일 긴 글이지요. 20쪽이 넘는 분량의 이스라엘 족보 이야기를 읽으려면 저 같은 일반인들은 인내심이 필요하기도 합니다. 아마 글 중간에 있는 유다 자손들의 이름 중 최고의 복을 받으며 누렸던 야베스의 이야기가 아니면 남의 나라 족보 이야기 몇 장쯤은 이름도 훑지 않고 넘겼을 것입니다. 아시다시피 역대 상 1~9장까지는 아담에서부터 다윗까지의 이스라엘 백성의 족보를 간략하게 정리하고 있지요. 여기에 500여 명의 이름이 빼곡하게 기록되어 있습니다. 그런데 그중에 눈에 띄는 사람 하나가 나옵니다. 바로 야베스입니다.

장례예배에서 찍은 몇 장의 사진이 전송되어 왔습니다. 직장동료의 외할아버지 장례식 사진입니다. 간단하게 만든 약력에는 1920년에 태어나셨고 목회자의 길을 걸어오신 분이라고 소개가 되었습니다. 올해가 2020년이니 100세 넘게 이 땅의 나그네로 사신 분입니다. 옛 어른들은 이처럼 건강하게 장수를 누린 분의 장례를 호상이라 하며 유가족을 위로하는데 코로나 19로 인한 오늘에는 그런 말이 전혀 도움이 될 것 같지 않습니다. 하여 그동안 효를 다하던 가족들의 모습을 떠올려 문자를 보냈습니다. 밀려있는 시신들 때문에 보름 가까이 장례를 치르지 못하다가 겨우 온 가족이 합하여 서너 사람만이 지켜볼 수밖에 없는 장례예배 광경이 너무 썰렁해 보였기 때문입니다. 일 년 먼저 이 세상을 떠나셨던 동료의 외할머니 장례식과 비교하니 내일이란 우리의 아무것도 보장해 주지 못하는 미지의 시간일 뿐이라는 생각이 듭니다. 전 세계 코로나 19 누적 사망자가 80만 명이 넘는다고 하는데 이들의 마지막 길도 별반 다를 것이 없는 현실에 마음이 겸허해집니다.

　　오늘의 기이한 현상을 두고 후일의 역사가들이 '그 시대의 사건들'을 바이러스로 세계가 하나가 되었다는 기록으로 남길 것입니다. 이 땅에서 백년을 살다 가신 그분의 족보에도 성경에 나오는 야베스처럼 다른 형제들보다 존귀한 사람들이 있었을 것입니다. 존귀함의 기준을 어디에 두느냐에 따라 다르겠지만 성경은 야베스를 가리켜 자신이 원하고 바라는 것을 하나님께 구한 사람이었다고 말합니다. 그리고 그는 풍족하고 좋은 가정에서 태어난 사람이 아니라 고통, 고난, 수고라는 뜻이 담긴 이름을 갖고 있는 사람이라고 소개됩니다. 소명이 있어 부르심을 받아 목회자의 길을 걸으셨던 그분의 역대기에도 하나님의 허락하심이 있는 기도를 드리는 존귀한 후손들의 이름이 기록되기를 기원하는 하루입니다.

(2020년 8월 27일)

복의 단상 34

우리는 이겼노라!

"삼월에 쌓기를 시작하여 칠월에 마친지라 히스기야와 방백들이 와서 더미를 보고 여호와를 송축하고 그 백성 이스라엘을 위하여 축복하니라. 히스기야가 그 더미에 대하여 제사장들과 레위 사람들에게 물으니 사독의 족속 대제사장 아사랴가 대답하여 가로되 백성이 예물을 여호와의 전에 드리기 시작함으로부터 우리가 족하게 먹었으나 남은 것이 많으니 이는 여호와께서 그 백성에게 복應을 주셨음이라 그 남은 것이 이렇게 많이 쌓였나이다." 역대 하 31:7~10

"They began doing this in the third month and finished in the seventh month. When Hezekiah and his officials came and saw the heaps, they praised the Lord and blessed his people Israel. Hezekiah asked the priests and Levites about the heaps; and Azariah the chief priest, from the family of Zadok, answered, Since the people began to bring their contributions to the temple of the Lord, we have had enough to eat and plenty to spare, because the Lord has blessed his people, and this great amount is left over." 2 Chronicles 31:7~10

남 유다의 3대 현군 중 한 사람으로 꼽히는 히스기야는 유다 제13대 왕이다. 히스기야라는 이름의 뜻은 '여호와는 나의 힘'이라고 한다. 해그림자를 십도 물러서게 하는 초자연적 현상으로 생명 연장 약속을 확증 받았던 것도 힘이 되신 하나님을 의뢰하였기 때문일 것이다. 히스기야에 관한 이야기는 역대 하 외에도 아모스의 아들 선지자 이사야의 묵시 책과 유다와 이스라엘 왕들의 열전이라 불리는 열왕기에 자세히 기록되어 있다.

　나이 스물다섯에 왕 위에 오른 히스기야가 제일 먼저 했던 일은 짐을 벗는 일이었다. 부왕인 아버지 아하스가 쌓아둔 무수한 죄악의 덩어리를 벗겨내는 일이다. 여호와의 성소를 등지고, 낭실 문을 닫으며, 성소의 등불을 꺼버렸던 아하스 왕이였다. 성전과 예루살렘 구석구석에 우상의 제단을 쌓았던 선친의 흔적들을 씻어내는 기간이 보름도 넘게 걸렸다. 성경 여러 곳에는 히스기야의 이야기가 등장한다. 그중 히스기야 왕의 치적을 가장 자세하게 기록한 곳은 역대 하이다. 아버지였던 유다 제12대 왕 아하스는 조상들의 묘실에도 들이지 못하는 악한 왕이었다. 그러나 그의 아들 히스기야 왕은 다윗 자손의 묘실 중 높은 곳에 장사되었고, 온 유다와 예루살렘 주민들이 그의 죽음에 경의를 표했다고 역대하 기자는 기록하고 있다.

　'인생은 마라톤이다.'라는 말이 있다. 인터넷으로 예배를 드리기 시작한 지 세 번째가 되는 오늘 설교 말씀은 '우리 앞에 당한 경주'였다. 경주는 순수 우리말의 달리기이다. 사람과 자동차와 동물들이 일정한 거리를 정하고 달려 서로 그 빠르기를 겨루는 것이 경주이다. 목사님은 "목회란 마라톤이다"라는 멘트로 말씀을 시작하셨다. 우리 앞에 당한 경주가 일백, 이백, 사백의 단거리 달리기가 아니라, 42.195Km의 마라톤 경기라면 어떻게 완주할까? 라는 물음을 열기 위함이었다. 사실 마라톤의 규칙을 보면 때론 멋대로 걷는 인생길과는 거리가 있다. 단지 지구력과 끈기의 대명사로 인식된 경주라 당장 코앞에서 승부를 가리는 단거리하고는 다르다. 따라서 인내를 요구하는 일에 마라톤 정신을 결부시키는 것이다. 마라톤 선수들이 경기 전에 마지막으로 하는 점검은 걸치고 달려야 되는 짐의 무게를 재는 것이라고 한다. 최대의 스포츠 공학을 이용하여 유니폼과 신발의 무게를 최소화하고 가능한 만큼 몸무게를 줄이는 것이라고 한다. 일장기를 가슴에 달고라도 한국을 세계에 알리고 싶어 달리고 또 달렸다는 코리아의 영웅 故 손기정 선수도 그래서 그리 야윈 모습이었을까.

마라톤의 유래는 기원전 490년에 아테네의 한 전령이 '우리는 이겼노라'라는 외침에서부터 시작이 되었다. 마라톤 경기는 뛰어야 하는 거리가 같다 해도, 대회마다 장소와 날씨와 코스가 다르기 때문에 신기록이라는 용어는 쓰지 않는단다. 후반에 가파른 언덕길이 있는 코스도 있고, 시작부터 끝까지 평탄한 코스도 있으며, 30도가 넘는 더위 속에서 달리거나 10도 안팎의 온도에서 달릴 수도 있기 때문에 '세계 신기록'보다는 '세계 최고 기록'이라고 한다고 한다. 이런 면에서는 '인생은 마라톤이다.'라는 말과 일맥상통하기도 한다. 장거리를 뛰어야 하는 마라톤 선수들이 해야 하는 기본은 첫째가 최대한 몸무게를 줄이는 것이다. 그러기 위해서는 짐을 벗어 버리는 것이다. 홀로 뛰는 인생의 마라톤 목적지에서 '이겼노라'라고 외치려면 오늘 어떤 짐을 벗어야 할까, 스스로에게 던져보는 질문이다.

(2020년 4월 5일)

복의 단상 35

흔들거리는 인류

"사단이 이에 여호와 앞에서 물러가서 욥을 쳐서 그 발바닥에서 정수리까지 악창이 나게 한지라 욥이 재 가운데 앉아서 기와 조각을 가져다가 몸을 긁고 있더니 그 아내가 그에게 이르되 당신이 그래도 자기의 순전을 굳게 지키느뇨 하나님을 욕하고 죽으라. 그가 이르되 그대의 말이 어리석은 여자 중 하나이 말 같도다. 우리가 하나님께 복을 받았은 즉 재앙도 받지 아니하겠느뇨. 하고 이 모든 일에 욥이 입술로 범죄치 아니하니라." 욥기 2:7~10

"So Satan went out from the presence of the Lord and afflicted Job with painful sores from the soles of his feet to the crown of his head. Then Job took a piece of broken pottery and scraped himself with it as he sat among the ashes. His wife said to him, Are you still maintaining your integrity? Curse God and die!" He replied, "You are talking like a foolish woman. Shall we accept good from God, and not trouble? In all this, Job did not sin in what he said." Job 2:7~10

저자와 기록연대가 미상인 욥기입니다. 기록 목적은 세 가지 정도로 나뉩니다. 오늘 말씀과 연결할 수 있는 것은, 이 세상의 역사와 인간의 생사

화복이 하나님의 주권에 따라 움직임을 보여 준다는 해석에 있습니다. 우스 땅에 살았던 욥은 땅에서 누릴 수 있는 복은 다 받고 살았던 사람이지요. 그는 순전하고 정직하며 하나님을 경외하여 악에서 떠난 자라고 합니다. 이처럼 의롭게 살았던 욥이 하루아침에 모든 것을 잃어버리는, 사람으로는 감당할 수 없는 고난에 직면합니다. 그가 입을 열어, 주시는 자도 여호와시오, 취하신 자도 여호와시라 주신 복도 받았으니 재앙도 하나님이 내리셨다면 받아야 한다고 말하였습니다. 소문을 듣고 찾아온 세 친구들이 그의 처참한 현실 앞에 할 말을 잃고 칠일 칠야 동안 입을 닫습니다.

아프리카 오지의 나라, 챠드의 아름다운 문인 무스타파 달렙의 글이 많은 사람들의 시선을 모으고 있다. 실존 인물이 아닐 수 있음을 제기하는 댓글도 있기는 하지만 "아무것도 아닌 그 하찮은 것에 의해 흔들리는 인류"로 시작되는 글 내용에 대부분 공감을 하고 있다. 코로나바이러스라 불리우는 작은 미생물이 지구를 뒤집고 있는 것은 사실이기 때문이다. 서방의 강국들과, 알제리의 군대와, 내로라하다는 대기업들이 해결하지 못한 굵직한 일들을 이 작은 미생물이 해내고 있다는 그의 역설에는 글쓴이가 누구이든 문제가 되지 않는 모양이다. 우리는 누구인가? 우리의 가치는 무엇인가? 이 코로나바이러스 앞에 우리는 무엇을 할 수 있나? 코로나바이러스 앞에서는 우린 모두 똑같이 연약한 존재일 뿐이다. 섭리가 우리에게 드리울 때를 기다리면서 스스로를 직시하자. 그리고 살아 있는 나를 사랑하자, 라는 끝맺음의 여운이 아름다운 문인의 숨결을 느끼게 한다.

오늘은 4월 6일, 예정했던 대로 하면 칩거가 해제되어 정상 출근을 해야 하는 날이다. 갑자기 변경된 행정명령에 따른 직장 이메일 공문을 받았다. 몇 주간의 안식이 계속될 것 같다. 미국의 코로나 확진자가 사십만 명에 육박하고 사망자는 만 명을 넘었다는 암울한 소식이 아침을 무겁게 깨운다. 앞으로 두 주간이 미로를 걷고 있는 미국의 코로나전쟁 정점을 찍는 기간이 될 수 있다는데, 세계 제2차대전 일본의 진주만 폭격 사건과 미국 사상 처음으로 본토 공격을 당했던 911테러 사건 때의 어려움에 견주고 있는 정부 발표가 두려움에 입을 다물게 한다. 군의관으로 있는 딸이 의료진이 절대 부족한 뉴욕의 코로나 환자들을 돕기 위하여 떠난다고 어느 분이 문자를 보내왔다. 제비뽑기하여 정해진 결정이라 선택의 여지가 없기에 그 딸의 안전을 위하여 기도 부탁을 한다는 것이다. 코로나 일선에서 전염병과 싸우고 있는 의사와 간호사, 또 함께 일하는 사람들을 생각하면 그들의 노고가 고마워 눈물이 난다. 눈동자처럼 생명나무처럼 그들을 지켜 주시어 안전하게 귀가하기를 기도하지 않을 수 없다.

생사화복을 다루시는 분은 오직 한 분이시라고 굳게 믿으며, 이해할 수 없는 고난 가운데서도 겸허함을 잃지 않는 욥을 떠올린다. 하늘의 힘에 맞서며 가지려 했던 인간의 지식 또한 덧없음을 깨닫는다. 그 하찮은 것에, 흔들리고 있는 인류를 생각하며 하루를 보낸다.

(2020년 4월 6일)

복의 단상 36

추억을 먹고 사는 나이에

"나를 보고 젊은이들은 숨으며 노인들은 일어나서 서며 유지들은 말을 삼가고 손으로 입을 가리며 지도자들은 말소리를 낮추었으니 그들의 혀가 입천장에 붙었느니라. 귀가 들은즉 나를 위하여 축복하고 눈이 본즉 나를 위하여 증거 하였나니 이는 내가 부르짖는 빈민과 도와줄 자 없는 고아를 건졌음이라 망하게 된 자도 나를 인하여 복(福)을 빌었으며 과부의 마음이 나로 인하여 기뻐 노래하였노라." 욥기 29:8~13

"The young men saw me and stepped aside and the old men rose to their feet; the chief men refrained from speaking and covered their mouths with their hands; the voices of the nobles were hushed, and their tongues stuck to the roof of their mouths. Whoever heard me spoke well of me, and those who saw me commended me, because I rescued the poor who cried for help, and the fatherless who had none to assist them. The one who was dying blessed me; made the widow's heart sing." Job 29:8~13

사람은 추억을 먹고 산다는 말이 있다. 따라서 추억은 아름다운 것이라고 읊조리는 시인도 있다. 추억이 많은 것만큼 부자인 사람도 없을 것이다. 추억이란 무의식 시간 속에 쌓인 삶의 여정이다. 어느 날 맞닥뜨린 실패나 성공 앞에 나타나 힘을 실어주는 동반자가 되기도 하고, 도닥거려 주는 위로자의 자리매김이 되어 주기도 한다. 성공한 사람은 힘들었던 과거를 더듬고 현재 어려움을 겪고 있는 사람들은 누렸던 풍요를 말하고 싶어하기에 사람은 추억을 먹고 산다고 하였나 보다.

위의 성경 말씀은 고난 중에 있는 욥이 추억을 더듬고 있는 대목이다. 남녀노소 빈부귀천을 막론하고 모든 사람에게 존경을 받고 살았던 욥의 지나간 삶을 드러낸 구절들이다. 망하게 된 사람도 자신을 위하여 복을 빌어 주었다는 고백 앞에서 한참 눈길이 머물렀다. 욥 하면 떠오르는 단어가 있다. 고난과 인내심으로, 갑자기 몰아닥친 재난 앞에 대처하는 욥의 모습이다. 부요한 지난 삶보다는 현실에 초점을 맞춰 지워야 했던 추억을, 그의 마지막 독백에서 만날 수 있었다. "실상은 내가 젊었을 때부터 고아 기르기를 그의 아비처럼 하였으며 내가 어렸을 때부터 과부를 인도하였노라, 실상은 나그네가 거리에서 자지 아니하도록 나는 행인에게 내 문을 열었노라, 고생의 날을 보내는 자를 위하여 내가 울지 아니하였는가, 빈궁한 자를 위하여 내 마음에 근심하지 아니하였는가," 지난 세월과 하나님이 보호하시던 때가 다시 오기를 원하며 그때에는 그의 등불이 내 머리에 비치었고 내가 그의 빛을 힘입어 암흑에서도 걸어 다녔다는 욥의 고백에서 추억의 아름다움을 엿볼 수 있다.

세계 자본주의를 주도해온 미국과 유럽이 불과 200여 년 만에 금융위기로 흔들리고 있는 현실에서 400년 12대에 걸쳐 부를 이어온 '최 부자의 경영철학'은 서구 경영학을 뛰어넘는 한국적 경영학의 기본 토대가 될 수 있다. 그의 경영학 정신은 학술적 연구에도 큰 도움을 주고 있다는 글을 읽었다. 우리나라 백과사전에도 자세히 설명된 경주 최부자, 쌀 만 석을 지키며 9대째 살았다는 최부자 집은 국가 민속 문화재 제27호로 지정되어 있다. 1700년경에 지어졌다는 가옥을 어느 여행객이 올려놓은 사진으로 구경했다. 사방 백 리 안에 굶어 죽은 사람이 없게 하기 위하여 한 해에 소비되는 쌀의 삼 분의 일은 자신들이, 삼 분의 일은 과객 대접에, 나머지 삼 분의 일은 빈민의 구휼에 힘을 썼다는 말을 되새겨 보았다. 1947년에 대부분의 재산을 영남대 설립에 기부하고 부자 가문의 막을 내렸던 최씨 가문의 후손 중 한 사람이 남긴 추억담이 아름답다. "사촌이 땅을 사면 배가 아프다 하였는데 우리가 땅을 사면 소작농들이 기뻐하였다."

(2020년 4월 7일)

복의 단상 37

옛날 아주 먼 옛날에

"욥이 그 친구들을 위하여 기도할 때 여호와께서 욥의 곤경을 돌이키시고 욥에게 그전 소유보다 갑절이나 주신지라 이에 그의 모든 형제와 자매와 및 전에 알던 자들이 다 와서 그 집에서 그와 함께 식물을 먹고 여호와께서 그에게 내리신 모든 재앙에 대하여 그를 위하여 슬퍼하며 위로하고 각각 금 한 조각과 금 고리 하나씩 주었더라. 여호와께서 욥의 모년에 복福을 주사 처음 복福보다 더하게 하시니 그가 양 일만 사천과 약대 육천과 소 일천 겨리와 암나귀 일천을 두었고 또 아들 일곱과 딸 셋을 낳았으며" 욥기 42:10~13

"After Job had prayed for his friends, the Lord restored his fortunes and gave him twice as much as he had before. All his brothers and sisters and everyone who had known him before came and ate with him in his house. They comforted and consoled him over all the trouble the Lord had brought on him, and each one gave him a piece of silver and a gold ring. The Lord blessed the latter part of Job's life more than the former part. He had fourteen thousand sheep, six thousand camels, a thousand yoke of oxen and a thousand donkeys. And he also had seven sons and three daughters." Job 42:10~13

"어린아이들은 어른의 거울이며 스승"이라는 말이 있다. 어른들이 가질 수 없는 순수한 마음을 이르는 것이리라. 너희가 어린아이와 같지 않으면 결단코 천국에 들어가지 못할 것이라고 단호하게 말씀하시던 예수님은 때 묻지 않은 어린아이들을 천국과 비교시키셨다. 코로나 19로 인하여 뜻하지 않는 일들이 생겼다. 직장 오픈 시간이 단축되어 아들 집을 오가며 이른 아침에 산후조리를 도울 수 있었던 일도 그중 하나다. 덕분에 어린 손녀들과 한 달 가까이 한방에서 잠을 자며 좋은 추억을 쌓는 기회가 되기도 하였다. 아이들이 좀 더 자라면 할머니가 들려주는 옛이야기에 귀 기울이는 순수함이 없어질 터인데 말이다. 몇 번씩 들어도 물리지 않는지 어제 들은 이야기를 또다시 들려 달란다. 저녁이 되면 잠잘 준비를 마치고 서둘러 이층계단을 오르며 신나하는 그 천진스러움이란, 옛날 옛날에로 시작되는 이야기를 들으면서 꿈결로 빠지는 어린아이들의 모습이 바로 천국이었다.

밤마다 손녀들에게 읽어 주었던 동화책, 『잠들기 전에 들려주는 5분 어린이 동화 80가지』의 공통점은 마음 착한 사람들의 해피엔딩이다. 착하고 선하게 살던 주인공들이 심술궂은 사람들 때문에 고생하다가 마지막에는 행복하고 잘살게 된 이야기들이다. 어른이 되기 전에 아직 세상 때가 묻지 않은 아이들의 심성에 심어주는 선의 끝들이다. 다른 이야기겠지만 재미있게 보았던 윌리엄 셰익스피어의 희곡 『끝이 좋으면 다 좋다』가 생각난다. 어린이 동화처럼 이들의 이야기도 해피엔딩이다. 그러나 이 이야기에서는 선인과 악인이 등장하지 않는다. 이 곡에서 끝이 좋을 수 있었던 것은 짝사랑하는 남자 버트람을 얻기 위하여 발버둥 쳤던 헬레나의 노력이었다. 그리고 그 둘 관계의 진심을 아는 사람들의 연합작전이 냉랭한 한 버트람의 마음을 돌이키게 하는 바람잡이 역할을 했었다.

옛날 아주 먼 옛날에 이런 해피엔딩도 있었다. 고난받던 욥이 말년에 누리는 아름다운 복 이야기다. 그는 선한 사람이었다. 어려울 때 도움받을 인맥도 충분히 두고 있던 사람이다. 그러나 그의 끝이 좋았던 것은 지니고 있는 조건도 노력도 아니었다. 욥을 의로운 사람으로 끝까지 믿어 주셨던 하나님의 사랑 때문이다. 말로써 깊은 상처를 주었던 친구들을 용서할 수 있었던 것도 그 사랑의 권면이 있었기에 가능했다. 친구들을 위한 욥의 기도를 기쁘게 받으신 하나님께서 재앙 가운데 앉아 있던 욥을 일으키신 것이다. 옛날 먼 옛날에 선하게 살던 사람들이 아주아주 행복하게 잘 살았다는 이야기를 들으며 잠이 드는 순진한 아이들처럼, 고난 가운데서 일어난 욥이 다시 얻었다는 복을 헤아리며 어린이이가 되어 단잠을 청해 본다.

(2020년 8월)

복의 단상 38

기독교는 종교가 아니다

"복(福) 있는 사람은 악인의 꾀를 좇지 아니하며 죄인의 길에 서지 아니하며 오만한 자의 자리에 앉지 아니하고 오직 여호와의 율법을 즐거워하여 그 율법을 주야로 묵상하는 자로다. 저는 시냇가에 심은 나무가 시절을 좇아 과실을 맺으며 그 잎사귀가 마르지 아니함 같으니 그 행사가 다 형통하리로다." 시편 1:1~3

"Blessed is the one who does not walk in step with the wicked or stand in the way that sinners take or sit in the company of mockers, but whose delight is in the law of the Lord, and who meditates on his law day and night. That person is like a tree planted by streams of water, which yields its fruit in season and whose leaf does not wither—whatever they do prospers." Psalms 1:1~3

"기독교는 종교가 아니다. 하나님과의 만남이다."라고 말했던 독일의 본회퍼는, 시편을 이스라엘의 기도책이며 예배 시에 불렸던 찬송책이라고 말하고 있다. 깊은 영감과 탁월한 문학성을 지닌 기도책이며 찬양의 책이라는 것에는 아무도 이의를 달지 않을 것이다.

기도와 찬송시로써 150편이나 되는 방대한 구절로 이루어진 시편의 첫 구절이 왜, 복福 있는 사람으로 시작되고 있는지 의문을 달며 연구하고 결론을 말하는 몇 편의 글이 있었다. 시편 1편의 저자와 지은 연대를 암시하는 직접적인 언급이 없기에 여러 가지 이견이 있는 것이다. 시편 1편은 처음부터 시편 전체의 서문 역할이 되려는 목적을 가지고 저술되지는 않았다는 것이며, 최종 편집자의 의도와 이 시가 일치되어서 1편의 자리를 차지했다는 글이 눈길을 끌었다. 인간이 행복하게 되는 길과 불행의 원인이 무엇인지 밝혀 주는 내용이 시편 전체의 서론으로 충분하기 때문이다.

글쓰기의 첫 단추가 되는 글의 첫 문장이 주는 힘은 작가에게도 중요하지만 읽는 이에게도 큰 영향을 미친다. 95세 일기로 작년에 소천하신 시어머님의 가정예배 기도 첫 문장은 늘 복으로 시작되었다. 시편 1편은 그분의 하나뿐인 성경 암송구절이며 애송시며 기도의 문을 여는 열쇠였다. 여느 어머니들처럼 자손들이 복 받고 살기를 원했던 순수한 믿음의 바탕이 당신에게는 큰 힘이 되셨던 것이다. 생애의 중반에 예수님을 영접하고 교회를 다니기 시작하신 뒤에 걸으신 길은 시편에서 말하는 복 있는 사람의 길이셨다. 비록 그 행사가 다 형통함을 누리시지는 못했어도 여호와의 율법을 즐거워하여 그 율법을 주야로 묵상하는 복에서 떠나지 않고 사셨던 분이다.

"종교란 인간이 만든 것, 죽은 것에 불과하지만 기독교는 그분을 대면하는 것이다. 기독교의 본질은 그리스도라는 인물과 관계가 있으며 하나님 자신이 생생히 자리 잡고 있다. 그래서 종교와 관계가 없는 것이다." 순교와 순국의 정신으로 독일 나치 히틀러에 대항하다 서른아홉의 젊은 나이에 형장의 이슬로 사라진 디트리히 본회퍼 목사님의 생애를 되돌아보는 하루다. 악인의 꾀를 좇지 않고 죄인의 길에 서지 않으며 오만한 자리의 앉지 않음도 복 있는 사람임을 생각해 본다.

(2020년 4월 9일)

복의 단상 39

천상의 목소리

"오직 주에게 피하는 자는 다 기뻐하며 주의 보호로 인하여 영영히 기뻐 외치며 주의 이름을 사랑하는 자들은 주를 즐거워하리이다. 여호와여 주는 의인에게 복福을 주시고 방패로 함같이 은혜로 저를 호위하시리이다." 시편 5:11~12

"But let all who take refuge in you be glad; let them ever sing for joy. Spread your protection over them, that those who love your name may rejoice in you. Surely, Lord, you bless the righteous; you surround them with your favor as with a shield." Psalms 5:11~12

영장으로 관악에 맞춘 노래, 다윗의 시입니다. 영장으로 관악에 맞춘 노래의 뜻이 무엇인가 싶어 검색하였더니 영장the Chief Musician은 지금의 성가대 지휘자를 말함이고 관악은 악기의 한 종류를 이르는 것이라고 합니다. 이스라엘 민족은 예배를 드릴 때 이 기도가 담긴 시를 하나님께 찬양으로 올려 드립니다. 이러한 찬양시가 시편에 쉰다섯 편 그리고 하박국에 한 번 나온다고 하는데 지금 우리가 예배를 드릴 때 부르는 찬송가의 찬양가사에 해당됩니다.

성악에서, 남자 가수의 가장 높은 음역인 테너 목소리는 사람들의 심성을 가장 평안하게 해주는 음정이라고 합니다. 그래서인지 테너 가수가 부르는 가곡이나 울림이 있는 남성 중창단의 찬양을 들으면 확실히 소프라노 성악가들의 목소리보다 훨씬 마음이 따듯한 감성에 젖는 것을 느끼곤 합니다. 테너 엄정행이 부르는 가곡 목련화와 숭실대 남성 중창단의 목소리로 듣는 모든 찬양곡을 좋아했던 것은 음정으로 전달받았던 감정 때문이었던 것 같습니다.

관악에 맞춘 노래의 시를 수없이 지었던 다윗왕은 두 그룹의 거대한 남성 합창단을 조직하여 여호와께 감사하고 찬양하게 만듭니다. 한 그룹은 레위의 후손 중 삼십 세 이상인 남자 중에서 가려 뽑은 사천 명으로 조직된 대 합창단이요, 또 다른 그룹은 아삽과 헤만, 여두둔의 아들들이 중심이 되어 288명으로 구성된 가족 성가대입니다. 이들 모두가 악기를 다루고 신령한 노래를 하며 여호와 찬양하기를 배워 익숙한 자들이지요. 다 그들의 아버지의 지휘 아래 제금과 비파와 수금을 잡고 악기를 잡아 여호와의 전을 섬겼는데, 가족 합창단의 지휘자로 있었던 아삽과 헤만 여두둔은 왕의 지휘 아래 있었다고 합니다. 아름다운 질서가 있는 성가대의 모습입니다. 이 남성들이 부르는 찬송은 그 영광스러움이 얼마나 웅장했을까요.

주의 이름을 사랑하는 자들은 주를 즐거워하며, 여호와는 그들에게 복을 주시고, 은혜로 저를 호위하시리라. 영장으로 관악에 맞춘 노래가 들려오는 듯합니다. 천상의 목소리가 들리는 듯하는 밤입니다.

(2020년 6월)

복의 단상 40

여호와의 소리가 물 위에 있도다

"여호와께서 홍수 때에 좌정하셨음이여 여호와께서 영영토록 왕으로 좌정하시도다. 여호와께서 자기 백성에게 힘을 주심이여 여호와께서 자기 백성에게 평강의 복福을 주시리로다." 시편 29:10~11

"The Lord sits enthroned over the flood; the Lord is enthroned as King forever. The Lord gives strength to his people; the Lord blesses his people with peace." Psalms 29:10~11

여호와의 소리가 물 위에 있도다! 영광의 하나님이 뇌성을 발하시니 여호와는 많은 물 위에 계시도다! 무소부재하신 하나님은 그 존재와 섭리가 있지 않은 곳이 없으십니다. 인간의 힘과 능력으로는 어찌해볼 수 없는 천재지변, 그곳에도 하나님은 좌정하고 계신다고 시인은 노래하고 있습니다. 코로나 19 불청객으로 인하여 예측불허란 말이 무슨 뜻인가 헤아리고 있는 열방의 군왕들 위에 여호와는 영영토록 왕으로 군림하실 것이라고 합니다. 마음과 자세를 낮추고 귀 기울여 힘을 주시는 분이 내리시는 평강의 복 소리도 들었으면 합니다.

부활주일을 하루 앞둔 날입니다. 죽음에서 살아나신 부활의 의미를 생각하며 부지기수로 늘고 있는 코로나 발병 환자 수가 이때부터 줄어들기를 바라던 미국 대통령의 신념을 무색하게 만들고 있습니다. 불현듯 생각이 나서 백합 화분을 한 개 사다가 칩거 중에 계시는 노 사장님 댁에 부활절 선물로 배달해 드리니 먹먹한 가슴이 풀린 듯합니다. 90세 즈음 부활주일에 세례를 받고, 꽃을 좋아하시던 마음만큼이나 밝아 보이시던 모습이 생각났기 때문입니다.

"은밀한 선물은 노를 쉬게 하고 품 안의 뇌물은 맹렬한 분을 그치게 한다"는 잠언이 있습니다. 기독교의 브로드웨이라 불리는 랭커스터 밀레니엄 극장에서, 부활절을 하루 앞둔 양일에 걸쳐 큰 선물을 보내왔습니다. 온라인 시스템을 통하여 미국인들에게 보낸 선물은 뮤지컬 연극 "JESUS"입니다. 연중무휴로 기독교 뮤지컬만 공연하는 극장답게 때에 어울리는 푸짐한 것을 골라 보낸 것입니다. 마스크를 통하여 숨을 들이마시고 집 안에 갇혀 답답한 사람들의 노를 쉬게 하는 값진 선물이 되었습니다.

물 위에 좌정하시는 하나님! 바다 한가운데 물 위를 걸으시는 예수님! 겁 없는 베드로가 바다에 뛰어듭니다. 사람이 어찌 물 위를 걷겠습니까, 깊은 물에 허우적거릴 예수님이 손을 내밀어 잡으십니다. 이 장면은 너무나도 실감 나게 표현되어 이 성극의 압권이라 할 수 있습니다. 그래서 이 장면을 성극의 포스터로 채택했을 것입니다.

Sight & Sound 극단, 밀레니엄 극장은 30년 전부터 성경의 이야기를 뮤지컬로 만들어 복음을 전파하고 있는 곳으로 연간 80만 명이 찾을 정도로 유명한 극장이며 관광명소로 꼽힙니다. 그 음량과 사운드는 타의 추종을 불허하는 엄청난 규모를 자랑하고 있습니다. 밀레니엄 극장 외관 3개의 둥근 천장은 성부·성자·성령의 삼위일체Trinity를 표현한 것이라고 합니다. 하루빨리 코로나 19가 종식되기를 바라며 노아의 홍수 때에도 물 위에 좌정하신 하나님이 고난 중에 있는 이 땅에도 좌정하고 계실 것을 믿습니다. 위하여 기도를 드립니다.

(2020년 4월 11일)

복의 단상 41

희망을 노래하다

"허물의 사함을 얻고 그 죄의 가리움을 받는 자는 복이 있도다. 마음에 간사가 없고 여호와께 정죄를 당치 않은 자는 복이 있도다. 내가 토설치 아니할 때에 종일 신음하므로 내 뼈가 쇠하였도다. 주의 손이 주야로 나를 누르시오니 내 진액이 화하여 여름 가뭄에 마름 같이 되었나이다. 내가 이르기를 내 허물을 여호와께 자복하리라 하고 주께 내 죄를 아뢰고 내 죄악을 숨기지 아니하였더니 곧 주께서 내 죄의 악을 사하셨나이다.(셀라)" 시편 32:1~5

"Blessed is the one whose transgressions are forgiven, whose sins are covered. Blessed is the one whose sin the Lord does not count against them and in whose spirit is no deceit. When I kept silent, my bones wasted away through my groaning all day long. For day and night your hand was heavy on me; my strength was sapped as in the heat of summer. Then I acknowledged my sin to you and did not cover up my iniquity. I said," "I will confess my transgressions to the Lord. And you forgave the guilt of my sin." Psalm 32:1~5

부활주일이다. 부활주일을 기점으로 코비가 잠잠해지기를 바랐던 우리의 대통령을 비웃기나 하는 듯 전염병 확산이 정점을 찍었다는 소식은 아직 요원하다. 인터넷 예배를 드린 후에 세계를 위한 드라이브인 기도를 드리고 올까 생각도 했지만, 온라인으로 전 세계에 방송되는 안드레아 보첼리의 콘서트 시간과 맞물려 한쪽을 접었다. "Music for Hope", 고통받는 모든 이들에게 빠른 회복을 기원하고 국가적 위기인 어두운 시간을 헤쳐나갈 방법을 찾기 위해 노래하기로 결심했다는 세계적인 오페라 가수가 무관중 콘서트를 택한 것이다. 녹화 영상이 방영된 실시간에 수백만의 사람들이 시청했다는 뉴스를 들으면서, 음악의 힘은 영혼의 파장이라고 말한 17세기 영국의 시인 존 드라이든의 명언을 되새겨 본다.

이태리, 밀라노의 상징으로 우뚝 서 있는 두오모 대성당의 웅장함을 전 세계인들이 주목하는 시간이었다. 성스러움이 배어있는 듯 고요한 대성당의 적막이, 홀로 희망의 노래를 부르고 있는 보첼리의 모습을 삭아 보이게 하였으나 "나는 함께 드리는 기도의 힘을 믿습니다."라고 노래하는 세계적인 테너의 희망 메시지가 코로나 19로 허한 가슴을 가득 채워 주었다. 마지막 곡으로 택한 어메이징 그레이스를 부를 때 보여 준 영상은 끝까지 참고 있었던 눈물을 흘리게 하였다. 텅텅 비어있는 유럽의 유명 명소, 북적거렸던 세계의 도시들에 맞춘 카메라 앵글 때문이다. 거기에는 '예전에는 못 보았지만 지금은 볼 수 있노라'라고 반복하여 부르는 시각장애인 성악가, 노장의 노래와 어우러져 온 인류가 그 황량함에서 깨어나기를 바라는 희망이 담겨있었다.

허물의 사함을 얻고, 그 죄의 가리움을 받은 자는 복이 있다고 시인은 고백한다. 놀라운 하나님의 은혜가 이 땅의 허물을 가리어 주시기를 기원하는 하루다.

(2020년 부활절)

복의 단상 42

꽃샘바람에 견주실까

"여호와께서 열방의 도모를 폐하시며 민족들의 사상을 무효케 하시도다. 여호와의 도모는 영영히 서고 그 심사는 대대에 이르리로다. 여호와로 자기 하나님을 삼은 나라 곧 하나님의 기업으로 빼신 나라는 복이 있도다." 시편 33:10~12

"The Lord foils the plans of the nations; he thwarts the purposes of the peoples. But the plans of the Lord stand firm forever, the purposes of his heart through all generations. Blessed is the nation whose God is the Lord, the people he chose for his inheritance." Psalms 33:10~12

춘삼월에 부는 바람도 꽃샘추위라 불러도 되는지, 동장군처럼 불어대던 엊저녁 바람이 오늘 아침 기온을 뚝 떨어뜨렸다. 행정명령을 따라 직장에 나가지 못한 날이 벌써 삼 주가 되었다. 날씨가 갑자기 추워졌으니 감기 조심하라는 당부와 함께 어떻게 지내느냐고 직장동료가 안부를 물어왔다. 시국을 염려하며 사느라 잊고 있었던 직장 생활의 이모저모가 떠오른다. 빌딩 앞을 둘러싼 벚꽃 나무들이 만개하여 아름다움의 절정을 이루고 있을 때 떠나왔는데 지금쯤은 신록의 숲을 이루고 있을 것이다. 매주 월요일 아침이면 실내에 있는 나무에 물 주는 일이 나의 몫이었다. 일 층 로비의 관엽수부터 시작하여 창가에 놓인 크고 작은 꽃나무까지 스무 남짓은 될 터이다. 꽃망울을 무겁게 오므리며 올라오던 난은 기어이 꽃을 피워냈을까! 누군가의 손길이 닿았다면 고맙겠는데 확인할 길이 없다. 언제쯤 다시 돌아갈 수 있으려는지, 감사하고 살지 못했던 일상이 그립다.

시와 술과 거문고를 즐겨서 호를 삼혹호三酷好라고 부르는 사람이 있었다. 고려의 명문장가이자 시인인 백운거사 이규보 선생이시다. 그의 시중에 「꽃샘바람(투화풍)」이란 한시漢詩가 있는데, 장문의 시를 줄여서 읽어본다면 이렇다. "꽃이 피고 있을 때 불어대는 미친바람이 있는데 사람들은 이를 꽃샘바람이라고 부른다. 조물주가 모든 꽃을 만들 때는 온 성성을 다해 만들었는데 어씨 그 아름답게 피어나는 것을 시샘하여 미친바람을 보내겠는가. 나는 사람들이 잘못 말하고 있다고 생각한다. 바람의 직책이란 만물을 고무하게 하는 것, 만일 꽃 아껴 바람 불지 않는다면 그 꽃이 피고 질 수 있겠는가? 꽃 피는 것도 좋지만 꽃 지는 것도 슬퍼할 게 무엇인가. 피고 지는 것 모두가 자연의 섭리인데 오묘한 우주의 이치 묻지 말고 소리 높여 노래나 부르세." 시와 술과 거문고를 즐기는 낙천가의 여유로움이 묻어난 글이다.

한 주간이 시작되는 월요일이면 말씀 한 구절을 골라, 장성하여 집을 떠난 자녀들에게 문자를 보낸 지도 7년의 세월이 흘렀다. 건강하기를 바라고, 감사하며 지내기 원하는 기원을 글에 담지만, 요즘처럼 어려운 시기에는 가족 한 사람 한 사람 이름을 불러 적어야 마음이 놓인다. 오늘은 시편 136편 감사의 찬양시, 홀로 큰 기사를 행하시고 지혜로 하늘을 지으신 이에게 감사하자는 문장을 택했다. 여호와께서 열방의 도모를 폐하시고 민족들의 사상을 무효케 하신다는 위의 구절과 비슷한 말씀이다.

열방의 도모가 폐하고 민족들의 사상이 무효하게 보이는 이 코로나 시대를 일컬어 고려시대가 낳은 최대의 문인 삼혹호 선생이 즉석시를 읊으신다면 어떻게 풍자하여 풍미를 넣으실까, 지나가는 꽃샘바람에 견주실까!

(2020년 4월 13일)

복의 단상 43

마스크의 해

"너희는 여호와의 선하심을 맛보아 알지어다. 그에게 피하는 자는 복(福)이 있도다. 너희 성도들아 여호와를 경외하라 저를 경외하는 자에게는 부족함이 없도다. 젊은 사자는 궁핍하여 주릴지라도 여호와를 찾는 자는 모든 좋은 것에 부족함이 없으리로다." 시편 34:8~10

"Taste and see that the Lord is good; blessed is the one who takes refuge in him. Fear the Lord, you his holy people, for those who fear him lack nothing. The lions may grow weak and hungry, but those who seek the Lord lack no good thing." Psalms 34:8~10

일 년 내내 기록 연도를 적지 않고 달과 날짜만 기입한 일기장을 보고 놀랐던 적이 있다. 기억을 더듬어 햇수를 알아내려고 하니 내가 적어 놓은 글을 읽으면서도 수월치가 않았다. 가끔, 다른 사람의 수필이나 시를 읽다 보면 저자가 어느 시기에 쓴 글인지 궁금해지는 내용이 더러 있다. 사실을 바탕으로 쓰인 글 속의 "때"는 참 중요한 것 같다. 글에서는 엿볼 수 없는 연령대의 속내까지 독자는 읽을 수 있기 때문이다. 여호와의 선하심을 맛보아 알지어다, 라고 시작되는 위의 다윗 시에는 이름뿐 아니라 시를 쓰는 배경까지 설명이 되어 있어서 구절 하나하나에 의미를 부여하며 읽을 수 있어 좋다. 위의 구절은 다윗이 블레셋 왕 아비멜렉 앞에서 미친 척하다가 쫓겨나와 지은 시라고 설명이 되어 있다. 사무엘상 21장을 배경으로 하고 있는 것이다. 사울에게 쫓기는 다윗이 망명길에 오르고, 도망자로서의 삶이 시작되는 시점이다. 세상 그 어디에도 안전하게 숨을 곳이 없을 때, 그는 이렇게 말한다. "여호와의 선하심을 맛보아 알지어다"

요즘은 건강을 잘 챙기며 살라는 안부 끝에 마스크를 꼭 쓰고 다니라고 당부하는 것이 상대방을 배려하는 신종어 인사말이 되었다. 어제는 뜬금없이 큰언니 마스크 있느냐고 묻는 문자가 떴다. 심각해져 가고 있는 미국의 코비 19 소식에 차라리 한국으로 피신 오는 것이 어떠냐고 염려하던 셋째 동생의 안부다. 아쉬운 대로 두세 개로 번갈아 쓰고 있는 터라 보내주면 고맙겠다고 했더니, 우체국을 세 번 품 팔아 가며 마스크 보내는 데 성공했으니 열흘 후에 도착할 것이란다. 직계가족인 부모만 자녀에게 겨우 여덟 개 보낼 수 있다는데, 호탕한 그녀의 성격이 광주 토박이로 변신하는데 한몫 했는지 모르겠다.

캐나다 출신의 코미디언 연기자 짐 캐리를 일약 세계의 스타덤에 올려놓았던 'The mask'라는 영화가 떠오른다. 무명의 길을 걷던 짐 캐리는 이 영화 '마스크'로 전 세계적인 스타가 된다. 전설의 마스크를 쓰게 되면 녹색의 얼굴로 바뀌게 되고 초인적인 힘을 얻게 된다는 이 이야기에서 유난히 돋보이는 '얼굴 연기' 덕분에 짐 캐리는 스타덤에 오른 것이다. 스크린을 보는 내내 짐 캐리의 원맨쇼에 눈이 팔려 그냥 웃고 즐겼던 코미디 영화이지만 인간의 내적 욕망과 이중성에 대해 심오한 여운을 남기는 영화이기도 하다.

마스크는 심리학적으로 잠재의식에 존재하는 욕망들을 외부로 표출되는 걸 막아 주기도 하고 반면에 숨기고 있는 욕망들을 '마스크'를 씀으로써 대중들 앞에 드러내게 하는 용기도 갖게 만든다는 것이다. 영화에서 스탠리는 평소의 소심하고 소극적인 성격이 마스크를 쓰면서 원래 내면에 가지고 있던 유쾌하고 매우 활발한 성격으로 바뀌게 되지만 악당인 도리언이 쓰게 되면 더욱 악의 화신과 같은 모습을 보이게 되는 것처럼 말이다.

뜸하게 단체 톡에 들어오던 사람이 이른 아침에 간단한 인사를 남겨 놓았다. "마스크 꼭 하세요." 이제는 기록 연도를 밝히지 않은 글에 만약 '마스크의 해'라는 단어 몇 마디가 삽입된 문장이 있다면 독자들 모두가 기억해 낼 것이다. 2020년을.

(2020년 4월 15일)

복의 단상 44

이해가 되지 않을 때는

"내가 어려서부터 늙기까지 의인이 버림을 당하거나 그 자손이 걸식함을 보지 못하였도다. 저는 종일토록 은혜를 베풀고 꾸어주니 그 자손이 복(福)을 받는 도다. 악에서 떠나 선을 행하라 그리하면 영영히 거하리니 여호와께서 공의를 사랑하시고 그 성도를 버리지 아니하심이로다. 저희는 영영히 보호를 받으나 악인의 자손은 끊어지리로다. 의인이 땅을 차지함이여 거기 영영히 거하리로다." 시편 37:25~29

"I was young and now I am old, yet I have never seen the righteous forsaken or their children begging bread. They are always generous and lend freely; their children will be a blessing. Turn from evil and do good; then you will dwell in the land forever. For the Lord loves the just and will not forsake his faithful ones. Wrongdoers will be completely destroyed, the offspring of the wicked will perish. The righteous will inherit the land and dwell in it forever." Psalm 37:25~29

"어려서부터 늙기까지 의인이 버림을 당하거나 그 자손이 걸식함을 보지 못하였도다."라는 다윗의 고백을 어떻게 부담스럽지 않게 이해할까 생각하다 좋은 글 하나가 눈에 띄어 여기에 옮겨 봅니다. 속초 갈릴리 교회

웹사이트에서 퍼온 글 일부분입니다.

"내가 어려서부터 늙기까지 의인이 버림을 당하거나 그의 자손이 걸식함을 보지 못하였도다. 그는 종일토록 은혜를 베풀고 꾸어주니 그의 자손이 복을 받는도다.' 과연 이 말씀이 맞다 보십니까? 세례요한의 경우만 보더라도 의인이 버림당한 것 아닌가요? 예수님도 그렇습니다. 이 땅에 계시면서 단 하나의 죄도 없으셨던 완벽한 의인이셨는데 이 세상에서 받은 마지막 대가는 완전히 버림을 받아서 결국 십자가에 못 박혀 죽는 최악의 고통과 비극을 겪지 않으셨습니까?"

"게다가 그의 자손은 걸식하지 않고 복을 받게 된다는 말씀도 있는데 우리나라만 해도 일제 강점기 때의 친일파 후손들은 조상들이 불의하게 모은 재산을 물려받아서 지금도 풍요롭게 잘살고 있는데 만주나 중국에서 독립운동을 했던 분들은 재산을 모을 수 없었기 때문에 후손들에게 아무것도 물려주지 못했고, 그래서 지금도 그 후손들은 가난에 허덕이는 경우들이 많지요"

"우리가 이해해야 할 것은 신약이든 구약이든 성경시대에 진실한 믿음의 사람들은 세상으로부터 버림당하는 것은 버림당하는 것으로 여기지 않았다는 사실입니다. 사도행전에 보면 그 시대의 성도들은 세상 사람들에게 박해를 당하고 능욕을 당하는 것을 당연하게 여겼고 오히려 기쁘게 여기기까지 했다는 말도 있지요. 어차피 세상은 하나님을 모르거나 알아도 인정하지 않기 때문에 박해를 당하고 버림을 받는 것은 당연하다고 여겼지요. 하지만 믿음의 공동체인 교회에서 버림을 받는 것은 대단히 두려워했습니다."

"오늘의 이 말씀은 그런 차원에서 이해해야 하는 거죠. 구약시대에도 수많은 선지자들이 세상 권력을 향해 하나님의 정의와 바른 질서를 선포하다가 죽임을 당하고 박해를 당했지요. 그럴수록 그 선지자를 따르는 공동체와 제자들은 그들이 할 수 있는 능력대로 그 선지자를 보살펴 주었고, 선지자가 죽게 되면 그가 선포했던 말씀들을 모아서 책으로 엮었지요. 그래서 오늘날 구약성경 속에 이사야서를 비롯해 마지막 말라기까지 예언서들이 책으로 남아있게 된 겁니다. 그것은 신약시대 때에도 변함이 없었지요. 지금까지도 우리는 이사야를 무시하지 않고, 예레미야를 버리지 않습니다. 베드로를 우습게 여기지 않고 사도 바울을 외면하지 않습니다. 그들은 여전히 그들이 선포한 메시지와 그들이 살았던 삶으로 우리 가운데 존재하고 있지요. 우리의 구세주이신 예수님이야 더 말할 필요조차 없지요."

(2020년 4월 15일)

복의 단상 45

병상에서 드리는 기도

"빈약한 자를 권고하는 자가 복ᇂ이 있음이여 재앙의 날에 여호와께서 저를 건지시리로다. 여호와께서 저를 보호하사 살게 하시리니 저가 세상에서 복ᇂ을 받을 것이라. 주여, 저를 그 원수의 뜻에 맡기지 마소서. 여호와께서 쇠약한 병상에서 저를 붙드시고 저의 병중 그 자리를 다 고쳐 펴시나이다." 시편 41:1~3

"Blessed are those who have regard for the weak; the Lord delivers them in times of trouble. The Lord protects and preserves them, they are counted among the blessed in the land, he does not give them over to the desire of their foes. The Lord sustains them on their sickbed and restores them from their bed of illness." Psalm 41:1~3

다윗이 어느 날 수군거리는 소리를 듣는다. 그가 병들었을 때 문병 왔던 사람들의 수군거림이다. 눈앞에서는 아첨 섞인 거짓을 말하고 나가서는 중심에 쌓인 악을 널리 퍼뜨리고 다닌다는 소문을 들은 것이다. 악한 병이 다윗에게 들었으니 이제 그가 눕고 다시 일어나지 못하리라고 소문을 내며 해를 꾀하고자 한다는 것이다. 다윗을 미워하는 사람들뿐 아니라 다윗이 신뢰하여 떡을 함께 나누었던 가까운 친구도 병들어 있는 다윗을 대적하여 그의 발꿈치를 들었음을 알게 되었다. 이때 다윗은 대적들에게 반응하지 않고 대신 하나님께 기도를 드린다. 그 기도의 내용이 시편 1권의 마지막인 41편에 실려 있는 병상 기도문이다.

『돈키호테』로 유명한 스페인의 소설가 세르반테스는 "소금 한 말을 함께 먹고 나서야 비로소 벗을 알 수 있다"라는 명언을 후세에 남겼다. 진정한 친구는 자신이 어려움에 처할 때 알아볼 수 있다는 뜻일 것이다. 『목회자를 위한 바이블 넷』에 실린 재밌는 이야기 한 토막을 옮기며 병상에서 올리는 다윗의 기도를 가늠해 본다.

어떤 사람에게 사랑하는 외아들이 있었는데, 자식은 자기에게 친구가 많은 것을 부친에게 말하며 자기 친구들은 모두가 다 목숨을 걸고 서로를 위하는 막역한 관계라고 자랑하므로 아버지는 그 말이 믿어지지를 않아 실제로 그들의 우정을 한번 시험해 보자고 했다. 그러고는 어느 날 밤 큰 돼지 한 마리를 잡아 깨끗이 다듬어 사람의 시체처럼 가마니로 돌돌 말아서 아들은 친구 하나를 찾아갔다. 그리고 화급한 목소리로 문을 두드리며 친구를 불렀다. 아닌 밤중에 쫓기는 듯이 급하게 문을 두드리는 소리에 놀라서 자다가 눈을 비비고 나오는 친구에게 "여보게! 내가 오늘 어떤 사람과 언쟁 끝에 그만 사람을 죽였는데 우선 이 시체를 숨길 데가 없으니 자네 집에 좀 숨겨줄 수 없겠나?" 하고 애원을 했다. 이 말을 듣고 있던 친구는 아무 말도 없이 문을 닫고 들어가 버렸다. 이렇게 밤이 새도록 하며 죽은 돼지를 등에 지고 친구 집을 다 다녀 보았지만, 누구 하나 어려움에 처한 친구를 구해주겠다는 자가 없었다. 이때 뒤에 숨어서 자식의 모습을 지켜보고만 계시던 아버지가 아들에게 다가와 이번에는 나를 따라와 보라하고는 부친의 친구 집을 찾아갔다. 새벽녘에 기진맥진한 듯이 찾아와 문을 두드리는 소리를 들은 부친 친구는 사정이 급하게 되었음을 알아차렸는지 자세한 이야기는 나중에 하고 우선 들어오라고 하더니 시체를 광에 넣게 하고는 두 부자를 맞아 주었다. 이때 부친은 웃으면서 친구에게 본래의 목적을 말하고 잡아 온 돼지로 즐거운 잔치를 하였다고 한다.

(2020년 4월 16일)

복의 단상 46

찬송이 시온에서 주를 기다리나이다

"하나님이여 찬송이 시온에서 주를 기다리오며 사람이 서원을 주께 이행하리이다. 기도를 들으시는 주여, 모든 육체가 주께 나아오리이다. 죄악이 나를 이기었사오니 우리의 죄과를 주께서 사하시리이다. 주께서 택하시고 가까이 오게 하사 주의 뜰에 거하게 하신 사람은 복(福)이 있나이다. 우리가 주의 집 곧 주의 성전의 아름다움으로 만족하리이다." 시편 65:1~4

"Praise awaits you, our God, in Zion; to you our vows will be fulfilled. You who answer prayer to you all people will come. When we were overwhelmed by sins, you forgave our transgressions. Blessed are those you choose and bring near to live in your courts! We are filled with the good things of your house, of your holy temple." Psalm 65:1~4

남을 칭찬하는데 인색하지 않은 내 친구는, 어찌 그리 집을 잘 샀느냐고 앞을 내다보는 안목이 있어서라며 몇 차례 나를 치켜세웠다. 집이 있는 위치 때문에 그렇다. 처음 이사 왔을 때 없던 건물이 들어설 때마다 하는 소리이다. 사실 우리 집에서 10분도 안 되는 운전거리 반경 안에는 거의 모든 생활 시설이 있다. 십여 개가 넘는 한인 교회, 미용실, 음식점은 물론이요.

병원, 은행, 사우나 등등이다. 앞을 내다보는 안목과는 전혀 무관한 내가 어떻게 집 근처 사방으로 한인 타운이 줄줄이 들어설 줄 알았겠는가. 머지않아 담장 넘어 이웃 거리에 대형 식품점을 포함한 한인 플라자가 문을 연다고 한다. 그때, 이 친구 분명 또 한 번 칭찬 할 것이다. '자기는 땅을 보는 안목이 있어'라고.

작년에 문을 연 대형 식품점 시온마켓은 우리 집 북서쪽 가까운 곳에 자리를 잡았다. 상호가 마음에 들어 좋아하는 곳이다. 성경에 나오는 단어 중에 특별히 내가 좋아하는 지명들이 있는데 그중 하나가 '시온'이라는 산 이름이다. 구약성서에서만 150번 이상 등장한다니 귀에 익숙하여 그런지 모르겠다. 영어로 Zion은 '자이언'이라고 발음되며, Sion은 '사이온'으로 발음된다. 히브리어 발음은 '치욘'에 가깝다고 하는데 우리말의 시온만이 내 귀에는 제일 평화롭고 시적으로 들린다. 언어에는 온도가 있다 하더니 시온이라는 단어의 온도가 나에게 맞는 모양이다.

시온은 이스라엘 신앙의 수도로서 예루살렘 전체나 그곳의 주민을 의미하였고 이제는 이스라엘 나라 전체 또는 하느님 백성으로서의 이스라엘을 비유하는 이름으로 쓰인다고 한다. 이천년을 나라 없이 방랑객으로 살았던 유대인의 후손들이 다시 나라를 세우려고 했을 때 예루살렘주의도 아니고, 다윗주의도 아닌 시온주의를 꿈꾸었다고 한다.

오랜만에 들린 한인 마켓에서 주간지를 들고 왔다. 예전에 보았던 동네

신문의 흔적이 사라진 것 같았다. 온통 코로나 19 특별기사와, 마스크를 쓰고 있는 인물 사진으로 바뀌어 생소한 느낌이 든다. 하나님이여! 찬송이 시온에서 주를 기다리오니 시온의 영광이 빛나는 아침이 어두운 이 땅에, 하루속히 이 땅에 밝아오게 하소서.

(2020년 4월 17일)

복의 단상 47

신이 너를 억누를 때, 그에게 감사하라

"땅끝에 거하는 자가 주의 징조를 두려워하나이다. 주께서 아침 되는 것과 저녁 되는 것을 즐거워하게 하시며 땅을 권고하사 물을 대어 심히 윤택하게 하시며 하나님의 강에 물이 가득하게 하시고 이같이 땅을 예비하신 후에 저희에게 곡식을 주시나이다. 주께서 밭고랑에 물을 넉넉히 대사 그 이랑을 평평하게 하시며 또 단비로 부드럽게 하시고 그 싹에 복輹 주시나이다. 시편 65:8-10

"The whole earth is filled with awe at your wonders; where morning dawns, where evening fades, you call forth songs of joy. You care for the land and water it; you enrich it abundantly. The streams of God are filled with water to provide the people with grain, for so you have ordained it. You drench its furrows and level its ridges; you soften it with showers and bless its crops." Psalm 65:8~10

땅끝에 거하는 사람들, 세상 모든 사람들이 하나님의 징조를 체감케 하는 자연재해 코비로 인하여 두려워하고 있는 날들입니다. 다행스러운 것은 아침이 되는 것과 저녁이 되는 일상의 즐거움이 하나님이 주신 은혜였음을 알아가고 있다는 것입니다. 하나님의 강에 물이 가득하게 하사 땅으로 마음껏 흡수하게 하신 뒤 곡식을 주신다는 말씀 앞에 위로를 받습니다. 염려로 메마른 밭고랑에, 평범했던 날들의 감사가 넉넉히 채워져서 밭이랑에 돋아날 곡식의 싹에 복이 되게 하여야겠습니다.

지금 세계를 강타하고 있는 코비는 호흡기질환입니다. 인공호흡기에 의존하여 숨을 쉬어야 하는 환자들의 고통은 엄청난 것이라고 합니다, 독일 문학 최고의 작가로 일컬어지는 요한 볼프강 폰 괴테의 시선집에는 「호흡에는」이라는 제목의 시가 있습니다. 시를 읽으면서 호흡이 있는 자마다 여호와를 찬양하라는 시편 말씀도 떠올려보았습니다.

호흡에는 두 가지 혜택이 있다.
공기를 빨아들이고, 그것을 내쉰다.
앞의 것은 압박이고, 뒤의 것은 상쾌함이다.
인생은 이처럼 묘한 혼합물이다.
신이 너를 억누를 때, 그에게 감사하라.
그리고 신이 너를 다시 풀어줄 때도 감사하라.

서양 격언에 "제일 가르치기 어려운 수학 문제는 우리가 받은 축복을 세어 보는 것"이라는 말이 있다 합니다. 우리가 감사하지 못하는 것은 감사의 조건이 없기 때문이 아니라 감사를 깨달을 수 있는 능력이 없기 때문이라는 말에도 공감이 갑니다. 오랜만에, 트럼프 미국 대통령이 한국의 코로나 19 대응은 최상의 모범이 됐다고 평가했답니다. 진단키트 제공 등 각종 지원에 감사의 뜻을 전하며 방역 협력에 대한 고마움도 드러냈다는 소식을 접했습니다. 감사는 축복의 통로라고 하지요. 소리 내어 인사를 건넨 사람들에게, 나에게 미소를 보낸 이들에게, 늘 똑같이 인사를 건네는 동네 이웃들에도 감사를 하고 싶은 하루입니다.

(2020년 4월 18일)

복의 단상 48

하늘에 열린 수박, 땅의 소산이다

"하나님은 우리를 긍휼히 여기사 복을 주시고 그 얼굴빛으로 우리에게 비취사 주의 도를 땅 위에, 주의 구원을 만방 중에 알리소서. 하나님이여 민족들로 주를 찬송케 하시며 모든 민족으로 주를 찬송케 하소서 열방은 기쁘고 즐겁게 노래할지니 주는 민족들을 공평히 판단하시며 땅 위의 열방을 치리하실 것임이니이다. 하나님이여 민족들로 주를 찬송케 하시며 모든 민족들로 주를 찬송케 하소서. 땅이 그 소산을 내었도다. 하나님 곧 우리 하나님이 우리에게 복을 주시리로다. 하나님이 우리에게 복을 주시니 땅의 모든 끝이 하나님을 경외하리로다." 시편 67:1~7

"May God be gracious to us and bless us and make his face shine on us, so that your ways may be known on earth, your salvation among all nations. May the peoples praise you, God; may all the peoples praise you. May the nations be glad and sing for joy, for you rule the peoples with equity and guide the nations of the earth. May the peoples praise you, God; may all the peoples praise you. The land yields its harvest; God, our God, blesses us. May God bless us still, so that all the ends of the earth will fear him." Psalm 67:1~7

'되는 집에는 가지 나무에 수박이 열린다'라는 속담이 있다. 잘 되어 가는 집은 하는 일마다 좋은 일이 생기거나 좋은 결과를 맺게 된다는 말일 것이다. 미국은 땅이 걸어서 그런지 수박 크기가 한아름 되는 것도 있다. 이 녀석들은 무거워서 잘 익은 것을 골라오기도 힘들다. 같은 가격이면 더 크고 맛있는 것 고르려는 욕심에 요리조리 굴려보고 싶은데 당최 움직이지를 않기 때문이다. 유머 감각이 있는 사람 옆자리가 편안하듯 여유로움이 있는 속담 풀이 속에는 위트가 있어서 좋다. 어떻게 그 무거운 수박이 가벼운 가지처럼 대롱거리며 열릴 수 있단 말인가.

낙타가 바늘구멍에 들어가는 것만큼의 가능성 잣대를, 대롱거리며 열리는 수박에 갖다 대었던 속담을 무색하게 하는 일을 보았다. 하늘에 주렁주렁 열려있는 수박 사진이 단톡방에 올라 온 것이다. 여기저기서 환호하는 댓글이 떴다. 나 혼자만 놀라는 일이 아닌 모양이다. 아날로그를 벗어난 디지털 시대에 정보를 모르고 있다는 말은 곧 알려고 하지 않았다는 말과 같을 것 같다. 어린 시절 초가지붕에 올라앉았던 넝쿨 박은 보았어도, 줄기에 대롱거리며 주렁주렁 달린 수박들이라니, 보면서도 믿기지가 않았다. 사실 확인차 인터넷에 하늘에 열린 수박이라고 제목을 만들었더니 자세하게 안내를 해준다. 이름하여 '애플사과', 사과처럼 작아서 붙여진 이름이란다. 일반 수박의 1/4 크기로 사과와 비슷하며 당도가 높고 깎아서 먹을 수 있단다. 껍질이 얇고 크기가 작은 수박만을 골라 여러 세대에 걸쳐 교배하여 성공한 것이라고 한다.

영국의 윈스턴 처칠 경은 "비관론자는 모든 기회에서 어려움을 찾아내고, 낙관론자는 모든 어려움에서 기회를 찾아낸다."는 말을 했다. 어렵사리 귀농을 결심하는 사람들이 일궈낸 땅의 소산물에 하늘의 복이 내렸으면 좋겠다.

(2020년 4월 19일)

복의 단상 49

눈을 어디로 향할 것인가

"하나님께 가까이함이 내게 복이라 내가 주 여호와를 나의 피난처로 삼아 주의 모든 행사를 전파하리이다." 시편 73:28

"But as for me, it is good to be near God. I have made the Sovereign Lord my refuge I will tell of all your deeds." Psalms 73:28

예일 대학교의 역사 신학자인 야로슬라브 펠리칸 박사는 "땅을 바라보고 사는 사람은 비관주의자가 되고 하늘을 바라보고 사는 사람은 낙관주의자가 되며, 땅을 바라보는 사람은 우울한 사람이 되고 하늘을 바라보는 사람은 밝고 즐거운 사람이 된다."라고 말했답니다. 시편 제3권은 다윗의 궁전에서 음악을 담당했던 아삽의 시와 노래로 대부분 이루어지고 있습니다. 제3권이 시작되는 73편은 땅을 바라보고 살 것인가, 아니면 하늘을 바라보며 살 것인가, 양자택일의 기로에 대한 이야기인데 "내가 어쩌면 이를 알까 하여 생각한즉 그것이 내게 심히 고통이 되었더니 하나님의 성소에 들어갈 때에 비로써 깨달았다"라고 고백합니다. 악인의 형통함과 세속적 가치관으로 갈등 속에 있던 자신이 하나님을 가까이함으로(하늘을 바라봄) 도리어 복이 되었노라고 시를 읊고 있습니다.

　방콕하며 지내는 날 수가 딱 한 달이 되었습니다. 거저 받은 휴가라고 하늘을 쳐다보며 감사하는 날은 하루가 짧게 느껴지고, 알 수 없는 내일이 염려되어 땅을 내려다보노라면 답답하고 길게 느껴지는 시간들입니다. 당신의 인생에 폭풍우가 몰아치면 하늘을 쳐다보고 하나님을 바라보라고 신학자 조지 스윗팅은 권면하고 있습니다. 한 사람의 인생이 아닌 온 인류에 몰아친 폭풍우 속에서 하늘을 바라보고 있는 사람은 얼마나 될까 생각해 보는 하루입니다.

　세계인의 이목을 집중시켰던 칠레의 광산사고 때, 미국 신문은 무디 신학교의 학장이며 설교가인 조지 스윗팅의 글을 인용하였다고 합니다. "인간은 40일을 먹지 않고도 살 수 있다. 3일간 물을 마시지 않고도 살 수 있으며, 8분간 숨을 쉬지 않고도 살 수 있다. 그러나 희망 없이는 단 2초도 살 수 없다." 33명의 광부가 지하 700m 갱도에서 70여 일을 버티다 살아 올 수 있었던 것은 극한 상황에서도 살아나가야겠다는 희망을 버리지 않았기 때문이라고 한 것이지요. 땅으로 눈을 돌릴 때 그가 거의 넘어질 뻔하였고, 그의 걸음이 미끄러질 뻔하였으나 하늘을 쳐다보고 다시 일어설 수 있었다는 아삽의 신앙고백이 신학자 펠리칸 박사와 조지 스윗팅 신학교 학장의 말과 어우러져 희망을 찾는 하루입니다.

(2020년 4월 20일)

복의 단상 50

마음에 있는 시온의 대로

"주의 집에 거하는 자가 복이 있나이다. 저희가 항상 주를 찬송하리이다. 주께 힘을 얻고 그 마음에 시온의 대로가 있는 자는 복이 있나이다. 저희는 눈물 골짜기로 통행할 때에 그곳으로 많은 샘의 곳이 되게 하며 이른 비도 은택을 입히나이다. 저희는 힘을 얻고 더 얻어 나아가 시온에서 하나님 앞에 각기 나아가리이다." 시편 84:4~7

"Blessed are those who dwell in your house; they are ever praising you. Blessed are those whose strength is in you, whose hearts are set on pilgrimage. As they pass through the Valley of Baca, they make it a place of springs; the autumn rains also cover it with pools. They go from strength to strength, till each appears before God in Zion." Psalm 84:4~7

"만군의 여호와여 주의 장막이 어찌 그리 사랑스러운지요, 내 영혼이 여호와의 궁정을 사모하여 쇠약함이여 내 마음과 육체가 살아계시는 하나님께 부르짖나이다." 성전 예배를 드리지 못하는 팬데믹 시대에 영혼 깊이 묵상 되는 말씀입니다. 주의 궁정에서의 한 날이 다른 곳의 천 날보다 낫고, 악인의 장막보다는 주의 전의 문지기로 있는 것이 좋다는 고라 자손의 섬김의 삶에서 시온의 대로를 엿보는 하루입니다.

미국의 유명한 카네기 강철회사의 후계자는 찰스 스웹Charles Swab이라는 사람입니다. 그는 초등학교밖에 못 나온 사람으로 이 회사의 잡역부로 취직을 했습니다. 그가 맡은 일은 잡역부였지만, 마음속에는 무엇이든 맡은 일에 최선을 다하고자 하는 성실함과 밝은 꿈을 언제나 지니고 다녔습니다. 그는 매일 매일 공장의 구석구석을 정리하고 깨끗이 청소했습니다. 마치 자기 집처럼 자기가 주인인 공장처럼 그렇게 정리하고 정돈했습니다. 그런 모습을 보고 사람들은 비웃었습니다. 그러나 찰스는 다른 사람의 비난에도 아랑곳하지 않고 비가 오나 눈이 오나 꾸준히 공장을 깨끗하게 정리하고 청소하며 '이 거대한 공장은 나의 것'이라는 주인의식을 가지고 일했습니다. 그러한 그의 행동과 태도는 사람들에게 감동을 주었습니다. 그는 성실함을 인정받아 잡역부에서 정식 사원으로 발탁되었습니다.

그의 행동은 곧 소문이 났고 이에 감동한 카네기 사장은 그를 비서로 채용했습니다. 카네기 사장의 비서가 된 그는 마치 사장 입의 혀와 같이 충성을 다했습니다. 그는 "나는 이 회사의 주인으로서 오리를 가라 하면 십 리를 가고, 속옷을 달라고 하면 겉옷을 주는 심정으로 일해야 한다."는 마음을 먹었습니다. 그리고 열심을 다해 성실히 일했습니다.

강철왕 카네기가 연로하여 은퇴할 때가 되자 사원들은 이 거대한 회사의 후계자는 과연 누가 될지에 대해 매우 궁금히 여겼습니다. 카네기 사장은 잡역부에서 자신의 비서가 된 스웹을 후계자로 지명했습니다. 이것은 온 세계를 깜짝 놀라게 했습니다. 스웹 자신도 매우 당황하였습니다. 카네기 사장은 학력과 지식이 높은 사람이 회사를 잘 이끌 수 있는 것이 아니라 회사에 대한 사랑과 주인의식 그리고 꿈을 가진 사람만이 회사를 잘 운영할 수 있다는 것을 강조하였습니다. 그래서 항상 꿈과 주인의식을 가지고 충성스럽게 일하는 찰스 스웹이야 말로 회사를 잘 이끌어갈 주인이라고 생각했던 것입니다.

주를 섬기듯 주인을 섬겼던 찰스, 그를 알아본 카네기의 마음에도 시온의 대로가 보입니다. 20세기의 성녀로 일컬어지는 마더 테레사는 침묵의 순간은 하나님께서 고요 속에서 말씀하시는 때라고 말합니다. 그리고 그럴 때는 기도가 하나님께 말씀드리는 것만이 아니라 하나님께 귀를 기울이는 것도 되는 것을 알게 하는 시간이라고 합니다.

긴 침묵의 기간이 시온의 대로로 인도함을 받는 시간이 되기를 기원합니다.

(2020년 4월 22일)

복의 단상 51

지구의 날에 생각하는 우문현답

"주의 궁정에서 한 날이 다른 곳에서 천 날보다 나은즉 악인의 장막에 거함보다 내 하나님 문지기로 있는 것이 좋사오니 여호와 하나님은 해와 방패시라. 여호와께서 은혜와 영화를 주시며 정직히 행하는 자에게 좋은 것을 아끼지 아니하실 것임이니이다. 만군의 여호와여 주께 의지하는 자는 복(福)이 있나이다." 시편 84:10~12

"Better is one day in your courts than a thousand elsewhere; I would rather be a doorkeeper in the house of my God than dwell in the tents of the wicked. For the Lord God is a sun and shield; the Lord bestows favor and honor; no good thing does he withhold from those whose walk is blameless. O Lord Almighty, blessed is the one who trusts in you." Psalm 84:10~12

'신은 항상 용서하지만 자연은 절대 용서하지 않는다.'라는 스페인 격언이 있습니다. 자연이라 함은 우리가 살고 있는 지구 전체를 아우르는 말일 것입니다. 지구는 현대과학이 밝힌 바에 의하면 생명체가 존재하기에 적합한 조건을 지닌 태양계 내의 유일한 행성이라고 합니다. 지표의 3분의 2가 바다로 되어 있으며, 지표면의 환경은 그곳에 사는 생물들과 함께 지구의 생물권을 구성할 수 있게 한답니다. 이 지구를 일컬어 하나님이 만드신 다른 창조물과 함께 사는 '공동의 집'이라고 하는 글을 보았습니다. 그리고 하느님은 인류에게 이 공동의 집에서 창조물을 존중하며 돌보는 의무를 부여했다고 말하며 자연을 훼손하는 결과의 파장을 지적했습니다.

오늘이 '지구의 날' 50주년이 되는 날이라고 합니다. 처음 알게 된 사실입니다. 지구의 날은 환경오염 문제의 심각성을 일깨우기 위해 제정된 날로, UN이 정한 세계 환경의 날과는 달리, 순수 민간운동에서 출발했답니다. 1969년 미국 캘리포니아주 앞바다에 원유 유출 사고가 발생하여 기름으로 검게 물든 바다를 본 미국 위스콘신주 상원의원 게이로드 넬슨이 환경 문제의 중요성을 알리기 위해 '지구의 날' 제정을 촉구하여 시작되었다고 합니다. 1970년 미국에서 시작된 이 운동이 오늘날에는 200여 개국이 참여하는 세계적인 기념일이 되었다고 하네요. 지구의 날에 전 세계인이 10분 동안 전등을 끄는 운동이 있는데 온난화로 몸살을 앓고 있는 지구가 회생되는 순간입니다. 그 외에도 지구를 살리기 위해 실천해 주기를 바라며 몇 가지 권면을 했습니다. 어렵지 않은 일들입니다. 일회용 그릇 안 쓰기, 쓰지 않는 가전제품 플러그 뽑기, 쓰레기 분리수거 하기 등 습관화되면 일상생활이나 다름없는 일입니다.

주의 궁정에서의 한 날이 다른 곳에서의 천 날보다 낫다는 말이 생각납니다. 신성한 국회에서 지구의 나이를 물어 상대방을 공격하는 해프닝을 보았습니다. 지구의 나이가 46억 년이 되었고, 그 구성 물질은 우주의 가스나 먼지로 추측되며, 눈에 보이지도 않는 미생물이 인류의 근원이라고 진화론 열변을 하고 싶었는지 모르겠습니다.

허락하신 이 한 날을 감사하며, 모든 때와 시를 아는 것은 하나님의 권한이라는 예수님의 말씀을 기억하고 '태초'라는 시간에 지구의 나이를 묻어두는 것이 좋겠다는 말이 지구의 나이를 묻는 사람에게 우문현답이 되었으면 하는 오늘입니다.

(2020년 4월 22일)

복의 단상 52

가슴 뛰는 이야기

"뉘 능히 여호와의 능하신 사적을 전파하며 그 영예를 다 광포할고? 공의를 지키는 자들과 항상 의를 행하는 자는 복이 있도다. 여호와여 주의 백성에게 베푸시는 은혜로 나를 기억 하시며 주의 구원으로 나를 권고하사 나로 주의 택하신 자의 형통함을 보고 주의 나라의 기쁨으로 즐거워하게 하시며 주의 기업과 함께 자랑하게 하소서." 시편 106:2~5

"Who can proclaim the mighty acts of the Lord or fully declare his praise? Blessed are those who act justly, who always do what is right. Remember me, Lord, when you show favor to your people, come to my aid when you save them, that I may enjoy the prosperity of your chosen ones, that I may share in the joy of your nation and join your inheritance in giving praise." Psalm 106:2~5

역사는 나보다 먼저 산 사람들이 빚어낸 이야기입니다. 역사는 무엇보다 사람을 만나는 공부입니다. 또한, 그 이야기를 만든 사람들을 만나는 것이 역사 공부입니다. 긴긴 시간 안에 엄청나게 많은 사람들의 삶의 이야기가 녹아 있기 때문이지요. 그 이야기를 읽다 보면 절로 가슴이 뜁니다. 가슴 뛰는 삶을 살았던 사람의 선택과 행동에 나의 감정이 이입한 증거입니

다. 『역사의 쓸모』 中에서

　시편 제4권의 마지막 장인 106편 이야기도 105편에 이어지는 이스라엘 역사를 시로 지어 노래를 한 것입니다. 하나님이 아브라함을 택하시어 언약을 맺으시며 천대에 걸쳐 명령하신 말씀을 영원히 기억하셨으니 이것은 이스라엘에게 행하신 영원한 언약이라고 노래합니다. 약속의 땅에 기근이 들게 하심도 하나님이시오, 그들이 의지했던 양식을 끊으시는 분도 하나님이셨다고 합니다. 요셉을 종으로 팔리게 하여 애굽으로 먼저 보내심과 모세를 일으켜 이스라엘 민족으로 홍해를 건너게 하시는 중에도 하나님의 계획과 섭리가 있었음을 말하고 있는 시인은 가슴이 뜁니다. 이스라엘을 감싸시는 하나님의 사랑에 가슴이 뛰고, 기쁨의 땅을 멸시하며 여호와의 음성을 듣지 않는 사람들의 거역에 가슴 뛰기도 합니다. 뉘 능히 여호와의 행하신 역사를 말로 다 할 수 있으며 그가 받으실 영광을 선포하겠는가? 역사를 주관하시는 전능자 앞에서 오직 공의와 의를 행하며 사는 자가 복됨을 깨닫고 시인은 하나님의 은혜를 구하고 있습니다.

　지금은 2020년 4월 23일 밤 11시, 한국시간으로 24일 오전 8시 기준 미국 존스홉킨스대학 통계에 따르면 전 세계 코로나 19 누적 확진자는 270만 8,590명으로 집계됐다고 합니다. 사망자는 18만 8,437명, 회복한 자는 73만 7,857명을 기록했답니다. 미국의 코로나 19 누적 확진자는 총 87만 3,137명, 총 사망자는 4만 9,759명으로 집계하고 있습니다. 언제쯤 이 암울한 숫자놀이가 멈춰 설까, 훗날 세계의 역사가들은 2020년의 코로나 팬데믹 재앙을 어떻게 써 내려갈까.

누가 능히 여호와의 권능을 다 말할 수 있겠나이까, 그 크신 인자하심과 은혜로 저희를 기억하소서.

(2020년 4월 23일)

복의 단상 53

아는 것이 힘이라

"할렐루야! 여호와를 경외하며 그 계명을 크게 즐거워하는 자는 복_福이 있도다. 그 후손이 땅에서 강성함이여 정직자의 후대가 복_福이 있으리로다. 부요와 재물이 그 집에 있음이여 그 의가 영원히 있으리로다. 정직한 자에게는 흑암 중에 빛이 일어나나니 그는 어질고 자비하고 의로운 자로다." 시편 112:1~4

"Praise the Lord. Blessed are those who fear the Lord, who find great delight in his commands. Their children will be mighty in the land; the generation of the upright will be blessed. Wealth and riches are in their houses, and their righteousness endures forever. Even in darkness light dawns for the upright, for those who are gracious and compassionate and righteous." Psalms 112:1~4

율법은 신의 이름으로 규정된 규범으로, 히브리어로 토라라고 하며 좁게는 출애굽기 20장부터 레위기이며, 넓게는 모세 5경과 구약성경을 의미하는데, 모세를 통하여 이스라엘 백성에게 준 규범이라고 합니다. 그리고 계명은 율법의 핵심인 십계명을 의미한답니다. 율법과 계명은 범위에 따른 표현이고 내용은 같은데 율법은 신적 권위를 가진 규범이고 계명은 신적 권위를 가진 명령이라고 말하고 있습니다.

율법과 계명의 차이점을 설명하는 글을 읽고도 어렵다고 느끼는 것은 구약에서는 이 두 단어를 크게 구별하지 않고 쓰고 있기 때문인 것 같습니다. '여호와의 율법을 즐거워하는 자는 복이 있다.' 또는 '그 계명을 즐거워하는 자는 복이 있다.'라고 하는 구절이 많이 있습니다. 그런데 예수님이 계명과 율법을 분명하게 나누어 말씀하십니다. 마태복음 22장에 나옵니다. "예수께서 이르시되 네 마음을 다하고 목숨을 다하고 뜻을 다하여 주 너의 하나님을 사랑하라 하셨으니 이것이 크고 첫째 되는 계명이요. 둘째도 그와 같으니 네 이웃을 네 자신 같이 사랑하라 하셨으니 이 두 계명이 온 율법과 선지자의 강령이니라." 이 말씀에서 계명은 십계명을 가리키고 있는 것을 알 수 있지요.

'아는 것이 힘이다.'라는 말과 '모르는 것이 약이다.'라는 말이 있습니다. 아는 것과 모르는 것의 장점을 드러내고 있는데도 긍정과 부정의 명암이 보이는 말입니다. 오늘은 이 두 격언이 적용될 만한 상식을 어느 글에서 배웠네요. 기름기가 많으므로 맛이 있고 값비싼 고기와 생선 이야기입니다. 고기는 일반적으로 지방 함량이 높을수록 등급이 높아지는데 소고기 등심 기준으로 1등급과 3등급의 지방 함량은 무려 4배나 차이가 난답니다. 지방이 고소한 맛과 부드러운 식감을 주기 때문이랍니다. 생선 역시 마찬가지입니다. 참치도 운동량이 거의 없는 뱃살과 배꼽 부위가 가격도 비싸고 맛도 좋다 합니다. 그런데 기름치라는 생선은 이 법칙에서 제외되는데 90퍼센트 이상이 지방이고 인체에서 소화되지 않는 "Wax ester"는 기름성분을 많이 보유하고 있답니다. 글의 요지는, 맛도 없고 몸에도 해로운 기름치를 맛있는 참치로 둔갑시켜 팔고 있으니 주의하라는 것이었지요. 이제 알았으니 속지 않을 것이라 힘이 되고, 몰라서 속았다면 그래도 약은 될 것 같습니다.

600여 개나 되는 어지러운 율법을 간단하게 두 가지 계명으로 나누신 뒤, 다시 사랑이란 단어 하나로 묶어 누구나 쉽게 알게 하신 깨달음의 은혜를 생각하는 하루입니다. 하나님의 사랑을 크게 즐거워하는 자는 복이 있도다.

(2020년 4월 24일)

복의 단상 54

하늘은 여호와의 하늘이라도 땅은 인생에게 주셨도다!

"여호와께서 우리를 생각하사 복을 주시되 이스라엘 집에도 복을 주시고 아론의 집에도 복을 주시며 대소 무론하고 여호와를 경외하는 자에게 복을 주시리로다. 여호와께서 너희 곧 너희와 너희 자손을 더욱 번창케 하시기를 원하노라 너희는 천지를 지으신 여호와께 복을 받은 자로다. 하늘은 여호와의 하늘이라도 땅은 인생에게 주셨도다." 시편 115:12~16

"The Lord remembers us and will bless us: He will bless his people Israel, he will bless the house of Aaron, he will bless those who fear the Lord small and great alike. May the Lord cause you to flourish both you and your children. May you be blessed by the Lord, the Maker of heaven and earth. The highest heavens belong to the Lord, but the earth he has given to mankind." Psalms 115:12~16

시편 115편은 이스라엘의 3대 절기 때마다 불리고 있는 할렐 시들 중의 하나라고 합니다. 포로로 잡혀갔을 때와 히틀러에게 학살당할 때나 먼지 더미에서도, 거름더미에서도, 하나님을 바라며 이 할렐 시들을 불렀다고 합니다. 찬양의 가사는 오직 홀로 높으신 하나님만 영광을 받으소서, 영광을 우리에게 돌리지 마소서, 우리에게 돌리지 마소서로 시작됩니다. 오직 우리 하나님은 하늘에 계셔서 원하시는 모든 것을 행하셨나이다. 그러므로 입이 있어도 말하지 못하며 눈이 있어도 보지 못하며 귀가 있어도 듣지 못하며 코가 있어도 냄새 맡지 못하며 손과 발과 목구멍이 있어도 아무 구실을 못 하는 우상에게 복을 빌지 말라고 합니다. 하늘은 여호와의 것이라도 땅은 사람에게 주시고, 하나님을 경외하는 모든 자에게 복을 내리신 하나님만 의지하라는 내용입니다.

너희는 천지를 지으신 여호와께 복을 받는 자로다! 유난히 복이라는 단어가 많이 나오는 단락입니다. 세상 사람들은 복을 어떻게 정의 내리고 있나 싶어 살펴보았습니다. 눈에 띄는 글이 있어서 인용합니다. "대부분의 사람들이 복을 비는 가운데 태어나서 복을 비는 뭇 상징 속에 둘러싸여 복을 빌며 살다가 다시 복을 비는 마음속에서 죽어간다. 이것은 복이 삶의 밑바닥에서 움직이고 있는 가장 끈질기고 가장 보편적인 동기가 되는데도, 일상생활과 의식에 너무나도 밀착되어 있으므로 거리를 두고 대상화해서 인식하기는 어렵기 때문이다." 세상 모든 사람들이 원하는 복을 어려운 철학처럼 해석한 말입니다. 인문학 강좌처럼 딱딱하게 정리한 이 복의 개념을 다시 부드럽게 풀어 쓰면 이렇지 않을까 합니다. "사람이 세상에 태어나서 살다가 죽을 때까지, 의식하지 못하는 가운데 얻어지고 바라는 것이 있다. 그 정체는 하늘의 조물주가 땅에 사는 피조물에게 내리신 복이다. 한평생 그것을 모른 채 살다 가는 것이 인간이다."

필요해서 아침 운동을 갈 때 들고 갔던 신문지에, 「나일강은 이집트의 축복이다」라는 제목 하에 신문 한쪽을 가득 채운 이집트의 신전들을 훑어보다 반쪽만 찢어서 사용하고 나머지는 다시 집으로 들고 왔다. 고대 이집트 문명이 나일강을 따라 탄생했는데, 지금도 나일강 강가 중심에 위치한 주요 유적지가 이집트의 가장 큰 관광 수입원이 되고 있어서 나일강은 이집트의 축복이란다. 보이지 않는 신을 모셔놓고 복을 빌고 복을 얻기 위해 세워진 신전들이 즐비하다. 기원전 13세기경 람세스 2세가 언덕의 커다란 돌을 깎아 만든 아부심벨 신전, 이집트 신전 중에 가장 보존이 잘되어 있다는 에드푸 신전, 이집트 상형 문자가 마지막으로 기록이 된 필레섬의 필레 신전, 세계 최고의 야외 박물관으로 불리는 룩소르, 악어와 매를 신으로 모신 콤옴보 신전, 그리고 이집트에 남아있는 신전 중 가장 크고 오래된 카르나크 신전 등등….

하늘은 여호와의 하늘이라도 땅은 인생에게 주셨도다! 손과 발과 목구멍이 있어도 아무 구실을 못 하는 우상에게 복을 빌지 말라 하십니다. 복의 근원이 되시는 하나님을 찬양하는 하루입니다.

(2020년 4월 25일)

복의 단상 55

머릿돌 이야기

"여호와의 이름으로 오는 자가 복이 있음이여 우리가 여호와의 집에서 너희를 축복하였도다. 여호와는 하나님이시라 우리에게 비취셨으니 줄로 희생을 제단 뿔에 맬지어다. 주는 나의 하나님이시라 내가 주께 감사하리이다. 주는 나의 하나님이시라 내가 주를 높이리이다." 시편 118:26~28

"Blessed is he who comes in the name of the Lord. From the house of the Lord we bless you. The Lord is God, and he has made his light shine on us. With boughs in hand, join in the festal procession up to the horns of the altar. You are my God, and I will praise you; you are my God, and I will exalt you." Psalm 118:26~28

할렐송의 마지막에 해당하는 시편 118편에 예수님께서 인용하셨던 머릿돌 이야기가 나옵니다. 예수님께서 예루살렘 성전에서 거니실 때 대제사장들과 서기관들과 장로들이 나아와 무슨 권위로 이런 일을 하며 누가 이런 권위를 주었느냐고 물었습니다. 그때 그들에게 시편의 말씀으로 대답하셨지요. "건축자들의 버린 돌이 모퉁이의 머릿돌이 되었나니 이것은 주로 말미암아 된 것이요 우리 눈에 놀랍도다, 함을 읽어보지 못하였느냐." 주님께서 성전의 머릿돌이 되심은 하나님께서 부여하신 권위라고 말씀하신 것입니다.

머릿돌에 관하여 재미있는 글이 있어서 여기에 옮겨봅니다. 성전을 지을 때 기이한 일이 있었습니다. 그 당시 건축자들은 설계를 따라 채석장에서 다듬어 보내진 돌들을 쌓아 성전을 지었습니다. 돌들은 아름다운 미석으로 다듬어졌는데 얼마나 잘 다듬어졌는지 돌과 돌 사이에 접착제를 넣지 않고 그대로 쌓아도 면도칼이 들어가지 않을 정도였다 합니다. 또한, 그 돌의 크기가 얼마나 큰지 돌 하나의 크기가 20평 되는 건물 한 층의 크기와 같다니 그 위엄이 얼마나 장엄한지 알 수 있습니다.

어느 날 건축자들이 채석장에서 날아온 돌들로 성전을 쌓는데 아무 표시도 되지 않은 돌이 하나 있어 건축자들의 눈에 걸림돌이 되었습니다. 그래서 그 돌을 멀리 굴려 버렸습니다. 그 후 성전이 완성되어 머릿돌을 세우려 하였더니 아무리 찾아도 머릿돌이 보이지 않았습니다. 하여 채석장으로 사람을 보내어 머릿돌을 보내라 재촉하였더니 그 돌은 맨 처음에 보냈다고 하였습니다. 주변을 샅샅이 찾아보니 성 밖 허접한 곳에 이상한 돌이 하나 보였습니다. 그 돌을 들어다 머릿돌 자리에 넣으니 감쪽같이 들어맞았다 합니다. 그 후 이 말이 이스라엘 중에 유전되었다 합니다. 이 이야기가 사실이든 아니든 예루살렘 성전을 건축할 때 사용되었다는 돌의 무게도 상상하면서 흥미롭게 읽었기에 나누어 보았습니다.

"줄로 희생을 제단 뿔에 맬지어다."라는 말이 어렵지요? 축제행렬이나 성막 내에서의 축제 의식으로 풀이할 수도 있답니다. 그리고 여호와의 이름으로 오신 복 되신 예수님이, 어둠 가운데 있던 우리를 생명의 빛으로 인도해 주셔서 그 은혜와 구원의 감격을 잊지 않고 한결같이 충성하겠다는 굳센 의지의 표현으로도 해석할 수 있다고 하네요.

건축자들이 버린 머릿돌을 생각하는 하루입니다.

(2020년 4월 26일)

복의 단상 56

바람은 돛단배의 매뉴얼이다

"행위 완전하여 여호와의 법에 행하는 자가 복複이 있음이여 여호와의 증거를 지키고 전심으로 여호와를 구하는 자가 복複이 있도다. 실로 저희는 불의를 행치 아니하고 주의 도를 행하는도다. 주께서 주의 법도로 명하사 우리로 근실히 지키게 하셨나이다." 시편 119:1~4

"Blessed are those whose ways are blameless, who walk according to the law of the Lord. Blessed are those who keep his statutes and seek him with all their heart—they do no wrong but follow his ways. You have laid down precepts that are to be fully obeyed." Psalm 119:1~4

난센스 퀴즈의 정답은 머리 회전의 순발력을 최대한 발휘해야 남보다 빨리 맞출 수 있고 재미가 있습니다. 엉뚱한 곳에 답이 숨어있어 아리송하기도 하고, 재치 있게 문제를 내는 사회자의 분위기 띄우기가 한몫하여 어우러지기 좋은 게임입니다. 어느 해에 있었던 성경 난센스 퀴즈 시간이 생각납니다. '전화로 세운 도시는 어디에 있는가?' 답은 '로마서'이고 '세 명의 아들을 둔 사람은 누구의 아버지?' 정답은 '삼손'이었습니다. 시편 117편은 성경에서 가장 적은 두 구절로 이루어져 있고, 반면에 가장 많은 구절이 있는 장은 시편 119편입니다. 만약에 이 두 편의 시를 난센스 문제로 낸다면 어떻게 설명해야 할까요.

성경 전체에서 가장 긴 시편 119편은 율법, 도, 증거, 계명, 법도, 율례, 규례, 하나님의 진리 등과 관련되어 있답니다. 그래서 '시편 중의 시편' 또는 '말씀 시편'으로 불리고 있습니다. 설교시간에 들었던 기억을 더듬어 책에서 읽었던 부분을 간추려 시편 119편의 특이하고 정교한 구성을 옮겨보면 이렇습니다. "시편에는 8편의 답관체 시편이 있습니다. 히브리 알파벳 순서로 지어져서 알파벳 시편이라고도 합니다. 그중 일곱 번째 답관체가 되는 119편은 답관체 시편의 백미라고 불릴 정도로 뛰어납니다. 히브리어 알파벳의 수에 맞추어 22개 부분으로 나뉘어 있고 각 부분은 8개의 절로 이루어져 있습니다. 그리고 각 부의 첫 절은 22개의 히브리어 알파벳 순서로 시작합니다. 그리하면 8 곱하기 22는 176절이 되는 것입니다."

'차 한 잔'이라는 블로그 이름이 마음에 들어 열어보니 공유하고픈 글이 있었습니다. 복에 관한 말씀 중에 행위가 완전하고 여호와를 전심으로 찾는 자가 복이 있다는 구절은 사실 사람들에게 버거운 말씀입니다. 다행스러운 것은 그 뒤에 나오는 구절이 위로가 됩니다. "주께서 주의 법도로 명하사 우리로 건실히 지키게 하셨나이다." 행위가 완전하지 못하는 피조물인 사람들에게 조물주이신 하나님이 지키게 하실 힘을 주신다는 것이지요. 이 구절을 일컬어 '차 한 잔'이 말하기를, 시편 기자가 참으로 구약시대에 성령으로 사는 법을 알아 적용하고 있구나! 하며 감탄을 했다고 합니다.
"우리의 행위가 어떻게 완전할 수 있겠는가? 최신 신형 장비와 위성기술로 완벽하게 준비한 돛단배가 바다에서 돛을 활짝 펴고 항해를 할 때 무풍지대나 광풍을 만나게 되면 그 배가 갖추고 있는 것이 아무런 도움이 되지 않는다고 한다. 그 배가 필요한 것은 최신 정보가 아니라 돛을 이용하여 앞으로 나아가게 하는 바람이다."

여기서 블로거가 말하고자 하는 것은 우리의 노력으로는 절대 행위가 완전한 자가 될 수 없고 말씀(성령)으로 우리를 인도해 주셔야 가능하다는 것입니다. 하나님의 말씀은 우리들의 매뉴얼(바람)입니다.

(2020년 4월 27일)

복의 단상 57

상상 속의 성화(聖畵)

"여호와를 경외하며 그 도에 행하는 자마다 복(福)이 있도다. 네가 네 손이 수고한 대로 먹을 것이라 네가 복(福)되고 형통하리로다. 네 집 내실에 있는 네 아내는 결실한 포도나무 같으며 네 상에 둘린 자식은 어린 감람나무 같으리로다. 여호와를 경외하는 자는 이같이 복(福)을 얻으리로다." 시편 128:1~4

"Blessed are all who fear the Lord, who walk in obedience to him. You will eat the fruit of your labor; blessings and prosperity will be yours. Your wife will be like a fruitful vine within your house your children will be like olive shoots around your table. Yes, this will be the blessing for the man who fears the Lord." Psalms 128:1~4

"행복의 비밀은 자신이 좋아하는 일을 하는 것이 아니라 자신이 하는 일을 좋아하는 것이다." 동기부여 전문가이며 베스트셀러 작가인 앤드류 매튜스가 했던 말입니다. 동기부여 전문가다운 사람이 남긴 명언이라는 생각이 듭니다. 하고 싶은 일만 하며 살 수 없는 것이 우리들의 삶이기에 좋아하지 않는 일을 하고 있을지라도 그 일에 어떤 의미를 부여하느냐에 따라 행복을 느낄 수도 아닐 수도 있기 때문입니다. 참고로 이 세상 사람들의

80%는 자신이 하고 있는 일이 좋아서 하는 일은 아니라고 합니다.

좋아하는 일이란 하고 싶은 일이기도 합니다. 그림 그리기에 재능이 있는 친구가 있는데 언젠가는 성서에 나오는 이야기를 감동이 오는 그대로 화폭에 담아보고 싶다고 했습니다. 성화聖畵를 그리고 싶은 것이지요. 언제 시작할지 모르는 일이지만 생각만 하여도 행복하답니다. 나는 그림이라면 동그라미도 제대로 그리지 못하지만 가끔씩 친구에게 용기도 줄 겸하여 입(말)으로 밑그림을 그려주며 빨리 시작하라고 부추기곤 합니다. 오늘 시편 119편도 아름다운 그림 한 폭으로 와 닿는 감동이 있는 말씀입니다. 하나님의 축복 가운데 거하고 있는 가족들의 모습이 한 폭의 아름다운 그림처럼 펼쳐 보이고 있습니다. 성서학자 루터는 이 시편을 가리켜 '결혼의 노래'라고 불렀다 하지요. 성화의 제목으로 이울릴 것 같습니다.

레오나르도 다 빈치의 '최후의 만찬'은 너무 유명하지요. 공기원근법을 이용하여 그린 다 빈치의 창조적 발명품입니다. 과학으로는 도저히 풀 수 없는 신비로운 미학 때문에 과학자들이 가장 좋아하는 화가랍니다. 성경에 나오는 예수님의 마지막 만찬 장면을 떠올리면 그림의 소재가 많습니다. 식사 시간이 길었거든요. 지금 우리들이 특별한 절기 때에 행하고 있는 성만찬 의식도 그때 예수님께서 열두 제자들에게 직접 보여 주시고 명하셨던 일입니다. 그중 다 빈치가 포착했던 순간은 "너희 가운데 하나가 나를 배반하리라."라는 말에 놀란 열두 제자의 표정이라고 합니다. 몰라서 허둥대는 제자들과는 달리 잠잠히 생각에 잠기신 예수님을 그의 뒤에 있는 유리문에 광선 원근법을 이용하여 그림의 중심인물로 담아냈다고 합니다.

만약 내 친구가 시편 119편의 '복 있는 가정의 식탁 성화'를 그린다면, 복의 통로가 되는 그 집의 주인인 가장에 포인트를 두어 밑그림을 그려 줄 것 같습니다.

하나님을 경외하고 그 도를 행하여 복을 받은 한 남자가 결실한 포도나무 같은 아내와 감람나무 같은 자녀들에 빙 둘러 있는 모습을 화폭에 담고 있을 친구의 행복한 얼굴을 그려봅니다.

(2020년 4월 28일)

복의 단상 58

시온에 내린 이슬

"형제가 연합하여 동거함이 어찌 그리 선하고 아름다운고 머리에 있는 보배로운 기름이 수염 곧 아론의 수염에 흘러서 그 옷깃까지 내림 같고 헐몬의 이슬이 시온의 산들에 내림 같도다. 거기서 여호와께서 복을 명하셨나니 곧 영생이로다." 시편 133:1~3

"How good and pleasant it is when brothers(God's people) live together in unity! It is like precious oil poured on the head, running down on the beard, running down on Aaron's beard, down on the collar of his robe. It is as if the dew of Hermon were falling on Mount Zion. For there the Lord bestows his blessing, even life forever more." Psalms 133:1~3

"헐몬의 이슬이 시온의 산들에 내림 같다"는 표현이 너무 아름다워서 하나님의 사람들God's people보다는 형제라는 단어가 더 어울릴 것 같아 우리말 그대로 'brothers'를 택했습니다. 다윗도 이 시를 쓸 때 하나님 안에서 이루어지는 어떤 공동체의 연합보다는 가까운 혈족, 형제애가 빚을 수 있는 아름다움을 노래했을 것이라는 글을 보았습니다.

성경에는 형제들에 관한 이야기가 많이 있지요. 다윗이 감탄하며 시를 읊었던 마음 뭉클한 형제애보다는 시기와 미움이 빚어낸 이른바 형제들의 난이 더 많습니다. 주일학교 때부터 수없이 들었던 가인과 아벨 이야기, 팥죽 한 그릇으로 장자의 명분을 사고팔았던 쌍둥이 형제, 생뚱맞은 꿈자랑으로 형제들의 눈 밖에 난 요셉 이야기 등 사이 안 좋은 형제들 이야기가 무수히 많지요. 재미있는 것은 신구약 통틀어 두 곳에 나오는 자매들 사이는 원만하게 그려지고 있습니다. 구약에 나오는 슬로브핫의 다섯 딸이나, 신약에 등장하는 나사로의 누이들을 떠올리면 알 수 있지요. 어찌 오늘날과 좀 비슷한 것으로 보이지 않으세요? 스무 명 가까운 다윗의 아들들도 우애 때문에 아버지를 근심케 했던 사람들이지요. 그래서 다윗은, 형제가 연합하여 아름다움을 이루면 하나님이 복을 명하사 영생을 이루게 한다고 권면하며 노래했을 것입니다,

이스라엘 성지순례 비행기 표에 관한 소식을 받은 날입니다. 항공사 근무 인원이 많이 줄어들어 리펀드 기간이 한 달은 걸린다고 하더군요. 코로나 19가 세계를 휩쓸지 않았다면 지금쯤은 이스라엘에 도착하여 눈 덮인 헐몬산을 바라보고 있을 것입니다. 계획은 사람이 세워도 그 길을 인도하시는 분은 하나님이시라는 진리의 말씀을 새겨보는 하루입니다.

헐몬산은 이스라엘 땅 전체의 머리라고 할 수 있다 합니다. 산 높이는 해발 2,850m. 대구의 팔공산 봉우리 중의 제일 높은 곳이 해발 1,193m이니 두 배가 훨씬 넘는 셈입니다. 산 위는 사철 눈으로 덮여 있고 여름이면 일부가 녹아서 흘러내린답니다. 밤에는 서쪽에서 불어오는 지중해의 고온다

습한 공기가 동쪽 광야지역에서 불어오는 찬 공기와 만나 이슬이 내리는데 말이 이슬이지 비라고 합니다. 이슬이 비처럼 많이 내리는 것입니다. 비가 쏟아지면 대부분 빗물이 산 아래로 흘러 갈릴리 호수로 들어갑니다. 그러나 눈이 녹거나 이슬이 내리면 대부분 지하로 스며들어 이스라엘 땅의 지하로 흐르고, 이스라엘 땅 지하로 흐르던 물은 우물이나 오아시스를 만나면 땅 위로 솟아납니다. 그래서 우물이나 오아시스의 원천은 헐몬산이랍니다.

　형제가 연합하는 아름다운 모습은 헐몬의 이슬이 시온의 산들에 내림 같다고 시인은 노래합니다. 아침이슬이 영롱하게 맺혀있는 초원의 아름다움에 넋을 잃었던 적이 있습니다. 하느님께서 내리시는 아침이슬의 은총이 온 누리에 가득하기를 기원합니다.

(2020년 4월 29일)

복의 단상 59

역사는 밤에 이루어진다

"밤에 여호와의 집에 섰는 여호와의 모든 종들아 여호와를 송축하라 성소를 향하여 너희 손을 들고 여호와를 송축하라 천지를 지으신 여호와께서 시온에서 네게 복福을 주실지어다." 시편 134:1~3

"Praise the Lord, all you servants of the Lord who minister by night in the house of the Lord. Lift up your hands in the sanctuary and praise the Lord. May the Lord bless you from Zion, he who is the Maker of heaven and earth." Psalms 134:1~3

성전에 올라가는 노래라는 설명이 덧붙여 있는 시입니다. 시편에는 성전에 올라가면서 부르는 노래가 총 열다섯 개가 있는데 오늘의 말씀인 134편이 마지막 시라고 합니다. 세 구절로 나뉜 짧은 말씀이지만 주시는 메시지가 강하게 와 닿는 구절들입니다. 성전에 올라가는 노래, 밤에 여호와의 집에 서 있는 사람들, 성소를 향해 손을 들어 찬양하는 모습, 천지를 지으신 하나님의 복 등, 퍼온 글을 토대로 내 것으로 엮어가니 우리가 어떤 마음으로 하나님께 찬양을 올리며 예배를 드려야 옳은가를 다시 일깨울 수 있는 기회가 됩니다.

성전에 올라가는 노래란, 제사를 맡은 레위 사람들이 각을 뜬 소, 양, 물통, 장작 등을 들고 제단을 향하여 한 계단 한 계단을 올라가면서 암송한 시입니다. 그리고 유대인들이 성전 예배를 드리기 위해 예루살렘으로 올라가는 길에 불렀던 찬송으로 알려지기도 합니다. 고지대에 위치한 성전은 오르기가 어려워 올라가는 힘든 노정에서 레위인의 심정으로 노래(암송)하였는데 틀리지 않고 완벽하게 하려고 신경을 쓰다 보면 어느새 성산에 도착하게 되었답니다. 이때 위의 시편을 아버지가 선창을 하고 자녀들이 후창을 하는 방식으로 암송하며 성전에 올랐다고 하네요. 지금도 토라와 탈무드를 달달 외우고 사는 책의 민족, 유대인을 떠올리게 합니다.

절대 권력이 하루아침에 무너지는 것을 보고 신문기자가 인용했던 말이 '역사는 밤에 이루어진다.'였습니다. 자주 들었던 말이라 유명인사가 남긴 명언쯤으로 알고 있었는데 1937년에 만들어진 영화의 제목이라는 것을 오늘 알았습니다. 어느 목사님께서 시편 134편의 설교 제목도 그리 정한 것을 보았습니다. 밤에 여호와의 집에 서 있는 사람들 때문입니다. 늦은 밤에 성전에서 일하는 이들이 기름을 채워 등불이 꺼지지 않게 한다거나, 저녁 제사를 드리는 일들이 성경에 나옵니다. 지금이야 성전시대가 아니기에 기름을 채워 등불을 켜둘 일이 없지만, 밤마다 교회에 나가 불을 밝혀놓은 십자가 밑에서 함께 기도했던 사람들이 그립습니다.

이스라엘 백성들이 두 손을 드는 의미는 기쁨과 평화라고 합니다. 즉 하나님을 기뻐하는 표현이고, 하나님과 우리 사이에 참된 평화가 있음을 감사하는 의미입니다. 하나님을 기뻐하면 평화가 있고, 하늘의 평화가 있으면 기뻐하게 되지요. 그때 자연스레 우리의 입에서 나오는 것은 찬양입니다. 같은 찬양이라도 손을 들고 할 때는 목소리뿐 아니라 전심으로 올려 드리는 느낌을 받습니다. 일 년 가까이 손들고 하나님을 송축했던 때가 있었습니다. 함께했던 사람들이 그립고, 그리할 수 있었던 은혜가 감사함으로 남는 하루입니다.

(2020년 5월)

복의 단상 60

할렐루야! 할렐루야!

"할렐루야 내 영혼아 여호와를 찬양하라 나의 생전에 여호와를 찬양하며 나의 평생에 내 하나님을 찬송하리로다. 방백들을 의지하지 말며 도울 힘이 없는 인생도 의지하지 말지니 그 호흡이 끊어지면 흙으로 돌아가서 당일에 그 도모가 소멸하리로다. 야곱의 하나님으로 자기 도움을 삼으며 여호와 자기 하나님에게 그 소망을 두는 자가 복(福)이 있도다." 시편 146:1~5

"Praise the Lord. Praise the Lord, my soul. I will praise the Lord all my life; I will sing praise to my God as long as I live. Do not put your trust in princes, in human beings, who cannot save. When their spirit departs, they return to the ground; on that very day their plans come to nothing. Blessed are those whose help is the God of Jacob, whose hope is in the Lord their God." Psalms 146:1~5

지금은 고인이 되신 최자실 목사님의 자서전 격인 『나는 할렐루야 아줌마였다』라는 책 제목이 생각납니다. 그분은 여느 아낙처럼 평범한 삶을 살다간 아줌마는 아니셨습니다. '아멘'과 '할렐루야'라는 영적 언어가 복음이 전해지는 통로로써 세상 사람들에게도 통했던 때, 한국 기독교의 부흥에 일익을 담당하셨던 분이시지요.

　아멘! 과 더불어 세계의 공통어로 불리고 있는 할렐루야! 는 여호와를 찬양하라는 뜻으로 감사와 기쁨을 나타내는 말입니다. 아멘은 누군가 말한 것에 대한 동의나 동조의 의미를 담고 있습니다. 주로 찬양이나 기도의 마무리 과정에 쓰이고 있으나, 할렐루야는 글의 서두와 말미에 상관없이 시편에 많이 나오고 있는 단어입니다. 시편의 마지막 부분을 장식하는 시편 146편부터 150편까지는 할렐루야로 시작하여 할렐루야로 끝을 맺고 있어 '할렐루야' 시라고 부릅니다.

　"할렐루야" 하면 떠오르는 음악은 헨델의 오라토리오 메시아 중에 나오는 '할렐루야 합창곡'일 것입니다. 장엄하고 힘찬 합창곡입니다. '메시아'는 헨델의 가장 유명한 오라토리오이며, 음악적으로나 역사적으로 가장 중요한 작품들 중 하나입니다. 이 메시아 중에서도 가장 유명한 곡이 '할렐루야 합창곡'이지요. 런던에서의 초연은 1753년에 있습니다. 영국 왕이었던 조지 2세가 제2부 마지막 곡인 할렐루야 합창을 듣다 감동하여 자리에서 벌떡 일어났다는 일화가 있습니다. 이후, 이 합창이 불릴 때마다 청중들이 기립하는 전통이 만들어졌지요. 오라토리오는 성서나 성인들의 이야기를 음악으로 표현한 극음악, 즉 성담곡聖譚曲입니다. 대사를 말하듯이 노래하는 레치타티보, 독창, 중창, 합창, 오케스트라 연주로 구성되어 언뜻 보면 오페라처럼 보입니다. 예수님의 '예언과 탄생' '수난과 속죄' '부활과 영생' 총 제3부 53곡으로 구성되어 있습니다. 전곡을 한번 들어볼 기회가 있었으면 합니다.

할렐루야, 할렐루야, 전능의 주가 다스리신다. 할렐루야, 할렐루야. 이 세상 나라는 영원히, 영원히. 주 그리스도 다스리는 나라가 되고, 또 주가 길이 다스리시리. 할렐루야, 할렐루야. 왕의 왕, 주의 주, 영원히, 영원히, 영원히. 할렐루야!

(2020년 5월 2일)

복의 단상 61

어리석은 소원들

"지혜를 얻는 자와 명철을 얻는 자는 복(福)이 있나니 이는 지혜를 얻는 것이 은을 얻는 것보다 낫고 그 이익이 정금보다 나음이니라. 지혜는 진주보다 귀하니 너의 사모하는 모든 것으로 이에 비교할 수 없도다. 그 우편 손에는 장수가 있고 그 좌편 손에는 부귀가 있나니 그 길은 즐거운 길이요 그 첩경은 다 평강이니라. 지혜는 그 얻는 자에게 생명나무라. 지혜를 가진 자는 복(福)되도다." 잠언 3:13~18

"Blessed are those who find wisdom, those who gain understanding, for she is more profitable than silver and yields better returns than gold. She is more precious than rubies; nothing you desire can compare with her. Long life is in her right hand in her left hand are riches and honor. Her ways are pleasant ways, and all her paths are peace. She is a tree of life to those who take hold of her; those who hold her fast will be blessed." Proverbs 3:13~18

샤를 페로라는 프랑스의 동화작가가 있습니다. '동화의 아버지'라 불릴 만한 인물이며, 문학에 '동화'라는 장르를 새롭게 개척한 인물로 평가받고 있습니다. 동화라는 장르는 어린아이들에게 꿈을 심어주고, 다분히 교훈적인 내용으로 엮어집니다. 『잠자는 숲속의 공주』, 『장화 신은 고양이』, 『엄지 동자』 그리고 『신데렐라』와 같은 세계명작들을 쓴 작가가 샤를 페로라고 합니다. 이분이 쓴 동화 중에 『어리석은 세 가지 소원』이란 동화가 있습니다. 게으르고 가난한 나무꾼이 있었는데, 어느 날 아내의 구박에 못 이겨서 숲속에 나무를 하기 위해 나갔다가 우연히 요정을 구해줍니다. 요정은 그 보답으로 '세 가지 소원'을 들어주기로 약속했습니다. 집에 돌아와 부인에게 그 얘기를 하면서 '소시지나 마음껏 배부르게 먹었으면 좋겠다.'라고 하니깐 정말 소시지가 나타났습니다. 그렇게 첫 번째 소원을 허비한 남편에게 화가 난 부인은 홧김에 '그 소시지 당신 코에나 붙었으면 좋겠다.'라고 했습니다. 두 번째 소원도 써버린 것이지요. 하는 수 없이 마지막 세 번째 소원은 코에 붙은 소시지를 떼어내는 데 사용했다는 이야기입니다.

어리석음이란 지혜의 반대어가 되겠지요. 샤를 페로는 왜 가난한 주인공 나무꾼을 게으르고 어리석고 불평하는 캐릭터로 설정했을까요. 소시지는 맛있게 먹고, 남아있는 두 가지 소원을 신중하게 고를 수 있는 지혜로운 사람이었으면 좋았을 것을. 세계명작동화하면 아동문학의 아버지로 알려진 덴마크의 '한스 크리스티안 안데르센'이 먼저 떠오릅니다. 『미운 오리 새끼』, 『벌거벗은 임금님』, 『성냥팔이 소녀』 등으로 익숙한 동화작가의 이름입니다. 그는 자신이 쓴 동화를 "어린아이들을 위한 이야기가 아니라 어른들을 위한 작품이다."라고 말합니다. 그리고 "모든 사람의 인생은 신에 의해서 쓰여진 한 편의 동화와 같은 것이다."라고 했습니다.

지혜의 사람, 솔로몬의 잠언입니다. "지혜의 사람 솔로몬은 지혜를 얻는 자는 복이 있고 진주보다 귀하여 네가 사모하는 어느 것과 비교할 수 없는 것"이라고 말합니다. 지혜란 지식을 적절하고 바르게 사용할 줄 아는 것이라고 합니다. 이 시대의 문제는, 지식의 양은 엄청나게 증가하지만 문제를 해결하거나 혹은 올바른 것과 그릇된 것을 분별하는 지혜가 줄어들고 있는 것이랍니다. 눈에 보이는 소시지로 세 가지 소원을 써버린 어리석은 나무꾼의 이야기와 소원 한 가지로 지혜를 구했던 솔로몬의 이야기는 누군가에 의하여 계속 쓰여질 인생동화 소재가 될 것입니다.

(2020년 5월 2일)

복의 단상 62

첫사랑의 연가

"너는 네 우물에서 물을 마시며 네 샘에서 흐르는 물을 마시라 어찌하여 네 샘물을 집 밖으로 넘치게 하겠으며 네 도랑물을 거리로 흘러가게 하겠느냐 그 물로 네게만 있게 하고 타인으로 그것을 나누지 말라. 네 샘으로 복되게 하라 네가 젊어서 취한 아내를 즐거워하라 그는 사랑스러운 암사슴 같고 아름다운 암노루 같으니 너는 그 품을 항상 족하게 여기며 그 사랑을 항상 연모하라." 잠언 5:15~19

"Drink water from your own cistern, running water from your own well. Should your springs overflow in the streets, your streams of water in the public squares? Let them be yours alone, never to be shared with strangers. May your fountain be blessed, and may you rejoice in the wife of your youth. A loving doe, a graceful deer may her breasts satisfy you always, may you ever be intoxicated with her love." Proverbs 5:15~19

선택의 여지를 남기지 않고 명령문으로 일관하는 성경말씀 때문에 깊은 신앙의 경지에 들어가지 못했다고 고백한 사람이 있다. 타협점을 찾으려 방황하다, 스스로 그 어려운 법을 지키는 것이 아니라 당신의 아들을 죽여서 나를 살리신 하나님의 사랑만이 그의 명령을 지키게 하는 힘이었음을 깨달았다고 한다.

잠언에는 "내 아들아"라고 부르는, 부성애가 물씬 묻어나는 칭호를 써서 글이 시작되는 구절이 많이 있다. 부부의 황금률이라고 불리는 오늘의 말씀 잠언 5장도 내 아들아! 로 서두가 시작된다. 이인칭 대명사격인 "네(너)"라는 단어가 일곱 번씩이나 나오고 있다. 네 우물, 네 샘, 네 샘물, 네 도랑물 등의 은유법을 동원하여 젊어서 취한 아들의 아내를 호칭한다. 그리고 단호하게 명령하기를 네 집에 있는 우물만 마시고, 그 물로 네게만 있게 하고 타인으로 그것을 나누지 말라고 한다. 요즘 시쳇말로 너는 절대 바람피우지 말고 너의 아내도 바람피우게 하지 말라는 뜻이 될 것이다.

'사랑은 접촉이고 소통이다.'라는 주제 하에 써 내려간 짧은 수필 한 편을 오늘 받았다. 부탁한지 하루 만에 보내온 첫사랑에 관한 글이다. 굽어 보이는 아내의 등허리가 시리어 보여 '여보'라고 괜스레 불러보고 싶었지만, 그 마음은 접어두고 첫사랑이었던 청춘의 모습을 황혼 녘 넉넉함에 불어넣은 글이었다. 이스라엘의 유명한 선조들 가운데 이삭과 야곱, 모세는 우물가에서 물이 인연 되어 첫사랑(젊어서 취한 아내)의 결실을 맺었던 사람들이다. 메마른 땅에 있었던 우물이 접촉한 장소가 되었고, 나그넷길의 더위와 갈증을 덜어주었던 물은 사랑을 이어주는 매개체 역할을 했을 것이다.

톨스토이와 함께 19세기 러시아의 위대한 문호로 꼽히는 이반 투르게네프의 대표작에 속하는 중편 소설 『첫사랑』은 이반 투르게네프가 "조금의 윤색도 가하지 않은 실제 이야기"라고 말한 자서전적 소설이라고 한다. 열여섯 살 소년인 주인공 블라디미르의 기이하고도 아름다운 첫사랑의 대상은 절대 이룰 수 없는 여인이었다. 어쩌면 그녀의 사랑만 기다리며 평생 독신으로 살았던 작가의 실제 이야기일 수도 있겠다. 블라디미르를 한눈에 반하게 만든 연상의 여인 지나이다가 그녀를 따르던 뭇 남성 중, 진정으로 사랑했던 사람은 자신의 아버지였다. 그것을 알고도 삼각관계에 빠져 헤어나오지 못하고 망연자실할 수밖에 없었던 주인공. 그의 나약한 모습은 작가의 평탄치 못한 가정사를 담았을 것이다. 어떠하든 투르게네프는 젊은 날의 아픈 추억을 우리들에게 들려주고 있는 것이리라.

첫사랑의 감정에 노예가 되어 있는 열여섯 살 소년 주인공에게 그의 아버지는 이런 훈수를 둔다. "사람이란 될 수 있으면 자신이 원하는 것을 자기 자신의 것으로 만들어야 한다. 거기에서 사람이 살아가는 묘미를 느낄 수 있단다." 열병으로 순식간에 갇힌 사랑의 굴레 속에서 허둥대는 아들에게 딱 들어맞는 말이었다. 접촉도 없고 소통도 없는 사랑의 환영에 붙잡혀 있는 소년에게는 이보다 더 나은 훈수는 없었을 것이다. 그랬기에 한때는 그런 삶을 살아갔던 아버지를 세상에서 가장 멋있는 자신의 인생 멘토였다고 책 속의 화자는 고백하기도 한다.

인생의 마지막 호흡에 남기는 말의 공통점이 있다면, 자신 스스로에게 하고 있는 말이라는 것이다. 후회로 생긴 깨달음의 순간이기 때문이리라. "세상에서 가장 비싼 침대는 병들어 누워있는 침대다."라고 말한 애플 창시

자 스티브 잡스는 "너 자신 스스로에게 잘 대해주라."는 말도 남겼다. 건강의 소중함을 너무 늦게 알았기 때문이다. 솔로몬도 '잠언'에서 이런 말을 한다. "내 아들아! 두렵건대 마지막에 이르러 네 몸, 네 육체가 약할 때에 네가 한탄할까 하노라." 건강할 때 네 몸 귀하게 여기라는 말일 것이다. 그리고 소설 『첫사랑』에 등장했던 소년의 아버지도 마흔둘의 젊은 나이에 뇌출혈로 죽어가면서 이런 말을 했다. "내 아들아 여자의 사랑을 조심해라. 그 속에 들어 있는 행복과 독을 조심해라."

젊어서 취한 아내가 사랑스러운 암사슴 같고 아름다운 암노루 같다는 성경말씀이, 첫사랑 그녀의 등허리가 야위어 보인다는 어느 노익장의 글과 어우러져 행복한 하루였다.

(2020년 5월 4일)

복의 단상 63

소통은 이웃의 바로미터

"악인은 선인 앞에 엎드리고 불의한 자는 의인의 문에 엎드리느니라. 가난한 자는 그 이웃에게 미움을 받게 되나 부요한 자는 친구가 많으니라. 그 이웃을 업신여기는 자는 죄를 범하는 자요 빈곤한 자를 불쌍히 여기는 자는 복(福)이 있느니라. 악을 도모하는 자는 잘못 가는 것이 아니냐. 선을 도모하는 자에게는 인자와 진리가 있으리라." 잠언 14:19~22

"Evildoers will bow down in the presence of the good, and the wicked at the gates of the righteous. The poor are shunned even by their neighbors, but the rich have many friends. It is a sin to despise one's neighbor, but blessed is the one who is kind to the needy. Do not those who plot evil go astray? But those who plan what is good find love and faithfulness." Proverbs 14:19~22

악인과 선인, 불의한 자와 의인, 가난한 자와 부요한 자, 업신여기는 자와 불쌍히 여기는 자, 악을 도모하는 자와 선을 도모하는 자들의 명암을 나타내는 구절들입니다. 서로 상반되는 다섯 부류의 사람으로 나뉘고 있으나, 사필귀정이라는 말이 있듯 모든 일은 반드시 바른길로 돌아가기 마련이란 것을 함축하여 말하고 있습니다. 그중에, 가난한 자는 그 이웃에게 미움을 받게 되나 부요한 자는 친구가 많다는 말을 어느 쪽으로 해석해야 좋을지 골몰하였습니다. 가난한 이웃에게도 친구가 되어 주는 부유한 사람들의 아량을 주문하는 것일까요? 인색한 마음보다는 부요한 맘을 소유하여 좋은 이웃을 만들라고, 가난한 자를 다독거리는 의미가 있을까요? 가난하면 친척도 멀어지고 돈이 많으면 친구도 꾀인다는 솔직한 현실을 인정하기 싫어서 비약하고 있는지 모르겠습니다.

"버려진 섬마다 꽃이 피었다." 김훈 작가님의 장편소설 『칼의 노래』 첫 문장이다. '꽃이 피었다'와 '꽃은 피었다'를 놓고 담배 한 갑을 피며 밤새 고민을 했었다는 작가의 고백이 있다. 독자들은 그의 고뇌를 읽으며 그 한 문장을 귀하게 여긴다. 한국문학에 벼락같이 내린 축복이라는 평을 받으며 2001년 동인문학상을 수상한 것은, 글 한 자에도 참 의미를 불어 넣으려는 밤샘의 열정이 있었기 때문일 것이다. 지난 4월 28일은 충무공 이순신 장군의 475주년 탄신일이었다. 『칼의 노래』는 충무공의 충정과 인간적인 고뇌를 빼어난 필치로 엮은 역사소설이다. 구국의 영웅은 많았지만, 이순신 장군이야말로 그 많은 영웅호걸 충신열사 가운데서도 으뜸가는 민족의 구세주였고, 참다운 인간의 길, 충효정신을 목숨 바쳐가며 보여 주고 간 겨레의 큰 스승이었다고 누군가는 말하였다.

어린아이들처럼, 충무공 하면 거북선이고, 거북선 하면 일본이 떠오른다. 열두 척의 배로 삼백삼십 척의 왜군을 물리쳤던 일이 언제 적 일인데, 충무공의 탄신일만 되면 승전고를 울리라는 외침이 크게 들려오는 듯하여 아직도 통쾌하다. 그 이웃을 불쌍히 여기는 자가 복이 있다고 하였는데, 태평양을 건너와 살면서도 여전히 가깝고 멀게 느껴지는 이웃 나라가 일본이다. 오늘은 5월 5일, 재일 교포분이 올려놓은 글 하나를 보았다. 이제는 소통이 오고 가는 이웃 나라로 맺어지길 바라며, 애국하는 마음 담아 몇 단락을 간추려 글 말미에 옮겨본다.

"이틀 전인 어제, 마스크에 관한 글을 올렸더니 애독자가 남긴 댓글에 '영사관에 알아보라'는 내용이 있어서 깜짝 놀랐다. 마스크 문제로 영사관에 문의한다는 것은 일본에서 생각하기가 어렵다. 코로나 19 사태에 마스크 대란으로 마스크를 구하기 힘들지만, 국가가 국민의 사사로운 소모품까지 챙겨주거나 배려할 것이라는 기대 자체가 없기 때문이다. 그렇구나, 나도 일본에 오래 살다 보니 물이 들었나 보다. 세금은 꼬박꼬박 내지만 그에 걸맞은 서비스를 받는다는 걸 생각한 적이 없다. 한국이 일본과는 전혀 다르다는 말이다."

"오늘도 코로나 19 사태를 맞은 한국과 일본의 명암이 극명하게 갈렸다. 이미 갈려 있었지만, 선명히 대비되는 인상을 남긴 날이다. 한국은 과감하고 성실하게 투명한 정보공개를 하면서 모두가 힘을 합쳐 기적과 같은 성과를 보여주었다. 그에 비해 일본은 '독자적인 노선'을 택했다지만 어떤 노선인지 명확한 것이 없다. 한국과 반대인 것만은 확실한 것 같다. 적극적인 방역도 하지 않고, PCR 검사도 억제해서 중증이 된다. 아베 총리는 안심하라는 부적과 함께 아베노마스크를 세대별로 두 장씩 배부했다. 하지만 마스크를 받고 나처럼 현타가 와서 우울한 사람이 많았을 것이다."

"아이들이 학교에 갈 수 있게 된 한국이 빛나 보인다. 사람들이 조심스럽게 일상으로 돌아가는 것이 축복처럼 느껴진다. 일본 사람들도 한국을 보면서 희망을 가지고 견뎌내길 바란다. 일본 정부는 결국 아무것도 하지 않을 것 같다."

(2020년 5월 5일)

복의 단상 64

언어의 단상

"아내를 얻는 자는 복_제을 얻고 여호와께 은총을 받은 자니라. 가난한 자는 간절한 말로 구하여도 부자는 엄한 말로 대답하느니라. 많은 친구를 얻는 자는 해를 당하게 되거니와 어떤 친구는 형제보다 친밀하니라." 잠언 18:22~24

"He who finds a wife finds what is good and receives favor from the Lord. The poor plead for mercy, but the rich answer harshly. One who has unreliable friends soon comes to ruin, but there is a friend who sticks closer than a brother." Proverbs 18:22~24

"아내를 얻는 자는 복을 얻는다"는 구절이 70인 역 성경에 "정숙한 아내"로 번역이 되어있다는 부연 설명이 있어서 70인 역에 대하여 알아보았다. 70인 역이라는 말은 자주 들었어도 여러 사람이 모여 새롭게 번역을 한 성경쯤으로 알고 자세히는 모르고 있었다. 신학을 공부하거나 연구하신 분들이 올려놓은 글이 많았다. 70인 역이 만들어진 유래부터 시작하여 삼대 종교의 내력(기독교, 유대교, 이슬람교)의 공통점과 다른 점까지 살피느라 이스라엘의 기나긴 역사 속에서 한나절을 보낸 셈이다. 덕분에 여러 가지 성경에 관한 지식도 배울 수 있는 하루였다. 침침한 눈과 무거워진 머리를 식

히며 창밖을 내다보다가 떠오르는 성구가 있어 빙긋이 웃었다. '마땅히 생각할 그 이상을 품지 말고 오직 하나님께서 각 사람에게 나누어 주신 분량대로 지혜롭게 생각하라.'

세계 누리꾼들 사이에 화제가 되었던 동영상이 있다. 28m의 조회 수를 기록하고 있는 2분도 채 안 되는 짧은 영상이다. 앞을 못 보는 한 남자가 고풍스러운 건물 계단 밑에 깡통을 앞에 놓고 앉아 있다. 깡통 옆에 접어 세워둔 박스에는 이런 글이 적혀있었다. "저는 소경입니다. 도와주세요." 하지만 오고 가는 발자국 소리만 소란할 뿐 동전 떨어지는 소리는 드물다. 도와주는 사람이 별로 없는 것이다. 똑. 똑. 똑. 멋있는 아가씨의 구두 소리가 지나가다 획 되돌아와 그의 앞에 멈추어 선다. 그는 재빨리 시력 잃은 사람들의 촉각을 되살려 눈앞에 있는 고급스러운 구두를 더듬어 그녀의 모습을 상상한다. 잠시 후 기적 같은 일이 일어났다. 길가는 사람들이 걸음을 멈추는 것이다. 깡통에 동전 떨어지는 소리도 요란하다. 영문을 몰라 눈을 깜박이며 어리둥절했으나 알 수 없는 일이었다. 한참 후, 똑. 똑. 똑. 구둣발 소리가 다시 들리더니 그 앞에서 멈춘다. '당신이 아까 무엇을 했습니까.' '아, 말 한마디 바꾸었습니다.' 이 아가씨가 휘갈겨 써준 글은 무엇일까요, 깡통 옆에 세워둔 박스에는 이런 글이 있었다. "참 아름다운 날이지요, 그런데 나는 볼 수가 없군요."

카피라이터가 이 영상을 만들어서 보여 주고자 하는 것은 언어가 갖고 있는 위력일 것이다. 마지막 자막을 가득 채운 'Change Your Words,

Change Your World'는 안드레아 가드너Andrea Gardner가 쓴 책 제목이기도 하다. 작가는 그의 책을 홍보하기 위하여 이 영상을 제작했다고 한다. "말이 입술에서 떠나기 전에 사랑에 잠시 적셨다가 꺼낸다면 우리의 인간관계가 얼마나 좋아지겠는가." 그가 남긴 유명한 말 중의 하나다.

가난한 자는 간곡한 말로 구하여도 부자는 엄한 말로 대답한다는 성경 구절을 떠올린 언어들의 단상이다.

(2020년 5월 5일)

복의 단상 65

나디브

"너그러운 사람에게는 은혜를 구하는 자가 많고 선물을 주기를 좋아하는 자에게는 사람마다 친구가 되느니라. 가난한 자는 그 형제들에게도 미움을 받거든 하물며 친구야 그를 멀리 아니하겠느냐 따라가며 말하려 할지라도 그들이 없어졌느니라. 지혜를 얻는 자는 자기 영혼을 사랑하고 명철을 지키는 자는 복^福을 얻느니라." 잠언 19:6~8

"Many curry favor with a ruler, and everyone is the friend of one who gives gifts. The poor are shunned by all their relatives how much more do their friends avoid them! Though the poor pursue them with pleading, they are nowhere to be found. The one who gets wisdom loves life; the one who cherishes understanding will soon prosper." Proverbs 19:6~8

'아는 길도 물어 가라'라는 중국어 대신 '아는 길도 물어가랬다.'라는 순수한 우리말이 있습니다. 느낌의 차이가 크게 나는 문장입니다. 말하는 뜻은 같은데 한쪽은 관료적인 냄새가 나고 다른 쪽은 자상한 엄마의 다스림 같습니다. 너그러운 사람은 은혜를 구하는 자가 많다고 성경은 말하고 있습니다. 여기에서 우리말의 '너그러운'이란 형용사는 마음이 넓어 감싸고 받아들일 수 있는 온화한 성품을 말하는데, 히브리어 원문인 '나디브'(너그러운)의 뜻은 그냥 성품이 좋은 사람이 아니라 귀인, 귀족, 지도자를 말한다고 합니다. 그래서 어느 분이 말하기를 이 구절은 너그러운 이에게 도움을 청하는 사람이 아니라, '권력 있는 고관대작에게는 아첨하는 사람이 많다.'라고 해석되어야 한답니다.

노래 제목과 가사에 울림이 있고 부르기도 수월하여 좋아하는 CM송이 있습니다. 최용덕 작사 작곡의 복음송 '낮엔 해처럼, 밤엔 달처럼'입니다. 지금의 내 모습이 아닌 좀 더 근사하게 살고 싶을 때 흥얼거리며 스스로를 다독거리며 부르는 노래입니다. '낮엔 해처럼 밤엔 달처럼'이라는 복음성가 가사를 쓰게 된 계기가 있었답니다. 그는 원래 욕쟁이로 세상을 비뚤게 바라보며 살았습니다. 그러다 예수를 만나 변화를 받고 찬양을 작곡하여 불렀습니다. 어느 날 대학에 강의하러 간 날이었답니다. 화장실 청소하는 아주머니를 보면서 약간 내려다보는 자세를 취했답니다. 교만한 마음이 들었던 것이겠지요. 잠시 후 청소를 마친 아주머니가 복도를 지나가는데 동료 교수가 여인을 보며 놀란 표정으로 인사를 했습니다. "사모님, 어찌 된 일입니까?" 그분은 대기업 총수의 부인으로 아들이 다니는 학교에 자원봉사를 왔던 것입니다. 그날 최용덕 간사는 자신의 내면을 깊이 깨닫고 어떻게 하면 '예수님처럼 살 수 있을까' 생각하며 신앙을 고백하는 마음으로 노래 한 곡을 만들었답니다. 바로 '낮엔 해처럼 밤엔 달처럼'입니다.

고관대작이라도, 그 인품에 너그러움을 지녔다면 '아는 길도 물어 가랬다'라며 길 물으러 오는 사람이 있을 것입니다. 히브리어의 '나디브'는 명사로는 높은 지위에 있는 사람을 지칭하고, 형용사로는 선한 뜻으로 많이 쓰인다고 합니다. 대기업 총수부인이 화장실 청소를 했던 것도 나디브라 할 수 있겠지요. 나의 일생에 꿈이 있다면 이 땅에 빛과 소금 되어… 홍얼거리는 하루입니다.

(2020년 5월)

복의 단상 66

국가 기도의 날에

"사람의 마음에 있는 모략은 깊은 물 같으니라. 그럴지라도 명철한 사람은 그것을 길어 내느니라. 많은 사람은 각기 자기의 인자함을 자랑하나니 충성된 자를 누가 만날 수 있으랴 완전히 행하는 자가 의인이라 그 후손에게 복福이 있느니라." 잠언 20:5~7

"The purposes of a person's heart are deep waters, but one who has insight draws them out. Many claim to have unfailing love, but a faithful person who can find? The righteous lead blameless lives; blessed are their children after them." Proverbs 20:5~7

기독교 영성 형성에 관한 글로 잘 알려진 미국의 철학자 달라스 윌라드는 『하나님의 모략』이라는 책에서 "모략은 인류 안에서 오랫동안 일해 온 하나님의 숨은 역사다."라고 말한다.

사실을 왜곡하거나, 속임수를 써서 남을 해롭게 하는 모함 정도의 의미로 쓰이는 우리말의 단어와 달리 모략을 영적으로 풀이하면 한 점의 오차도 없는 정직이고, 성결이라고 한다. 사람의 마음에 있는 깊은 물 같은 모략을 지혜로운 사람만이 길어 올릴 수 있다는 말을 묵상해보는 하루이다.

"국민의, 국민에 의한, 국민을 위한 정부는 이 지상에서 영원히 사라지지 않을 것입니다." 우리가 잘 알고 있는 미국 16대 대통령 링컨의 게티즈버그 연설문 마지막 문구이다. 『인간관계론』의 저자인 데일 카네기는 "게티즈버그 연설문은 단순한 연설이 아니다. 그것은 고통을 통해 고양된 영혼에서 나온 성스러운 표현이다. 무의식적으로 이뤄낸 산문시였고 위엄 있는 아름다운 자체였으며 심오한 서사시의 우아한 울림이었다."라고 했다. 서구 역사상 가장 극적이고 비참한 전투를 치렀던 땅에서 낭독했던 이 연설문은 남북전쟁을 거의 잊고 사는 오늘까지도 불멸의 문장으로 사람들의 마음속에 새겨져 있다.

글의 첫 문장은 뒤에 따라올 모든 문장의 방향을 결정하는 전체 글의 핵심이라고 한다. 게티즈버그의 링컨 연설은 "87년 전 우리 선조들은 이 대륙에 자유의 이상을 품고 모든 사람은 평등하게 창조되었다는 신념을 따르는 새로운 국가를 건설하였다."로 시작된다. 미국 건국의 이념이 무엇인가를 알 수 있는 문장이다. 국가 기도의 날, 백악관 로즈가든에서 기도의 날 행사가 열렸다. 지금은 시간을 내 하던 일을 멈추고 기도하는 것이 필요한 때이며 미국은 기도의 나라임을 명심하자는 마이크 펜스 부통령의 연설이 있었다. 그는 "우리 가족에게 있어 기도는 언제나 삶의 중요한 일부분이었습니다."로 연설을 시작하였다. 이어 "기도는 미국 역사의 모든 시대를 관통하는 핵심이다. 1775년 제2차 대륙회의에서 금식과 기도의 날이 정해졌고, 1863년 아브라함 링컨 대통령은 국가의 단합된 목소리가 높은 곳에서 들리고, 축복으로 응답을 받을 수 있도록 기도해야 한다."라고 촉구했다.

또 1952년부터 모든 대통령이 '국가 기도의 날'을 기리고 선포해왔다고 연설을 이어갔다.

10여 분 동안 이어진 그의 연설은 코로나바이러스로 인하여 힘들어하는 사람들에게 위로를 주기에 충분하였다, 코로나 19 바이러스를 대처하는 세계 강국의 모습을 보면서 지난 몇 달 내내 안타까웠던 마음에 안정감을 주었던 내용이었다. 미국이 위대한 것은 기도의 비밀을 알고 있는 대통령들이 있었기 때문이다. 지난 3월에는 트럼프 대통령도 그것을 인정하고 '특별 국가 기도의 날'을 선포했었다. "미국은 항상 이런 어려움의 때마다 믿음의 기도로 하나님의 보호하심과 능력을 구해왔다"라고 말했다. 미국인들이 우리의 역사를 통해 지켜온 옛 말씀처럼 그렇게 기도했으면 좋겠다는 마이크 펜스 부통령의 연설과 같은 맥락이다.

에이브러햄 링컨은 기도의 사람이었다. 피비린내 나는 전쟁터에서 하얀 수건이 병영에 내걸릴 때는 대통령의 기도 시간을 알리는 표시였다고 한다. 수없이 죽어가는 병사들을 위해 기도했던 대통령이었다. 하나님이 우리 편 되어 주십사 기도하지 말고, 하나님 편에 우리가 서 있게 해달라고 기도했던 사람으로 유명하다. 감사하는 하루다. 기도의 능력을 알고 있는 대통령, 미국의 기초는 자유이며, 그 자유는 믿음이 기초가 된다고 믿는 부통령, 그리고 박해받는 크리스천들을 위하여 기도를 부탁하는 국무장관, 마음이 든든해진다. 그들 위에 하나님의 모략을 길어 올릴 수 있는 명철을 내려 주십사 기도드리자.

"어려움의 시기마다, 우리 국민들은 언제나 믿음의 선물, 신앙의 축복과 기도의 힘, 그리고 하나님의 영원한 영광을 부르짖어왔습니다. 나는, 하늘에 계신 우리의 주님께서 우리에게 힘과 위안을, 용기와 위로를, 희망과 치유를, 회복과 소생을 주시기 위해 모든 미국인들이 영적으로 하나가 되어 함께 기도할 것을 부탁합니다." -「대통령의 기도 연설」中에서-

(2020년 5월 국가 기도의 날)

복의 단상 67

프레임, 눈은 마음의 창이다

"선한 눈을 가진 자는 복을 받으리니 이는 양식을 가난한 자에게 줌이니라." 잠언 22:9

"The generous will themselves be blessed, for they share their food with the poor." Proverbs 22:9

『프레임』이라는 책 서평에서 재미있고 쉽게 이해되는 심리학에 관한 글이 있어 옮겨 봅니다. 1995년, 미국 코넬 대학교 심리학과 연구팀은 1992년 올림픽 메달리스트들의 메달 색깔이 결정되는 순간 어떤 감정을 느끼는지를 분석했다고 합니다. 분석 결과, 동메달리스트의 행복 점수는 10점 만점에 7.1이며 은메달리스트의 행복 점수는 4.8로 나타났다고 합니다. 객관적으로 보면 은메달리스트가 동메달리스트보다 더 큰 성취를 이룬 것이 분명한데 감정은 이와 반대였지요. 대체 왜 은메달리스트가 동메달리스트보다 불행한 것일까, 이 책의 저자 최인철 교수는 그 이유를 자신이 얻은 것과 얻을 수 없었던 것을 비교하는 '비교 프레임'의 작용 때문이라고 말했답니다. 은메달리스트는 "내가 거기서 한 발짝만 더 나갔어도 금메달이었는데" 하며 금메달리스트와 자신을 비교했고, 동메달리스트는 까딱 잘못했으면 '노메달'이었기 때문에 동메달을 땄다는 사실에 큰 만족감을 느낀 것입니다. 즉 비교 프레임을 통해 현실이 다르게 보였던 것입니다.

'눈은 마음의 창'이라는 말이 있습니다. 망막을 통하여 보는 사물과 상황을 어떤 마음으로 보느냐는 사람마다 다를 것입니다. 성경은 선한 눈을 가진 자는 복이 있다고 합니다. 여기서 말하는 선한 눈은 자비로운 마음을 의미하고, 그 반대의 눈은 인색한 마음을 가리키고 있겠지요. 가난한 사람에게 양식을 줄 수 있는 사람의 눈을 선하다고 했기 때문입니다. 인간은 어떤 조건에 대해서 거의 무조건적으로 반응하는 경향이 있기 때문에 프레임을 '마음의 창'에 비유되곤 하는데, 이는 어떤 대상 또는 개념을 접했을 때 어떤 프레임을 갖고 있느냐에 따라서 그 해석이 바뀌기 때문이라고 합니다.

프레임 북 콘서트에서 들은 또 다른 이야기입니다. 유튜브 동영상에 있는 서울대 최인식 교수 강연의 한 대목입니다. 20002년에 심리 경제학으로 노벨경제학상을 수상한 다니엘 카네만 프린스턴 대학교수의 연구 발표라고 합니다. 600명의 사람이 병에 걸렸는데 두 종류의 약을 주면서 A라는 약은 200명은 확실하게 살 수 있는 약이고, B라는 약은 복용하면 3분의 2가 죽을 확률이 높은데 어느 약을 선택 하겠느냐고 했더니 대부분의 사람이 A를 원했답니다. 그 후에 다른 그룹 600명에게 똑같은 약을 가지고 물었답니다. 이번에는 A라는 약은 복용하면 400명이 죽고, B라는 약을 쓰면 살 수 있는 확률이 3분의 1이 되는 약이라고 했더니 대부분의 사람들이 B라는 약을 택했다고 합니다. 죽는 것과 산다는 것의 언어만 바꾸었을 뿐인데 상황이 완전히 다르게 나타난 것입니다. 여기서 다니엘 카네만이 말하고 싶었던 점은 치료약을 보는 관점, 마음의 창인 프레임을 어느 곳에 두었느냐에 따른 사람들의 인식이었다고 합니다.

'프레임'이란 좋은 마음을 가져야지 하는 결심을 넘어선 어떤 설계가 필요한 계획이다. 알 듯 모를 듯한 인식의 방법론을 들으며 보낸 하루입니다.

(2020년 5월)

복의 단상 68

자녀 교육에는 왕도가 없다?

"네 자식을 징계하라 그리하면 그가 너를 평안하게 하겠고 또 네 마음에 기쁨을 주리라 묵시가 없으면 백성이 방자히 행하거니와 율법을 지키는 자는 복福이 있느니라. 종은 말로만 하면 고치지 아니하나니 이는 그가 알고도 청종치 아니함이라." 잠언 29:17~19

"Discipline your children, and they will give you peace; they will bring you the delights you desire. Where there is no revelation, people cast off restraint; but blessed is the one who heeds wisdom's instruction. Servants cannot be corrected by mere words; though they understand, they will not respond." Proverbs 29:17~19

자녀 교육에는 왕도가 없다는 말을 자주 듣는다. 왕도王道는 왕도사상과 왕도정치라는 광범위한 뜻에 함께 쓰이는 한자어다. 풀어서 그대로 옮긴다면 왕이 걷는 길이 될 것 같다. 물론 어진 왕이 걷는 바른길 말이다. 우리말 사전은 '왕도'를 어떤 일을 하는 데에 마땅히 거쳐야 하는 과정을 뜻한다고 풀이되어 있다.

글로리아 게이더Gloria Gaither가 쓴 『나의 부모님들이 행한 옳은 일』이란 책은 50명 이상의 저명한 그리스도인 지도자들이 그들의 가정생활을 통하여 하나님께서 어떻게 자신들을 축복하셨는가 하는 증언이 토대가 되었다고 한다. 여기에서 그녀는 자녀들의 훈련에 있어서 부모들의 두 가지 잘못을 지적한다. 그 첫째는, 남성들이 성경적 권위에 대해 그릇된 생각을 가지고 자녀와 아내들을 함부로 다루며 학대하는 일이라고 한다. 그리고 둘째는, 모든 육체적 체벌로써 이것은 아동들에게 해를 입히는 아동학대에 해당된다고 말한다. 이 두 가지 사상은 모두 그릇된 것이고, 그들의 이러한 행동들은 하나님의 말씀에 상반되는 것임을 말하고 있다. 다 읽지는 못했으나 여러 가지 가정사의 문제점을 성경말씀으로 인용하여 다루고 있었다.

유대인들은, '배움은 벌꿀처럼 달콤하다는 것을 가르치고, 남보다 뛰어나라'가 아니라 '남과 다르게 되라'고 가르친다. 평생 가르치기 위해서는 어렸을 때 충분히 놀게 하고, 배우기 위해서는 듣기보다는 말을 잘하는 것이 중요하다고 가르친다. 지혜가 부족한 사람은 모든 면이 부족하다고 가르치고, 몸을 움직이기보다는 머리를 써서 일하라고 가르친다. 아이를 심하게 혼냈을지라도 잠잘 때는 정답게 대하라고 가르치고, 자녀 교육에 무관심한 부모는 하나님께 죄를 짓는 것이라고 생각한다. 아버지는 자녀의 정신적 기둥으로 아버지의 휴일은 없어서는 안 되며, 남한테 받은 피해는 잊지 말되 용서하라고 가르친다.

자녀교육에 왕도가 없다는 말은 옳을사, 그릇 될사, 자식생각에 고우시던 이마에 주름이 가게 키워도 자식 키우는 것이 수월한 일이 아님을 이야기하고 있으리라. 그래서 농사 중에 자식 농사가 제일 어렵다고 하는 말도 생겼을 것이다. 훌륭한 인물 뒤에는 훌륭한 어머니가 있다는 말도 있다. 이런 때 떠올리는 사람이 조선시대의 율곡과 한석봉 선생일 것이다. 그 시대의 으뜸가는 학자 율곡 이이의 뒤에는 어머니 신사임당이 계셨고, 조선 선조 때의 명필가 한석봉 한호 뒤에는 등잔불을 끄고 가지런히 떡을 썰어 아들의 글솜씨를 부끄럽게 만들었던 어머니가 있었다. 이 두 어머니의 공통점이 있다면 스스로 자녀들에게 모범을 보였다는 것일 것이다.

자녀는 하나님의 기업이며, 선물이라고 성경은 말한다. 종소리를 더 멀리 보내기 위해서 종은 더 아파야 한단다. 마찬가지로 우리 아이들이 자존심 있고, 자신의 인생을 행복하게 가꾸기 위해서는 부모의 헌신과 노력이 필요할 것이다. 모든 자녀들이 부모의 마음에 기쁨을 줄 수 있는 길을 걷길 바라며 축복을 보내는 하루다.

(2020년 5월 9일)

복의 단상 69

기다림의 미학

"주 여호와 이스라엘의 거룩하신 자가 말씀하시되 너희가 돌이켜 안연히 처하여야 구원을 얻을 것이요 잠잠하고 신뢰하여야 힘을 얻을 것이어늘 너희가 원치 아니하고 이르기를 아니라 우리가 말 타고 도망하리라 한 고로 너희가 도망할 것이요 또 이르기를 우리가 빠른 짐승을 타리라 한 고로 너희를 쫓는 자가 빠르리니 한 사람이 꾸짖은즉 천 사람이 도망하겠고 다섯이 꾸짖은즉 너희가 다 도망하고 너희 남은 자는 겨우 산꼭대기의 깃대 같겠고 영위의 기호 같으리라 하셨느니라. 그러나 여호와께서 기다리시나니 이는 너희에게 은혜를 베풀려 하심이요 일어나시리니 이는 너희를 긍휼히 여기려 하심이라 대저 여호와는 공의의 하나님이심이라 무릇 그를 기다리는 자는 복(福)이 있도다." 이사야 30:15~18

"This is what the Sovereign Lord, the Holy One of Israel, says: 'In repentance and rest is your salvation, in quietness and trust is your strength, but you would have none of it. You said, 'No, we will flee on horses.' Therefore you will flee! You said, 'We will ride off on swift horses.' Therefore your pursuers will be swift! A thousand will flee at the threat of one at the threat of five you will all flee away, till you are left like a flagstaff on a mountaintop, like a banner on a hill. Yet the Lord longs to be gracious to you; therefore he will rise up to show you compassion. For the Lord is a God of justice. Blessed are all who wait for him!" Isaiah 30:15~18

한때는 이 성경 말씀을 잘못 이해하여 한 사람이 꾸짖은즉 천 명이 도망을 가고 다섯이 꾸짖은즉 다 도망할 것이라는 말을 연합의 시너지 효과로 오해했던 적이 있었습니다. 이스라엘의 거룩하신 자가 하나님을 신뢰하여 잠잠히 기다리고 있으라는 명을 내리셨는데도 경거망동하게 행할 때에는 이스라엘이 당할 참패에 이르게 된다는 구절임을 깨닫고 혼자 머쓱했었지요. 산꼭대기의 깃대란 원문의 의미로는 산 위에 '봉홧불 올리는 곳'이라는 뜻이기도 하는데 그것처럼 외롭게 남을 것이요, 산마루 위의 기치처럼 될 것이라는 말은 당시 유다의 무당들이 점치는 산당 위에 깃발을 올려놓는 것을 가리킨다고 하네요. 땅에 거하다가 티끌로 돌아가는 비천한 우리에게 말씀하실 때 겸손히 귀담아 듣지 않으면 그 깃발같이 처량하게 바람에 흩날리는 고적한 신세가 될 것이라는 뜻입니다.

어머니날 주일입니다. 하 수상한 세월이 아니었다면 오늘은 빨간 카네이션을 가슴에 달고 온 가족이 나란히 앉아 예배를 드렸을 것입니다. 두 달째로 접어드니 홀로인 예배시간이 익숙해지고 있는 느낌이 들어서 이러다 회중 예배시간의 그리움도 옅어지는 것이 아닐까 하는 염려가 됩니다. 몸이 멀어지면 마음도 멀어지듯이 말입니다. 코로나 확진자의 수는 계속 늘고 있는데 스테이 홈 행정명령만 좀 느슨해지고 있네요. 서두르지 않고 서서히 회복해 가는 쪽으로 계획을 세워 공동체 예배를 시작할 것이라는 소식을 들었는데, 반가움과 염려가 반반인 것은 나만의 기우가 아닌 듯싶습니다.

서두르지 않고 서서히 얻어지는 귀중함을 일컬어 '기다림의 미학'이라고 말합니다. 한 교회를 이십 년 동안 섬기다 그 자리를 내려놓고 떠나가는 어느 목사님의 송별식에서, 서너 명의 설교자들이 차례로 나와 감동적인 어조로 그의 장점을 칭송했다고 합니다. 마지막으로 나온 사람은 평범한 교인이었는데 앞에 나온 연사들과는 다른 송별사를 읽었답니다. "지난 20년간 목사님을 옆에서 지켜보았는데 한 번도 목사님은 서두르는 것을 보지 못했습니다." 그 목사님은 그 신도의 칭찬을 제일 만족해하였는데 그의 목회철학은 '잠잠함과 신뢰의 힘'이었다고 합니다.

『기다림의 미학』은 60년 동안 모아온 글을 책으로 내놓는 김몽선 시인의 첫 산문집 제목이기도 합니다. 1950년대 중학교 때부터 발표한 산문들이 자신의 서재 곳곳에서 외롭다고 아우성을 칠 때 그 소리를 못 들은 척하고 지나칠 수 없어서 편 편의 이승 체험기로 묶었다고 하네요. 서둘지 않고 60년이나 기다리다가 세상에 내놓아 빛을 보게 하였다 하니 대단합니다. 책 한 권 사서 천천히 읽어보아야겠습니다.

여호와는 공의의 하나님이시라 무릇 그를 기다리는 자는 복이 있도다.

(2020년 5월 10일)

복의 단상 70

언어는 사고를 지배한다

"예루살렘이 멸망하였고 유다가 엎드러졌음은 그들의 언어와 행위가 여호와를 거슬러서 그 영광의 눈을 촉범하였음이라. 그들의 안색이 스스로 증거하며 그 죄를 발표하고 숨기지 아니함이 소돔과 같으니 그들의 영혼에 화가 있을진저 그들이 재앙을 자처하였도다. 너희는 의인에게 복이 있으리라 말하라. 그들은 그들의 행위의 열매를 먹을 것이요 악인에게는 화가 있을 것은 그 손으로 행한 대로 보응을 받을 것임이라" 이사야 3:8~11

"Jerusalem staggers, Judah is falling; their words and deeds are against the Lord, defying his glorious presence. The look on their faces testifies against them; they parade their sin like Sodom; they do not hide it. Woe to them! They have brought disaster upon themselves. Tell the righteous it will be well with them, for they will enjoy the fruit of their deeds. Woe to the wicked! Disaster is upon them! They will be paid back for what their hands have done." Isaiah 3:8~11

유다의 멸망은 이 예언이 있은 지 150여 년이 지난 후 B.C. 586년경 이루어졌다고 한다. 이사야는 완료형을 사용하여 유다의 멸망이 이미 이루어진 사실처럼 말하고 있는데 이는 예언의 성취에 대한 확실성을 강조하기 위함이었다. 내가 지금 사용하고 있는 한글 개역성경은 한문이 많이 사용되고 있다. '영광의 눈을 촉범했다는 말은 이해하기 어려운 한문인데 이는 거룩한 것을 범하여 건드린다'라고 해석되어 부연 설명이 되어 있었다. 땅 위에서 톡톡 내뱉는 언어들이 재앙을 자초하는 말이 될 수도 있고, 손으로 하는 일들이 행위의 열매가 되기도 하며, 되돌려 받을 보응이 될 수 있다는 말이다. 이는 영광스럽고 거룩하신 분의 눈과 귀가 온 세상을 통찰하고 계심을 나타내고 있다는 것일 것이다.

오늘, 카카오톡으로 가족들과 함께 나누는 성경말씀은 시편 139편에 나오는 생명에 관한 구절을 택했다. 한 주간 동안의 안녕을 기도와 함께 담아 자녀들에게 보내는 월요 문자다. "주께서 내 내장을 지으시며 나의 모태에서 나를 만드셨나이다. 내가 주께 감사하옴은 나를 지으심이 신묘막측하심이라. 주의 행사가 기이함을 내 영혼이 잘 아나이다." 읽을 때마다 생명의 경이로움을 느끼게 하는 이 문장을 고른 것은 모태에서 지음을 받아 자라고 있는 우리 셋째 손녀 "축복"이 때문이다. 출산일이 아직 먼데 산모에게 꿈쩍 말고 침대에 누워있으라는 의사의 명이 내려졌다. 조금만 더 경부가 짧아지면 병원에 입원해야 되는 상황이기에 여간 염려가 되는 일이 아니다. 오늘은 며느리가 병원에 진료받으러 가는 날이다. 코비 19 때문에 병원 방문도 수월치 않은 시기다. 생명의 주관자 되시는 분이 생명 싸개로 태아를 지켜 주시고 산모에게 마음의 평안과 건강을 지켜 주십사 기도드린다.

새 생명! 원숭이가 진화하여 사람이 되었다고 믿는 사람과 하나님이 지으셨다고 믿는 사람의 차원은 전혀 다르다는 글을 보면서 너무나 당연한 공감을 공유해 보았다. 탄생의 비밀을 아는 데서는 감사와 찬송이 나오지만 모르는 데서는 교만과 건방짐이 나온다! 자신이 피조물임을 아는 사람은 조물주에게 기도하지 않을 수 없고 피조물의 연약을 모르는 사람은 기도할 수가 없다! 지당한 말이다. 큰애가 결혼하여 첫 아이를 잉태했을 때의 감사함이 떠오른다. 사실 손주를 본다는 기쁨보다 내 자식이 불임이 아니라는 안도감이 더 앞섰다. 이유 없이 아이를 갖지 못하는 불임 부부들을 보았기 때문이다. 하나님으로 말미암은 생명인 줄 알고 있기 때문에 태아를 위하여 기도할 수밖에 없는 것도 사실이다. 이 세상에 가장 비참한 사람은 아직도 원숭이가 자기 조상이라고 말하는 사람이고, 가장 불쌍한 사람은 자기 운명을 자기가 책임진다고 말하는 사람이란다.

말! 언어는 사고를 지배한다. 말에는 행위가 따른다는 뜻일 게다. 어떤 언어가 창조주의 귀에 거슬리지 않을까? 내 입에서 나오는 언어가 내 귀에 들리기까지의 순간은 얼마나 빠른지, 그래서 우리를 지으심이 기묘하며 신묘막측하다고 시편 기자는 말한 것이다. 소리는 1초당 340m의 속도로 나가는데 이를 공기 파동현상이라 하며, 이러한 공기 파동이 귀를 통하여 귓속에 있는 고막을 자극하면 뇌에서 소리로 느끼게 되는 것이다. 소리에는 듣기 좋은 소리가 있는 반면 듣기 싫은 소리도 있다. 듣기 좋은 소리란 무엇일까? 그것은 고막을 자극하지 않고 편안한 느낌을 주는 소리이다.

하나님으로 말미암은 탄생을 알리는 힘찬 첫 언어, '응아' 소리를 기다리며 조물주의 보호하심 아래 축복이가 건강하게 자라기를 기원하는 하루다.

(2020년 5월 11일)

복의 단상 71

눌렸던 과거는 흘려보내라

"대저 나 여호와는 공의를 사랑하며 불의의 강탈을 미워하며 성실히 그들에게 갚아주고 그들과 영영한 언약을 세울 것이라. 그 자손을 열방 중에, 그 후손을 만민 중에 알리리니 무릇 이를 보는 자가 그들을 여호와께 복 받은 자손이라 인정하리라 내가 여호와로 인하여 크게 기뻐하며 내 영혼이 나의 하나님으로 인하여 즐거워하리니 이는 그가 구원의 옷으로 내게 입히시며 의의 겉옷으로 내게 더하심이 신랑이 사모를 쓰며 신부가 자기 보물로 단장함 같게 하셨음이라." 이사야 61:8~10

"For I, the Lord, love justice; I hate robbery and wrongdoing. In my faithfulness I will reward my people and make an everlasting covenant with them. Their descendants will be known among the nations and their offspring among the peoples. All who see them will acknowledge that they are a people the Lord has blessed. I delight greatly in the Lord; my soul rejoices in my God. For he has clothed me with garments of salvation and arrayed me in a robe of his righteousness, as a bridegroom adorns his head like a priest, and as a bride adorns herself with her jewels." Isaiah 61:8~10

"불의의 강탈"이란 말이 좀 어렵게 느껴지는 문장입니다. 강탈이란 말이

강제로 남의 물건을 빼앗는 것이기 때문에 그 행위 자체가 불의한 일입니다. 그런데 왜 불의의 강탈이라고 했을까요? 문자적으로는 '번제 때에 가죽을 벗기다'라는 의미랍니다. 여기서는 번제를 드릴 때 재물을 폭력으로 빼앗는 악행을 말했을지 모른다는 해석이 있었습니다.

번제는 여러 가지 목적을 지녔으며 공적인 예배의식에서 두드러진 역할을 했고 그 의식은 장엄하게 거행되었으며, 하느님께 대한 최고의 숭배와 온전한 봉헌을 표현하는 의식이었답니다. 이처럼 성스러운 번제에 하나님께서 미워하시는 불의의 강탈이 있을 수 있었을까요? 사사시대의 제사장 엘리의 아들들이 했던 일을 떠올릴 수도 있고, 예수님께서 예루살렘 성전을 정화시킬 때 몰아내었던 장사꾼들의 모습도 연상해 볼 수 있겠지요. 그리고 오늘날, 성전 예배당 안에서도 그런 일이 일어날 수 있겠다는 생각을 해봅니다.

로펌이 여러 분야의 변호사들이 함께 모여 일하는 곳이라면, 요즘 유행어가 된 '글 펌'은 다른 사람이 써놓은 글을 퍼 나르다 옮기는 일을 의미합니다. 다른 이야기이지만, 예수님께서 공생애를 시작하실 때 인용하셨던 말씀이 오늘의 복(福)이 담긴 말씀 이사야 61편 1절입니다. 자라나신 곳 나사렛 동네에서 늘 하시던 대로 회당에 들어가서 성경을 읽으셨다고 하지요. "주의 성령이 내게 임하셨으니 이는 가난한 자에게 복음을 전하게 하시려고 내게 기름을 부으시고 나를 보내사 포로 된 자에게 자유를, 눈먼 자에게 다시 보게 함을, 전파하며 눌린 자를 자유롭게 하고 주 은혜의 해를 전파하게 하려 하심이라."

"슬픔 대신 화관을 재 대신 기쁨을"이란 복음송을 흥얼거리며 퍼온 글을 훑어보다 조이스 마이어라는 이름을 보면서 놀랬습니다. 그녀가 쓴 책 중 한 권이 우리 집 손님용 화장실에 오랫동안 비치되어 있기 때문입니다. 『아무것도 염려하지 말라』는 책에 실려 있는 그녀의 약력에는, 미국 기독교 서적 베스트셀러 작가이고, 진행하고 있는 라디오 프로그램 〈말씀으로 사는 삶〉은 미국의 250여 개 방송국에서 방송되며, 30분짜리 텔레비전 프로그램은 미국 전역과 해외에서도 방영되고 있다고 소개합니다.

오늘 내가 놀랐던 것은 퍼온 동영상을 통하여 처음 알게 된 그녀가 겪었던 아픔들이었습니다. 어릴 적 친 아버지에게 당했던 성적 학대를 칠십이 넘은 나이에 최대한 절제된 언어로 수많은 사람들 앞에서 간증하는 영상이었는데, 수치심을 이겨내고 그렇게 말할 수 있는 용기는 하나님이 주신 은혜라고 했습니다. 화장실에 비치되어 있는 책을 가져다가 다시 읽어보니 그녀가 책머리에 이렇게 썼군요. "포로 된 자들을 자유케 하려고 돌아가신 예수님의 죽음의 능력을 체험한 뒤, 승리하는 자유자 삶의 비결을 발견하게 하시며 자신이 발견한 그 진리를 통해 많은 사람들을 자유케 하고 그들에게 재 대신 화관을, 슬픔 대신 찬송의 옷을 입혀 주는 사역을 하고 있다."

최고의 동역자인 남편 데이브와의 슬하에 네 자녀를 두고, 열 명의 손녀 손자를 두어 다복한 가정을 이루고 있는 그녀가 수많은 사람들 앞에서 자신 있게 권면하고 있습니다. '과거의 실패와 실망의 잿더미 속에서 이제 나와서 구원의 옷으로 갈아입으세요.'라고.

(2020년 5월)

복의 단상 72

하늘을 향해 기도하는 외로운 나무

"나 여호와가 이같이 말하노라 무릇 사람을 믿으며 혈육으로 그 권력을 삼고 마음이 여호와께서 떠난 그 사람은 저주를 받을 것이라. 그는 사막의 떨기나무 같아서 좋은 일의 오는 곳을 보지 못하고 광야 건조한 곳, 건건한 땅, 사람이 거하지 않는 땅에 거하리라 그러나 무릇 여호와를 의지하며 여호와를 의뢰하는 그 사람은 복을 받을 것이라 그는 물가에 심기운 나무가 그 뿌리를 강변에 뻗치고 더위가 올지라도 두려워 아니하며 그 잎이 청청하여 가무는 해에도 걱정이 없고 결실이 그치지 아니함 같으리라." 예레미야 17:5~8

"This is what the Lord says: Cursed is the one who trusts in man, who draws strength from mere flesh and whose heart turns away from the Lord. That person will be like a bush in the wastelands; they will not see prosperity when it comes. They will dwell in the parched places of the desert in a salt land where no one lives. But blessed is the one who trusts in the Lord, whose confidence is in him. They will be like a tree planted by the water that sends out its roots by the stream. It does not fear when heat comes; its leaves are always green. It has no worries in a year of drought and never fails to bear fruit." Jeremiah 17:5~8

사막의 떨기나무를 일컬어 "하늘을 향해 기도하는 외로운 나무"라고 말하는 민족은 베두인이라고 하네요. 그들은 아라비아반도 내륙부를 중심으로 시리아, 북아프리카 등지의 사막에서 생활하는 아랍계 유목민 부족이라 합니다. 인구는 100만 명에 달하며 종교는 이슬람, 언어는 아랍어 계통에 속하는 몇 가지를 사용하는데 베두인들이 사막의 떨기나무를 이렇게 부르는 것은 나무의 독성 때문에 쉴 만한 그늘이 되어 주지 못하기 때문이랍니다.

오늘, 성경말씀을 읽으면서 두 종류의 나무에 눈길이 머물렀습니다. 사막의 떨기나무와 물가에 심은 나무, 연상되어지는 나무가 있지요? 모세가 호렙산에서 보았던 불타는 떨기나무와 시편 1편의 철을 따라 열매를 맺는 시냇가에 심은 나무입니다. 시냇가에 심은 나무는 이름을 밝히지 않아 어떤 나무인지 알 수 없지만, 사막의 떨기나무는 과연 어떤 나무일까 싶었는데 만족할 만한 글과 사진을 블로그에 올려놓은 분들이 있어서 간추려 나눠 봅니다.

"성서 식물학자로서 히브리대학 식물원과 성서식물원을 설립한 하루베니 부부는 예레미야에 나오는 '사막의 떨기나무(רותם הברות 아라바 아르아르)'는 소돔 사과라고 했다. 원산지가 수단이다. '광야의 저주받은 레몬'이라는 별명을 가진 소돔 사과는 줄기에 상처를 내면 젖처럼 희고 끈적끈적한 유독有毒 진액이 줄줄 흘러나온다. 워낙 독성이 강해 아프리카에서는 화살촉에 이 독을 바르거나 적군의 우물에 넣었다고 하며, 현대의학에서는 성병 치료제로 활용한다. 우리나라의 옻나무처럼 주변에서 얼쩡거리기만 해도 손을 씻어야 한다. 이 나무는 사해를 중심으로 요단 계곡의 아라바 광야를 따라서 자란다. 소돔의 사과라고 부르는 이유는, 소돔과 고모라의 멸망 때 함께 저주받은 나무라는 전승 때문이다. 소돔의 사과는 사과처럼 커다란 열매를 맺는다. 그러나 먹음직스러운 그 열매를 따서 보면 열매 안이 텅 비어있고 솜처럼 하얀 실들만 가득 차 있다. 소돔의 멸망과 함께 저주받기 전에는 물론 이렇지 않았을 것이다. 참으로 보는 이로 하여금 허망함과 안타까움만을 안겨 주는 열매다. 소돔의 사과는 넓은 잎과 하늘을 향해 벌어진 꽃의 모양이 마치 두 손을 올리고 하늘을 보면서 절규하는 듯한 느낌을 주기도 한다."

사람을 믿고 혈육으로 그 권력을 삼으며 여호와를 떠난 사람은 하늘을 향해 기도하는 외로운 사막의 떨기나무 같다는 말씀을 되새겨 보는 날입니다.

(2020년 5월 16일)

복의 단상 73

벽에서 들려오는 소리

"그들은 내 백성이 되겠고 나는 그들의 하나님이 될 것이며 내가 그들에게 한 마음과 한 도를 주어 자기들과 자기 후손의 복福을 위하여 항상 나를 경외하게 하고, 내가 그들에게 복福을 주기 위하여 그들을 떠나지 아니하리라 하는 영영한 언약을 그들에게 세우고 나를 경외함을 그들의 마음에 두어 나를 떠나지 않게 하고 내가 기쁨으로 그들에게 복福을 주되 정녕히 나의 마음과 정신을 다하여 그들을 이 땅에 심으리라." 예레미야 32:38~41

"They will be my people, and I will be their God. I will give them singleness of heart and action, so that they will always fear me and that all will then go well for them and for their children after them. I will make an everlasting covenant with them: I will never stop doing good to them, and I will inspire them to fear me, so that they will never turn away from me. I will rejoice in doing them good and will assuredly plant them in this land with all my heart and soul." Jeremiah 32:38~41

솔로몬 성전이 있던 예루살렘 근교에는 힌놈의 아들 골짜기가 있습니다. 우리말의 '놈'이라는 말이 그리 고운 언어가 아니라서 어렵지 않게 기억된 지명 같습니다. 원래는 쓰레기 소각장으로 쓰이던 땅이 점차 가증스러운 우상 숭배지로 변했는데, 하나님께 등을 돌리고 죄악의 길로 들어섰던 유다 민족도 그곳에서 자신들의 아들을 태워 몰렉에게 제물로 바쳤다 하지요. 태운 시체를 매장할 자리가 없을 정도로 참혹한 우상의 제사법 때문에 그 땅 이름을 힌놈의 아들 골짜기가 아니라 죽임의 골짜기라고 불리 울 것이라고 예레미야 선지자는 예언합니다.

이러한 예언 선포로 인하여 예레미야는 옥에 갇힙니다. 그가 옥중에서 땅을 매매하지요. 하나님의 명령으로 작은아버지 살룸의 아들 하나멜의 밭을 산 것입니다. 이를테면 사촌 소유의 땅입니다. 땅값으로 은 십칠 세겔을 저울로 달아주었는데 지금 우리 돈으로 환산하면 십사만 원 정도가 된답니다. 법과 규례대로 봉인하고, 봉인하지 아니한 매매 증서 두 통을 만들었습니다. 한 통은 소지하고 다른 한 통은 만일의 경우를 생각하여 자신만 알아볼 수 있는 표시를 하여 돌이나 벽돌을 함께 묻었다고 하네요. 당연히 예레미야는 다시 찾지 못할 줄을 알면서도 그 땅을 샀던 것입니다. 그것은 오직 하나님의 영영한 사랑의 언약을 선포하기 위함이었지요. 조만간 유다가 멸망하고 자기 민족이 칠십 년간 바벨론의 포로생활을 할 것을 알고 있는 사람이기에, 바벨론으로 잡혀간 유다 민족이 다시 그 땅으로 돌아왔을 때 집과 밭과 포도원을 사게 되리라는 소망을 심어주기 위한 것이었습니다.

옥중서신, 옥중당선, 옥중출산, 옥중결혼 등은 감옥 안에서 일어난 특별한 일들입니다. 성경에서의 '옥중 땅 매매'는 더욱 특별한 일입니다. 감옥이란 죄를 지은 사람이면 가는 것이 당연하겠으나 예레미야처럼 죄 없이 가는 곳이기도 합니다. 그래서 억울한 사람이 있는 것입니다. 억울한 옥살이를 떠올리면 빼놓을 수 없는 사람이 소설 『몽테크리스토 백작』의 주인공 에드몽 단테스입니다. 무고한 죄목을 뒤집어쓰고 창살 없는 감옥에 갇혀 있는 에드몽을 살려 준 것은 벽에서 들려오는 가느다란 소리였습니다. 그 소리에 귀 기울여 반응했던 시간이 선장 에드몽을 몬테크리스토 섬의 백작으로 만들어줍니다.

하나님의 명령에 따라 땅문서를 깊숙한 곳에 묻는 예레미야를 봅니다. 하늘의 소리가 있을 때 언제인가는 캐어낼 보물입니다. 내가 기쁨으로 그들에게 복을 주어 정녕히 나의 마음과 정신을 다하여 그들을 이 땅에 심으리라. 하나님께서 우리에게도 귀 기우려 듣게 하시고 찾게 하실 것이 있을 것입니다.

(2020년 5월)

복의 단상 74

신 포도와 맛있는 포도

"선지자 예레미야가 그들에게 이르되 내가 너희 말을 들었은즉 너희 말대로 너희 하나님 여호와께 기도하고 무릇 여호와께서 너희에게 응답하시는 것을 숨김없이 너희에게 고하리라 그들이 예레미야에게 이르되 우리가 당신의 하나님 여호와께서 당신을 보내사 우리에게 이르시는 모든 말씀대로 행하리이다. 여호와는 우리 중에 진실 무망한 증인이 되시옵소서. 우리가 당신을 우리 하나님 여호와께 보냄은 그의 목소리가 우리에게 좋고 좋지 아니함을 물론하고 청종하려 함이라 우리가 우리 하나님 여호와의 목소리를 청종하면 우리에게 복禍이 있으리이다." 예레미야 42:4~6

"I have heard you," replied Jeremiah the prophet. "I will certainly pray to the Lord your God as you have requested; I will tell you everything the Lord says and will keep nothing back from you." Then they said to Jeremiah, "May the Lord be a true and faithful witness against us if we do not act in accordance with everything the Lord your God sends you to tell us. Whether it is favorable or unfavorable, we will obey the Lord our God, to whom we are sending you, so that it will go well with us, for we will obey the Lord our God." Jeremiah 42:4~6

코로나 이후에 다가올 새로운 세상을 내다보는 칼럼을 읽노라면 미래가 불안하게 느껴지는 요즘입니다. 모르는 것이 약이라는 우리말이 있는데 여기저기서 어설피 주워들은 말들이 오히려 건강을 해치는 독이 될 것 같다는 생각도 드네요. 예루살렘이 함락된 이후의 유다 민족도 그랬습니다. 일 년 반 동안 성을 포위당해 있을 때보다 더욱 불안해하며 갈 바를 알지 못하는 그들입니다. 오죽했으면 그토록 외면했던 예레미야에게 기도 부탁을 하러 왔을까요? 그들이 마땅히 갈 길과 할 일을 보여 주시길 하나님께 여쭤 달라고 하는 것입니다. 어떻게 말씀하든지 이번에는 하나님께서 하라는 대로 하여 복을 받겠다고 다짐까지 합니다. 그러면서 하는 말이, 하나님이 우리의 진실 무망한 증인이 되어 주신다고 합니다. 그들의 말은 진심이 아닌 자기보호를 위한 임기응변이었지요.

진실무망trustworthy과 관련한 재미있는 글을 보았습니다. 인간은 자기보호 본능이 매우 강하여 어떤 상황 속에서도 자신을 지켜내고, 모든 위협과 위험으로부터 자신을 보호하는 데 탁월한 능력을 발휘하고 자기방어기제를 활용하는 데 천부적이라고 합니다. 이를 보여 주는 대표적인 사례가 이솝의 우화에 나오는 「여우와 신 포도」라고 합니다.

하루는 굶주린 여우가, 잘 익은 포도송이가 주렁주렁 매달려 있는 포도나무를 보았답니다. 여우는 갖은 수단을 다해 포도송이를 따먹으려고 시도해봤지만, 모두 헛수고였습니다. 포도송이는 여우가 도저히 닿을 수 없는 높은 시렁 위에 매달려 있었기 때문이지요. 결국, 여우는 허탈한 실망감을 감추고 마음을 바꾸었답니다. 그러고는 중얼거렸대요. "저 포도는 내가 먹을 수 있을 만큼 익지 않은 시어빠진 신 포도가 분명해."

이솝은 우화를 통해서 인간 안에 내재되어 있는 여우의 본성 즉, 자기합리화에 능숙한 인간의 모습을 고발하고 있다 합니다. 무엇을 하려다 하지 못하면, '이건 못한 게 아니라 안 한 거야', 라며 자신의 행동을 합리화한다는 것이지요. 자신의 무능력함을 감추기 위해 다른 그럴듯한 이유로 포장하여 포도를 못 딴 게 아니라 시어서 안 딴 것이랍니다.

동화작가 캐스트너는 「여우와 신 포도」 이야기를 현대적인 감각으로 각색을 했답니다. 이솝 우화 속의 포기했던 여우와 달리 케스트너의 여우는 열심히 뛰어서 포도를 따먹는데 성공합니다. "저렇게 높이 있는 걸 따 먹은 거야? 정말 대단해!" 옆에 있던 여우들이 환호하고 박수를 쳐줍니다. 그러자 스타가 된 여우는 "이거 신 포도야"라고 말하지 못하고, 포도가 시어도 행복한 표정으로 "이 포도 정말 달고 맛있어"라고 말한답니다. 다른 여우들이 부러워하고 칭찬을 하는 바람에 여우는 높은 가지의 신 포도를 애써 참고 따먹은 것이지요. 포도가 먹고 싶은 게 아니라 남들이 부러워하니까 자랑하려고 말입니다. 작가는 이 이야기를 통해 인간의 허세와 잘못된 욕망을 고발하고 있습니다.

이 글을 쓴 분은, 자신을 지키기 위해 행하는 일련의 자기방어적 기제들이 실상은 자신의 인생을 황폐하게 할 수 있다는 것을 염두에 두어야 한다고 말합니다. 세상의 모든 위험과 위협으로부터 자신을 가장 안전하게 지키는 방법은 하나님과 사람 앞에 진실되고 꾸밈이 없는 진실무망이라고 합니다.

(2020년 5월 17일)

복의 단상 75

화평의 언약

"나 여호와는 그들의 하나님이 되고 내 종 다윗은 그들 중에 왕이 되리라 나 여호와의 말이니라. 내가 또 그들과 화평의 언약을 세우고 악한 짐승을 그 땅에서 그치게 하리니 그들이 빈들에 평안히 거하며 수풀 가운데서 잘지라. 내가 그들에게 복을 내리며 내 산 사면 모든 곳도 복 되게 하여 때를 따라 비를 내리되 복 된 장마 비를 내리리라." 에스겔 34:24~26

"I the Lord will be their God, and my servant David will be prince among them. I the Lord have spoken. I will make a covenant of peace with them and rid the land of savage beasts so that they may live in the wilderness and sleep in the forests in safety. I will make them and the places surrounding my hill a blessing. I will send down showers in season; there will be showers of blessing." Ezekiel 34:24~26

화평의 언약이라는 말은 히브리어로 '베르트 샬롬'인데 이는 평안을 주시겠다는 '평안의 약속'이라고 합니다. 이 약속이 지닌 특성은 다른 계약과는 달리 하나님만이 계약의 주체가 되어 계약이 일반적으로 이루어진다는 것입니다. 일차적으로는 유다의 본토 회복을 가리키나, 궁극적으로는 메시아 곧 예수 그리스도가 계약의 핵심이 되는 것을 나타낸다고 합니다. 물질적인 것이나 상호이해 관계에 의한 것이 아니라 하나님의 섭리 가운데 이루어질 영적인 것이라는 데 이 약속의 의가 있답니다. 이스라엘이 어떤 상황이었기에 하나님께서는 에스겔 선지자를 통하여 이런 언약을 맺으셨을까요.

목자와 양의 비유로 꽉 채어진 에스겔 34장은 "인자야 너는 이스라엘의 목자들에게 예언하라"라는 말씀으로 시작이 됩니다. 이스라엘의 사회적 지도자들과 영적 지도자들을 목자라고 부르고 있습니다. 그 목자들의 죄상을 낱낱이 들추어내고 양을 치는 목자를 질책하는 말씀으로 가득합니다. "목자들이 양 떼를 먹이는 것이 마땅하지 아니하냐, 너희가 살진 양을 잡아 그 기름을 먹으며 그 털을 입되 양 떼는 먹이지 아니하는도다. 너희가 연약한 자를 강하게 아니하며, 병든 자를 고치지 아니하며, 상한 자를 싸매 주지 아니하며 쫓기는 자를 돌아오게 하지 아니하며 다만 포악으로 그것들을 다스렸도다. 목자가 없으므로 그것들이 흩어지고 흩어져서 모든 들짐승의 밥이 되었도다."

이스라엘에 공의와 정의가 사라지고 지도자들이 타락의 길을 걷고 있을 때, 하나님께서는 백성들에게 '베리티 샬롬'을 주시며 약속하신 것입니다. "목자들아 여호와의 말씀을 들으라, 내 양 떼가 노략거리가 되고 모든 들짐승의 밥이 된 것은 목자가 없기 때문이라, 내가 친히 내 양의 목자가 되어 그것들을 누워 쉬게 하리라. 내가 그들에게 복을 내리고 내 산 사방에 복을 내리며 때에 따라 소낙비를 내리되 복된 소낙비를 내리리라. 내 양 곧 내 초장의 양 너희는 사람이요 나는 너희 하나님이라. 주 여호와의 말씀이니라."

"나는 선한 목자라 나는 내 양을 알고 나를 아는 것이 아버지께서 나를 아시고 내가 아버지를 아는 것 같으니 나는 양을 위하여 목숨을 버리노라."
요한복음 10:14~15

(2020년 5월 20일)

복의 단상 76

그 발 강가에서는 부르지 못한 노래

"그들은 기업이 있으리니 내가 곧 그 기업이라 너희는 이스라엘 가운데서 그들에게 산업을 주지 말라 나는 그 산업이 됨이니라. 그들은 소제와 속죄제와 속건제의 제물을 먹을지니 이스라엘 중에서 구별하여 드리는 물건을 다 그들에게 돌리며 또 각종 처음 익은 열매와 너희 모든 예물 중에 각종 거제 제물을 다 제사장에게 돌리고 너희가 또 첫 밀가루를 제사장에게 주어 그들로 네 집에 복(福)이 임하도록 하게 하라." 에스겔 44:28~30

"I am to be the only inheritance the priests have. You are to give them no possession in Israel; I will be their possession. They will eat the grain offerings, the sin offerings and the guilt offerings; and everything in Israel devoted to the Lord will belong to them. The best of all the first fruits and of all your special gifts will belong to the priests. You are to give them the first portion of your ground meal so that a blessing may rest on your household." Ezekiel 44:28~30

예레미야를 눈물의 선지자라고 부른다면 에스겔은 희망의 메신저라고 부릅니다. 예레미야가 유다 왕국 시대에 하나님의 부름을 받았다면, 에스겔은 포로가 된 땅 바벨론의 그 발 강가에서 여호와의 부르심을 받습니다.

에스겔이 그 발 강가에서 사로잡힌 자 중에 있을 때 하늘이 열리었습니다. 그곳에 계신 하나님의 모습을 보았습니다. 여호와의 권능이 그에게 임하는 특별한 부르심이었지요. 그 권능으로 말미암아 보았던 환상이, 그 발 강가에 머물고 있는 사람들에게 조그마한 소망을 품게 합니다. 그래서 희망의 선지자라고 했을 것입니다.

전설적인 4인조 흑인 보컬 그룹, 보니 엠Boney M이 불러 인기를 끌었던 그 발 강가에서Rivers of Babylon는 발라드풍의 경쾌한 리듬의 노래입니다. 하지만 간결한 이야기를 담은 가사는 처연하기만 하지요. 그럴 수밖에 없는 것이, 비참하고 고통스러웠던 바벨론 포로 생활을 회상하며 지은 유다 민족의 애가가 이 노래의 모티브가 되었기 때문입니다. 우리말 가사의 내용은 대강 이렇습니다. 바벨론 강가에 앉아서/ 우리는 시온을 생각하며 울었어요/ 사악한 사람들이 우리를 포로로 끌고 왔지요/ 그리고 우리에게 노래를 부르라고 했지요/ 어떻게 이방의 땅에서 우리가 주의 노래를 부를 수 있나요/ 오늘 밤 우리의 입술의 말과 마음의 묵상함을 주여 받아주소서/ 바벨론 강가에서.

설교 말씀을 듣고도 금세 잊어버리는 성도들에게 콩나물시루를 비유하여 위로하시던 어느 목사님이 생각납니다. 콩나물시루에 물을 주면 뻥뻥 뚫린 구멍으로 물이 새어 버리지만 그래도 콩나물은 쑥쑥 자란다고 하셨지요. 믿음이 콩나물 자라듯 하지는 못하지만 맞는 말씀이라 수긍이 갑니다. 많은 설교를 들었건만 거의 금방 잊어버린 것이 사실이기 때문입니다. 다행스레 아주 오래전에 들었던 설교 중에 지금도 잊어버리지 않고 있는 말씀이 있습니다. 시편 137편을 토대로 나누었던 시간이었는데 보컬 그룹 보니 엠이 불렀던 노래 가사가 되는 구절들로, 에스겔이 선지자로서의 소명을 받았던 그 발 강가에서 있었던 이야기였습니다. 한 절 한 절 시상에 담긴 실향민의 애환을 풀어 가는 설교자의 감동스러움에 감정이입이 되어 눈물을 줄줄 흘렸던 기억이 납니다.

우리가 바벨론의 시온의 강변/ 거기에 앉아서/ 시온을 기억하며 울었도다/ 그 중의 버드나무에 우리가 우리의 수금을 걸었나니/ 이는 우리를 사로잡은 자가/ 거기서 우리에게 노래를 청하며/ 우리를 황폐하게 한 자가 기쁨을 청하고/ 자기들을 위하여/ 시온의 노래 중 하나를 노래하라 함이로다/ 우리가 이방 땅에서 어찌 노래를 부를까/ 예루살렘아/ 내가 너를 잊을진대/ 내 오른손이 그의 재주를 잊을지로다.

오늘은 5·18 광주 민주화운동 40주년이 되는 날입니다. 벌써 사십 년이 되었다니! 시집와서 첫 봄날을 맞이한 달이었는데 이런 세월이 어느새 쌓였을까 싶습니다. 새 며느리의 친정 안부를 염려하시던 시부모님이 그립습니다. 걸어왔던 길 되돌아보면, 그 발 강가에서 부르지 못했던 연가 한 곡쯤은 누구든 마음에 담아 놓고 살아갈 것 같습니다.

(2020년 5월 18일)

복의 단상 77

네 몫을 누릴 것이라

"많은 사람이 연단을 받아 스스로 정결케 하며 희게 할 것이나 악한 사람은 악을 행하리니 악한 자는 아무도 깨닫지 못하되 오직 지혜 있는 자는 깨달으리라 매일 드리는 제사를 폐하며 멸망케 할 미운 물건을 세울 때부터 일천이백구십 일을 지낼 것이요 기다려서 일천삼백삼십오 일까지 이르는 그 사람은 복(福)이 있으리라. 너는 가서 마지막을 기다리라 이는 네가 평안히 쉬다가 끝 날에는 네 몫을 누릴 것임이니라." 다니엘 12:10~13

"Many will be purified, made spotless and refined, but the wicked will continue to be wicked. None of the wicked will understand, but those who are wise will understand." From the time that the daily sacrifice is abolished and the abomination that causes desolation is set up, there will be 1,290 days. Blessed is the one who waits for and reaches the end of the 1,335 days. "As for you, go your way till the end. You will rest, and then at the end of the days you will rise to receive your allotted inheritance." Daniel 12:10~13

묵시문학이란, 후기 유대교와 기독교에서 발달한 종말론적 색채가 짙은 문학을 일컬음이라 합니다. 쉽게 풀이하면 하나님만 알고 계시고 사람에게는 숨겨진 미래의 영적인 일들을 특별한 계시를 통해 드러내시는 것을 서

술한 것이랍니다. 구약의 다니엘서와 신약의 요한계시록이 이에 속하지요.

　이런 계시록이 쓰여진 목적은 미래에 발생할 일들을 미리 알려주는 것이 목적이 아니라 오히려 최종적인 역사의 종말을 미리 알려줌으로써 믿음을 지키기 어려운 현재의 고난을 이겨내도록 격려하는 데 주요한 목적이 있는 것 같습니다. 그리고 현재의 고난 때문에 악한 세력이 이길 것 같지만, 역사의 주도권은 오직 하나님께 있고 지금의 고난은 장구한 역사에 비교할 때 잠깐 지나가는 것에 불과하다는 것을 말하고 있습니다.

　성경 다니엘의 전반부는 누구에게나 쉽고, 재미있게 읽히는 책입니다. 비록 다니엘이 바벨론의 포로로 끌려간 신분이었으나 바벨론 왕궁의 고위관리로서 평생 살았다는 이야기를 주일학교 때부터 자주 들었습니다. 그러다 다니엘 후반부터 난해한 꿈과 환상 이야기로 바뀌는 묵시문학은 성년이 되어서도 잘 접하지 못하는 부분입니다. 꿈에서 본 환상이 너무 난해하여 그는 하나님 앞에 엎드립니다. 그러한 다니엘의 겸허한 모습을 보고 가브리엘 천사는 다니엘을 향하여 이렇게 부릅니다. "큰 은총을 받은 사람 다니엘아."

　이란의 수사에 있는 다니엘 묘는 이슬람과 기독교인들이 많이 찾는 성지가 되었습니다. 유대인인 다니엘의 묘에 이란 사람들이 참배하는 것은 여러 가지 뜻이 있을 것입니다. 그곳은 다니엘 외에도 신앙의 사람들인 느헤미야와 에스라 그리고 에스더가 왕궁에 있었던 곳이지요. 하나님은 이스라엘이 포로로 잡혀갔던 바벨론 지역에, 수많은 하나님의 사람들을 그대로 두신 것도 하나님 뜻이었다는 것을 생각하여 봅니다.

묵시문학은 여전히 어렵습니다. 기다리라, 내가 명하는 날까지 기다리는 사람은 복이 있으리라. 마지막을 기다리라. 끝 날에는 네 몫을 누릴 것임이라.

(2020년 5월 20일)

복의 단상 78

만군의 여호와가 이르노라

"나 만군의 여호와가 말하노라 내가 너희 손으로 지은 모든 일에 폭풍과 곰팡이와 우박으로 쳤으나 너희가 내게로 돌이키지 아니하였었느니라. 너희는 오늘부터 이전을 추억하여 보라 구월 이십사일 곧 여호와의 전 지대를 쌓던 날부터 추억하여 보라 곡식 종자가 오히려 창고에 있느냐 포도나무, 무화과나무, 석류나무, 감람나무에 열매가 맺지 못하였었느니라. 그러나 오늘부터는 내가 너희에게 복福을 주리라." 학개 2:17~19

"I struck all the work of your hands with blight, mildew and hail, yet you did not return to me", declares the Lord. 'From this day on, from this twenty-fourth day of the ninth month, give careful thought to the day when the foundation of the Lord's temple was laid. Give careful thought: Is there yet any seed left in the barn? Until now, the vine and the fig tree, the pomegranate and the olive tree have not borne fruit. "From this day on I will bless you." Haggai 2:17~19

구약의 37권인 학개서는 두 장으로 되어 있는 짧은 이야기입니다. 선지자 학개가 바벨론 포로에서 돌아와, 중단되고 있는 성전재건을 독려하고 있는 말씀이지요. 학개서를 3개월 동안에 100번씩이나 읽었던 적이 있었는데 상품이 걸려 있는 교회의 특별 프로그램 때문이었나 싶습니다. 암기력이 좋다면 달달 외울 수도 있는 횟수였지만, 자주 나오는 단어와 문장만 꼼꼼히 챙겼던 일이 기억에 남습니다.

"만군의 여호와가 이르노라" 이 문장은 학개서에 열네 번씩이나 나오는 문장입니다. 만군의 여호와라는 이름 안에는 하나님이 만물의 통치자이심을 표현하는 것이며, 이스라엘 군대의 총사령관, 천군 천사의 총지휘관, 전능자, 크고 능하시며 모략과 지혜가 뛰어난 자, 그리고 이스라엘의 구속자라는 뜻이 포함되어 있다고 합니다. 모르고 읽을 때보다는 뜻을 알고 읽으니 학개 선지자의 입을 통하여 신포하는 하나님의 말씀이 훨씬 더 능력 있게 와 닿았습니다. 또한, 여호와의 말씀이 임했던 일을 기록할 때는 연도와 월별 날짜를 정확하게 말하여 빈틈없이 기록하여서 역사서를 보는 것 같은 생각이 들었습니다. 그리고 이 책에서는 지나간 어제가 아니고 다가올 내일이 아닌 바로 '오늘'을 강조하는 것도 이채롭습니다.

오늘이라는 하루를 최선을 다하여 살아 복을 받았던 존 워너메이커John Wanamaker라는 사람이 있습니다. 백화점 왕이라고 불리었던 사업가이지요. 그는 어린 시절 몹시도 가난하게 자랐답니다. 그래도 어려서부터 신앙심이 좋았던 그는 구원해주신 하나님의 은혜가 너무나 감사해서 무엇으로 보답할 수 있을 것인가를 깊이 고민하며 사는 사람이었다고 합니다. 하루는 미국 제23대 대통령 벤자민 헤리슨이 이분에게 체신부 장관 자리를 맡아달라고 요청했답니다. 주일학교 교사로 봉사하는 일을 무엇보다 소중하게 생각했던 에리슨은 만약 장관직을 수행하는 일 때문에 주일학교 교사 일을 못한다면 받아들일 수가 없다고 하였습니다. 주일학교 교사를 병행하며 장관직을 수행했던 그가 했던 말이 유명합니다. "나에게 있어서 장관직은 부업이고 주일학교 교사직은 본업이다. 왜냐하면, 장관직은 몇 년 하다가 말 자리이지만 주일학교 교사직은 내가 평생동안 해야 할 일이기 때문이다."

선지자 학개를 통하여 오늘부터는 내가 너희에게 복을 주겠다고 하신 하나님의 약속을 떠올리면서 오늘도 하나님 나라를 위하여 일하고 있는 많은 사람들을 생각해 보는 하루입니다.

(2020년 5월 20일)

복의 단상 79

모나리자의 미소와 뭉크의 절규

"사람이 어찌 하나님의 것을 도적질하겠느냐 그러나 너희는 나의 것을 도적질하고도 말하기를 우리가 어떻게 주의 것을 도적질하였나이까 하도다. 이는 곧 십일조와 헌물이라 너희 곧 온 나라가 나의 것을 도적질하였으므로 저주를 받았느니라. 만군의 여호와가 이르노리 너희의 온전한 십일조를 창고에 들여 나의 집에 양식이 있게 하고 그것으로 나를 시험하여 내가 하늘 문을 열고 너희에게 복(福)을 쌓을 곳이 없도록 붓지 아니하나 보라. 만군의 여호와가 이르노라 내가 너희를 위하여 황충을 금하여 너희 토지 소산을 멸하지 않게 하며 너희 밭의 포도나무의 과실로 기한 전에 떨어지지 않게 하리니 너희 땅이 아름다워지므로 열방이 너희를 복(福)되다 하리라 만군의 여호와의 말이니라." 말라기 3:8~12

"Will a man rob God? Yet you rob me. But you ask, 'How are we robbing you?' "In tithes and offerings. You are under a curse—your whole nation—because you are robbing me. Bring the whole tithe into the storehouse, that there may be food in my house. Test me in this," says the Lord Almighty, and see if I will not throw open the floodgates of heaven and pour out so much blessing that there will not be room enough to store it. I will prevent pests from devouring your crops, and the vines in your fields will not drop their fruit before it is ripe," says the Lord Almighty. "Then all the nations will call you blessed, for yours will be a *delightful land, says the Lord Almighty." Malachi 3:8~12*

"구약의 마지막 책인 말라기의 문체는, 먼저 주장을 진술하고 듣는 사람들의 반론에 대답하는 형식으로 쓰여졌습니다. 웅변의 절정을 향해 솟구치는 것이 아니라 급전하는, 강력한 본래의 주장을 다시 확언하는 논증의 문체를 사용하고 있어서 글의 사실성에 힘과 생기를 더해 주고 있습니다." 말라기를 읽다가 논증 문체로 써 내려간 단락에 동그라미를 그어두었었는데 정확하게 맥을 짚어주는 글이 도움을 주고 있습니다.

구약시대의 마지막 선지자가 쓴 말라기서는 단지 순서상으로만이 아니라 시간적으로도 마지막에 해당합니다. 제2 성전 시대와 함께 한동안 선지자의 시대가 마감되었다고 하여 말라기서를 '예언의 봉인'이라고 부른답니다. 예수님이 오실 때까지 사백여 년 동안 침묵하셨던 하나님께서 마지막으로 말라기 선지자를 통하여서 하셨던 주장과 반론 몇 가지를 순서대로 적어봅니다.

"내가 너희를 사랑하였노라 하나, 너희는 어떻게 우리를 사랑하셨나이까? 하는도다."

"나를 공경함이 어디 있느냐 하나, 너희는 우리가 어떻게 주를 멸시하였나이까? 하는도다."

"말로써 여호와를 괴롭게 하고도, 우리가 어떻게 괴롭혀 드렸나이까? 하는도다"

"너희가 나의 것을 도적질하고도, 우리가 어떻게 주의 것을 도적질하였나이까? 하는도다"

"완악한 말로 나를 대적하고도, 우리가 무슨 말로 주를 대적하였나이까? 하는도다."

말라기는 성전재건 이후 100년이 다 되도록 약속된 하나님의 영광이 임하지 않아 백성들의 종교적 무관심과 환멸이 극에 달했을 때, 그들의 죄악과 불순종을 지적하고 있는 말씀이라고 합니다. 연대가 BC430년경의 일이라고 하니 지금으로부터 이천오백 년쯤이지요. 현대를 살고 있는 우리에게 같은 잣대를 들이대신다면 어떻게 반응할까 싶습니다.

사실 말라기 하면 많은 사람들이 기억하고 있는 단어가, 도둑질과 십일조와 쌓을 곳이 없는 복編일 것입니다. 오늘 복에 관련된 본문 말씀을 대할 때 사람들이 얼굴에 보이는 표정은 두 가지라고 합니다. 그 하나는 노르웨이 화가 뭉크가 그린 '절규'의 주인공 모습이고, 다른 하나는 레오나르도 다 빈치가 그린 '모나리자'의 미소 띤 모습이랍니다. 재미있는 비교입니다. 두 그림을 상상하면 무슨 말을 하고 있는지 아는 사람은 다 알 것입니다.

(2020년 5월 25일)

복의 단상 80

행복지수의 1위는

"심령이 가난한 자는 복福이 있나니 천국이 저희 것임이요."

"애통하는 자는 복福이 있나니 저희가 위로를 받을 것임이요."

"온유한 자는 복福이 있나니 저희가 땅을 기업으로 받을 것임이요." 마태복음 5:3~5

"Blessed are the poor in spirit, for theirs is the kingdom of heaven."

"Blessed are those who mourn, for they will be comforted."

"Blessed are the meek, for they will inherit the earth." Matthew 5:3~5

산상수훈을 일컬어 사람들은 '하나님 나라의 대헌장'이며 세계의 모든 귀한 문고 중에서 최대의 보물이라고 말합니다. 그리고 모든 종교의 '서곡'이라고도 합니다. 힌두교 신자였던 인도의 마하트마 간디의 행동철학은 산상수훈을 기본으로 삼았다고 합니다. 이처럼 예수님의 산상설교는 크리스천뿐 아니라 타 종교인에게도 기독교의 진리와 참된 믿음의 본질을 인식하도록 이끌고 있는 가르침이 되고 있습니다.

산상수훈의 시작은 복으로 시작됩니다. 산에 올라가 앉으셔서 수많은 무리의 눈길을 바라보십시오. 무엇엔가 갈급한 목마름이 있는 모습들입니다. 부드러운 눈길을 그들에게 향하며 입을 열어 말씀을 시작합니다. 예수님의 입에서 나오는 따듯한 어휘들은 그 자체가 복이 되어 그들의 갈급함을 채워 줍니다. 마음을 열게 하는 구절들입니다. "심령이 가난한 자는 복이 있나니 천국이 저희 것임이라."

히말라야 동쪽에는 '부탄'이라고 하는, 인구가 100만 명도 안 되는 작은 나라가 있습니다. 1972년, 17살이라는 어린 나이에 왕이 된 부탄 국왕 지그메 싱예 왕추크는 통치의 근본정신을 놓고 고민하기 시작했습니다. 그는 다른 나라의 사례를 알아보는 과정에서, 정부와 국민이 하나같이 '경제적 부'를 얻기 위해 노력한다는 사실을 알게 됐습니다. 하지만 부를 얻은 소수만이 편안한 삶을 살고 나머지 대부분은 고통과 빈곤, 소외 속에서 살고 있었지요. 그의 눈에는 이것이 부탄에 맞는 길처럼 보이지 않았습니다.

그리하여 생긴 것이 '국민 총 행복지수 Gross National Happiness' GNH였다고 합니다. 국민 총 행복지수의 개념은 '사람들이 추구하는 모든 것의 밑바탕은 행복'이라는 데서 출발한답니다. 34년 동안 부탄의 국왕은 자신이 정한 대로 국민 총 행복지수를 높이기 위해 노력하며 나라를 다스렸습니다. 어떤 결정을 내리기 전에 "어떤 것이 부탄의 국민을 행복하게 할까?"라고 항상 자신에게 자문하면서 말입니다. 그렇게 부탄 정부는 국민의 행복 증진을 위해 설정한 목표를 지속 가능한 경제발전으로 삼았고, 이를 통해 환경보호와 문화진흥의 발전도 함께 이루는 좋은 통치를 했습니다.

그 결과 2010년, 유럽 신경제재단(NEF)이 발표한 국가별 행복지수 조사에서 1인당 국민소득 2만 달러의 대한민국이 143개국 중 68위를 차지할 때, 국민소득 1,200달러인 부탄은 당당히 1위에 올랐습니다. 국민 100명 중 97명이 행복하다고 대답한 덕분입니다. 아울러 부탄 왕국은 세계에서 국민 총 행복지수 1위에 꼽히기도 했습니다.

행복을 강요하지 않으시는 주님의 고요한 음성이 복으로 와 닿는 하루입니다.

(2020년 5월)

복의 단상 81

코로나 19 예방 생활수칙 제1호

"의에 주리고 목마른 자는 복福이 있나니 저희가 배부를 것임이요"

"긍휼히 여기는 자는 복福이 있나니 저희가 긍휼히 여김을 받을 것임이요."

"마음이 청결한 자는 복福이 있나니 저희가 하나님을 볼 것임이요." 마태 5:6~8

"Blessed are those who hunger and thirst for righteousness, for they will be filled."

"Blessed are the merciful, for they will be shown mercy."

"Blessed are the pure in heart, for they will see God." Matthew 5:6~8

아직 가보지는 못했지만 갈릴리 호숫가를 배경으로 하여 세워진 팔복교회는 조경과 경관이 참으로 아름답다고 합니다. 이천 년 전 그 자리, 예수님께서 산에 올라가 앉으시어 수많은 무리를 향하여 말씀을 하신 장소이지요. 팔 복福을 나타내기 위한 팔각형의 이채로운 지붕을 보면서, 예전에 몇몇 사람이 모여 칠 복福과 구 복福에 관하여 나누었던 엉뚱한 이야기를 생각해 봅니다. 엄밀히 따지면 복은 여덟 가지가 아니라 일곱이나 아홉이 될 수 있다는 것이지요. 왜냐하면, 첫 번째와 여덟 번째의 천국을 소유한 복은 같은 종류라 일곱일 수 있고, 10절 이후에 나오는 하늘에서 받을 큰상도 복이라고 할 수 있기에 아홉 가지 복이 될 수 있다는 것입니다.

받을 복도 귀한 것들이지만 그 복을 받을 수 있는 품성을 지니고 있다면 참 좋겠다는 생각이 듭니다. 팔 복 중, 욕심을 부려 세 가지를 고를 수 있다면 온유한 자와, 마음이 청결한 자, 화평케 하는 자를 고를 것 같습니다. 내게 부족한 것이 있기 때문일까요, 만약 셋 중 한 가지만 선택해야 한다면 마음이 청결한 자였으면 싶습니다. 거기에 따르는 복도 얼마나 좋은가요, 문자 그대로 해석한다면 하나님을 볼 수 있다는 것인데, 영혼이 얼마나 청결해야만 눈으로 볼 수 없는 하나님을 볼 수 있을까요. 성격은 유난히 깔끔을 떨면서도 마음결이 곱지 못하여 생긴 낮은 자존감이 앞섭니다.

친정아버지는 어려서부터 깔끔을 떨었던 내 성격을 기억하시며, 쓸고 닦는 것을 좋아하는 사람을 가리킬 때 "너처럼"이라는 말씀을 하시곤 했습니다. 칭찬보다는 염려에 가까운 말씀이었지요. 적당히 하지 않으면 몸과 마음이 고달프기 때문이라고 하였습니다. 미국에 와서 처음으로 카펫생활을 했던 때 몸이 아픈 날도 베큠을 돌리고 누워있어야만 마음이 편했던 기억이 납니다. 이런 나를 보고 시어머님께서도 "너무 쓸고 닦으면 있던 복도 달아난다."라고 하시던 기억이 납니다. 집 안 정리는 버리는 것이 최고인지라, 갓 시집온 새댁이 했던 일은 아까워 못 버리고 쌓아둔 옛 물건을 버리는 일이었지요. 물론 허락받고 했던 일인데도 몇 년 후 시댁에 들어온 손아래 동서가 무엇을 찾으면 어머님께서는 셋째가 버렸나 보다 하셨답니다. 이제는 털털하게 사는 것도 편안한 나이가 되었습니다. 앞으론 문밖에서 기다리던 복까지 더 들어 오려나 봅니다.

미국질병통제예방센터(CDC)의 코로나 19 예방 생활수칙 1호는 청결입니다. 비누와 물로 20초 이상 손을 깨끗이 씻는 것입니다. 하루에도 몇 차례씩 손 씻기를 하며 마음의 청결도 생각하는 날들입니다.

(2020년 5월 24일)

복의 단상 82

박수는 아무에게나 치는 것이 아닙니다

"화평케 하는 자는 복이 있나니 저희가 하나님의 아들이라 일컬음을 받을 것임이요."

"의를 위하여 핍박을 받는 자는 복이 있나니 천국이 저희 것임이라."

"나를 인하여 너희를 욕하고 핍박하고 거짓으로 너희를 거슬려 모든 악한 말을 할 때에는 너희에게 복이 있나니 기뻐하고 즐거워하라 하늘에서 너희의 상이 큼이라 너희 전에 있던 선지자들을 이같이 핍박하였느니라." 마태 5:9~12

"Blessed are the peacemakers, for they will be called children of God."

"Blessed are those who are persecuted because of righteousness, for theirs is the kingdom of heaven."

"Blessed are you when people insult you, persecute you and falsely say all kinds of evil against you because of me. Rejoice and be glad, because great is your reward in heaven, for in the same way they persecuted the prophets who were before you." Matthew 5:9~12

『노력하면 못하는 게 어디 있어』라는 책 제목이 있는데 바꾸어 말해 노력하면 다 할 수 있다는 말로 들리기도 합니다. 표지가 예뻐서 살짝 엿보았는데 내용은 그 반대였습니다. 노력한다고 다 될 줄 알았는데 그렇지 않은 것의 심정을 털어놓은 책이었습니다. 어쩜 위로가 될 수 있겠다고 생각했던 것은, 나에게는 노력해도 안 되는 일이 많기 때문일 겁니다. 그중의 하나가 암송입니다. 읽은 것을 기억하기도 버거운데 내용을 외워 사람들 앞에서 암송하는 것은 정말 어려운 일입니다. 어느 해 구역별 성경 암송대회가 있던 날, 마태복음의 산상수훈 전체를 암송하던 사람을 보며 부러웠던 적이 있습니다.

산상수훈은 암송하기에는 긴 설교입니다. 구절을 모두 합하면 111절이나 됩니다. 이 말씀을 수훈이라고 하는 이유는 그 내용이 후세에도 길이 전수 되어 뭇사람이 교훈을 받을 수 있는 주옥같은 말이기 때문이랍니다. 또한, 이 설교가 너무나 가치 있는 가르침이란 의미에서 산상 보훈이라고도 불리고 있습니다. 가톨릭교에서는 산상수훈은 예수님의 제자들에게만 주어졌던 것으로 현재의 종교지도자들이나 금욕생활을 하는 수도사에게 적합하나 일반 평신도에게는 적합하지 않은 교훈이라고 한답니다. 그만큼 지키기 어려운 교훈이라는 것이지요. 그러나 루터주의와 개혁주의에서는 산상수훈을 인간 스스로의 힘으로는 결코 이 교훈을 따를 수 없지만, 하나님을 의뢰하여 그 은총을 간구하면 모든 그리스도인들이 마땅히 지켜 행해야만 할 삶의 기준이기에 능히 따를 수 있는 교훈이라고 말하고 있답니다.

'산상수훈'이란 주제로 영화를 만든 스님이 있습니다. 그는 이 영화를 만들게 된 동기를 어느 신문기자와 인터뷰 했는데 그 기사를 이곳에 그대로 옮겨 봅니다.

"그리스도 교인들에게 수천 년 동안 풀리지 않은 의문이 있다고 해요. 즉 전지전능한 하나님이 계시는데 왜 세상은 엉망진창인가. 그리고 아담이 죄를 지었는데 왜 내가 죄가 있고, 예수님께서 십자가에 못 박혀 돌아가셨는데 왜 내 죄가 사라지는가. 그리고 하나님께서는 왜 선악과를 만들어서 인간을 죄짓게 하는가, 등의 이런 의문들도 있고 또 삼위일체를 그렇게 알고 싶었는데 어느 누구도 속 시원하게 이해되도록 가르쳐주는 사람이 없었다고 해요. 그러나 저는 이러한 의문들이 왜 안 풀리는지, 그리고 문제가 무엇인지, 어떻게 하면 풀릴 수 있는지를 잘 알고 있었어요." 그의 말대로, 수천 년 동안 그리스도인들이 풀지 못했던 답을 그녀가 찾아내었답니다.

"남북문제도, 모든 종교전쟁을 종식하는 명분도 다 우리의 본질이 하나라는 걸 알면 돼요. 그리고 4차 산업혁명 시대에 통찰력이나 창의력, 세계적인 시각도 다 본질에서 길러지는 거거든요. 그래서 제가 모든 싸움을 종식시킬 수 있는 본질로, 스님이 성경의 내용을 밝혀서 기독교, 가톨릭 등 모든 종교를 하나로 합하고, 불교까지 합해서 우리 모두가 본질적으로 하나라는 것을 단 한 편의 영화에 다 담았습니다. 자아 완성도 하고 세계평화도 이룰 수 있는 근거를 마련하려고 제가 만든 거죠." 다 죽어가는 기독교를 왜 살리려 하느냐는 승려들의 염려를 뒤로하고 자신의 '소명' 때문에 이 영화를 만들었다 하는군요.

왜 하필이면 산상수훈을 영화 시나리오 소재로 삼았느냐는 기자의 질문에는 "성경공부를 찾아서 한 것은 아니다. 성경을 찾기는 어렵다. 시간도 없고, 종교가 생긴 뒤 가르침이 생기고 성경이 있는 것 아니냐, 성경에서 '인간과 하나님이 둘이 아니다'라는 부분을 PD에게 찾아달라고 했다."라고 밝혔답니다.

기독교인들이 보지 못한 비밀을 불교 스님이 제대로 보았다며, 극찬을 받았답니다. 로마 교황청이 앞서고, 미국 CNN이 동조하고, 영국 BBC가 앞다투어 선전해준 덕분이라고 하네요. 영화를 만드는 사람으로 더 알려진 여승의 장문 인터뷰 내용을 읽으면서 '산은 산이고 물은 물'이라는 것에 도달하는 것이 해탈의 경지에 이르는 길이라고 말하는 사람답다 싶었습니다.

"화평케 하는 자는 복이 있니니 저희가 하나님의 아들이라 일컬음을 받을 것임이요."

(2020년 5월 25일)

복의 단상 83

가장 길었던 시간

"이사야의 예언이 저희에게 이루었으니 일렀으되 너희가 듣기는 들어도 깨닫지 못할 것이요 보기는 보아도 알지 못하리라 이 백성들의 마음이 완악하여져서 그 귀는 듣기에 둔하고 눈은 감았으니 이는 눈으로 보고 귀로 듣고 마음으로 깨달아 돌이켜 내게 고침을 받을까 두려워함이라 하였느니라. 그러나 너희 눈은 봄으로, 너희 귀는 들음으로 복이 있도다. 내가 진실로 너희에게 이르노니 많은 선지자와 의인이 너희 보는 것들을 보고자 하여도 보지 못하였고 너희 듣는 것들을 듣고자 하여도 듣지 못하였느니라." 마태복음 13:14~17

"In them is fulfilled the prophecy of Isaiah: 'You will be ever hearing but never understanding; you will be ever seeing but never perceiving. For this people's heart has become calloused; they hardly hear with their ears, and they have closed their eyes. Otherwise they might see with their eyes, hear with their ears, understand with their hearts and turn, and I would heal them.' But blessed are your eyes because they see, and your ears because they hear. For truly I tell you, many prophets and righteous people longed to see what you see but did not see it, and to hear what you hear but did not hear it." Matthew 13:14~17

의사였던 누가는 복음서에서, 부활하신 후 예수님이 이 땅에서 하셨던 일을 아주 간단하게 두 가지만 기록하고 있습니다. 장소는 달랐으나 행하셨던 일은 똑같은 것이었습니다. 첫 번째는 예루살렘에서 엠마오 마을로 가는 두 사람의 이야기입니다. 이십오 리나 되는 먼 길을 걷고 있는 두 사람과 동행하며 말씀을 풀어 가르치고 함께 식사하셨던 일입니다. 그리고 두 번째 있었던 일도 이와같이 구운 생선을 드시며 제자들에게 성경을 가르치신 일입니다. 그런데 이 두 그룹의 사람들에게 하신 말씀의 내용도 같았습니다.

사십여 년 전에 있었던 일이 기억납니다. 결혼 후, 친지를 따라 서울 신촌에 있는 어느 교회를 따라갔있을 때 일입니다. 성당을 다니시다가 교회로 옮긴 분이었는데 기독교 예배 분위기를 마음에 들어 하기에 한 번 따라가본 곳으로 삼천 명 정도의 교인이 모이는 보수파 장로교회였습니다. 점심 도시락을 본인들이 직접 챙겨 들고 오는 모습부터가 우리 교회와 달랐습니다. 예배시간 중간에 휴식시간을 이용하여 가져간 도시락으로 점심을 먹고 다시 설교 말씀을 들었던 그 날은 내가 전에도, 그 후에도 경험해 보지 못한 예배 모습이었지요. 성가대 찬양도 없이 오직 말씀 듣는 것으로 그 긴 시간을 보내는 교인들의 진지하던 모습이 성경에 나오는 베뢰아인들과 같았다고 할까요.

세 시간이나 계속되었던 예배 시간이 너무 지루하여 거의 졸면서 들었던 내용이 지금까지도 잊혀지지 않는 것은 같은 내용을 반복하여 말씀하였기 때문인 것 같습니다. 예수님이 부활하셔서 제자들의 마음을 열어 성경을 깨닫게 하신 말씀과 맥락이 같은 설교였습니다. 모세의 율법과 선지자의 글과 시편에 예수에 관하여 기록된 것이 이루어져야 함을 자세히 설명하셨다는 말씀이었지요. "너희가 성경에서 영생을 얻는 줄 생각하고 성경을 상고하거니와 이 성경이 곧 내게 대하여 증거 하는 것이로다."

그때는 마음이 완악하여서 귀는 듣기에 둔하고 눈은 감았었는데, 많은 세월이 지난 지금에는 눈은 봄으로 귀는 들음으로 복이 된다는 말씀의 뜻이 깨달아져 감사하는 하루입니다.

(2020년 5월 26일)

복의 단상 84

좋은 질문이 인생을 바꾼다

"예수께서 가이사랴 빌립보 지방에 이르러 제자들에게 물어 가라사대 사람들이 인자를 누구라 하느냐. 가로되 더러는 세례요한, 더러는 엘리야, 어떤 이는 예레미야나 선지자 중의 하나라 하나이다. 가라사대 너희는 나를 누구라 하느냐 시몬 베드로가 대답하여 가로되 주는 그리스도시오 살아계신 하나님의 아들이시니이다. 예수께서 대답하여 가라사대 바요나 시몬아 네가 복(福)이 있도다. 이를 네게 알게 한 이는 혈육이 아니요 하늘에 계신 내 아버지시니라." 마태 16:13~17

"When Jesus came to the region of Caesarea Philippi, he asked his disciples, Who do people say the Son of Man is?" They replied, "Some say John the Baptist; others say Elijah; and still others, Jeremiah or one of the prophets." "But what about you?" he asked. "Who do you say I am?" Simon Peter answered, "You are the Messiah, the Son of the living God." Jesus replied, "Blessed are you, Simon son of Jonah, for this was not revealed to you by flesh and blood, but by my Father in heaven." Matthew 16:13~17

『좋은 질문이 좋은 인생을 만든다』를 쓴 일본의 유명한 뇌 과학자인 모기 켄이치로는 "우리는 질문을 던짐으로써 앞으로 나아갈 수 있는 계기나

현재의 상황을 바꿀 수 있는 조언을 얻습니다. 질문이란 자기 자신을 크게 바꾸는 힘입니다."라고 말한다. 그리고 자기 자신과 세상에 대하여 좋은 질문을 한다는 것은 장차 스스로 살아갈 길을 개척하고 긍정적인 자세를 가진다는 증거가 된다고 하였다. 질문력이 있는 사람은 '나답게 살아갈 자세를 갖춘 사람'이다. 좋은 질문은 인생을 바꾸고, 그렇게 바뀐 한 사람의 인생이 우리가 사는 세상을 바꾸기도 한다.

모기 켄이치로의 질문 예찬론을 들으면서 우리 집 남자들을 떠올려보았다. 지금이야 네이버 길 안내가 있어서 어디든 지름길을 골라 갈 수 있어 편리하지만, 처음 미국에 와서는 길을 잘못 들어 엉뚱한 곳으로 갈 때가 있었다. 그럴 때마다 운전석 옆에 앉은 나는 차를 세우고 잠깐 물어보면 어떻겠냐 했으나 길 물으려고 차를 세운 적은 없었던 것 같다. 비단, 길뿐 아니라 물건을 살 때도 남편이나 아들은 마찬가지였다. 그러다, 아들이 중학교에 처음 가던 날 그 학교 정문에 눈에 확 들어온 문구가 있었다. "물어보아라. 바보가 되는 것은 잠깐이다." 참으로 듬직한 그 학교의 교훈이었다.

모르는 길을 묻는 것도 모기 켄이치로가 말하는 질문의 범주에 들까? 질문에는 여러 형태의 질문이 있다. 열린 질문, 닫힌 질문, 수사학적 질문 등, 예수님은 빌립보 가이샤라의 아름다운 도시에서 제자들에게 열린 질문을 하셨다. "사람들이 나를 누구라 하느냐?" 물론 궁금하여 물으셨던 것은 아닐 것이다. 이미 답을 알고 계시기 때문이다. "너희는 나를 누구라 하느냐?" 예수님은 이 질문을 통해 당신이 그리스도시며 살아계신 하나님의 아들이

신 사실을 베드로의 고백을 통하여 모든 제자들에게 재확인시키신 것이다.

오늘도 조용히 나에게 묻고 계시는 주님의 음성이 들리는 듯하다. "너는 나를 누구라 하느냐, 네가 나를 믿느냐, 네가 나를 진정 사랑하느냐?"

(2020년 5월)

복의 단상 85

이웃집에 사는 신

"이러므로 너희도 예비하고 있으라 생각지 않은 때에 인자가 오리라 충성되고 지혜 있는 종이 되어 주인에게 그 집 사람들을 맡아 때를 따라 양식을 나눠 줄 자가 누구뇨 주인이 올 때에 그 종의 이렇게 하는 것을 보면 그 종이 복福이 있으리로다. 내가 진실로 너희에게 이르노니 주인이 그 모든 소유를 저에게 맡기리라." 마태 24:44~47

"So you also must be ready, because the Son of Man will come at an hour when you do not expect him. Who then is the faithful and wise servant, whom the master has put in charge of the servants in his household to give them their food at the proper time? It will be good for that servant whose master finds him doing so when he returns. Truly I tell you, he will put him in charge of all his possessions." Matthew 24:44~47

'신문 사절'이라는 거절에도 아랑곳하지 않고, 몇 개월씩 무료로 넣어 주는 선심을 매정하게 끊을 수 없어서, 울며 겨자 먹기 식으로 신문 구독을 했던 때가 있었다. 덕분에 삼십 년이 지나도 잊혀지지 않는 것이 있다. 글을 읽으면서 혼자 친숙해진 분들의 이름이다. 칼럼니스트 장명수, 김동길,

그리고 시사만화 고바우 영감 등이다. 고바우 영감은 만화 속의 주인공 이름이다. 그의 독특한 캐릭터가 독자들에게 강하게 어필되어 작가의 이름 석 자가 가려졌던 인물이다. 높을 고高 성씨에, 바위를 뜻하는 '바우'라는 이름에 어울리는 모습은 친근한 이웃 같으면서도 강직한 성품을 지닌 인물로 묘사되어 믿음직스러워 보였었다.

'고바우 영감'의 유명한 필화사건으로는 자유당 정권 때인 1958년 1월 23일 자에 게재된 세칭 '경무대 청소 부사건'이라고 한다. 내가 세 살쯤에 있었던 일이니 오래전 일이다. 권력 만능의 세태를 풍자해서 경무대의 노를 샀던 그 만화 내용을 되돌려 보면서 네 컷짜리 시사만화가 지닌 필의 힘을 생각해 보았다. 신문의 한 지면을 할애하여 대서특필해도 못 다룰 기사를 널따란 면적의 귀퉁이 한쪽에 보여 주는 능력이라니, 그래서 사람들은 구구한 설명 없어도 척 보면 알 수 있는 만평을 좋아하나 보다.

몇 년 전, 프랑스 파리에서는 풍자만화로 인하여 수많은 사람이 살해되는 비극적인 사건이 발생하였다. 수위 높은 풍자로 유명한 프랑스의 주간지 샤를리 에브도의 편집국에 이슬람 극단주의들이 난입해 총기를 난사한 것이다. 필화사건처럼 사회적으로 문제를 일으켜 제재를 받는 것은 아니었고, 이슬람교의 창시자를 조롱하는 만화가 이슬람교도들의 분노를 샀기 때문이었다. 이슬람교에서는 무함마드를 그리는 행위가 엄격히 금지되어 있다고 한다.

'이웃집에 신이 산다'라는 영화를 보았다. 기독교인들은 이 영화를 보고서 그리 후한 평점을 주지 않은 것 같다. 여호와의 이름을 망령되이 부르지 말라는 십계명을 떠올렸다. 만약에 이슬람의 알라신이나 무하마드를 등장시켰다면 이 영화를 만든 자코 반 도마엘 감독도 린치를 당하지 않았을까 쓸데없는 걱정을 해본다. 그럴지라도, 사람들마다 다르게 받아들이겠지만 이 코믹스러운 영화 속에 많은 메시지가 들어 있다. 내가 굳이 챙길 수 있는 것을 말한다면, 신의 딸이 모든 사람들에게 죽을 날짜를 문자로 전송하여 세상이 일대 혼란에 빠지게 되는 대목이었다. 다행히 집 청소를 하던 신의 아내가 PC 플러그를 뺐다가 끼는 바람에 PC가 리부팅되고 모든 것을 초기화시킴으로, 전송되었던 죽는 시간이 모두 사라져버려 대소동은 가라앉는다.

네덜란드의 철학자 스피노자는 "내일 지구의 종말이 올지라도 나는 한 그루의 사과나무를 심겠다."라는 말로 자신이 살고 있는 삶의 소신을 한마디로 밝혔었다. 복된 사람은 '그날'에 어떤 사과나무를 심고 있어야 될까. "이러므로 예비하고 있으라. 생각지 않을 때에 인자가 오리라."라는 성경말씀을 반추하는 하루다.

(2020년 5월 28일)

복의 단상 86

이 어찌 된 일인고?

"엘리사벳이 마리아의 문안함을 들으매 아이가 복중에서 뛰노는지라 엘리사벳이 성령의 충만함을 입어 큰 소리로 불러 가로되 여자 중에 네가 복(福)이 있으며 네 태중의 아이도 복(福)이 있도다. 내 주의 모친이 내게 나아오니 어찌 된 일인고 보라 네 문안하는 소리가 내 귀에 들릴 때에 아이가 내 복중에서 기쁨으로 뛰어놀았도다. 믿는 여자에게 복(福)이 있도다. 주께서 그에게 하신 말씀이 반드시 이루리라" 누가복음 1:41~45

"When Elizabeth heard Mary's greeting, the baby leaped in her womb, and Elizabeth was filled with the Holy Spirit In a loud voice she exclaimed: "Blessed are you among women, and blessed is the child you will bear! But why am I so favored, that the mother of my Lord should come to me? As soon as the sound of your greeting reached my ears, the baby in my womb leaped for joy. Blessed is she who has believed that the Lord would fulfill his promises to her!" Luke 1:41~45

『네 편의 초상, 한 분의 예수』는 사복음서를 주제로 펴낸 책의 제목이다. 마태, 마가, 누가, 요한이 기록한 네 권의 책을 말하는 것이다. 오늘 복(福)에 관한 말씀은 세 번째 책 누가복음에 나오는 말씀으로 이 책의 저자인 누가는 다른 세 명의 사람들이 간단하게 다루었거나 훌쩍 건너뛰었던 세례 요한과 예수님의 출생을 자세하게 기록하고 있다.

미국 샌디에이고에 있는 베델 신학대학원에서 예수와 사복음서를 가르치고 있는 마크 L. 스트라우스 신학박사는, 사복음서는 마치 서로 다른 예술가들이 각각의 스타일과 관점을 이용하여 같은 주제를 묘사하듯이 예수를 독특한 시각으로 그려낸 네 편의 초상을 제시한다고 말하고 있다. 또한, 전 세계 그리스도인들에게 나사렛 예수는 역사의 중심이요, 신앙과 소망과 예배의 대상인데 그를 자신의 주主로 따르지 않는 이들조차도 예수의 삶이 역사에 엄청난 영향을 미쳤음을 인정한다고 한다. 이러한 예수를 더 깊이 아는 데 관심이 있는 사람이라면 반드시 복음서를 공부해야 할 것을 강조하고 있다.

특별하게 사복음서를 공부해본 적은 없으나, 복음서를 소재로 네 편의 짤막한 글을 쓴 적이 있다. 마태복음에서는 아브라함부터 다윗까지가 열네 대요, 다윗부터 바벨론으로 사로잡혀 갈 때까지가 열네 대며, 바벨론으로 사로잡혀 간 후부터 그리스도까지가 열네 대라는 독특한 족보 이야기를 썼다. 16장으로 구성된 짧은 책인 마가복음에서는 손hand이라는 단어가 서른세 번씩이나 나오는 것을 보면서 손에 관한 이야기를 썼고, 누가복음에서는 글의 서두가 마음에 닿아 근근이 하고 있는 글쓰기의 의미 부여를 하면서 썼다. 그리고 마지막 요한복음에서 예수님은 우리에게 어떤 분이신가를 말하는 요한복음 3장 16절을 생각하며 썼었다.

사복음서의 누가는, 예수님을 잉태한 마리아와 요한을 잉태한 엘리사벳의 만남을 통하여 성령에 의한 기쁨이 어떤 것인지 재조명하고 있다. 임신 6개월에 복중의 아이가 뛰노는 것은 아주 자연적 현상이다. 출산 경험이 있는 사람들은 이 태동의 기쁨을 알고 있을 것이다. 그런데 누가가 지극히 당연한 현상을 특수한 것으로 기록하고 있는 까닭은 이 순간의 태동이 다른 때와는 달랐기 때문이라고 한다. 이것을 자연적 현상이 아니라 하나님의 역사로 기록한 것이다. 임신 6개월이 된 엘리사벳은 마리아의 문안함이 그녀의 귀에 들릴 때 복중에 아이가 기쁨으로 뛰노는 것을 느꼈다. 성령의 충만함으로 그것을 알 수 있었다고 기록하고 있다. 성령으로 아들을 잉태한 마리아는 친족 엘리사벳의 축복으로 인하여 두려움을 떨치고 하나님을 찬양한다. 두 여인은 특별한 섭리에 의해 수태되었다는 동질감을 느끼며 성령으로 인하여 기쁨과 놀라움을 나누었던 것이다.

(2020년 6월 6일 토요일)

복의 단상 87

이월되지 않는 잔고

"저희가 예수께 나아가 가로되 세례요한이 우리를 보내어 당신께 말하기를 오실 그이가 당신이오니이까 우리가 다른 이를 기다리오리이까 하더이다 하니 마침 그 시에 예수께서 질병과 고통과 및 악귀 들린 자를 많이 고치시며 또 많은 소경을 보게 하신지라 대답하여 가라사대 너희가 가서 보고 들은 것을 요한에게 고하되 소경이 보며 앉은뱅이가 걸으며 문둥이가 깨끗함을 받으며 귀머거리가 들으며 죽은 자가 살아나며 가난한 자에게 복음이 전파된다 하라. 누구든지 나를 인하여 실족하지 아니하는 자는 복(福)이 있도다." 누가복음 7:20~23

"When the men came to Jesus, they said, John the Baptist sent us to you to ask, Are you the one who is to come, or should we expect someone else?" At that very time Jesus cured many who had diseases, sicknesses and evil spirits, and gave sight to many who were blind. So he replied to the messengers, "Go back and report to John what you have seen and heard: The blind receive sight, the lame walk, those who have leprosy are cleansed, the deaf hear, the dead are raised, and the good news is proclaimed to the poor. Blessed is anyone who does not stumble on account of me." Luke 7:20~23

중세기 서양미술은 특별한 미술사적 지식이 없어도 두 가지 코드만 꿰고 있으면 어느 정도는 그림을 감상하는 데 무리가 없다고 한다. 그것은 기독교와 그리스 로마신화에 관한 지식인데 근대 이전의 서양미술 내용이 거의 이 두 주제의 틀에서 벗어나지 않았기 때문이다. 나에게 있어서 그리스 로마신화는 공부를 해야 되는 부분이고 성화, 즉 성경에 나오는 배경과 인물은 나름대로 소화할 수 있는 부분이라 생각된다.

세례요한을 소재로 다룬 세 편의 그림을 보면서 짧았던 그의 인생 전부를 들여다본 느낌을 받았다. 사복음서에 나오는 그의 행적을 꿰고 있기 때문일 것이다. 인자한 성모마리아의 무릎 사이에 털 기저귀를 두르고 서 있는 그림은 예수님보다 6개월 먼저 태어나 낙타털옷과 가죽 띠를 띠고 살았던 세례요한을 말하고 있고, 빈들 바위 위에 앉아 무릎에 턱을 괴고 생각에 잠겨 있는 모습은 메뚜기와 석청으로 음식을 삼았던 무소유자, 오직 주의 길을 예비하라는 하나님의 부르심을 받았던 자를 묘사하고 있었다. 그리고 카라바조의 그림 '세례요한의 머리를 받는 살로메'는 목이 잘려 쟁반에 담겨진 세례요한의 얼굴에서 "오실 그이가 당신입니까? 아니면 우리가 다른 이를 기다려야 하오리까?"라고 예수님께 물어야 했었던 고뇌를 읽을 수 있었다.

감옥 안에서 세례요한은 왜 그런 질문이 생겼을까? 자신을, 메시아로 이 땅에 오신 예수님의 신들메 풀기도 감당하지 못하는, 단지 광야의 외치는 소리일 뿐이라고 소개했던 사람이었다. 그리고 세상 죄를 지고 가는 하나님의 어린양, 하나님의 아들이라고 모든 사람들에게 예수를 증언도 하였었다. 나름 고민하다가 우리들 속에도 그런 류의 질문은 늘 있었음을 생각하며 예수님의 대답으로 그 초점을 바꾸어 보았다. 세례요한이 보낸 사람들에게 하신 대답은 간단하였다. 묻는 말에 긍정도 부정도 아닌 말씀이었다. 그 속에는 위로함도 어떤 소망도 없었고 냉정하게 들리기까지 한다. "너희들이 지금 보고 들은 것을 요한에게 전해라. 그리고 누구든지 나를 인하여 실족하지 않는 자는 복이 있도다."

'예수 그리스도를 보내셔서 나를 위하여 십자가에 죽게 하셨다는 이 사실을 안다는 것이 우리에게는 기적이요, 혁명이요, 불가사의한 일일 것이다. 이것은 상상할 수 없는 기적과 축복 속의 새로운 탄생을 의미한다. 이것이 현재 우리들의 위치이다.'라는 글을 보았다. 그래서 예수님께서는 여자가 낳은 자 중에 세례요한보다 큰 자가 없다, 그러나 하나님의 나라에서는 극히 작은 자라도 그보다 크다고 하셨을까?

"미래가 좋은 것은 그것이 하루하루씩 다가오기 때문"이라고 에이브러햄 링컨은 말했다. 하나님은 날마다 우리에게 8만6천4백 초의 시간을 주시는데, 선물로 주신 이 은혜의 잔고는 쓰지 않으면 이월되지 않는다고 한다.
실족하지 않는 복된 하루하루가 되기를 기원한다.

(2020년 6월 7일)

복의 단상 88

일상의 복

"이때에 예수께서 성령으로 기뻐하사 가라사대 천지의 주재이신 아버지여! 이것을 지혜롭고 슬기 있는 자들에게는 숨기시고 어린아이들에게는 나타내심을 감사하나이다. 옳소이다! 이렇게 된 것이 아버지의 뜻이니이다. 내 아버지께서 모든 것을 내게 주셨으니 아버지 외에는 아들이 누군지 아는 자가 없고 아들과 또 아들의 소원대로 계시를 받은 자 외에는 아버지가 누군지 아는 자가 없나이다. 하시고 제자들을 돌아보시며 조용히 이르시되 너희의 보는 것을 보는 눈은 복福이 있도다. 내가 너희에게 말하노니 많은 선지자와 임금이 너희 보는 바를 보고자 하였으되 보지 못하였으며 너희 듣는 바를 듣고자 하였으되 듣지 못하였느니라." 누가복음 10:21~24

"At that time Jesus, full of joy through the Holy Spirit, said, I praise you, Father, Lord of heaven and earth, because you have hidden these things from the wise and learned, and revealed them to little children. Yes, Father, for this is what you were pleased to do". "All things have been committed to me by my Father. No one knows who the Son is except the Father, and no one knows who the Father is except the Son and those to whom the Son chooses to reveal him." Then he turned to his disciples and said privately, "Blessed are the eyes that see what you see. For I tell you that many prophets and kings wanted to see what *you see but did not see it, and to hear what you hear but did not hear it,"* Luke 10:21~24

'기적은 하늘을 날거나 바다 위를 걷는 것이 아니라 땅에서 걸어 다니는 것이다.'라는 중국 속담이 있다고 합니다. 사람들은 하늘을 날고 물 위를 걷는 기적을 이루고 싶어하며 안달하며 무리하게 살다가, 소소한 일상이 기적이라는 것을 깨달을 때는 대개 너무 늦은 다음이라 안타깝다는 글이 울림을 주는 하루입니다. 날마다 간구로 드리고 있는 기도의 제목이 너무나 일상적인(습관) 것 같아서, 늘 기도에 힘쓰시던 예수님은 과연 어떤 기도를 드리셨을까? 생각하며 묵상했던 날들이 세이레 가까이 되어 가고 있습니다. 열두 사도를 택하시던 전날 밤에도 산에 올라가 밤이 새도록 하나님께 기도하셨다고 성경에 기록하고 있습니다.

밤에 산을 오르고, 한적한 곳을 찾아 기도자리를 만드셨던 모습은 성경 여러 곳에서 볼 수 있는 장면이지요. 기도의 내용을 엿볼 수 있는 구절은 몇 곳이 되지 않으나 확실하게 알 수 있었던 것은 예수님의 공생애는 시작과 끝맺음이 기도였다는 것입니다. 그리고 일상의 모든 것이 감사의 제목이 될 수 있음을 알았지요. 각 마을로 전도여행을 떠나보냈던 70인이 기뻐하며 돌아오니 예수님도 성령으로 기뻐하시며 하나님께 감사기도를 드립니다. 이때의 기뻐하는 모습은 '높게 펄쩍펄쩍 뛴다'라는 상태를 말함이라고 합니다. 어린아이와 같은 사람들의 순수한 순종이 기쁘셨던 것입니다. 기도가 끝난 후에 조용히 제자들을 돌아보시며 말합니다. "너희가 보는 것을 보는 눈이 복이 있도다."

무릎 꿇어 기도할 수 있음이, 눈으로 말씀을 볼 수 있음이, 입을 열어 찬양할 수 있음이 얼마나 크나큰 은혜이며 복福 된 일인지를 다시금 일깨워 주는 故 박완서 님의 「일상의 기적」 중에서 재미있게 읽은 부분을 함께 나눕니다.

안구 하나 구입하려면 1억이랍니다/ 눈 두 개를 갈아 끼우려면 2억이 들고/ 신장 바꾸는 데는 3천만 원/ 심장 바꾸는 데는 5억 원/ 간 이식하는 데는 7천만 원/ 팔다리가 없어 의수와 의족을 끼워 넣으려면/ 더 많은 돈이 든답니다.

지금!/ 두 눈을 뜨고/ 두 나리로/ 건강하게 걸어 다니는/ 사람은/ 몸에 약 51억이 넘는 재산을 지니고 다니는 것입니다. 도로 한가운데를 질주하는/ 어떤 자동차보다 비싸고/ 훌륭한 두 발로/ 자가용을 가지고 세상을 활보하고 있다는 기쁨을/ 우리는 잊지 말아야겠습니다.

그리고/ 갑작스런 사고로/ 앰뷸런스에 실려 갈 때/ 산소 호흡기를 쓰면/ 한 시간에 36만 원을 내야 하며 눈, 코, 입 가지고/ 두 다리로 걸어 다니면서/ 공기를/ 공짜로 마시고 있다면 하루에/ 860만 원을 버는 셈입니다. 우리들은 51억짜리 몸에/ 하루에 860만 원씩/ 공짜로 받을 수 있으니/ 얼마나 감사할 일인가요

그런데 왜/ 우리는/ 늘 불행하다고 생각하는가? 그 이유는/ 욕심이 많아

서 그렇겠지요.

　감사하지 못하는 사람에게는/ 기쁨이 없다고 합니다./ 기쁨이 없다는 이야기는 결국/ 행복하지 않다는 말이겠지요, 감사하는 사람만이/ 행복을 움켜쥘 수 있고,/ 감사하는 사람은/ 행복이라는 정상에 이미 올라가 있다고 생각합니다.

　세 잎 클로버는 행복/ 네 잎 클로버는 행운/ 행복하면 되지/ 행운을 바란다면 욕심이지요.

　오늘부터/ 지금부터/ 숨 쉴 때마다/ 감사기도를/ 드려야겠습니다.

(2020년 6월 8일)

복의 단상 89

벽창호의 기초

"이 말씀을 하실 때에 무리 중에서 한 여자가 음성을 높여 가로되 당신을 밴 태와 당신을 먹인 젖이 복福이 있소이다. 하니 예수께서 가라사대 오히려 하나님의 말씀을 듣고 지키는 자가 복福이 있느니라. 하시니라." 누가복음 11:27~28

"As Jesus was saying these things, a woman in the crowd called out, Blessed is the mother who gave you birth and nursed you." He replied, "Blessed rather are those who hear the word of God and obey it." Luke 11:27~28

말귀를 알아듣지 못하여 답답하게 보이는 사람을 벽창호 같다고 합니다. 미련하고 고집이 센 사람을 비유적으로 이르는 말이지요. 본래 평안북도 벽동과 창성 지방에서 나는 크고 억센 소를 가리키던 벽창우碧昌牛에서 온 말이라 합니다. 오늘 본문에 등장한 여인이 어쩐지 벽창호 닮았다는 생각이 듭니다. 미련하고 고집이 센 소가 연상되는 것이 아니라 말귀를 알아듣지 못하면서 성격이 드센 여자로 보입니다. 많은 무리가 모인 가운데 음성을 높이는 것도 그렇고, 하나님의 능력과 바알세불을 논하고 있는 분위기를 파악하지 못하는 발언 때문일 수도 있겠습니다.

당시 예수님을 따르던 여자들과 상반되는 모습이지요. 십자가에서의 죽음을 멀리서 끝까지 지켜보던 여인들, 이른 새벽에 준비한 향품을 가지고 무덤을 찾았던 여인들, 말씀을 경청하는 여인들, 이들은 예수님을 진정으로 조건 없이 사랑했던 여인들입니다. 사랑이 기초가 된 것이지요. 내 믿음의 기초는 어디에 세워져 있는가 생각하는 하루입니다. 엉뚱하게 '당신을 밴 태와 당신을 먹인 젖이 복이 있다'라고 큰 소리로 떠들고 있지는 않은지, 다시 한 번 하나님의 말씀을 듣고 지키는 자가 복이 있다는 음성에 기초를 쌓으며 귀 기울여야 되겠습니다.

기초에 관한 어느 목사님의 역사 예화를 이곳에 옮겨봅니다.

"지중해는 조그만 바다입니다. 그런데 역사를 보면 이 바다의 주변의 나라들이 인류 문화의 중심을 이루어왔습니다. 이집트, 그리스, 로마, 스페인 등 인류 역사에서 찬란한 문화를 만들어낸 곳들이 주로 지중해 연안입니다. 지중해 연안의 중심에 알렉산드리아라는 도시가 있습니다. 알렉산드리아는 옛날부터 이집트의 정치와 경제, 그리고 교육의 중심이 되는 도시였습니다. 이집트가 번영하게 된 데에는 알렉산드리아가 큰 역할을 하였습니다.

7세기 중엽에 이 도시 알렉산드리아를 아랍인들이 점령하였습니다. 비잔틴 제국은 아랍인들에게서 알렉산드리아를 빼앗아오고 싶었답니다. 그러나 알렉산드리아에는 파로스Pharos라고 하는, 높이가 100m가 넘는 매우 유명한 등대가 있었는데 이 등대 때문에 적들이 쳐들어올 수가 없었습니다. 먼바다에 적들이 나타나기만 해도 이 등대에서 보고 알 수가 있었기 때문입니다.

그래서 비잔틴 쪽에서 꾀를 내었습니다. 사람들을 알렉산드리아에 보내어 파로스 등대 밑에는 이집트의 금은보화가 가득 묻혀있다는 거짓 소문을 퍼뜨린 것입니다. 그 소문을 들은 칼리프는 등대를 부수고 그 밑에서 보물을 꺼내라고 명령하였습니다. 등대를 부쉈지만, 보물은 없었습니다. 속은 것을 알았을 때는 이미 늦었습니다. 다시 등대를 세우려고 하였으나 천 년 전에 만들어진 등대의 건축기술을 알 수가 없었지요. 결국, 알렉산드리아는 비잔틴 제국에게 점령을 당하게 되고, 그래서 콘스탄티노플이 그 이후 천년의 영광을 누리게 됩니다."

어디에선가 들었던 이야기지요? 결국, 등대를 만드는 건축기술이 기초가 된다는 것이군요.

(2020년 6월 10일)

복의 단상 90

마음을 여는 초대장

"또 자기를 청한 자에게 이르시되 네가 점심이나 저녁이나 베풀거든 벗이나 형제나 친척이나 부한 이웃을 청하지 말라 두렵건대 그 사람들이 너를 도로 청하여 네게 갚음이 될까 하노라 잔치를 배설하려거든 차라리 가난한 자들과 병신들과 저는 자들과 소경들을 청하라 그리하면 저희가 갚을 것이 없는 고로 네게 복이 되리니 이는 의인들의 부활 시에 네가 갚음을 받겠음이니라 하시더라." 누가복음 14:12~14

"Then Jesus said to his host, When you give a luncheon or dinner, do not invite your friends, your brothers or sisters, your relatives, or your rich neighbors; if you do, they may invite you back and so you will be repaid. But when you give a banquet, invite the poor, the crippled, the lame, the blind, and you will be blessed. Although they cannot repay you, you will be repaid at the resurrection of the righteous." Luke 14:12~14

존의 할아버지는 옹고집쟁이인 시골 노인이셨다. 실제로 받은 것이든 상상으로 받은 것이든 과거에 받은 상처들을 결코 잊는 법이 없으셨다. 그리고 화가 잔뜩 나셨을 때는 끌끌 혀를 차셨다. 그날도 그렇게 하신 것은 잔의 말을 듣지 않겠다는 뜻이었다. "꼭 오세요, 할아버지. 할아버지가 오셨으면 정말 좋겠어요." 일곱 살 먹은 잔의 여동생 캐리도 애원했다. 캐리는 잔보다 스물한 살이나 아래로, 그의 집안에 놀랄 정도로 뒤늦게 찾아온 가족이었다. "할아버지에게 맛있는 과자를 만들어 드릴게요. 엄마가 가르쳐 주신다고 했어요." 이번에는 잔이 말했다. "추수감사절이잖아요. 그러니 제발 오세요. 할아버진 지난 4년 동안 우리와 저녁 식사를 하지 않으셨어요. 이제 과거는 잊으실 때도 됐잖아요?"

할아버지는 그 파란 눈으로 잔을 쳐다보셨다. 지난 몇 해 동안 잔의 온 가족을 위협해온 그 강렬한 눈빛이었다. 하지만 잔은 달랐다. 어쨌든 그는 할아버지를 알았다. 잔은 어떤 면에서는 누구보다도 할아버지의 고독을 이해했으며, 할아버지를 닮아서 잔 역시 자신의 감정을 드러내는 데는 무능력했다. 이유야 어쨌든 잔은 할아버지의 내면에 있는 것들을 알고 있었다. 바깥에서는 힘들고 내면적으로는 무능해지는, 바로 '남자'라는 잘못된 관념을.

할아버지는 당신 자신 속에 있는 자연을 조화롭게 이끌지 못하는 대신 바깥에 있는 자연을 가꾸는 일에 몰두하셨다. 하지만 할머니가 세상을 떠나신 뒤 할아버지는 정원에서 손을 떼셨다. 그리고는 훨씬 더 심각하게 자신 속으로 파묻히셨다.

캐리는 끝까지 할아버지를 설득하려는 시도를 포기하지 않았다. 그것이 얼마나 무익한 일인가를 캐리는 알지 못했다. 며칠 뒤 캐리는 잔에게 할아버지의 집 주소를 물었다. "뭐 하려고 그러니?" 캐리는 종이 한 장을 예쁘게 접어 파란색 봉투 속에 넣고 있었다. "할아버지에게 선물을 보내려고. 내가 직접 만든 거야."

추수감사절 날이 되었다. "우리는 의자가 네 개만 필요하다. 캐리" 잔이 부엌으로 들어갈 때 잔의 엄마가 캐리에게 말하고 있었다. 캐리는 고개를 저었다 "아네요, 엄마. 다섯 개가 필요해요. 할아버지가 오실 거예요." 엄마가 말씀하셨다. "얘야 제발." 그러자 캐리는 단호하게 말했다. "할아버지는 꼭 오실 거예요. 난 알아요." 잔이 말했다. "캐리, 그만 좀 해라. 할아버진 안 오실 거야. 너도 그걸 알잖니." 마침내 저녁이 준비되고 가족이 테이블 주위에 모여 앉았다. 감사의 기도가 끝나자. 복도에서 시계가 똑딱거렸다. 그때 갑자기 현관문 두드리는 소리가 들렸다. 그곳에는 검은색 정장 차림의 할아버지가 똑바로 서 계셨다. 할아버지가 가진 유일한 양복이었다.

그로부터 두세 달 뒤 할아버지는 잠을 주무시던 채로 세상을 떠나셨다. 잔은 할아버지의 서랍장을 정리하다가 파란색 봉투 하나를 발견했다. 안에는 접힌 종이쪽지가 들어 있었다. 캐리가 보낸 편지였다. 종이에는 어린아이의 서투른 그림으로 식탁과 다섯 개의 의자가 그려져 있었다. 그중 한 개는 빈 채로 남겨져 있었고 나머지 네 의자에 앉은 사람들에는 엄마, 아빠, 잔, 캐리라는 이름이 적혀있었다. 그리고 네 사람의 가슴에는 하트 모양이 그려져 있었는데 그 하트는 한가운데가 금이 간 채로 갈라져 있었다. - 『마음을 열어주는 101가지』 中에서 예수님이 식탁에 초청하라 하신 초대장의 명단을 보면서 때 묻지 않는 캐리의 초대장을 다시 생각해 보는 하루다.

(2020년 6월)

복의 단상 91

다락방 강화

"너희가 나를 선생이라 또는 주라 하니 너희 말이 옳도다. 내가 그러하다 내가 주와 또는 선생이 되어 너희 발을 씻겼으니 너희도 서로 발을 씻기는 것이 옳으니라. 내가 너희에게 행한 것같이 너희도 행하게 하여 본을 보였노라 내가 진실로 진실로 너희에게 이르노니 종이 상전보다 크지 못하고 보냄을 받은 자가 보낸 자보다 크지 못하니 너희가 이것을 알고 행하면 복(福)이 있으리라." 요한복음 13:13~17

"You call me 'Teacher' and 'Lord,' and rightly so, for that is what I am. Now that I, your Lord and Teacher, have washed your feet, you also should wash one another's feet. I have set you an example that you should do as I have done for you. Very truly I tell you, no servant is greater than his master, nor is a messenger greater than the one who sent him. Now that you know these things, you will be blessed if you do them." John 13:13~17

예수님의 최후 만찬에서 있었던 '세족식' 이야기를 사도 요한은 자세하게 기록하고 있습니다. 공관복음에서는 볼 수 없는 장면입니다. 최후의 만찬이 시작되는 요한복음 13장에서 자기 사람을 사랑하시되 끝까지 사랑하시던 주님의 모습을 봅니다. 오셨던 곳인 하늘로 다시 돌아가실 때를 아시고 불현듯, 저녁을 잡수던 자리에서 일어나셨지요. 입고 있던 겉옷을 벗고, 수건을 가져다가 허리에 두르고, 대야에 물을 떠서 제자들의 발을 씻기기 시작하십니다. 그리고 수건으로 다시 발의 물기를 닦습니다. 예수님이 행하시는 것을 보고 제자들의 놀라움은 컸을 것입니다. 주께서 어떻게 내 발을 씻으십니까, 절대로 내 발은 씻지 못한다고 말하는 수제자 베드로를 보면 알 수 있습니다.

열두 제자들과 마지막으로 저녁을 드셨던 최후의 만찬을 '마지막 만찬' 또는 '주의 만찬'이라고 부르기도 합니다. 최후의 만찬은 레오나르도 다 빈치의 그림으로도 유명하지요. 그와 더불어 성만찬이라고 하면 떠오르는 것이 성찬식입니다. 예수님께서 떡과 포도주를 제자들에게 주시며 이것은 나의 살과 나의 피니 먹고 마실 때마다 나를 기념하라고 하셨던 것이지요. 그런데 공관복음에 똑같이 기록된 이 장면이 요한복음에는 나오지 않습니다.

"다락방 강화"라는 말은 요한복음 14장에서 16장 말씀을 가리키는 것인데 예수님께서 마지막 만찬의 날에 행하셨던 강론, 설교란 뜻입니다. 사도 요한이 기록한 마지막 만찬 장면은 다른 공관복음과는 사뭇 다릅니다. 제자들의 발을 씻는 세족식 외에 산상수훈에 버금가는 설교 말씀, 대제사장으로서의 예수님이 제자들과 백성들을 위하여 기도하시는 것 등입니다. 마태, 마가, 누가복음에는 기록되지 않는 말씀들이지요.

다락방 강화는 제자훈련을 하시는 장면입니다. 이들이 땅끝까지 이르러

복음을 전해야 하기 때문이었지요. 기독교는 제자들에 의해 초대교회가 형성되고 세계 열방을 향한 구원의 사역이 이루어지기에 다락방 강화는 아마 그 선교사역의 일꾼들을 기르시는 강화일 것입니다.

　발은 심장에서 가장 멀리 떨어져 있는 인체의 한 부분입니다. 걸을 때 발바닥의 펌프작용으로 하지정맥을 통해 혈액을 심장 쪽으로 올려주는 역할을 하기 때문에 발을 제2의 심장이라고도 합니다. 다락방 강화가 있었던 마지막 만찬에서 손수 제자들의 발을 씻기시므로 사랑의 본을 보이시고, 많은 말씀을 나누시며 하나님께 간절히 기도하시던 예수님의 모습을 그려 보는 하루입니다.

(2020년 6월)

복의 단상 92

오가리 개 패는 소리

"도마에게 이르시되 네 손가락을 이리 내밀어 내 손을 보고 네 손을 내밀어 내 옆구리에 넣어보라 그리하고 믿음 없는 자가 되지 말고 믿는 자가 되라 도마가 대답하여 가로되 나의 주시며 나의 하나님이시니이다. 예수께서 가라사대 너는 나를 본고로 믿느냐 보지 못하고 믿는 자들은 복(福) 되도다 하시니라." 요한복음 20:27~29

"Then he said to Thomas, Put your finger here; see my hands. Reach out your hand and put it into my side. Stop doubting and believe." Thomas said to him, "My Lord and my God!" Then Jesus told him, "Because you have seen me, you have believed; blessed are those who have not seen and yet have believed." John 20:27~29

'오가리 개 패는 소리' 같다는 사투리를 실지로 들어서 기억하고 있는가 싶어 인터넷에 입력하였더니, 두어 사람의 재미있는 수필 속에 이 말이 적당히 자리 잡고 있음을 보고 반가웠다. 잊혀져가는 옛것을 다시 찾은 기분이라고 할까. 부드럽지 못하고 퉁명스럽게 쓰는 말투를 전라도 비유법으로 풀어쓰면 '오가리로 개 패는 소리'라 한다. 이제 생각하니 우리 친정 큰엄마가 이 말을 자주 쓰셨던 것 같다. 당신 목소리보다 톤이 높은 사람들에게

'같은 말을 해도 오가리 개 패는 소리를 하면 속 시원하느냐' 하시곤 했었다. 미국 건너와서 종종 내가 이런 투로 말을 할 때가 있다. 서툰 미국말로 따지듯이 전화를 할 때다. 며칠 전에도 그랬다. 메디케어 문제로 확인해야 할 일이 있었는데, 비대면 시대라 공공기관의 전화 연결은 힘이 들고 많은 인내심을 요했다. 겨우 통화를 하게 되었지만, 양쪽 모두 목소리 톤이 높아지게 되었다. 결국, 그 일의 책임자와 다시 연결되어 전화 용건이 마무리되었다. 차분하면서도 부드러운 슈퍼바이저의 목소리가 오가리 개 패는 소리를 했던 날 부끄럽게 만들었었다.

쌍둥이라는 뜻을 가진 도마는 디두모라고 부르기도 한다. 도마는 히브리어, 디두모는 헬라어 이름이다. 도마는 예수님의 부활을 믿지 못했던 일이 있어서 '의심 많은 도마'라는 수식어가 붙은 이름으로도 불리운다. 도마가 등장하는 큰 사건이 요한복음에서는 세 번이나 나오는데 이 모두가 공관복음에는 기록되지 않는 장면들이다. 이를 두고 어떤 사람들이 사도 요한과 도마가 각별한 관계였을 것이라 한다. 이 말에 일리가 있어 보이는 것은, 실제로 다른 복음서에는 도마의 이름이 예수님의 열두 제자들 이름으로 거론될 때만 나와 있기 때문이다. 어떤 점들이 눈에 띄었기에 요한은 이처럼 그를 부각시켜 썼을까. 그것은 도마의 어떤 행동을 주의하여 본 것이 아니라, 그가 했던 말을 주의 깊게 들었던 것이라는 것을 알 수 있다.

처음 있었던 일은, 죽은 나사로를 살리려고 예수님이 베다니로 향하실 때에 도마는 다른 제자들에게 이렇게 말한다. "우리도 주와 함께 죽으러 가자" 이에 앞서 예수님은 나사로를 다시 살리실 것을 은밀히 암시하셨는데 도마는 다분히 장난기가 섞인 말투를 쓴 것이다. 두 번째 있었던 일은 마지막 만찬에서다. "주여, 주께서 어디로 가시는지 우리가 알지 못하거늘 그 길을 어찌 알겠습니까." 내가 어디로 가는지 그 길을 너희가 아느니라. 하시는 예수님의 말씀에 퉁명스러운 어투로 묻고 있는 것이다. 그리고 세 번째는 예수님 부활 후에 있었던 일이다. "내가 그의 손에 못 자국을 보며 내 손가락을 그 못 자국에 넣으며 내 손을 그 옆구리에 넣어 보지 않고는 믿지 아니하겠노라." 한 치의 여백도 없이 예수님의 부활을 믿지 못하겠다는 단호한 어투다.

이 일들이 일어났던 당시 상황을 떠올려본다면 도마의 말솜씨는 그리 부드러운 어조는 아니었을 성싶다. 오가리 개 패는 소리의 억양은 아니었을까, 마음은 전혀 악의가 없는데 말이다. 의심 많은 도마에게 "네 손가락을 이리 내밀어 내 손을 보고 네 손을 내밀어 내 옆구리에 넣어 보라"시던 예수님의 음성에 무뚝뚝한 그의 말도 이렇게 다소곳하게 바뀐다. "나의 주님이시요! 나의 하나님이시니이다!"

(2020년 6월)

복의 단상 93

제2의 인생은

"내가 아무의 은이나 금이나 의복을 탐하지 아니하였고 너희 아는 바에 이 손으로 나와 내 동행들의 쓰는 것을 당하여 범사에 너희에게 모범을 보였노니 곧 이같이 수고하여 약한 사람들을 돕고 또 주 예수의 친히 말씀하신 바 주는 것이 받는 것보다 복(福)이 있다 하심을 기억하여야 할지니라." 사도행전 20:33~35

"I have not coveted anyone's silver or gold or clothing. You yourselves know that these hands of mine have supplied my own needs and the needs of my companions. In everything I did, I showed you that by this kind of hard work we must help the weak, remembering the words the Lord Jesus himself said: It is more blessed to give than to receive." Act 20:33~35

20세기 스위스의 신학자 칼 바르트는 "하나님에 대한 지식은 우리 인간 안에는 없다. 오직 하나님이시면서 인간이신 예수 안에서 그것을 은혜로 허락한 것이기 때문에 가능한 것이다. 진리는 은혜로 인해 우리가 알게 되는 것이기에 입증될 수 없다. 입증하려는 순간이 우상숭배의 가능성이다."라고 말했습니다. 진리 되시는 예수님을 통해서만 하나님에 대한 지식이 가능하다는 것입니다.

오늘 성경 본문에 나오는 바울의 말을 상고해보면 칼 바르트의 말을 조금 이해할 수 있을 것 같습니다. "주 예수께서 친히 말씀하신바 주는 것이 받는 것보다 복이 있다 하심을 기억하여야 할지라." 이 구절은 바울이 에베소 장로들에게 고별설교를 할 때 했던 말입니다. 그런데 예수님의 공생애 활동무대를 기록한 신약의 사복음서 어느 곳에도 '주는 것이 받는 것보다 복이 있다'라고 직접 말씀하신 적이 없습니다. 그렇지만 예수님이 행하시고 말씀하신 모든 것에서 주는 것이 받는 것보다 복된 일인 것을 나타내고 계십니다. 이것이 하나님의 은혜이고 예수님을 통해서만 하나님의 지식을 배우게 되는 것이지요.

내가 쓰고 있는 성경책은, 예수님이 친히 말씀하신 부분은 붉은색으로 쓰여 있습니다. "주라 그리하면 너희에게 줄 것이니 곧 후히 되어 누르고 흔들어 넘치도록 하여 너희에게 안겨 주리라 너희의 헤아리는 그 헤아림으로 너희도 헤아림을 도로 받을 것이니라."라는 말씀이 있습니다. 그리고 "너희가 남에게 대접을 받고자 하는 대로 너희가 남을 먼저 대접하라"라는 말씀도 빨간색입니다. 아마도 바울은 이런 말씀들을 생각하며 주는 것이 받는 것보다 복되다는 말씀을 주께서 친히 말씀하셨다고 했을 것입니다.

세계적인 부자였던 록펠러는 어느 정도 벌면 만족하겠느냐는 질문을 받았을 때 웃으면서 "1달러만 더 벌면 만족한다."라고 대답했습니다. 하지만 1달러를 더 벌었을 때도 거기에 만족하지 못하고 끊임없이 돈을 벌어 33세에 백만장자가 되었고, 43살에는 미국 최고의 부자가 되었습니다. 그러나 55세

된 어느 날 암에 걸리게 되고 병원에서 시한부 인생을 선고받게 됩니다.

눈앞이 캄캄해진 록펠러가 겨우 정신을 차리고 병원 복도를 쳐다봤을 때 벽에 걸려 있는 문구가 눈에 들어왔습니다. "주는 자가 받는 자보다 복이 있다." 그는 문구를 보았을 때 뒤통수를 한 대 맞은 것 같았습니다. 그때 병원 한구석에서 소란스러운 소리가 들려서 가봤더니 환자인 여자아이는 구석에 앉아 울고 있고 병원비가 없어 입원을 시킬 수 없다는 병원 측과 아이를 입원시켜 달라는 부모의 실랑이가 벌어지고 있었습니다. 그 아이를 본 록펠러는 갑자기 가슴속에서 솟구쳐 오르는 뜨거운 기운을 느꼈습니다. 머릿속에 강렬한 깨달음을 얻은 록펠러는 즉시 비서를 불러서 자신의 이름을 절대로 밝히지 말고 여자아이의 입원비를 대신 지불하게 했습니다.

그런 일이 있은 지 얼마 후 병원을 찾은 록펠러는 회복된 여자아이의 모습을 볼 수 있었는데, 그 순간이 일생에서 가장 행복한 순간이었다고 회고했습니다. 그리고 기적같이 자신의 암도 회복되기 시작했던 것입니다. 그때부터 그는 나눔의 삶을 살았고, 무려 43년이나 더한 98세까지 장수하고 생을 마쳤습니다. 지금도 〈록펠러재단〉은 그의 정신으로 인류복지 증진을 위해 많은 이들을 돕고 있는 단체입니다. 그는 인생을 마감하는 자리에서 이런 말을 남겼습니다. "삶이 이렇게 행복한 것인 줄 미처 몰랐다. 제2의 인생이었던 43년은 정말 행복한 시간이었다." 그래서 주는 것이 받는 것보다 복되다고 하였나 봅니다.

(2020년 6월 11일)

복의 단상 94

세상을 감동시키라

"네게 있는 믿음을 하나님 앞에서 스스로 가지고 있으라. 자기의 옳다 하는 바로 자기를 책하지 아니하는 자는 복이 있도다. 의심하고 먹는 자는 정죄 되었나니 이는 믿음으로 좇아 하지 아니한 연고라 믿음으로 좇아 하지 아니하는 모든 것이 죄니라." 로마서 14:22~23

"So whatever you believe about these things keep between yourself and God. Blessed is the one who does not condemn himself by what he approves. But whoever has doubts is condemned if they eat, because their eating is not from faith; and everything that does not come from faith is sin." Romans 14:22~23

초대교회 당시에 첨예한 문제로 대두되었던 것은 음식 문제와 절기 문제였다고 한다. 이방 성도들과 함께 섞여 있던 당시 교회에서는 이러한 사례들이 빈번하게 일어났는데, 믿음이 강한 성도들이 자신의 신앙관을 잣대로 재며 믿음 약한 자들을 비판했다고 한다. 이때 바울은 형제의 신앙을 비난하며 자유를 제한하지 말고 범사에 덕을 세우라고 권면한다.

어느 글에서 바울의 이러한 권면을 초약하는 것을 보았다. "하나님과의 관계를 배양하십시오. 그러나 그것을 다른 사람에게 강요하지 마십시오. 여러분의 행동과 믿음이 일치하면 다행입니다. 하지만 그것이 확실치 않고 행실이 믿음에 일치하지 않으면, 어떤 때는 자신의 생각을 다른 사람들에게 강요하거나 또 어떤 때는 그들을 기쁘게 하려고만 하게 됩니다. 알다시피 여러분은 잘못하고 있는 것입니다. 여러분의 행실이 여러분의 믿음과 일치하지 않으면, 잘못된 것입니다."

"그리스도를 섬기는 자, 곧 믿는 자는 하나님을 기쁘시게 하며 사람에게도 칭찬을 받느니라." 라는 성경 구절이 있다. 칭찬이란 마음을 움직이는 감동이 있어야 나오는 말이다. "사람을 감동시키라. 그리스도인들이 세상에서 최선을 다할 때 세상은 감동하며 우리 안에 계신 주 하나님을 볼 것이다."라는 어느 5분 명상에서 항공물류의 아버지인 페덱스의 창업자 '프레드 스미스'가 말한다.

프레드 스미스는 드넓은 미국 땅 어디든지 하루 만에 물건을 배달할 수 있다고 믿었다. 명문 예일대를 다니던 그는 자신의 아이디어를 실천할 사업계획서를 리포트로 제출했으나 교수는 실현 가능성이 절대 없다며 C 학점으로 처리했었다. 학교를 졸업한 프레드는 자신의 생각이 옳다는 걸 증명하기 위해 창업을 했다. 그리고 회사의 비전을 '24시간 내에 배달을 완료하는 것'으로 세우고 하루 만에 물건을 배달할 수 있다는 그가 믿음으로 지니고 있던 신념을 직원들에게 누누이 말했다. "고객과의 약속은 하늘의 명령입니다. 물건을 약속시간까지 배달하기 위해 무슨 일이든 하십시오" 그는 불법만 저지르지 않으면 물건을 배달하기 위해서 하는 어떤 행위도 용납했다. 태풍으로 다리가 무너진 마을에 배달을 가려고 헬기를 빌려 큰 적자가 나도 오히려 직원들을 칭찬했다. 이러한 그의 노력이 사람들을 감동시켰고 약속시간을 무조건 지키는 서비스의 만족을 넘어서 지역마다 소비자들이 광고를 실어주는 일들이 일어났다. "페덱스 직원들께 큰 감사를 드립니다."

그리하여 오늘날의 페덱스는 UPS, DHL과 함께 전 세계 항공 물류시장을 주도하고 있는 회사가 되었다. 전 세계 220개국에 매년 12억 개 이상의 화물을 배송하고 있다. 40만 명 이상의 직원이 근무 중인 이 회사는 2016년에만 503억 달러의 매출과 30억 달러의 영업이익을 냈다. 스미스 회장은 이러한 페덱스의 설립자 겸 최고경영자로서 지난 46년 동안 회사를 이끌어 왔다.

사람을 감동시키라. 그리스도인들이 세상에서 최선을 다할 때 세상은 감동할 것이다.

(2020년 6월 12일)

복의 단상 95

다른 복음은 없다

"너희에게 성령을 주시고 너희 가운데서 능력을 행하시는 이의 일이 율법의 행위에서냐? 듣고 믿음에서냐? 아브라함이 하나님을 믿으매 이것을 그에게 의로 정하셨다 함과 같으니라. 그런즉 믿음으로 말미암은 자들은 아브라함의 아들인 줄 알지어다. 또 하나님이 이방을 믿음으로 말미암아 의로 정하실 것을 성경이 미리 알고 먼저 아브라함에게 복음을 전하되 모든 이방이 너를 인하여 복(福)을 받으리라 하였으니 그러므로 믿음으로 말미암은 자는 믿음이 있는 아브라함과 함께 복(福)을 받느니라." 갈라디아서 3:6~9

"So again I ask, does God give you his Spirit and work miracles among you by the works of the law, or by your believing what you heard?" So also Abraham "believed God, and it was credited to him as righteousness." Understand, then, that those who have faith are children of Abraham. Scripture foresaw that God would justify the Gentiles by faith, and announced the gospel in advance to Abraham: "All nations will be blessed through you. So those who rely on faith are blessed along with Abraham, the man of faith." Galatians 3:6~9

갈라디아서는 바울의 모든 서신 중 '가장 분노한 편지'로 알려져 있습니다. 여섯 장으로 되어있는 바울의 편지글을 읽어보면 갈라디아서는 확실히 여느 서신들과 다르다는 것을 알 수 있습니다. 다른 서신에서 볼 수 있는 사랑의 안부나 감사의 위로 말은 이곳에서는 찾아볼 수 없습니다. 간단한 인사말을 적은 후에 갈라디아 교회의 무분별한 신앙을 질타하며 강력한 단어들을 쓰고 있지요. 바울의 분노를 읽을 수 있는 부분입니다. "그리스도의 은혜로 너희를 부르신 이를 이같이 속히 떠나 [다른 복음을 따르는 것을 내가 이상히 여기노라. [다른 복음은 없나니 어떤 사람들이 너희를 교란하게 하여 그리스도의 복음을 변하게 하려 하고 있다. 하늘의 천사라도 다른 복음을 전하면 [저주를 받을지어다. 다시 말하노니 너희가 받은 것 외에 다른 복음을 전하면 [저주를 받을지어다. [어리석도다] 갈라디아 사람들아, 너희가 이같이 [어리석으냐."

바울은 바나바와 함께 다녔던 1차 전도 여행지인 갈라디아 지역의 사람들에게 많은 애착이 있었을 것입니다. 제자 격인 디모데도 갈라디아 지역 출신의 제자이지요. 아무튼, 바울은 첫 전도의 결실을 맺었던 갈라디아 지역 성도들 중의 일부가 유대교인들의 꾐에 넘어가서 예수 그리스도를 버리고 이전의 유대교나 우상숭배하는 쪽으로 전향해버리는 사태를 듣고 바울은 이 편지를 썼던 것입니다. 자신이 목숨을 걸고 전한 생명의 복음을 뿌리치고 돌아서는 안타까운 사람들에 대한 연민의 정과 그들을 그렇게 만드는 유대교인들과 우상 숭배자들에 대한 안타까움도 함께 있었을 것입니다.
-성서 문화 역사 연구소-

아브라함이 하나님을 믿으매 그것을 그에게 의로 정하셨다는 말이, 감사함으로 와 닿는 하루입니다. 그리고 믿음으로 말미암은 자는 믿음이 있는 아브라함과 함께 복을 받는 자라는 말씀에도 위로를 받습니다. 하나님의 주권적 은혜로 아무 자격 조건 없이 아브라함을 택하여 부르신 것처럼 우리도 그리스도로 말미암아 종이 아닌 자녀로 부르심을 받았습니다.

[다른 복음은 없습니다.

(2020년 6월 26일)

복의 단상 96

한 알의 씨앗이 땅에 떨어지면

"찬송하리로다. 하나님 곧 우리 주 예수 그리스도의 아버지께서 그리스도 안에서 하늘에 속한 모든 신령한 복福으로 우리에게 복福 주시되 곧 창세 전에 그리스도 안에서 우리를 택하사 우리로 사랑 안에서 그 앞에 거룩하고 흠이 없게 하시려고 그 기쁘신 뜻대로 우리를 예정하사 예수 그리스도로 말미암아 자기의 아들들이 되게 하셨으니 이는 그의 사랑하시는 자 안에서 우리에게 거저 주시는바 그의 은혜의 영광을 찬미하게 하려는 것이라 우리가 그리스도 안에서 그의 은혜의 풍성함을 따라 그의 피로 말미암아 구속 곧 죄 사함을 받았느니라." 에베소서 1:3~7

"Praise be to the God and Father of our Lord Jesus Christ, who has blessed us in the heavenly realms with every spiritual blessing in Christ. For he chose us in him before the creation of the world to be holy and blameless in his sight. In love he predestined us for adoption to sons through Jesus Christ, in accordance with his pleasure and will to the praise of his glorious grace, which he has freely given us in the One he loves. In him we have redemption through his blood, the forgiveness of sins, in accordance with the riches of God's grace" Ephesians 1:3~7

하나님은 복의 근원이십니다. 그로부터 복이 흘러나와 만물은 그가 주시는 복으로 복을 누리며 삽니다. 비와 공기와 햇빛처럼 자연적으로 받아 누리는 복을 일반은총, 보편적인 복이라고 말합니다. 이 모든 은총이 하나님의 은혜로 이루어지는 것이지만, 성경은 예수 그리스도 속죄의 은혜로 영적 존재만이 누리는 특별 은총이 있음을 말하고 있습니다. 하늘의 신령한 복입니다. 하나님의 특별한 은총입니다.

그 특별한 은총을 받은 사람들 중에는 생명을 아끼지 않고 그리스도의 복음을 위하여 일하는 사람들이 많습니다. 그중에서도 그리스도 안에서 누리는 신령한 복을 나누려고 개인의 안락한 삶도 접은 채 복음의 씨앗을 심고 있는 선교사님들입니다.

"만일 내가 줄 수 있는 천 개의 생명이 있다면 모두 조선을 위해 바치리라"라는 말을 묘비명으로 썼던 루비 캔드릭 선교사님은 1883년 1월 미국 텍사스에서 출생하여 독실한 기독교 가정에서 자랐다고 합니다. 1905년 캔자스 여자성경학교를 졸업하고 선교사로 자원하여 1907년 9월 미국 감리교 선교사로 한국에 오게 됩니다. 그러나 한국에 온 지 일 년도 못 되어 급성 맹장염으로 인하여 순교합니다. 비록 받은 소명을 펼쳐 보기도 전에 그녀는 떠났지만, 마지막으로 그녀가 남긴 편지가 길이 남아 보는 이들로 하여금 옷깃을 여미게 합니다.

편지의 전문입니다.

어머니 아버지. 이곳 조선 땅에 오기 전 집 뜰에 심었던 꽃들이 활짝 피어났다는 소식을 들었을 때 하루 종일 집 생각만 했습니다. 이곳은 참으로 아름다운 곳입니다. 모두들 하나님을 닮은 사람들 같습니다. 선한 마음과 복음에 대한 열정으로 보아, 아마 몇십 년이 지나면 이곳은 예수님의 사랑이 넘치는 곳이 될 것 같습니다. 저는 복음을 듣기 위해 20km를 맨발로 걸어오는 조선의 어린아이들을 보았습니다. 그들 안에 있는 하나님의 사랑 때문에 오히려 위로를 받습니다.

그러나 한편에서는 탄압이 점점 심해지고 있습니다. 그저께는 예수님을 영접한 지 일주일도 안 되는 서너 명이 끌려가 순교했고, 토마스 선교사와 제임스 선교사도 순교했습니다. 선교본부에서도 철수하라는 지시가 있었지만 대부분의 선교사들은 그들이 전도한 조선인들과 아직도 숨어서 예배를 드리고 있습니다. 그들은 모두가 순교할 작정인가 봅니다. 오늘 밤은 유난히도 고향으로 돌아가고 싶습니다. 외국인을 죽이고 기독교를 증오한다는 조선 사람들의 소문 때문에 부둣가에서 저를 끝까지 말리셨던 어머니의 얼굴이 자꾸 제 눈앞에 어립니다. 아버지 어머니, 어쩌면 이 편지가 마지막일 수도 있습니다.

제가 이곳에 오기 전, 뒤뜰에 심었던 한 알의 씨앗으로 인해 이제 내년이면 온 동네가 꽃으로 가득하겠지요. 그리고 또 다른 씨앗을 만들어내겠지요. 저는 이곳에서 작은 씨앗이 되기로 결심했습니다. 제가 씨앗이 되어 이 땅에 묻히게 되었을 때 아마 하나님의 시간이 되면, 조선 땅에는 많은 꽃들이 피고, 그들도 여러 나라에서 씨앗이 될 것입니다. 저는 이 땅에 저의 심장을 묻겠습니다. 바로 이것은 조선에 대한 저의 열정이 아니라, 하나

님의 조선에 대한 열정이라는 것을 알게 되었습니다. 어머니 아버지 사랑합니다. - 루빅 캔드릭

　루비 캔드릭이 심었던 한 알의 씨앗은 조선 땅 가득히 꽃을 피웠습니다. 그 꽃이 만들어 낸 수많은 씨앗을 세계만방에 다시 심고 있는 선교사님들을 생각해 보는 하루입니다.

(2020년 6월 12일)

복의 단상 97

캥거루족

"하나님이 불의치 아니하사 너희 행위와 그의 이름을 위하여 나타낸 사랑으로 이미 성도를 섬긴 것과 이제도 섬기는 것을 잊어버리지 아니하시느니라 우리가 간절히 원하는 것은 너희 각 사람이 동일한 부지런을 나타내어 끝까지 소망의 풍성함에 이르러 게으르지 아니하고 믿음과 오래 참음으로 말미암아 약속들을 기업으로 받는 자들을 본받는 자 되게 하려는 것이니라. 하나님이 아브라함에게 약속하실 때에 가리켜 맹세할 자가 자기보다 더 큰이가 없으므로 자기를 가리켜 맹세하여 가라사대 내가 너를 복福 주고 복福 주며 너를 번성케 하고 번성케 하리라 하셨더니 저가 이같이 오래 참아 약속을 받았느니라." 히브리서 6:10~15

"God is not unjust; he will not forget your work and the love you have shown him as you have helped his people and continue to help them. We want each of you to show this same diligence to the very end, so that what you hope for may be fully realized. We do not want you to become lazy, but to imitate those who through faith and patience inherit what has been promised. When God made his promise to Abraham, since there was no one greater for him to swear by, he swore by himself, saying, I will surely bless you and give you many descendants. And so after waiting patiently, Abraham received what was promised." Hebrews 6:10~15

저자가 미상으로 되어 있는 히브리서는 신약의 레위기라고 불린다. 구약의 율법과 관련 제사제도, 희생 제물, 대제사장의 직분 등을 언급하며 이러한 것들이 예수 그리스도의 예표임을 가르치고 있기 때문이다. 히브리라는 말은 '건너왔다'라는 뜻으로 특별한 이름을 가진 민족을 지칭하는 말이다. 홍해를 건너고 광야를 건너고 요단강을 건너서 들어온 민족이다. 사실상 그들에게 있어서 광야라고 하는 곳은 마치 바다와 같은 곳이다. 사람이 함부로 건너올 수 없는 그 죽음의 땅을 건너서 가나안 땅에 들어왔다. 대단한 민족이라고 하는 이미지를 심어주는 그런 용어가 히브리라는 말이다. 재미있는 것은 언어를 말할 때는 히브리어, 민족을 지칭할 때는 유대인, 국가를 지칭할 때는 이스라엘이라는 각기 다른 용어를 쓰고 있다는 점이다. - 원어나라 -

이스라엘 백성의 조상이 야곱이라면, 아브라함은 히브리인이라고 불린 첫 번째 사람이다. 아브라함은 신약성경에서 여러 방면에 많이 인용되는 사람이다. 오늘 본문에서는 오래 참음으로 약속을 받은 사람의 예표로 소개되고 있다. 히브리서 6장은 초보적 신앙 상태를 벗어나지 못하고 있는 사람들에게, 하나님이 허락하시면 우리가 할 수 있으니 게으르지 말고 오래 참음으로 약속들을 기업으로 받는 자들의 본이 되라고 한다.

캥거루가 육아용 주머니 속에서 새끼를 키우고 보호하는 것에 빗대어 캥거루족族이라는 말이 생겼다. 캥거루족은 성인이 되어 경제적으로 독립해 나갈 때가 되었음에도 불구하고 캥거루처럼 부모와 동거하며 부모의 경제 능력에 의지하여 사는 젊은이들을 일컫는 말이란다. 캥거루는 주로 호주 대륙에 살고 있는 포유동물이다. 암컷은 대개 한 번에 새끼를 1마리 낳는데, 배에는 새끼를 기르는 주머니(육아낭)가 달려있다. 갓 난 캥거루 새끼는 길이가 2.5cm, 무게는 1g에 불과하며, 갓 태어난 새끼는 자기 힘으로 어미의 배에 있는 주머니 안으로 기어들어가 그 속에 있는 젖꼭지를 빨며 자란다. 6~12개월이 지나면 새끼는 주머니에서 나와 독립한다고 한다.

우리나라의 성인 남녀의 약 60%가량이 스스로를 경제적, 정신적으로 부모의 품을 떠나지 못한 캥거루족이라고 생각한다는 여론조사가 있다. 청년층의 취업난과 만혼의 증가로 캥거루족은 더 늘어날 것으로 보인다고 한다. 캥거루족처럼 나의 신앙도 누구에겐가 의존하고 있는 것은 아닌지 성숙하지 못하고 제자리에 머무는 초보적인 믿음의 단계를 생각해 보는 하루다.

(2020년 6월 16일)

복의 단상 98

교회는 종 치는 집이다

누구든지 말씀을 듣고 행하지 아니하면 그는 거울로 자기의 생긴 얼굴을 보는 사람 같으니 제 자신을 보고 가서 그 모양이 어떠한 것을 곧 잊어버리거니와 자유하게 하는 온전한 율법을 들여다보고 있는 자는 듣고 잊어버리는 자가 아니요 실행하는 자니 이 사람이 그 행하는 일에 복을 받으리라. 야고보서 1:23~25

"Anyone who listens to the word but does not do what it says is like someone who looks at his face in a mirror and, after looking at himself, goes away and immediately forgets what he looks like. But whoever looks intently into the perfect law that gives freedom, and continues in it—not forgetting what they have heard, but doing it—they will be blessed in what they do." James 1:23~25

알프스산에 한 토막집이 있었다. 이 집은 종 치는 집이라고 불리었으며 아들을 잃은 어머니의 정성으로 만들어진 집이었다. 이 깊은 골짜기에는 겨울이 되면 눈이 바람에 날려 앞을 분간하기 어려워 등산가들이 길을 잃기 쉬웠다. 그래서 바람 부는 날이면 이 집 가까이 있는 사람들이 곧 종을 치기 시작한다. 그러면 길 잃은 사람들이 종소리를 듣고 찾아와 무사하게 된다. 이처럼 교회는 종 치는 집이다. 우리 성도는 길을 잃고 죄악에 헤매는 사람들에게 종을 울려 구원받도록 해야 한다. - 샬롬 선교단

내게는 외삼촌이 두 분 계셨다. 큰외삼촌은 엄마의 오빠이시고 작은 외삼촌은 엄마의 동생이시다. 큰외삼촌은 키가 크고 얼굴이 길어 이지적이지만 차갑게 보이셨다. 외숙모도 그리 다감한 분은 아니셨던 것으로 기억된다. 그러나 작은외삼촌과 외숙모는 성격도 좋으시고 보기에도 편안한 분들이셨다. 그래서 외가댁에 가면 외할머니가 계시는 큰 외삼촌 댁보다는 작은 외삼촌 댁에서 지내다 오는 것을 좋아했다. 철들고부터 외갓집에는 갈 기회가 별로 없었다. 가끔씩 엄마와 둘이 있는 시간에는 외할머니 댁 이야기로 시간 가는 줄 모를 때가 있다. 여자는 늙어 꼬부랑 나이가 되어도 친정집 이야기보따리는 언제나 풀어놓을 준비가 되어 있는 모양이다. 우리 시어머님이 그러셨고 울 엄마도 그러신다. 나 또한 그렇고 우리 며느리와 딸도 그럴 것이다.

친정에 다니러 간 어느 해에 친정엄마가 그 보따리를 풀어놓으셨다. 작은외삼촌의 긴 인생여정 이야기였다. 완고한 집안이셨던 외갓집 두 어른이 예수님을 믿게 되셨다고 한다. 그런데 교회가 너무 멀리 있어 작은외삼촌이 100일을 작정하고 새벽 일찍 일어나 새벽종을 치기로 하셨다. 전깃불도 들어오지 않던 시절의 시골이라 재를 넘어 다니는 길은 어둡고 편한 길이 아니었다. 마지막 백일이 되던 날 너무 피곤하여 새벽예배 시간이 늦을 것 같아 매일 하시던 목욕재계도 못 하고 바삐 집을 나섰다. 중간지점인 외갓

집 선산이 있는 곳에 이르렀는데 멀리서 종소리가 한번 울렸다. 순간 사방이 칠흑처럼 어두워지며 무서움증이 임하였다. 떨리는 마음 강하게 붙들고 기도를 했는데 어둠이 걷히었다. 교회에 도착하고 보니 긴 줄을 잡아당겨 울리는 높다란 종각 위에 줄이 걸려 있었다. 매일 종을 치는 외삼촌을 기다리다 그 동네 교인들이 줄을 당겨 종을 치려고 했는데 한번 당겼던 줄이 위로 올라가서 감기는 바람에 종이 딱 한 번 울리고 멈췄단다. 외삼촌이 종각을 타고 올라가 줄을 풀어 다시 온 누리로 종소리를 울려 퍼지게 하셨다. 외삼촌 이야기는 거기서 끝나지 않았다. 몇 날이 못 되어 서울의 모 목사님이 주님의 음성을 들었다며, 돈 얼마를 보낼 것이니 외삼촌의 땅에 교회를 세우라고 했다. 그 후로 식구들이 산 너머에 있는 먼 교회를 다니지 않아도 되셨다 한다. 100일 동안 목욕재계하고 새벽종을 치셨던 작은 외삼촌 이야기는 지금도 길고 길게 이어져 간다.

행함이 있는 믿음을 강조했던 야고보는 그 행하는 일에 복을 받으리라고 말하고 있다.

(2020년 6월)

복의 단상 99

백악관으로 보낸 편지

"마지막으로 말하노니 너희가 다 마음을 같이하여 체휼하며 형제를 사랑하며 불쌍히 여기며 겸손하며 악을 악으로 갚지 말고 도리어 복을 빌라 이를 위하여 너희가 부르심을 입었으니 이는 복을 유업으로 받게 하려 하심이라." 베드로전서 3:8~9

"Finally, all of you, be like-minded, be sympathetic, love one another, be compassionate and humble. Do not repay evil with evil or insult with insult. On the contrary, repay evil with blessing, because to this you were called so that you may inherit a blessing." 1 Peter 3:8~9

베드로전서를 기록한 연대는 로마의 네로 황제가 로마시를 방화한 뒤 그 책임을 그리스도인에게 모두 전가시키던 때였습니다. 엄청난 기독교 박해가 본격화된 시점이었지요. 베드로는 소아시아 전역에 살고 있는 성도들에게 현재 당하고 있는 고난을 분명히 직시하도록 하고 장차 닥쳐올 환란을 잘 견딜 수 있도록 권면과 위로의 편지를 쓴 것입니다. 본문에서는 "마지막"이라는 말을 애써 강조하여 주 안에서 부르심의 소명이 무엇인지를 말하고 있습니다. 어떠한 환경에서도 사랑하는 마음으로 복을 빌며 이를 위하여 너희가 부르심을 입었다는 말씀이 마음에 와 닿습니다.

백악관에는 매일 수만 통의 편지와 소포 그리고 수만 개의 이메일이 배달된다고 합니다. 이처럼 많은 서신과 소포, 이메일을 처리하기 위해 일하는 직원들이 무보수 봉사자들까지 합하면 400~500명이나 된다고 하네요. 백악관에 우편물이 배달되면 우선 경호원이 독극물이나 폭탄의 여부를 철저히 검열한 다음 편지와 봉투를 묶어 백악관 우편 담당실로 전달하는데, 대부분 삶의 어려움을 호소하며 도와달라고 하는 내용이랍니다. 재미있는 사실은 백악관에 배달된 편지들의 공통적인 서두가 비관적인 것으로 이렇게 시작 된다는군요. "아무도 이 편지를 읽지 않겠지만…" 그런데 백악관에 편지를 보내면 모든 사람에게 답장은 못 해줘도 누군가는 꼭 읽는다고 합니다.

백악관에 이메일을 보냈더니 두 주 만에 답장이 왔다는 어느 글을 읽고 나도 없는 용기를 내어보았습니다. 미국에 이민 와서 느꼈던 두어 가지 이야기를 짤막하게 적어 보낸 것이지요. 결론은 글이 이메일 사이즈보다 길어서 일반 우편으로 보냈는데 답장은 받지 못했다는 것입니다. 편지를 쓸 당시(2월 1일) 아직 미국 땅은 코로나 19로부터 안전한 지대였습니다. 그리고 인종차별의 도화선이 된 경찰의 입지도 오늘처럼 낮아지지 않을 때였습니다. 우연하게도 지금 핫이슈가 되고 있는 인권 문제와 코로나로 인한 미국의 국제사회 신임문제와 무관하지 않은 내용들을 담아 편지를 보내게 되었습니다. 비록 답은 받지 못했지만, 누군가에게 읽혀진 편지가 되었기를 원합니다. 그리고 우리가 사는 동네의 치안을 담당하는 경찰들이 국민들에게 존중을 받는 사회가 되고 우리의 후손들이 살아갈 이 나라가 세계경찰국으로서의 위상을 다시 찾았으면 하는 소망을 가져봅니다.

(2020년 6월 30일)

복의 단상 100

고난은 기도의 선생이다

"사랑하는 자들아 너희를 시련하려고 오는 불 시험을 이상한 일 당하는 것 같이 여기지 말고 오직 너희가 그리스도의 고난에 참여하는 것으로 즐거워하라 이는 그의 영광을 나타내실 때에 너희로 즐거워하고 기뻐하게 하려 함이니라 너희가 그리스도의 이름으로 욕을 받으면 복 있는 자로다. 영광의 영 곧 하나님의 영이 너희 위에 계심이라. 너희 중에 누구든지 살인이나 도적질이나 악행이나 남의 일을 간섭하는 자로 고난을 받지 말려니와 만일 그리스도인으로 고난을 받은즉 부끄러워 말고 도리어 그 이름으로 하나님께 영광을 돌리라" 베드로전서 4:12~16

"Dear friends, do not be surprised at the fiery ordeal that has come on you to test you, as though something strange were happening to you. But rejoice inasmuch as you participate in the sufferings of Christ, so that you may be overjoyed when his glory is revealed. If you are insulted because of the name of Christ, you are blessed, for the Spirit of glory and of God rests on you. If you suffer, it should not be as a murderer or thief or any other kind of criminal, or even as a meddler. However, if you suffer as a Christian, do not be ashamed, but praise God that you bear that name." 1 Peter 4:12~16

고난이란 단어가 한자나, 영어에서는 괴로움과 고통, 슬픔을 뜻하지만, 헬라어나 히브리어에는 '감각적인 경험, 무엇인가 맛보다, 자기를 낮춘다.'라는 뜻도 가지고 있답니다. 실제로 많은 사람들이 고난이라는 어두운 터널을 빠져나오는 동안 하나님을 만나는 경험을 하게 됩니다. 거기에서 믿음의 신령한 눈이 뜨이고 보다 성숙해진 삶을 살게 되었다는 사람들의 고백을 듣기도 합니다. 그래서 어느 철학자는 말하기를 "행복할 때보다 고난을 당할 때 신앙이 더 좋았다"라고 하였나 봅니다. 신앙인들은 고난 속에서 허우적대는 것이 아니라, 그 속에서 보화를 찾아 무엇인가 새로운 맛을 보게 되는 것이지요. 우리말 속에 숨어있는 '고통'보다는 히브리어가 빚어내고 있는 '무엇인가 맛보다'라는 뜻이 고난이란 단어에 접속하니 맘이 훨씬 가벼워집니다.

한 노인이 바닷가를 청소하다가 고약한 냄새가 나는 한 덩어리의 쓰레기를 수거했습니다. 그것이 무엇인지 신기해하다가, 수소문 끝에 한 해양 생물 학자를 통해 고약한 냄새를 풍기고 있는 덩어리의 정체를 알게 되었습니다. 놀랍게도 그것은 용연향이라는 바다의 황금이며, 노인이 주운 것은 무려 7억 원이나 되는 귀한 것임을 알게 되었습니다. 용연향龍涎香, ambergris 향유고래로부터 나오는 최상품의 값비싼 향수라고 합니다. 용연향이 비싼 것도 놀랍지만, 그것이 만들어지는 과정이 신비합니다. 용연향은 고래의 소화기관 속에서 어떤 이유로 음식물이 소화되지 않고 쌓이고 쌓여 고래에게 고통을 주다가, 고래 소화기관 속에서 그것을 해결하기 위하여 연고 같은 액체가 흘러 그것을 굳게 만드는데, 바로 그렇게 해서 만들어진 것이라고 합니다. 고래에게 가장 고통스러운 것이 사실은 최고의 가치로 인정받는 향수의 원료가 된다는 것이 참으로 신기한 일입니다. - 아이 굿 뉴스 -

조정민 목사님이 쓰신 『고난은 선물이다』라는 책에서 고난은 해답을 요구하는 것이 아니라 뚫고 이겨낼 의지를 요구한다고 합니다. 고난을 치워달라고 기도하기보다는 고난을 이기게 해달라고 기도하자고 합니다. 성경은 자신의 악행으로 말미암은 고난은 자초하지도 말고, 그리스도인의 이름으로 고난을 받거든 오히려 기뻐하라고 하지요. 영광의 영, 곧 하나님의 영이 우리에게 있으니 오히려 복이 되기 때문이랍니다.

(2020년 6월)

사랑이 모이다 - 함께 쓰는 사랑 이야기

2부

사랑은 연결과 소통이다
- Love is made with connection and communication

손용상(소설가, 시인. 한솔문학 대표)

벌써 5월이다. 지난 3, 4월 봄도 아니고 봄이 아닌 것도 아닌 어정쩡한 시간이 지나고 비로소 봄이 봄 같은 무르익음이, 아파트 뜨락의 라일락에서 묻어난다. 라일락 꽃말이 '첫사랑' 혹은 '젊은 날의 추억'이라 했던가. 베란다 창틈으로 스며오는 꽃의 향기에 문득 내 젊은 날의 추억이 떠오른다. 자신도 모르게 화들짝 놀라며 주변을 둘러본다, 저만큼 거실 중간에서 아내가 무언지 봄나물을 다듬고 있다. 뒤로 보이는 그녀의 등허리가 많이 야위어 보인다. 나만의 애틋함에 문득 여보! 불러보고 싶지만… 그만 참는다.

20대 재학시절은 군대를 다녀와 복학을 했던 시절이었다. 거짓말처럼 3년이 지나고 다시 캠퍼스로 돌아왔어도 아무것도 손에 잡히는 게 없었던 시간이었다. 하루거리로 최루탄 냄새에 진저리를 치며 살던 나날이었다. 개인이든 나라든 뭔가 가슴 뻥 뚫리는 그 '무엇'이 없다는 것은 허무하고 슬프다. 하긴… 사람들은 평생 '고도우'를 기다리듯 늘 '그 무엇, 한방(행복해지려는 바람)을 기다리다 사라지는 것이 인생이라곤 하지만, 그러나 당하는 그 순간에는 그런 개똥철학은 아무 쓸모가 없었다. 그저 아무나 붙잡고 진한 사랑놀음이나 한바탕했으면 하는 절실함이 필요했던 시절이었다.

　그때 그녀는 내게 등대처럼 다가왔다. 교정 옆 벤치에서 책가방을 베고 누워있던 내 눈에 그녀가 들어왔었다. 그녀는 나비처럼 나풀나풀 내 곁으로 날아왔다. 베이지색 블라우스의 부드러운 소매 끝에서 퍼지는 은은한 향기가 내 코끝을 자극했다. 교정 화단에 흐드러지게 핀 라일락꽃의 그것과 흡사 닮아 있었다. 나는 불침 맞은 짐승처럼 벌떡 일어나 앉았다. 그녀는 날 한번 흘깃 쳐다보곤 앞쪽의 강당 건물로 또각또각 걸어 들어가고 말았다. 나는 얼른 담뱃갑에서 마지막 담배 한 가치를 뽑아 물고 그 속의 빈 은박지를 펴 시 한 줄을 또박또박 공들여 썼다. 다음과 같은 느닷없는 고백이었다.

　　어느 날
　　뭔가 실의에 빠져 있던 그 날
　　문득
　　심해고도深海孤島 바람 거친 언덕 위에
　　반짝 등불 하나 켜졌다

　　바다 저편에서 늘 보이지 않던 섬
　　그날은 어째,
　　푸른 파도에라도 밀려왔을까?

萬이랑 너머 숨은 듯 깜박이던 작은 빛

한 줄

그 빛을 기다리다 지쳐 잠든 나에게

마치 꿈속의 천사처럼 다가왔다, 당신은

이제 나는…

어찌하오리까?

나는 이 시를 끄적인 은박지를 들고 그녀를 찾아 나섰다. 무작정한 '연결'을 위한 시도였다. 처음엔 뜨악한 표정이었던 그녀가 내 시가 적힌 은박지를 보고 우선, 눈길에 미소가 번졌다. 그리고 낯이 부드러워졌다. 그리고 대화가 이어지고 '소통'이 시작되었다. 그 후 몇 년이 지나고 그녀는 내 아내가 되었다. 그녀와 맺어진 최초의 사랑 꽃은 당시 전차 같은 앞뒤 없이 접촉을 시도한 '연결'에서 비롯되었다. 그리고 다듬고 가꾸는 '소통'의 과정에서 열매를 맺었다.

Love is made with connection and communication. 그리고 구하려면 먼저 진지한 접촉이 시도되어야 한다고 생각한다. 글쎄… 이거, 나 혼자만의 비결(?)일까?

- 소설가이고 시인이시며 『한솔문학』 대표이시다. 조선일보 신춘문예 당선, 미주문학상 등 많은 수상경력을 갖고 계시며 저서로는 『그대 속의 타인』, 소설집

을 비롯 에세이 칼럼집, 운문집 등 20여 편이 있다. 내가 좋아했던 故 최인호 작가님과 절친 관계로 알려지신 분이다. 흔쾌히 주신 귀한 글이 『사랑』을 엮는 데 큰 힘이 되었다. 『한솔문학』의 발전을 기원 드린다.

봄날의 쉼표

김정숙(아동문학작가, 칼럼니스트)

'세상에, 이게 웬일! 이웃에 부끄러워 어쩌나.'

늦은 아침 설거지하며 부엌 창으로 내다보니 우리 집 앞마당이 주인 없는 집의 잔디밭 같다. 민들레들은 자기들 세상을 만난 듯 행복해하지만 만사 세쳐놓고 노란 꽃과의 육탄전을 하려고 비닐봉지와 가위를 들고나왔다.

- 어머나 년 무당벌레! 민들레꽃에 있으면 위험하잖아.

- 잠깐! 손길을 멈추어 주세요. 아스팔트 길을 걷다가 날다가 겨우 건너왔어요.

- 넌 진딧물을 먹잖니.

- 진딧물이 없을 땐 꽃가루를 먹어요.

민들레와의 전쟁을 선포하고도 차마 꽃을 못 자르고 동그란 홀씨만 조심스레 잘라서 봉투에 담고 있는 내게 말을 걸어 온 녀석이다. 바지런히 걷지도 못하면서 나를 보았는지 노오란 꽃잎에서 멈춘, 빨간 옷에 검은 점박이 작은 무당벌레. 미국에서는 레이디 버그로 불리며 생명의 상징이며 행운을 불러온다고 한다.

아직도 민들레 홀씨가 많이 널려 있는데 멀리서 온 녀석에게 자유시간도 줄 겸 잠시 휴전을 선포했다. 실은 반나절의 맨손 전투로 가위 잡은 손에 물집이 생겼다.

온쉼표 없이 사는 이민 1세 주부의 삶.

생활의 최전선에서 일하다가 퇴근 후 집에 오면 다시 부엌으로 출근, 다음 날 아침 식사거리를 미리 준비해놓고 코잠 자다가 후다닥 깨어 시작되는 아침은 부엌부터 출근해서 세끼 밥과 반찬을 챙겨놓고 다시 직장으로. 주말에는 밀린 빨래와 청소, 또 식품점을 다녀온 후 쉽게 빨리 조리 할 수 있도록 다듬어 삶고 데친 후 냉장실로 또는 냉동고로 이주시켜야 언제든 하루가 수월하다.

남편은 아이티로 선교 떠나고 아들은 타 주로 출장 갔다. 덕분에 6일 대신 나흘만 일하고 이틀씩이나 주어진 쉼표!

떠나기 전에 집 안을 살피고 챙긴 남편이 진돗개 부부인 진돌이와 진순이 밥을 한 주 분량 몽땅 담아서, 먹으면 저절로 떨어지는 통으로 바꾸어 놓았다. 물도 넓은 큰 대야 두 개에 받아 놓았다. 다친 다리가 약한 아내를 위한 배려가 고맙다.

아파서 쉬는 것도 아니고 건강하게 혼자서 선물 받은 48시간. 부엌일과 빨래에서 자유다.

머리를 굴려본다. 알차게 보내야 할 텐데. 손님들은 무조건 제일하고 싶었던 일을 하라고 하는데 밀린 책을 읽을까? 글을 쓸까? 미완성 만들기를 끝낼까?

갑자기 팽팽하던 고무줄이 끊어지듯 허탈감, 무력감, 게으름이 몰려온다. 늦잠이라도 자볼까, 침대에 자석처럼 붙어 있는데 이른 아침부터 보채는 겔리코 고양이 나비. 구시렁거리며 일어나야 했으니, 혼자 사는 이들에게 반려동물의 필요함이란 이런 것인가 보다.

남편이 잔디를 곱게 깎아놓고 갔는데, 폭우와 강풍의 떤덜스톰을 견뎌낸 민들레들이 노란 꽃에 하얀 꽃씨 풍선까지 달아놓고 자기들 세상을 만들어 놓았다. 집 앞 잔디밭을 파내고 공사한 가스회사에서 흙을 실어와 채우더니, 그곳이 민들레 꽃밭의 온상이 되어 온 마당으로 빠르게 번진 거였다.

앞뒤 좌우를 몰라 좌충우돌하던 이민 초기에 늦가을 민들레를 보고 눈물 나게 반가워서 쓴 자작시 「초록 잎에 노란 꽃」이 생각나서 주저하다가 오전에는 홀씨만 제거했다. 하지만 잠시 휴전하며 옆집의 초록 풀밭을 보고 나니 마음을 독하게 먹어야 했다.

이제는 장갑까지 끼고 가위로 꽃과 잎을 자르고 뿌리를 쑤셔 파내고 허리가 비틀리고 가위 쥔 손에 물집이 터져서 쓰려도, 다리를 절뚝이며 오전에 이어 오후 반나절 전쟁을 독하게 치렀다. 그로서리 백에 꾹꾹 눌러 수북이 뽑고 잘랐다.

다음 날 아침 '어머나 세상에!' 순간 눈을 의심했다. 쑥쑥 용감하게 다시 올라온 노란 꽃들과 하얀 씨 풍선들! 부지런한 벌 몇 마리가 붕붕거리며 행복해한다.

- 그래 봄이구나. 내가 어떻게 너희를 말리랴. 너희들도 얼마나 힘들게

지낸 겨울이겠니. 하나님이 지으신 인간은 물론 모든 만물들이 추운 겨울의 고통 없이 어찌 봄의 기쁨을 누릴까.

민들레야, 무당벌레야, 벌들아 미안하구나. 우리 조상의 욕심 때문에 너희 생물들까지 아름답고 풍요한 에덴을 잃어버렸잖아. 너희들과의 대화와 교제도 끊어지고 작은 너희들까지 힘들게 하는구나. 그렇지만 너희 세계에도 질서가 있듯 우리 인간사회에도 도덕과 배려와 염치가 있어야 한단다. 특히 이곳은 나름대로의 '백인 중산층 부자'들이 사는 곳이라서 우리 같은 '턱걸이 중산층 이민자'들은 눈치가 보인단다. 너희 모두 우리 집 뒷마당으로 가자꾸나. 거기는 더 넓고 앞에서는 안 보이잖아. 그치!

강소천 님의 동시에 이상근 님의 곡인 동요를 흥얼거리며 패잔병의 무거운 마음을 털어낸다.

"길가에 민들레도 노랑 저고리 / 첫 돌맞이 우리 아기도 노랑 저고리
민들레야 방실방실 웃어 보아라 / 아가야 방실방실 웃어 보아라"

"자연의 봄이야 어김없이 오지만 삶의 봄은 만들어야 온다."라는 말을 인용한 이해인 님의 「두레박」을 읽으며 그분의 시집 『민들레의 영토』가 책꽂이에서 사라진 것을 알게 되었다. 아쉽고 속상했다. '어딘가의 누군가가 더 사랑해서 가지고 있겠지, 거기서 민들레 영토의 봄은 지속될 게다'라고 생각을 바꾸고 나니 과연 그 책을 가지고 있었는지조차도 아슴푸레하다.

삶의 따뜻한 봄날에 아름다운 48시간의 쉼표!

내 삶의 봄 또한 족하리라고 마음 크게 먹는다. 봄이니까.

"자녀들아 우리가 말과 혀로만 사랑하지 말고 행함과 진실함으로 하

자…. 그의 계명은 이것이니 곧 그 아들 예수 그리스도의 이름을 믿고 그가 우리에게 주신 계명대로 서로 사랑할 것이니라"(요한일서 3:18, 23)

　- 『한국아동문학』 동시, 『한국아동문예』 문학상 동시조로 당선하신 시인이며 칼럼니스트이시다. 한국아동문예작가회와 미주아동문학가협회에서 활동하신다. 저서로는 『이민학교 일학년』이 있다. 달라스한인문학회 창립멤버로서 그 자리에 늘 머물고 계심에 안도감을 갖게 하신다. 봄내음 가득한 뜨락 이야기 나눠 주심에 감사드리며, 쉼표가 따르는 건필을 기원 드린다.

오월의 향기

박인애(시인, 수필가, 컬럼니스트)

딸아이와 'Maggiano's'라는 이태리 식당에 갔다.

집에서 오 분 거리에 있는지라 먹을 게 마땅치 않으면 가끔 들르곤 한다. 이른 저녁인데도 손님이 제법 많았다. 웨이터가 주문을 받으며 특별한 날이어서 온 거냐고 물었다. 생일이나 기념일이라고 하면 케이크 한 조각이라도 내오려는 모양이었다. 옆자리 커플도 같은 질문을 받았다. 테이블이 가까워서 자연스레 말소리가 들렸다. 남자가 오늘은 내게 정말 중요한 날이라고 하자 여자는 의아해하는 표정으로 어깨를 쓱 올렸다. 남자는 웨이터에게 작은 소리로 귓속말을 했다. 잠시 후 웨이터가 포도주 한 병을 가져와 두 사람의 잔에 따라주며 사람들을 향해 외쳤다.

"여러분, 지금 여기 있는 남자분이 여자분께 공개 청혼을 한답니다. 축하해 주십시오."

남자는 준비해 온 다이아 반지를 꺼내더니 바닥에 무릎을 꿇고 여자에게 말했다.

"너를 지켜본 지난 3년은 너무 행복했어. 이젠 너랑 같이 살고 싶어. 나랑 결혼해 줄래"라고 말했다. 여자는 뜻밖의 청혼에 놀란 표정이었지만, 곧 눈물 섞인 목소리로 "Yes"라고 대답했다. 사람들의 박수가 이어졌다.

영화에서나 보던 장면을 실제로 보게 된 나는 식사도 미룬 채 그 감격스러운 순간을 넋 놓고 지켜보았다. '참, 좋을 때다!' 하며 부러워하다가 저 소중한 순간을 남겨주어야겠다는 생각이 번뜩 들었다. 아줌마의 오지랖이 발동한 것이다. 그들에게 축하한다는 말을 전한 후 내가 사진을 찍어 이메일로 보내줄 테니 주소를 적어 달라고 했다. 제안이 맘에 들었는지 두 사람은 "Thank you"를 연발하며 포즈를 취해 주었다. 저녁에 보내주겠노라 약속하고 식어버린 식사를 시작했다.

오월이 되니 여기저기서 결혼 소식이 들려온다. 겨울을 견뎌내고 앙증맞은 꽃망울을 터트리는 봄꽃들처럼, 키워왔던 사랑도 결실을 보는 걸까?
평생 영양가 없는 연애만 하다 총각 딱지도 못 떼는 거 아닌가 걱정했던 남동생에게서 결혼 소식이 들려온 걸 보니 말이다. 사십에 온전한 장가를 갈 수 있을까 걱정했는데, 반대하고 말 것도 없이 마음에 쏙 드는 아가씨를 데리고 왔다. 한번 만나보고 평가하는 게 좀 그렇지만, 함께 식사하며 받은 느낌이 편안하고 좋았다. 요즘 젊은 친구들은 배우자를 선택할 때 경제적 능력을 1번으로 꼽는다는데, 돈보다 사랑이 우선이라 하니 저런 짝을 만나려고 여태 기다렸구나 하는 생각이 들었다. 친정어머니가 일찍 돌아가셔서 누나가 키웠다는 걸 들으셨는지 장모님 되실 분이 친정 언니에게 동생 키우느라 애쓰셨는데 이제부터 제가 챙길 테니 아무 걱정하지 말라고 하셨다. 빈말이라도 얼마나 감사하던지. 사위 사랑은 장모라는데 이왕이면 사랑

듬뿍 받고 잘 살았으면 좋겠다. 동생이 좋은 배우자를 만나 아름다운 가정을 꾸리게 되어 누구보다 기쁘다. 어린 아들을 두고 떠나는 것이 안타까워 차마 눈을 감지 못했던 우리 어머니도 아마 기쁘셨을 것이다.

결혼은 해도 후회, 안 해도 후회라지만 난 전자에 한 표를 던지고 싶다. 한국의 '브란젤리나'로 불리는 장동건, 고소영 커플처럼 완벽하게 갖추고 세인들의 스포트라이트를 받으며 결혼생활을 시작한다면 더없이 좋겠지만, 완벽한 결혼이 다 행복한 것만은 아니다.

햇볕 안 드는 반지하 전세방밖에 마련하지 못하는 남편, 간이 안 맞는 반찬에 설익은 밥을 짓는 어설픈 아내일지라도 아침에 눈을 뜨면 사랑하는 사람이 곁에 있다는 것 하나만으로도 세상을 가진 것처럼 행복하지 않을까. 동생 커플은 이미 그래 보였다. 진정한 행복은 부부가 함께 노력하여 사랑의 힘으로 하나씩 이루어 가는 것이어야 더 값지고 소중하다 할 수 있다.

컴퓨터에 사진을 업로드하고 보니 남자친구에게 살짝 기대어 수줍게 웃고 있는 여자가 정말 행복해 보였다. 블라인드 사이로 스며든 오월의 햇살이 두 사람을 축복하듯 황금빛 조명까지 깔아주었다. 인종을 불문하고 사랑하는 연인은 오월이 값없이 선물한 들녘처럼 아름답다. 살다가 서로에게 화가 나고 미워질 때 내가 찍어준 사진을 보면서 청혼했던 날을 떠올리면 조금은 용서하고 보듬는 게 쉽지 않을까? 초심을 잃지 말고 오래오래 행복하게 살았으면 좋겠다는 마음을 담아 '보내기'를 클릭했다. 어쩌면 그것이 사진을 찍어 준 이유였는지도 모르겠다.

가정의 달 오월에 '부부'라는 이름으로 살아갈, 이미 살아가고 있는 모든 이들이 오월의 향기처럼 아름답고 행복하길 소망해 본다.

- 시인이며 수필가이고, 칼럼니스트이시다. 달라스한인문학회 회장을 역임하였고 한인문인협회회원등 많은 직함을 가지고 활동 중이다. 해외한국문학상외에 다수의 수상경력이 있다. 저서로는 『수다와 입바르다』『인애, 마법의 꽃을 만나다』 에세이집 외에 여러 권의 시집이 있다. 전방위 작가의 길을 걷고 있는 그녀의 발걸음에 부러움을 느끼며, 열정을 쏟고 있는 모든 일이 복되기를 기도 드린다.

김장김치 이야기

박혜자(소설가, 칼럼니스트)

조석으로 찬 바람이 부니 옛날이 그립다. 예전에 한국 살 때 이맘때쯤이 되면, 집집마다 김장 준비를 하느라 바쁘고, 골목마다 길고 긴 겨울밤을 따뜻하게 해줄 연탄들이 몇백 장씩 트럭에 실려 배달되곤 했다. 머리에 수건을 동여맨 어머니는 날씨가 아무리 궂어도 백 포기 김장쯤은 눈 깜짝할 새에 하시곤 했는데, 갈치속젓이나 조기젓이 들어간 엄마표 김치는 언제 먹어도 맛이 있었다. 하얀 쌀밥 위에 짙은 젓갈 향이 나는 전라도 김치를 쭉쭉 찢어 먹으면 잃었던 입맛이 금방 돌아오고 동지섣달 추위쯤이야 아무것도 아닌 것처럼 여겨졌다. 김장 때는 워낙 양이 많아 마른 고춧가루를 쓰셨지만 보통 때 엄마 김치는 늘 생고추 간 것이 들어가서 빛깔도 좋고 감칠맛이 더했다. 요즘이야 친정엄마에게 김치 담그는 법을 따로 배우지 않아도 유튜브나 각종 미디어에 김치 선생들이 넘쳐나서 배우는 것은 일도 아니지만, 당시만 해도 딸들은 주로 엄마 음식 간을 보면서 어깨너머로 음식 만드는 것을 배웠던 것 같다. 특히 한국음식은 '손맛'이라 하여 만드는 이의 개성과 음식철학이 함께 들어가 있기 마련이라, 같은 음식이라도 만든 사람에 따라 맛이 다 제각각이다. 그래서인지 오랜 세월 교류를 한 이웃이나 지인들의 음식은 맛만 봐도 누가 만든 것인지 금방 알 수가 있다.

갓김치 하면 여수 돌산 갓김치를 최고로 치는데, 나의 기억 속 최고의 갓김치는 강진에 사셨던 큰어머니가 만든 갓김치다. 큰어머니는 김장 때 갓과 큼직하게 썬 무를 같이 버무려 갓김치를 담았는데, 김치가 익으면 갓도 맛있지만 갓의 보라색 물이 들어간 무가 덜큰한 것이 더 맛이 있었다. 그리곤 동그란 밥상에서 그 보라색 무김치에 젓가락을 꽂아 어린 조카들에게 턱 내밀곤 하셨는데, 지금은 그 김치를 다시는 맛볼 수가 없다. 이상하게도 오감 중 맛의 기억이 가장 오래 남는 것인지 난 지금도 추억의 음식을 기억하노라면 당시 함께 했던 사람들과 풍경이 그대로 떠오른다. 미국으로 이민 온 뒤 두어 번 강진을 더 갔었는데, 큰어머니는 내가 좋아하던 음식을 용케 기억해 내시곤 한 상을 차려주셨다. 갯벌에서 금방 채취한 즙이 많은 꼬막을 삶고, 굴비나 서대찜, 어리굴젓, 각종 산나물과 최소한 서너 가지 이상의 김치로 이루어진 남도 밥상 말이다. 봄에 가면 여린 청보리 잎으로 된장국을 끓이고 초여름엔 죽순으로 만든 반찬이 꼭 한 가지 이상은 나오곤 했다. 특히 가마솥에서 누른 누룽지는 가끔 프라이팬에 남는 밥을 눌러서 만든 여기 누룽지와는 비교가 안 될 정도로 고소하고 바삭해서 그만한 간식거리가 없었다. 찬 바람 불고 괜히 마음이 스산할 때 따뜻한 숭늉 한 그릇을 홀홀 마시면, 저 깊은 곳에 있는 찬 것들이 다 녹아들고 마치 구들장 위에 앉아 있는 것처럼 훈훈해진다. 이러한 음식들 뒤에는 세월이 변한 뒤에도 쪽찐 머리를 하고 버선을 신으셨던, 오래된 고택 같았던 큰어머니가 계셨다.

다행히 이민 와서도 주변에 음식 나누기를 좋아하는 분들이 많이 계셔서, 음식 고픈 줄은 모르고 살았다. 재료가 다르니 한국에서 먹던 것과 똑같지는 않았지만, 솜씨 좋은 분들은 어디나 있어서 고향의 맛을 잊지 않고 보는 것이다. 그런데 요즘 한국에서 유행하는 한식 레시피를 보면 외려 여기서 교포들이 해 먹는 한국음식보다 더 퓨전적인 것이 많고, 각종 조미료나 감미료를 너무 많이 사용하는 경향이 있어 오리지널 한식 맛이 아쉽기도 하다. 작년에 한국을 다녀오면서 사 온 젓갈류는 너무 단짠(달고 짜고)이었고, 요리 프로에 나오는 레시피들은 하나같이 엄청난 양의 설탕이 들어가서 놀랐다. 예전 어머니들은 국간장 하나만으로 모든 음식의 간을 맞추었는데 생각해 보면, 이런 간단한 조리법이야말로 재료 본연의 맛을 그대로 살리는 '신의 한 수'가 아닌가 싶다.

주부들의 가장 일반적이고 주부다운 걱정, 오늘 저녁은 뭘 해 먹을까? 지난주에 산 마른 취나물과 고구마순으로 나물을 해 먹을까 하다 손이 너무 많이 가는 것 같아 다음에 하기로 한다. 마침 무가 냉장고에 있으니, 소고기뭇국과 오이무침과 고등어구이면 될 것 같다. 한 달 전부터 하리라 마음먹고 있던 김장이 자꾸 뒤로 미뤄진다. 배추가 안 좋아서, 배춧값이 비싸서, 날씨가 추워서, 등등 시절이 좋으니 엄살만 는다. 물론 식구가 없다는 것이 제일 좋은 구실인데 그래도 김치찌개나 김치찜 등 마음 놓고 김치요리를 해 먹으려면 한두 박스 사다 김장은 해야 할 것 같다. 크리스마스 연휴에 올 생김치 좋아하는 큰아이도 먹이고, 좀 익혀서 익은 김치 좋아하는 작은아이가 좀 가져갈 수 있도록…. 이즈음이야 김치가 아니라도 먹을 것이 넘처나지만, 그래도 한국 사람은 밥심 아니 김치심으로 사는 것이니, 김치가 많으면 왠지 든든하고 반찬 걱정이 덜 된다. 이왕 담그는 김에 파김치, 갓김치도 곁들여 담고 동치미 무도 사다 시원한 동치미도 담고 싶다. 생각만으로도 김치 몇 독을 김치냉장고에 묻고 있다.

먹을 때마다 느끼는 거지만, 김치만큼 사람의 오감을 만족시키는 장수식품은 없다. 아마도 한민족이 이 지구상에 존재하는 한 김치는 영원할 것이다. 유네스코 인류무형문화유산이기도 한 김장문화는 우리 한민족이 지니고 있는 모든 식문화의 특성과 삶의 지혜를 모은 결정체임에 틀림이 없다.

- 재외 동포 문학상과 미주 중앙신인 문학상을 수상한 소설가이시다. 책 출판기념 자리에서 만난 인연이 『사랑』으로 이어졌다. 작가의 소설집 『마이 마더스 다이어리』는 이민자들의 풍경을 그린 이야기다. 어제와 오늘, 그리고 내일을 글 속에 담아내고 있음에 부러움을 느낀다. 건필을 기원하며, 여수 돌산 갓김치에 시장기를 느낀다.

풀꽃 예찬

김미희(시인, 수필가, 컬럼니스트)

'I don't wanna talk about it, how you broke my heart……'

요즘에 와서 부쩍 느긋해진 나를 실감하고 있습니다. 일만 하기 위해 사는 사람처럼 살아온 적이 언제였던가 싶습니다. 아무도 없는 듯한 '절간' 같은 조용한 집 안에서 출근하는 것도 까먹고 늦장 부리는 날이 잦아졌습니다. 그런 날은 사과도 한 쪽 깎아 먹으며 제법 큰 소리로 흥얼거립니다. 좋은 일이 생길 것 같은 날처럼 말입니다. 신호등마다 서게 하는 빨간 불도 나쁘지 않습니다. 오늘이 딱 그런 날이었습니다.

어디선가 트랙터 소리가 났습니다. 돌아보니 길옆 공터에서 흙먼지 날리며 커다랗게 웃자란 풀들을 베어내고 있었습니다. 여러 가지 풀꽃들이 만발했습니다. 조그마한 나무만치 자랐지만, 나무도 아니고 아무도 보아주지 않으면 꽃이라 할 수 없는 들풀들이 소리 없이 웃고 있었습니다. 바람에 이리저리 흔들리고 있었습니다. 같은 방향으로 흔들리는 것 같지만, 자세히 보니 제각각 다른 모습으로 흔들리고 있었습니다. 개중에는 이름이 떠오르는 풀도 있었지만 이름 모를 풀들이 더 많았습니다. '저들의 고향은 어디일까' 하는 생각이 들었습니다. '무엇에 홀려' '왜' 이곳까지 와서 풀이라는 이름으로 '싸잡아서' 불리며 저렇게 잘려 나가는 데도 웃고 있을까. 아니면 울고 있는 것인가. 저렇게라도 살아있는 게 좋을까. 사람들이 싫어하는데 왜 저렇게 버티면서 줄줄이 씨를 뿌리는 것일까. 굳이 싫다는데 터를 바꿔볼 생각은 없는 건가. 아니야. 어쩜 예쁜 꽃으로, 사랑받는 꽃이 되고 싶었을지도 모르지. 아니면 꽃이 없는 나무로라도 다시 태어나고 싶었을지도 모른다고 생각하니 이민 초기의 모습이 떠오릅니다.

왜 그렇게 안달을 하며 살았는지 모릅니다. 마음으로 정해놓은 것까지 일이 끝나지 않으면 다음 날 해가 뜨지 않는 줄 알았습니다. 그래서 시간이 되면 가게 문을 잠그고 땅바닥에 주저앉아 엉엉 울었습니다. 한바탕 울고 나서야 밤늦도록 일을 하는 그런 날이 많았습니다. 꼭 내가 모르는 죄를 짓고 이곳으로 유배되어 온 사람처럼 억울했습니다. 삼십육계 줄행랑도 전략 중의 전략이란 걸 그때 알았다면 아마 지금의 나는 없겠지요.

풀을 이길 수 있는 것은 아무것도 없습니다. 뽑아내고 약을 치고 불을 질러도 굳건하게 자리를 지킵니다. 추위 속에는 웅크리고 낮게 엎드리지만, 그 낮음 속에는 강한 내면의 힘이 있습니다. 그 힘으로 어디에도 없던 봄의 전령이 되어 나타나는 것입니다. 그늘에서 자란 풀은 실핏줄이 솟아있습니다. 연하디연한 이파리는 바람만 불어도 쓰러집니다. 오히려 뜨거운 태양 아래에서 더욱더 단단해집니다. 거칠게 씨앗을 키웁니다. 땅속 깊이 뿌리를 내립니다. 풀들은 비바람에 저항하지 않습니다. 바람에 몸을 맡기고 함께 흔들리기 때문에 넘어지지 않습니다. 꺾이지 않습니다. 허약함은 강함을 내장하고 있습니다. 그 허약함을 잘 다스릴 때 강한 힘이 나옵니다. 폭풍우 친 다음 날에도 풀은 제일 먼저 툭툭 털고 일어섭니다. 찢기고 부러진 나무들 사이에서 자세를 고치고 젖은 몸을 말립니다. 그 작은 것들의 숨소리를 들으며 달이 익어갑니다. 계절이 흐릅니다.

> 꽃과 나무의 경계에서
>
> 수없이 뽑히고 잘리고 밟혀
>
> 너의 그 비릿한 가난이 비록
>
> 그 누군가의 풍요에는 미치진 못한다 해도
>
> 조용히 일어서는 너만의 세월
>
> 슬몃슬몃 세상의 눈치를 본다지만
>
> 결코 경박스럽지 않은 웃음
>
> 그 작은 숨소리에 맞추어
>
> 계절이 익어가는 줄도 모른 채
>
> 오늘도 맨발로 발가락에 힘주어
>
> 터를 넓혀가는 디아스포라
>
> 그 꿈의 집요를 본다
>
> - 졸시, 「풀」 전문

이민 1.5나 2세대와는 다르게 1세대 이민자의 삶은 어찌 됐든 본인들이 선택한 것으로 생각합니다. 그래서 아무리 힘든 상황이 와도 극복할 수 있는 에너지가 있습니다. 들풀 같습니다. 나무도 꽃도 아닌 채 어디에든 뿌리를 내려야 했으니까요. 다른 점이 있다면 풀들에는 하염없이 빛을 내려 주는 하늘의 태양이 있습니다. 그러나 이민자에게 있어서 빛은 자신의 내면에서 발원하고 있다는 것입니다. 이겨내고야 마는 에너지를 내재하고 있다고 생각합니다. 어떠한 상황에서도 견디어 굳은 땅을 뚫고 싹을 틔우고 잎을 밀어 올려 기어코 꽃을 피우고 마는 근성이 있습니다. 보이지 않게 발가락에 온 힘을 다 주어 맨발로 터를 넓혀가는 것이지요. 오늘은 반납하고 내일뿐인 그들에게는 나는 없고 가족만 있습니다.

며칠 뒤면 Father's day입니다. 미리부터 큰아이한테 받은 선물과 낮에 배달되어 온 렌즈 박스를 열어놓고 기뻐하는 남편을 보니 갑자기 가슴이 짠해집니다. 윈도 컴퓨터를 쓰다가 맥으로 바꿔놓고 다시 배우느라 힘들어하는 걸 보며 '그냥 쓰던 거 쓰지, 돈이 얼만데' 하며 얄미워서 한마디 했던 것이 못내 미안해집니다. 남편으로 아버지로 살면서 욕심부린 거라고는 카메라와 렌즈 뿐이었습니다. 좋은 것, 새것, 갖고 싶은 것, 하고 싶은 것은 그 사람 몫이 아니고 늘 식구들 것이었지요. 세상의 모든 아버지, 특히 이민자로 살게 된 아버지들의 사랑법이 아닌가 싶습니다.

결혼을 결심하고 처음으로 어른들께 인사를 하러 갔던 날 어머님께서 내게 당부하셨습니다. "그림을 그려야 하는 사람이니 그럴 수 있게 하여라." 하셨지요. 하지만 그 말씀과는 다르게 우리 집으로 인사를 온 그 사람은 엄마에게 약속하였습니다. "생활이 안 되면 그림은 접겠습니다." 라고요. 미술 선생님이라 마땅치 않으셨던 엄마였지만 그 말에 그만 나를 내어주고 말았지요. 그렇게 해서 그 사람은 이민자의 남편으로 아버지로 살게 된 것입니다. 낯익은 것들은 30년 세월과 고향에 남겨두고 낯선 것들과 낯을 익히느라 빛나던 얼굴은 이제 없다고 성글어진 머리가 말해줍니다. 이민을 오면서 바로 시작했던 그림은 시간을 필요로 하는 작업이라며 약속대로 미련 없이 접었습니다.

요즘은 시간만 나면 풀꽃을 카메라에 담아옵니다. 풀꽃이 얼마나 예쁜지 보여 주며 풀꽃처럼 웃어줍니다. 아무리 말해줘도 모르느냐고 남편은 혀를 차며 서재 뒷문을 활짝 열어젖힙니다. '세상'으로 나가랍니다. 문만 열면 세상이랍니다. 풀이라고 생각하지 말고, 꽃이라고 생각하면 꽃이 되는 거라고. 생각을 바꾸고 마음을 열면 보잘것없는 풀꽃도 아름다운 꽃이 되는 거라고, 풀꽃 앞에 앉아 풀꽃 예찬론을 펼칩니다. 꽉 쥐었던 주먹이 언제부턴가 그 자신도 모르는 사이에 풀렸다는 걸 알 수 있었습니다. 마음에 여유가 생기기 시작한 것이지요. 이민자의 삶이란 반은 추억의 에너지로 반은 미래에 대한 꿈의 에너지로 살아가는 거라고 생각합니다.

내 기억 속 나의 아버지의 웃음은 풀꽃 같습니다. 아무도 보아주지 않으면 꽃일 수 없는 풀꽃, 외롭고 쓸쓸한 들꽃입니다. 저녁상을 물리고 나면 무릎에 앉혀놓고 별말씀도 없이 조용히 웃어주던 모습은 잊히지 않는 포근하면서도 쓸쓸한 기억입니다. 오늘 밤은 바다 건너 꿈속에라도 찾아오셔서 환하게 웃어주셨으면 좋겠습니다.

- 시인이며, 수필가이고 칼럼니스트이시다. 달라스예술인총연합회 회장, 달라스한인문학회 회장을 역임하였다. 미주한국문인협회 이사, 지역신문 칼럼니스트로 활동 중이다. 편운문학상, 윤동주서시해외작가상을 비롯하여 많은 수상경력을 갖고 있다. 시집으로 『눈물을 수선하다』와 『자오선을 지날 때는 몸살을 앓는다』가 있다. 2016년에 한국의 중견 배우 최종원과 함께 호흡을 맞춰 무대에 올렸던 <늙은 부부의 이야기>의 팬으로 프로방스의 바람 같은 좋은 글을 『사랑』에 담을 수 있어 감사드린다.

하와이 이야기

김수자(소설가, 칼럼니스트)

맥도널드의 백반

하와이에 이주해서 베리 테니아 스트릿에 있는 맥도널드에 들렀을 때다. 그곳은 늘 사람들이 붐비는 곳이라 그날 아침도 예외는 아니었다. 그곳에서의 합석은 그리 무례하지 않다. 마침 어느 동양계 부부와 합석을 하게 되었는데 그들 부부의 식탁 플레이트에는 하얀 밥 한 공기가 소복이 담겨있었다.

햄 소시지 스팸과 에그 스크램블이 함께 어우러진 밥이 먹음직스러워 보였다(이들 가공육 식품들은 세계보건기구에서 제1군 발암물질로 규정하고 있음). 맥도날드의 아침 식사에 백반이 나오다니 우리 부부는 서로 쳐다보며 의아해했다. 맥도날드 아침 메뉴에 밥이 나온 것을 처음 보았기 때문이다. 하와이의 맥도날드의 풍경이 흥미로웠다.

미국 대륙의 로드 트립에서, 달라스에서 뉴욕으로 향하는 동부 여행과 그리고 LA로 향하는 서부 여행에서, 그 긴 여로 중에 맥도날드를 만나면 오아시스를 만난 것처럼 반가웠다. 그곳에는 늘 시장기를 달랠 수 있는 햄버거와 감자튀김과 아주 시원한 코카콜라 클래식이 있었기 때문이다. 맥도날드를 믿을 수 있는 것은 미국의 어느 주나 똑같은 메뉴와 똑같은 맛과 똑같은 값과 똑같은 청량함을 가지고 있기 때문이다.

그러나 그 어느 맥도날드에서도 밥이 메뉴에 오른 것을 본 적이 없다. 그때 로드 트립에서 맥도날드의 백반을 만날 수 있었다면 꽤나 반가웠을 것이다. 그리고 보니 밥이 미국에 자리 잡은 것은 오래전의 일이다. 다만 맥도날드 메뉴에 밥이 나와서 생소했을 뿐이다.

대부분 미국의 슈퍼마켓 프로즌 코너에는 소위 TV 디너들이 많다. '밥과 치킨 데리야키', '소고기덮밥', '카레 라이스' 등등 그 수가 셀 수가 없다. 쌀로 만들어진 스낵도 다양하다. 라이스 플레이크, 팝 라이스, 라이스 믹스, 라이스 케이크, 라이스 칩, 라이스 크래커 등등 쌀로 만든 제품들은 미국의 쌀 소비를 실감케 한다.

여행하다 보면 미국의 대도시의 거리에서 뚱뚱한 사람을 많이 보게 된다. 이같이 일반 대중들의 체중이 불어난 이유가 육식 위주의 식단이라는 지적이었다. 또 과체중은 여러 가지 성인병을 유발한다는 사회적 각성이 나오면서 육식 위주 식단에서 채식과 쌀에 대한 관심이 높아졌다. 무엇보다 쌀 판매업자를 비롯하여 도정업자로 구성된 미국 쌀산업연합회 USA Rice Federation 가 라이스 피트 프로그램 Rice Fits program 을 시작하고부터 대중들의 쌀에 대한 인식이 달라지게 된다. 쌀은 영양가는 높은데 칼로리는 낮고, 콜레스테롤이 없는 대신 15종류의 비타민을 포함하고 있다며 쌀의 우수성을 강조했다. 또 쌀은 밥을 지어 반찬과 함께 먹기 때문에 자연스럽게 채소류를 섭취하게 된다는 좋은 인식을 주었다. 미국의 쌀 소비가 늘어난 배경에는 이같은 당국의 적극적인 홍보와 식품업자들이 다양한 상품개발이 있었던 것이다. 미국의 기업 연합(카르텔)은 실로 무서운 힘으로 작용한다.

미국에서 쌀을 권장하고 있을 때 쌀을 주식으로 하던 한국, 일본, 대만 등에서는 쌀을 멀리하고 대신 빵을 선호하게 되었다. 밀가루가 주식이었던 아프리카에서는 이제 쌀이 주식이 되었고 유럽에서는 희귀 곡물이 건강식품으로 뜨고 있다. 모든 문화적 산물은 유행을 탄다. 식생활도 그렇다. '아시아는 밥, 유럽은 빵'이라고 알고 있던 상식이 어느 틈에 바뀐 것이다. 전통이라는 게 영원하지 않다는 예라고나 할까. 하와이 맥도날드의 아침 백반 메뉴는 동네 시니어들이 쌀밥을 먹으며 벌리는 잔칫집 같다. 미국인이 밥을 즐기는 것을 보며 쌀값이 더 오르겠다는 생각을 해본다.

차이나타운

호놀룰루의 차이나타운 한가운데 한인이 운영하는 '다운타운 레인보우'라는 가게가 있다. 차이나타운을 배회하다가 인사를 하게 되었는데 연로한 어머니와 따님이 함께 가게를 운영하고 있다. 차이나타운에서 채소는 어느 집이 싱싱한지, 약재는 어느 집이 믿을 만한지 뭐 그런 정보를 이들 모녀에게서 얻는다.

"여기서 장사하신 지 얼마나 되었어요."

"20년 됐어요. 하와이에는 35년 전에 왔구요."

"20년 전 차이나타운은 어땠어요?"

"그때는 이렇지 않았지요. 장사하는 재미도 있었구요. 거지들도 없었어요."

"거지? 좀 지나치신 표현 같네요. 홈리스라고 해 줘야 하지 않나요?

"홈리스가 거지지 뭐예요. 물건을 훔치고 범죄를 저지르고 거리를 어지럽히잖아요. 한 6년 전부터 하나둘 보이더니 요샌 아주 그들 판이 됐어요. 오후 3시가 되면 무서워서 우리도 문 닫고 철수해요."

레인보우 가게의 어머님은 이들이 아주 괘씸한 모양이다.

"오늘은 딤섬이 먹고 싶은데 어디가 잘하나요?"

"뱅크 오브 하와이 옆 붉은 간판을 한 집 딤섬이 싸고 맛있어요."

"장사가 잘되어야 할 텐데… 안녕히 계세요."

"배가 들어오면 그래도 많은 사람들이 이곳을 찾으니 괜찮아요."

차이나타운은 호놀룰루의 항구Pire 2 Cruise Terminal와 인접해있다. 대형 크루즈의 선객들이 수백 수천 명씩 호놀룰루 땅을 밟으면 차이나타운도 활기를 찾는가 보다.

호놀룰루 항구는 옛날 하와이 원주민들의 고깃배가 드나들던 어촌이었다. 하와이 통일 왕국의 왕 카메하메하 1세의 동생이 살았다는 기록이 있어 역사적인 사적지이기도 하다. 캡틴 쿡의 하와이 발견(1778) 이후 동서양의 배들이 이곳에 정박했고 하와이는 빠르게 세계에 노출되었다.

하와이는 서구 문명을 받아들이며 발전하면서 한편 흑사병 같은 전염병이 함께 들어와 면역력이 없던 하와인들을 죽음으로 몰아넣었다. 기록에 의하면 19세기 하와의 40만이었던 인구가 14만으로 줄었다고 한다.

중국인 하와이 이민은 사탕수수밭의 노동 이민으로 시작되었고 노동자들은 계약 기간이 끝나면 대부분 호놀룰루 항구 근처에 머물며 장사를 시작했다. "중국인들의 폐쇄성이 차이나타운을 만들었다"는 어느 문화 평론가의 말처럼 중국 이민자들은 자기네끼리 장사하고 자기네끼리 학교 만들고 자기네끼리 은행 만들어 차이나타운을 형성했다. 이런 폐쇄성은 우리가 부러워 해야 하는 것인지도 모른다. 이렇게 만들어진 호놀룰루의 차이나타운은 그러나 순탄치만은 않았다.

1900년 이 지역에 대 화재 Great Honolulu Chinatown Fire 가 발생했다. 기록에 의하면 곡식을 실어나르는 화물선에 쥐가 들끓었고, 쥐벼룩이 옮기는 흑사병 Bubonic Plague 의 감염으로 사람들이 죽어갔다. 당국에서는 전염병을 막기 위해 이 지역에 불을 질렀다고 한다. 인위적인 화재에 마침 거대 폭풍이 불어닥쳐 불길이 17일 동안이나 계속되었다. 38에이커의 땅이 폐허가 되었고 7,000명의 이재민이 생겼다.

불운 속에서도 차이나타운은 살아남았고 세계 2차대전 후 이 지역은 금융가로 형성되었다. 1960년에 Bank of Hawaii가 만들어졌는데 본점이 이곳에 있다. 유명 투자회사, 하와이 극장, 예술 거리, 공원이 속속 들어섰다. 또 이 지역의 안전을 위해 소방서와 파출소를 두었으나 번창의 시간은 잠깐이고 이내 거리는 우울해지기 시작했다. 그 원인이 꼭 홈리스 피플 때문이었는가는 생각해봐야 할 문제다.

차이나타운에는 차이니즈만 있는 게 아니다. 일본, 필리핀, 스페인, 한국, 말레이시아, 폴리네시안 등 온 하와이 사람들의 다운타운이다. 호놀룰루 항구는 지금의 호놀룰루를 만든 역동의 원천이다.

이 지역의 활성화는 하와이인들의 염원이다. 이게 IGE 하와이 주지사는 차이나타운을 새롭게 만들겠다고 했다. 기대를 걸어봄 직하다.

- 1999년 미주 〈한국일보〉 문예공모 소설 당선 약력을 가진 중견 작가이시다.

미주 한국문인협회 회원. 달라스한인문학회 회장 역임. 현재 하와이한인문인협회 회원이시며 소설집 『바람 지나가다』를 출간하셨다. 나의 글쓰기 시작점에서 도움 주신 인연을 되살려 글 부탁을 드렸다. 먼 곳 하와이에서 한걸음에 달려오듯 반가워해 주시고 귀한 글 주셨음에 감사드리며 더욱 건강하시고 건필하시기를 기원드린다.

음악 선생님

방정웅(달라스한인문학회 회장)

"싹 트네 싹 터요 내 마음에 사랑이, 싹 트네 싹 터요 내 마음에 사랑이……"

석이는 반 아이들이 재미있게 부르는 노래가 마치 자기 마음을 알고 부르는 것 같아 마음이 편치 않았다.

강당 맨 앞자리에 반 아이들이 한 줄로 서서 음악 선생님을 따라 '싹트네' 노래를 부르며 율동을 하고 있었다.

석이는 음악 선생님을 똑바로 볼 수가 없었다. 선생님의 예쁜 얼굴이 어른거리고 맑은 목소리가 가슴에 울려서 동작을 멈춘 채 숨을 고르고 있었다.

며칠 전에 선생님이 '싹트네'란 동요를 가르쳐 주었다. 피아노를 치며 노래와 율동을 가르쳐 주는 선생님이 너무나 예뻐 보였다. 몇 번 부른 후에 선생님은 아이들을 향해 물어보았다.

"지금 부른 노래를 누가 불러 볼까?"

"저요!"

다른 아이에게 차례를 빼앗길까 봐 석이는 자기도 모르게 얼른 팔을 들었다. 잘할 수 있을지 속으로 걱정이 앞섰지만, 다행히 틀리지 않고 잘 불렀다.

"석이가 노래를 잘 부르는구나. 목소리가 아주 아주 좋다."

선생님의 칭찬에 가슴이 뛰었다. 그날 이후로 석이는 음악 선생님이 좋았다.

"선생님! 저 화장실에 다녀올게요."

"그래, 빨리 다녀와라"

석이는 얼른 화장실로 달려가서 찬물에 얼굴을 씻고 거울을 보았다. 거울에는 자기 얼굴보다 선생님 얼굴이 더 크게 보였다.

"밀려오는 파도처럼 내 마음에 사랑이 싹 트네 싹 터요 내 마음에 사랑이"

노래에 맞추어 율동하며 발을 구르는 소리가 화장실까지 들려왔다.

자기를 찾을 것 같아 다시 교실로 가는데도 왠지 마음이 무거웠다. 선생님 볼 생각을 하면 괜스레 가슴이 뛰었다.

석이는 자기 마음이 왜 그러는지 알 수 없었다. 선생님이 자기를 쳐다보면 귀밑까지 얼굴이 빨갛게 달아오를 것만 같았다. 살짝 들어가 아이들의 맨 끝을 조용히 따라가는 데 선생님의 목소리가 크게 들려왔다.

"석이야, 어디 아프니?"

아이들의 소리가 갑자기 조용해지고 모두가 자기를 보는 것 같았다.

"아~ 아니에요. 괜찮아요. 아픈 데 없어요"

염려해서 물어보는 선생님이 미웠다. 반 아이들에게 마음을 들킨 것 같아 달아오른 얼굴을 팔에 묻었다.

"밀려오는 파도처럼 내 마음에 기쁨이 싹 트네 싹 터요 내 마음에 기쁨이."

반 아이들은 선생님을 따라 신나게 율동을 하며 계속 노래를 불렀다. 노래 중간에 앞사람의 옷자락을 붙들고 한쪽 발로 깨금발을 하며 기차놀이도 했다.

선생님 바로 뒤에서 기차놀이를 하던 철이가 얼른 석이를 붙들어 자기 앞에 세워주며 선생님 옷자락을 잡게 해주었다. 잠시 당황했지만 못 이기는 척하고 선생님 옷을 잡고 아이들보다 더 크게 깨금발을 했다.

선생님은 얼굴이 빨개진 석이를 뒤돌아보고 눈웃음을 보내주었다. 석이는 가슴이 쿵닥거려 깨금발을 하는데 발이 바뀌고 넘어질 뻔하였지만, 간신히 노래가 끝날 때까지 견디었다. 철이가 너무 고마웠다. 내일은 좋아하는 초콜릿을 갖다주어야겠다고 석이는 마음먹었다.

"밀려오는 파도처럼 내 마음에 감사가 싹 트네 싹 터요 내 마음에 감사가."

오늘은 석이에게 '최고의 감사한 날'이었다. 석이는 음악 시간이 매일 있었으면 좋겠다고 생각했다.

봄학기가 끝나고 다음 날부터는 방학이었다. 쉬는 시간에 반 아이들은 방학을 어떻게 보낼지 서로 이야기하느라 시끄러웠다. 철이는 미국에 있는 삼촌 댁에 간다고 했다. 그리고 삼촌이 미국학교의 여름 캠프에 등록해 놓았다고 신나게 말했다. 아이들은 부러운 눈초리로 철이를 바라보았다. 석이의 아버지는 외아들이라 삼촌도 고모도 없었다. 방학 동안 미국에 가서 여름학교도 가고 영어도 배울 철이가 너무 부러웠다.

석이는 가만히 시끄러운 교실을 나와 교실 창밖의 꽃밭으로 갔다. 빨간 칸나꽃이 큰 키의 초록색 잎사귀 위로 예쁘게 피어 있다. 칸나꽃 옆에는 나팔꽃의 덩굴줄기가 나무 벽 틈을 타고 올라가서 예쁜 꽃을 하늘을 향해 펴고 있다. 나팔꽃의 겉은 짙은 보라색으로 둘렀고 안으로 들어갈수록 점점 옅은 보라색으로 바뀌다가 속은 하얀색으로 길게 나팔처럼 뻗어 초록색 꽃받침에 끝을 대고 있다.

석이는 나팔꽃 하나를 따서 꽃받침을 떼어내고 꽃 대롱의 끝을 입에 물고 가만히 숨을 내쉬었다. 나팔을 불 듯이 입술을 모아 바람을 부니 안에 있던 작은 꽃술들이 바람을 타고 날아간다. 날아가는 꽃술을 따라 눈길을 주다 깜짝 놀랐다. 음악 교실의 창 안에서 선생님이 내다보고 빙그레 미소를 짓고 있는 것이다. 석이는 얼른 나팔꽃을 날려 보내고 교실로 빨리 들어갔다.

다음 시간은 이번 학기 마지막 음악 시간이었다. 석이는 음악 교실로 아이들과 함께 가면서 음악 선생님 보기가 멋쩍었다. 마치 나쁜 짓을 하다가 들킨 것 같은 기분이었다. 아이들 뒤를 따라 살그머니 교실의 뒷줄에 앉았다.

"오늘은 이번 학기 마지막 음악 시간이어요. 방학 동안 부를 노래를 음악 숙제로 내겠어요. 노래 제목은 고향의 봄이어요. 학기 처음에 배워서 다들 잘 아는 노래인데 정확히 연습하도록 해요. 박자와 음정을 잘 지키도록 하세요."

음악 선생님은 고향의 봄의 가사를 아이들에게 나누어 주었다. 큰 글자로 쓰인 가사 밑에 계명도 인쇄되어 있었다. 앞의 칠판에도 가사가 크게 씌어 있고 가사 밑에 계명도 달려있었다.

선생님께서 피아노 앞에 앉으셨다. 피아노를 치면서 먼저 기본음계를 소리 내어 부르셨다.

"따라 해보세요. 도 레 미 파 솔 라 시 도"

아이들이 음계를 따라 하였다,

"도 레 미 파 솔 라 시 도"

몇 번 음계 연습을 한 뒤에 칠판에 적어 놓은 고향의 봄 가사를 읽으며 내용을 설명해 주셨다.

"다 같이 불러보도록 해요. 하나, 둘, 셋, 넷"

"나의 살던 고향은 꽃피는 산골 복숭아꽃 살구꽃 아기 진달래……"

1절을 다 부른 후에 선생님께서 말씀하셨다.

"이제는 계명으로 불러봅니다. 따라서 해보세요."

"솔솔 미파솔 라라솔"

아이들이 따라 부른다.

"솔솔 미파솔 라라솔"

선생님이 다음 소절을 먼저 불렀다.

"솔도미 레도레"

아이들도 따라 부른다.

"솔도미 레도레"

선생님을 따라 고향의 봄을 계명으로 연습하였다. 노래는 이미 잘 알고 있었기 때문에 가사는 어렵지 않았으나 계명은 처음이라 입에서 소리가 잘

나지 않았다.

선생님이 노래를 잘 부르려면 가사만 외울 것이 아니라 계명으로도 부를 수 있어야 한다고 하셨다. 그러면서 이번 방학 숙제는 계명으로 고향의 봄을 부르는 것이라 하셨다. 석이는 방학 동안에 계명을 다 외워서 선생님 앞에서 잘 불러 칭찬을 받기로 마음을 먹었다.

음악 시간이 끝나기 10분쯤 전에 오늘이 선생님의 이 학교에서의 마지막 시간이라고 하셨다. 학교 방학 기간에 음악공부를 더 하기 위해 미국으로 떠난다고 하셨다. 아이들은 너무나 뜻밖의 소식에 조용히 있었다. 석이는 가슴이 철렁 내려앉는 것 같았다. 선생님과의 즐거운 음악 시간도 이제는 끝이라고 생각하니 가슴이 답답하고 갑자기 떠나는 선생님이 미웠다.

석이는 음악 시간이 끝나자 얼른 교실을 빠져나왔다. 교실 앞 화단에는 여러 가지 꽃들이 많이 피어 있었다. 석이는 나팔꽃을 따서 입에 물고 웅얼거리며 노래를 불렀다.

"솔솔미파솔 라라솔 솔도미 레도레"

누가 뒤에서 노래를 불렀다.

"나의 살던 고향은 꽃피는 산골 복숭아꽃 살구꽃 아기 진달래"

깜짝 놀라 뒤돌아보니 음악 선생님이 웃고 있었다. 석이는 어쩔 줄 몰라 얼굴이 빨개졌다.

"석아, 선생님이 밉지? 갑자기 떠나게 되어서 미안해"

석이는 아무 말도 할 수 없었다.

"석이는 목소리도 좋고 노래를 잘하니까 열심히 해서 훌륭한 음악가가 될 거야. 그때 우리 만나 같이 노래 불러보자. 그럴 수 있겠지?"

석이는 가만히 있다가 말 대신 고개만 끄덕이고 간신히 고개를 들고 선생님을 올려다보았다.

"선생님 저 잘할게요. 같이 노래 부르는 것 약속하시는 거죠?"

"그럼, 자 이렇게 약속하자"

선생님은 새끼손가락을 내밀며 석이의 새끼손가락에 걸고 엄지로 도장까지 찍어주었다. 석이는 새로운 희망이 생겼다. 갑자기 마음을 가리던 구름이 걷히고 기분이 상쾌해지는 것 같았다. 선생님과 싹 트네 노래를 부르며 기차놀이 하던 율동 시간이 떠올랐다.

"밀려오는 파도처럼 내 마음에 사랑이 싹 트네 싹 터요 내 마음에 사랑이"

선생님의 옷자락을 잡고 깨금발 하던 것도 생각이 났다.

석이는 선생님과 헤어져 집으로 돌아오는 길 내내 고향의 봄을 불렀다.

"나의 살던 고향은 꽃피는 산골 솔솔미파솔 라라솔 솔도미 레도레"

철이가 미국에 가서 여름 캠프에 가는 것이 더 이상 부럽지가 않았다.

- 교육학 박사이시며 현 달라스한인문학회 회장으로 계신다. 아동문예 문학상을 수상하셨고 한국 아동문예작가회, 미주한국아동문학가협회 회원으로 활동 중이시다. 저서로는 『새싹 한글』, 『가스펠 한국어』를 발간하셨다. 달라스한인문학회 회원으로의 인연이 귀하다. 훈민정음해례본이 들어 있는 보자기를 귀중히 다루시던 모습에서 선생님의 나라사랑 한글사랑을 엿보았던 때가 있다. 늘 강건하시고 건필하시길 기원드린다.

사랑의 모습, 30대의 이야기

이다빈

　사랑이란 말은 일상에서 무척 쉽게 접할 수 있습니다. 하지만 막상 사랑이란 무엇인가? 라고 얘기를 꺼내면 모두가 각자의 경험에 따라 다른 정의를 내립니다. 하나의 정의로 내리기 어려울 만큼 사랑의 모습은 범위도 넓습니다. 겪어보지 못하면 알 수 없는 사랑의 종류도 있고, 또한 그 깊이도 깨달음도 사람마다 다릅니다. 그래서 살아오면서 제가 경험한 사랑의 모습에 대해 생각해 보게 되었습니다.

　10대 때는 사랑이 무엇인지조차 몰라서 연예인들을 동경하며 연예인 사진을 모으고 잡지를 스크랩해서 방에 붙이고는 그것들을 보면서 두근거리는 감정을 느끼곤 했습니다. 가장 좋아했던 배우 '원빈'을 사랑한다고 생각한 적도 있습니다. 화보집을 밤새 보면서 잠 못 이룰 만큼 좋아했던 날들도 있었기 때문입니다. 사춘기의 사랑이란 그런 것이었습니다. 주체하지 못할 만큼 너무 동경하지만, 겉모습을 사랑하는 것일 뿐 속 안의 진짜는 보지 못했습니다.

그리고 20대가 되어서 사랑은 때론 성숙하게 또 때론 미숙하게도 계속 진행이 되어갔습니다. 무엇보다 부모님의 사랑을 알게 된 것이 저를 성장시킨 가장 큰 배움이었습니다. 당신이 이해할 수는 없더라도 자식이 원하는 것을 묵묵히 지원해주고 당신이 마음에 들지 않는 어떤 경우에도 감싸주고 편이 되어 주는 깊이를 알 수 없는 사랑이었습니다. 그것이 어떤 '이익'을 위해서가 아닌 '사랑'이기 때문에 가능하다는 것을 깨달았을 때 부모님께 느낀 감히 셀 수 없을 만큼의 감사함과 미안함과 그동안 깨닫지 못했던 부모님에 대한 저의 사랑도 느낄 수가 있었습니다.

반대로 연애에서의 사랑은 10대 때의 모습 그대로 성숙하지 못한 채 이어져 갔습니다. 대상만 바뀌었을 뿐 속 안의 진짜를 보지 않는 것은 그대로였습니다. 나를 좋아하는 사람들과 만나서 다들 하듯이 사랑을 말했지만 그건 사랑이라고 부르기에는 과분한 '호기심' 정도에 지나지 않았습니다. 그땐 사랑이란 단어 자체가 쉬운 만큼 깊이가 없었기에 마음도 쉽게 변했고 상대방의 상처에도 아랑곳하지 않았습니다. 스스로가 사랑이 무엇인지 알지 못하니 사랑을 받아도 진심이라고 믿을 수 없었고 또 믿지 않았습니다. 그래서 지금의 남편을 만나기 전에는 사람들이 말하는 진정한 남녀 간의 사랑이란 드라마나 영화 속에서나 존재하는 허구일 뿐 실상은 존재하지 않는다고 생각했습니다.

그러다 20대 후반이 되어서야 '진짜 사랑'을 발견하게 되었습니다. 그 사랑은 현재 진행형인데 제가 처음으로 타인에 대해 느낀 사랑의 감정이자 남편 그 자체로 존재합니다. 세상에 사랑이라는 감정이 실제로 있고, 내가 그걸 하게 되었구나를 느꼈을 때의 그 감격을 아직도 생생히 기억합니다. 너무나 벅차서 눈물이 날 정도였습니다. 결혼식에서 결혼선언문을 읽으며 그 감격이 되살아나 기쁨의 눈물을 흘리며 꺼이꺼이 울기도 했었습니다. 그때 사랑은 뜨겁고 깊은 서로에 대한 굳건한 믿음의 모습이라고 생각했습니다. 단순한 호기심이나 가벼운 감정이 아닌 이 사람을 위해 내가 목숨을 버릴 수 있느냐 없느냐의 심오한 문제였습니다. 그리고 결혼한 지 이제 4년 차가 되면서 아픈 시간도 극복하고 별나게 행복했던 순간도 지나고 나니 이제는 사랑이 제 안에서 새로운 모습으로 변화하고 있다는 걸 느낍니다. 따뜻하고 온화하고 편안한 감정으로 말입니다. 이런 감정은 흐르는 대로 쉽게 변했다고 말할 순 없습니다. 많은 노력과 이해의 과정을 통해 서서히 모습을 바꾸게 된 것이기 때문입니다. 그 덕분에 사랑은 발견하는 것에만 있는 것이 아니라 배움을 통해서 더 깊어질 수 있다는 것을 깨닫게 되었습니다.

이렇게 제가 겪은 사랑의 모습은 완전히 다른 것으로 바뀐 것도 있고, 현재 진행 중인 것도 있으며 부모님의 사랑처럼 인생 전반에 걸쳐 펼쳐져 있는 것도 있습니다. 아직 제가 겪지 못한 사랑의 종류도 많이 있고, 앞으로도 사랑에 대한 저의 시선과 깊이는 계속 변할 것입니다. 그래서 지금은 사랑에 정의를 내릴 수 없습니다. 어떤 사랑의 모습이든 우리는 사랑을 하게 될 거고 인생의 마지막까지 스토리는 계속 이어질 것이기 때문입니다.

그래서 사랑은 지금 읽고 있는 책과 같습니다. 다음 장에 내가 뭘 보게 될지 알 수가 없습니다. 그래도 마지막 장을 넘겼을 때 자신이 쓴 책을 사랑할 수 있게 되기를 바라며 모두가 살아가면 좋겠습니다. 저 또한 남은 인생에서 경험하게 될 더 많은 사랑의 모습들이 기대됩니다. 그리고 인생의 마지막에 감히 사랑의 정의를 내려보고 싶습니다.

느닷없이 사랑에 관한 글 한 편 써주지 않겠느냐는 부탁을 받았습니다. 글을 쓰는 동안 고뇌의 시간을 보냈지만, 사랑하고 사랑받는 현재의 삶을 더 사랑하게 되었습니다. 이상 신혼생활을 보내고 있는 30대 여자의 사랑얘기였습니다.

- 미국에 새 터전을 잡은지 4년 차, 눈에 넣어도 안 아픈 강아지 한 마리와 백발이 되어도 손 꼭 잡고 함께 걷고 싶은 동반자가 있어 행복하다는 30대 초반의 이다빈이다. 직장에서 점심 도시락 먹던 인연 내세우며 사랑 이야기 한 토막 부탁했었다. 남다른 포부가 있어 인생 진로를 바꾼 그녀만의 책장이 사랑으로 가득 채워지기를 기원한다.

그중의 제일이 사랑이라

조정락 장로

이 땅에 살아가는 우리는 우리의 삶을 영위 하는 데 있어, 자연환경이 얼마나 중요한지를 알고 그 자연을 주신 하나님께 감사해야 합니다. 생명을 유지하는데 필요한 모든 것에 늘 감사하며 살아가야 하는데, 그 모든 것이 그저 존재하는 것처럼 생각하고 아무 생각 없이 자연을 훼손하고 있는 것입니다. 과연 창조주이신 하나님께서 인간을 처음 자신의 형상대로 창조하실 때 어떤 마음으로 하셨을까요?

아담과 이브가 하나님의 명을 거역하고 에덴동산에서 쫓겨날 때도 하나님은 그들을 사랑으로 감싸며 이 땅의 모든 창조물을 다스리며 생육하고 번성하라 하셨습니다. 우리는 가끔 사랑이란 말을 사용할 때 아무 생각 없이 사용하는 경우가 많습니다.

사랑이라 하면 첫째로 부모님의 사랑을 떠올립니다. 부모님이 자식을 생각하는 마음은 한마디로 헌신적인 것입니다. 어떠한 바람과 조건도 없이 오직 자기를 희생해서라도 자식의 일이라면 무조건 들어주고 행하는 사랑을 보여줍니다. 그러나 부모님의 사랑은 헌신적이고 희생적이긴 하나 그것은 오직 자신의 바람과 희망이 그 자식에게 있기에 이기적인 사랑이라고 생각할 수 있습니다.

둘째는 이성 간의 사랑입니다. 남녀 간의 사랑은 하나님께서 아담과 이브를 창조하실 때 주신 원초적인 사랑입니다. 서로 의지하고 종족 보존이란 하나님의 섭리가 있기에 하나님의 뜻에 순종하는 한, 순수하고 깨끗한 본능적인 사랑이라 할 수 있습니다.

셋째는 친구 간의 사랑이 있습니다. 이것은 보통 우정이라고 합니다. 요사이 말하는 동성연애는 하나님이 허락하지 않는 사랑입니다.

바울은 고린도 전서 15장에서 사랑에 대하여, '1절~3절'에서 하나님은 사람에게 많은 종류의 은사를 주어 우리의 삶에서 그 은사를 통해 사랑을 베풀게 하였지만, 사랑이 전제되지 않는 모든 행위는 무익하다는 사랑의 필요성을 언급하였습니다. 또한 '4절~7절'에서 사랑은 추상적 개념이 아니고 생활 속의 구체적 덕성으로 언급하여 사랑의 본질을 얘기하였으며 '8절~13절'에서는 사랑은 사람의 성장 과정을 통해 설명하였습니다.

사람이 만든 삶의 지침은 우리가 살아가면서 변화되고 성숙 되어가지만, 어느 순간 없어집니다. 사랑만이 영원하신 하나님의 가장 큰 뜻인 것입니다.

하나님을 믿는 성도들이나 믿지 않은 사람일지라도 세상 속의 삶을 살아갈 때는 항상 겸손하고 온유하고 오래 참으며 사랑 가운데서 서로 용납하는 '에베소서 4장 2절'의 삶을 살아야 합니다. 세상의 법은 제재에 있고 처벌에 있지만, 하나님의 법은 회개에 있으므로 사랑의 정신 근간이 되어야 합니다. "너희는 모든 일을 사랑으로 행하라(고전 16:14)"

"예수께서 이르시되, 네 마음을 다하고 목숨을 다하고 뜻을 다하여 주 너의 하나님을 사랑하라 하셨으니 이것이 크고 첫째 되는 계명이요 둘째도 그와 같으니, 네 이웃을 네 자신같이 사랑하라 하였으니 이 두 계명이 온 율법과 선지자의 강령이니라.(마태복음 22:27~40)"

하나님이 우리에게 주신 가장 큰 계명은 바로 하나님의 뜻인 사랑입니다. 우리에게는 하나님과 예수 그리스도에 대한 믿음과 천국에 대한 소망과 하나님의 뜻인 사랑, 이 셋 중에 '사랑'이 제일이라 했습니다.

우리 모두 사랑의 고리로 하나 되어 이 땅에 하나님의 뜻인 천국을 이르는 그 날까지 서로 사랑합시다.

- 30년을 교직에 몸담으셨던 장로님이시다. <사랑의 나눔> 부에서 여러 해 동안 함께 일하고 있는 따뜻한 인연의 흔적을 『사랑』에 남겨 주셔서 감사 드린다. 하루 빨리 코로나 19가 이 땅에서 종적을 감추고, 장로님의 건강도 완전히 회복되어 다시 모일 수 있는 날이 오기를 기원 드린다.

다름의 축복

황순원 사모

상담실 문을 두드리는 부부들의 고민 중 '우리 부부는 서로 달라도 너무 달라요'가 많은 자리를 차지합니다.

남녀가 처음 만나며 서로 다른 점에 끌려 사랑에 빠질 때면, 모든 것이 매력적으로 보여 마침내 결혼까지 합니다. 신혼시기에는 사랑의 호르몬이 풍성하게 나와 약점도 실수도 보이지 않습니다. 그러나 이 호르몬은 유통기한이 있어 어느 기간이 지나면 더 이상 효력이 발생하지 않습니다.

이 시기를 권태기라고 하는데 서로 다른 점 때문에 불편해지고 후회가 나오기 시작합니다. 부르는 호칭도 달라집니다. "Honey"라고 부르던 남편을 향해 "인간"으로 바뀌기도 합니다.

어느 날 아내가 감자를 맛있게 삶아서 설탕과 함께 식탁에 준비해놓고 남편을 불렀습니다. 남편이 감자를 먹으려고 하자 아내는 화들짝 놀라며 "아니 감자를 먹는데 웬 소금이냐고 설탕을 찍어 먹어야 맛있지 않느냐."라고. 그러나 남편은 "아니, 감자에 설탕을 찍어 먹는 사람이 어디 있나?" 아내도 질세라 "우리 집에서는 설탕을 찍어 먹는데."

이 말에 남편은 대뜸, 감자에 설탕 찍어 먹는 집안이니 그 모양이지 하며 처갓집을 들먹이기 시작합니다. 아내는 화가 나서 그럼, "소금 찍어 먹는 집안은 얼마나 잘났느냐"고 대들자 언성이 높아지고 싸움은 점점 커졌습니다.

아내가 그동안 참아오던 것들을 다 쏟아내며 당신 집안 꼴도 보기 싫다며 이혼하자는 말을 내뱉자 남편은 화가 치밀어 "그래 못할 것 없어" 하며 변호사를 찾아 자초지종을 늘어놓았습니다.

가만히 듣고 있던 변호사가 하는 말, "우리 집은 감자 먹을 때 김치와 함께 먹는데요."

하나님이 결혼제도를 만드신 목적은 서로 다른 가정에서 분위기, 가치관, 언어, 습관, 성격조차 다른 사람들끼리 만나서 하나가Oneness 되는 것입니다. 바울은 결혼의 원리를 예수님과 교회에 대해서 말하면서 설명하였습니다.

예수님과 교회(성도)가 하나Oneness 된 것처럼, 부부도 하나가 될 때 가장 행복한 결혼생활을 누릴 수 있는 것입니다. 그러나 서로 다른 점 때문에 싸우다가 마침내 이혼까지 가게 되는 부부가 있습니다.

사랑하는 데는 기술이 필요합니다. 이 기술 중 가장 중요한 것은 적응

Adopt하는 기술입니다. 적응Adopt하려면 먼저 배우자를 알아야 합니다. 나와 무엇이 다른가를 찾아야 합니다.

다른 점은 우리를 불편하게 만들고 짜증 나게 합니다. 그러나 이 다른 점을 잘 활용하면 오히려 큰 유익을 가져오기 때문에 축복이라고 할 수 있습니다. 상대방의 다른 점을 틀렸다고 판단하기 때문에 고칠 것을 강요합니다.

결코, 다른 점은 틀린 것이 아니고 서로가 다른 것뿐입니다. 배우자보다 한 단계 내려갈 때 배우자의 다른 점이 귀하게 보입니다.
이때 비로소 이해 "UNDER STAND" 할 수 있고 다른 점을 받아들이는 기술을 터득할 수 있습니다.

적응Adopt의 명수이신 예수님이 하늘 영광 보좌를 버리고 인간의 자리로 내려오신 것처럼….

- 『낮엔 해처럼 밤엔 달처럼』이란 제목 하에 '황순원 칼럼'을 쓰셨던 목회자 사모님이시다. 현재는 CMF 사모선교원 원장으로 활동하신다. 절필하며 지냈던 시간을 거슬러 '다름의 축복'을 나눠 주셔서 감사드리며 더욱 건강하시기를 기원 드린다.

작은 메모

서전희 집사

　가끔 나를 감동시키는 우리 딸 덕분에 작년에 나는 상을 두 개나 받았다. 하나, '엄마로서 대상' 둘, '맛있는 점심 싸주셔서 공로상' 가슴이 살짝 떨리며 눈을 깜박였다. 그리고 바로 든 생각이 "도시락 반찬 신경 써야겠네." 나도 울 엄마의 딸이었다. 나는 울 엄마에게 무슨 상을 주었나. 살갑게 군 적도 없는 것 같다. 미안하고 보고픈 마음에 '엄마'하고 소리 없이 불러보니 내 몸 어디선가 찡하고 소리가 난다.

　유리창을 좋아하던 나는 드디어 작은 창문이 있는 조그만 부엌을 획득! 그 창가에 예쁜 화분과 함께 일 년 전 받은 하얀 양란을 놓았는데 활짝 날개를 펴 감동을 선사한다. 잠깐 아메리카노의 커피 향과 감미로운 음향의 어쿠스틱Acoustic 노래에 나를 맡긴다.

　이 집으로 이사 온 후 실력은 없지만, 나도 나의 밭을 갖고파 하는 마음에, 언제 보아도 듬직스럽고 심성이 좋은 우리 사위를 졸라 뒤뜰에 작은 텃밭을 마련하였다. 거기에 대파도 심고, 참외도 심고, 딸기와 당근도 심었다. 친절한 친구에게 얻은 깻잎 모종도 정성스레 심었다. 또한, 과일이 주렁주렁 열리는 것이 보고 싶어서 그 어려운 진흙땅을 사장배 우리 남편과 멋진 우리 아들이 허리가 끊어지게 삽질해서 사과나무와 모과나무도 심었다.

얼마 전 사과나무는 가지를 몽땅 잘려 짧은 나무는 대만 남았고, 모과나무는 벌레를 먹어 살리려고 무지 애쓰다가 그냥 다 잘라버렸으며, 참외는 그래도 2개 건졌는데 딸래미가 잡초인 줄 알고 그것마저 뽑아버렸다. 기대를 걸었던 당근은 개미밥으로 증정하고 딸기는 빨간색 보는 즐거움만으로 만족해야 했다. 그래도 끝까지 우리의 바람을 저버리지 않은 깻잎은 여름내내 우리 식구에게 사랑을 베풀었다.

올봄, 잡초만 무성한 텃밭에 삐죽이 대파가 고개를 쳐들고 날 좀 봐요, 하길래 하나님이 보호하사 귀찮아하는 남편을 들들 볶아 그 맵다는 청양고추와 그래도 맛있다고 남편이 애지중지 받아 놓은 참외를 심었다. 요즘 들어 비가 자주오니 우리나라 만세다. 아마도 올여름은 얼큰한 논상씨개와 후식으로 아삭한 참외를 기대해도 될랑가 싶다.

가끔 남편과 나는 앞서거니 뒤서거니 잡담을 하며 산으로 간다. 그곳은 산악자전거 길인데 가끔 지나가는 자전거가 소리를 내어 신호를 보내면 우리는 살짝 옆으로 비켜주고 서로 인사를 한다. 조금 울퉁불퉁한 그 길 저만치 시원한 호수가 있고 많은 청량감을 주는 대나무숲 길과 오솔길이 주는 멋스러움은 다시 한번 자연이 주는 고마움과 사랑을 느끼게 한다. 오늘도 내 주변의 아름다운 사람들과의 만남 속에서 또 다른 행복을 기대하며 나는 또 진한 에스프레소 커피 한잔에 나를 맡긴다.

- 서울 토박이의 깜찍하고 친절한 마음이 온몸에 배어있는 사범대 출신 집사님이시다. 차 한잔 마시며 떠올릴 수 있는 긴 메모 한 장을 『사랑』에 싣고 싶었다. 아메리카노의 그윽한 커피 향과 감미로운 음향의 어쿠스틱Acoustic 노래에 "나"를 맡긴다는 그녀의 여유로움에 찬사를 보낸다.

시어머님의 선물

제미순

미국 요양원에 계신 시어머님의 건강이 나빠져 돌아가실 수도 있다는 소식에 남편과 함께 한국에 거주하는 아들들이 급히 미국으로 갔습니다. 다행히 아들들 얼굴을 보신 시어머님은 가족들의 간절한 기도에 힘입어 다시 회복하셨습니다. 그 이후로 시어머님이 돌아가시기 전에 한번 봬야겠다는 생각이 계속되었습니다. 그러나 직장의 중요업무를 마무리해야 하는 책임을 맡아 하루하루 시간을 다투고 있어 틈을 내기가 쉽지 않았습니다. 방학이 시작되면서 업무계획을 일부 변경하여 어렵게 10일 정도의 시간을 마련하고, 대학생 아들과 함께 미국행 비행기에 올랐습니다.

비행시간이 길어지면서 앞에 있는 영화들을 검색하게 되었고, 제목이 마음에 든 '오두막'을 골랐습니다. 자연에 관한 이야기로 기대하였으나, 어른 남자가 사랑스러운 딸아이가 납치되면서 슬픔에 묻혀 살아가던 중에 하나님을 만나고 죽은 딸을 만나는 스토리였습니다. 그 영화를 보는 중에 하염없이 눈물을 쏟게 하는 하나님의 말씀이 있었습니다. '네가 나를 알든 모르든 나는 언제나 너의 옆에서 너를 사랑하고 있었다'. 아들 덕분에 성경을 접하기는 했지만, 정식으로 교회를 다니고 있지는 않았습니다. 그런데 그 말씀 이후 내내 눈물을 흘리면서 영화를 보았고, 최근의 힘겨웠던 장면들이 떠올랐습니다. 저의 건강 문제로 병원에 다니던 때, 아들의 군대 문제로 마음 졸였던 때, 남편의 건강을 회복하기 위해 노력하던 때, 등등. '그랬구나. 하나님은 언제나 옆에서 사랑을 주셨구나. 그 덕분에 오늘 이렇게 살고 있구나' 하는 감동이 밀려왔습니다. 이 경험은 이후의 저의 삶에 큰 영향을 미치게 되었습니다.

오랜만에 뵙게 된 시어머님의 하루하루는 고모님의 사랑이 가득하게 느껴져 좋았습니다. 시어머님이 다니시던 교회에서 어머님과 가족들을 위한 예배를 드리고, 미국에서 생활하는 가족들의 일상도 들여다보면서 내내 하나님의 사랑을 생각했습니다. 결국 '사랑'은 그 비행기에서부터 아들과의 대화 주제가 되었고, 이후 저의 삶의 목표가 되었습니다. 한국에 돌아오면서 저의 일상들을 점검하기 시작했습니다. '나는 그 사랑으로 일상들을 채우고 있는가?'를 고민하기 시작했습니다. 아무리 살펴보아도 너무 동떨어진 생활이었고, 많이 부족했습니다.

'어떻게 하면 사랑만 하면서 살 수 있을까?' 기도와 함께 방법을 찾기 시작했습니다. 우선 건강이 나빠지면서 너무 힘겨웠던 직장을 정리하기 시작했습니다. 그러던 중에 여기저기 흩어졌던 5명의 자매들이 고향에 모여 살자는 이야기가 나왔습니다. 결국, 진해로 이사를 하였고, 대학을 가면서 시작된 40여 년의 타향살이가 막을 내렸습니다. 다행히 남편은 산이 보이는 새집에서 작업이 잘 된다며 좋아했고, 저는 '사랑'만 하면서 살 수 있는 행복한 나날을 누리고 있습니다. 시어머님께서 돌아가시기 전 부족한 며느리에게 주신 큰 선물이었습니다.

미국을 다녀온 후 '사랑'에 대한 아들과의 대화는 계속되었습니다. 대학에 가면서 교회를 다니게 된 아들과 '예수님의 사랑은 얼마나 위대한가!'에 대한 이야기를 잠시 한 적은 있었지만, '사랑'을 주제로 내내 대화를 해본 적은 없었습니다. 몇 달에 한 번씩 아들이 집에 올 때면 우리의 대화는 계속되었고, '우리가 알든 모르든 하나님은 언제나 우리를 사랑하고 계신다. 그러니 우리 삶의 중심에 사랑을 두는 것이 옳지 않은가?'라는 주제였습니다. 아들은 '엄마는 남은 인생을 사랑만 하면서 살아가려고 한다'라는 말을 좋아해 주었습니다. 그러던 어느 날 '엄마, 제가 교회에서 정리했던 내용입니다'라며 「그중의 제일은 사랑이라」라는 제목의 글을 보내주었습니다.

그 글을 읽어 내려가던 중 가슴에 훅하고 들어오는 내용이 있었습니다. '사랑=삶=미션. 궁극적으로 신이 주시는 가장 근본적인 미션은 사랑하는 것이다. 우리네 삶이 고통이라 한다면 사랑한다는 것은 타인의 고통을 함께 감내한다는 뜻이다. 즉, 인생이란 육체적 고통뿐만 아니라 사랑이라는 영적 고통도 같이 감내함으로써 완성되는 것으로 볼 수 있다. 사랑을 통해 인생을 충만하게 사는 것이 곧 예수님이 주시는 미션이다.' 종교에 제대로 입문해보지 않았던 저로서는 20대에 이런 고민을 해보지 못했습니다. 인생의 다양한 굴곡을 경험한 나이가 되어서야 이 단어들을 깊이 생각하게 되었습니다. 아들이 사회인으로서의 역할이 본격적으로 시작되기 전에 '인생, 신이 주신 미션, 사랑'을 고민할 기회가 있었음에 감사의 눈물이 핑 돌았습니다.

이제 아들은 더 큰 세상으로 나아가기 위한 준비를 하고 있습니다. 언제 어디서나 함께하시는 하나님의 사랑에 힘입어 자신에게 주어진 미션을 위해 부단히 노력할 것입니다. 그 과정에서 아들이 언제나 '나는 하나님 보시기에 좋은 일을 하고 있는가?', '나는 사랑을 중심에 두고 살고 있는가?'를 고민하기를 기도합니다. 세상을 마음껏 사랑하면서 하나님의 미션을 멋지게 완수하기를 기도합니다. 또한, 하나님의 큰 사랑 안에서 저와 남편, 그리고 가족들의 일상이 사랑으로 가득하기를 기도합니다.

아들이 세상을 바라보는 관점에 '하나님의 말씀'이 언제나 함께 할 수 있도록 기도해 주시고 도움을 주신 시댁 어르신들과 이 책을 엮고 계시는 형님, 그리고 아들이 다니는 교회 가족분들께 진심으로 감사드립니다.

- 간호대 교수로 재직하다 퇴직하여 벚꽃 마을 진해에 안착한 손아래 동서다. 평생동안 책 읽고 글만 쓰는 남편을 우리나라의 몇 안 되는 국보로 여기며 사는 마음이 어떤 국보 못지않게 귀하다. 고향에 모인 다섯 자매들의 사랑 이야기가 아름답게 무르익기를 두 손 모아 기원하여 본다.

어느 가을에

김수근 집사

6년 전 어느 가을에 있었던 이야기다. 그해 10월 7일은 우리 며느리의 여섯 번째 아이 태아 초음파 검사가 있는 날. 임신 4개월이다. 아들 내외와 손자 5명, 사돈 내외분, 그리고 우리 부부 이렇게 11명의 1개 분단 규모의 가족이 병원 로비에 기다리는 중이다.

뜬금없이 "아빠 Blue와 pink 중 어느 색을 원하세요?" 한다.

"뭔 소리여?"

사전에 요청하면 男兒인지 女兒인지를 진찰 후 나올 때에 남자아이면 블루, 여자아이면 핑크색 풍선을 산모 손에 쥐여 준단다. 나는 순간 그 촬영실에 입장 못 하는 사람을 위한 배려 정도로 생각을 했다.

"근데 이번에 무슨 색이면 좋겠어요?"

"얘! 이번엔 너희들이 출산 전에 성性을 알기를 원하는 거냐?"

"아니요."

"근데 그걸 내게 왜 물어?"

"아빠 속마음이 궁금해서요."

"남아 여아 어느 쪽이든 무관하게 산모와 아이의 건강 상태 체크가 목적인 만큼 아빠께서 이해하시리라 믿어요."

"그려 알았어. 너희들이 알 때 알려 주소."

이 아들 내외는 다섯 아이 모두 낳을 때마다 내게 부탁하기를 남아 여아 한국 이름 두 개씩을 부탁해 왔었다. 대학교 입학 후 지금의 우리 며느리가 된 여자아이와 알고 사귀더니 약혼 후, 대학교 졸업일로부터 엿새 후에 결혼식을 올렸었다. F1 유학 비자 만료일 때문에 결혼 날짜를 서둘러 잡은 것이다.

이래저래 아비 입장에선 그 며느리가 은인이다. 아들놈이 불체자로 전락할 수도 있었기 때문이다. 그런 측면도 있지만 하는 짓마다 예쁜 짓만 해서 그 며늘아이를 우리는 아주 많이 아끼고 사랑한다.

우리가 예전에 미국에 여행이라도 오면 매일 밤 "안녕히 주무서요"하며 허그를 해주는데 그럴 때마다 울 내외는 행복했다. 하지만 '네가 다산多產하면 너무 힘들잖아.'라는 우리의 속마음을 표현 못 하는 불소통의 강한 아쉬움도 있다.

그것은 자칫 문화 차이에서 오는 "간섭 오해"일 수도 있어서 말 않고 꾹 참고 산다. 우리 앞에 있던 어떤 산모의 손에 핑크빛 풍선이 들려져 있는 게 눈에 들어온다.

그때 간호사가 우리를 불렀다. 우리 차례가 된 것이다. 아들이 나도 같이 들어가자고 권한다.

"웬 시아비가 거긴 왜 또 들어가? 3년 전에 함 보았으면 됐지! 또, 안 들어 갈란다."

"아니!! 여기 오신 목적은 전 가족이 아기의 건강을 확인차 온 것인데요."

"이 아들아 며느리 배 홀랑 벗고 초음파 검진할 거인데… 친정 부모만 들어가게 하소 고마.."

"괜찮아유.. 아버지도 차~암."

하는 수 없이 내가 졌다. 닥터가 열어주는 문을 통과하여 진찰실로 들어선다. 그 의사는 우리 모두가 입실 완료 때까지 문을 잡아준다. 이곳 미국 의사들은 언제나 친절하고 겸손한 것 같다.

우리 며느리는 키가 174cm인 백인 여성이다. 담당 의사는 침대에 올라간 며늘아이를 조심스레 다루지 않고 거칠게 옷을 젖히었다.

'아아! 이 의사 좀 살살 하시지 않고 팍팍하는 거 같다.'

며늘아이의 하얀 배를 보다가 초음파에 비치는 뱃속의 생명을 보고 또 6번째 손이로고… 뱃속의 아이를 본다. 며늘아이가 무척이나 기특하고 사랑스럽다. 지금같이 건강하고 활발한 아이를 아무 탈 없이 출산할 수 있게 되길 기도한다.

그 6개월 뒤 여섯 번째의 손녀를 보았고, 6여 년이 지난 지금, 우리 며느리는 손자 한 명을 더 낳아 일곱 자녀를 키우고 있다. 특별히 우리 며느리는 열일곱 살이 된 첫 손녀 때부터 시작하여 모든 자녀를 State에서 주관하는 Home Schooling 수업을 시키고 있다. 매일 매일 바쁜 일정을 소화하고 있는 며늘아기가 너무나도 귀하고 자랑스럽다.

이 할배 할매가 또 감사하고 고마운 것은 이 어려운 코로나 19 팬데믹 상황에서도 예전과 똑같이 안전하게 집 안과 앞 뒤뜰에서만 아이들이 공부하고 뛰어놀 수 있게 환경을 만들어주신 하나님 아버지께 무한한 사랑과 감사함을 느낀다.

 - 육사교관을 지내시고 삼성그룹에 몸담고 계셨던 집사님이시다. 집사님 내외분을 뵐 때면 '손자는 노인의 면류관'이라는 잠언을 떠올리게 한다. 일곱 명의 자녀를 키우고 있는 아드님 가정의 아름다운 이야기를 나눠 주셨음에 감사 드린다. 새벽을 깨우며 교회로 향하시는 두 분의 발걸음에 하나님의 은혜가 늘 함께 하시길 기원 드린다.

사랑은 언제까지 떨어지지 아니하되

한용숙 권사

지금으로부터 27년 전 의지 할 사람 하나 없는 오클라호마 작은 도시에서 미국 이민의 삶이 시작되었습니다. 아는 사람이라곤, 서울에서 다니던 교회 전도사님 아들이 유학하고 있었고, 두 여자 집사님들이 조기 유학을 하는 자녀들을 돌보기 위해 와있었는데, 그것이 아는 사람의 전부였습니다.

도시랄 것도 없는 인구가 그저 삼사만, 한국의 한 아파트 단지에서 사는 사람 수보다 많을 것도 없는 사람들이 살아가는 작은 농촌 도시였습니다. 그곳의 규모가 얼마나 작은지 월-마트를 가면, 그로서리를 고르는 동안 적어도 아는 사람 몇 명은 만나게 되고, 이런저런 이야기를 나누어야 장보기를 끝낼 수 있는 곳이었습니다.

하룻강아지가 범 무서운 줄 모른다고 나는 그곳이 만만하게 느껴졌습니다. 난 그 도시에 대하여 아무것도 모르면서 간호사가 일할 수 있는 곳엔 어느 병원이든 이력서를 냈습니다. 내게 있는 것이라곤 캘리포니아 간호사 라이센스와 별 볼 일 없는 영어 실력뿐이었습니다. 일할 수 있는 신분이 안 되어 노동 허가증조차 없이 이력서를 내고 나를 쓸려면 영주권도 내주어야 한다는 식이었으니, 아무 곳에서도 나를 불러주지 않는 것은 당연한 것이었습니다.

취직하는 것이 쉽지 않다는 현실을 깨달으면서, 마음을 다하여 기도하였지만 믿음이 조금씩 흔들리며 장래에 대한 염려가 저를 누르곤 했습니다. 남편은 이미 사표를 내고 퇴직금도 찾아왔으며 아이들 학교도 그만 다니기로 하고 서류처리를 한 상태였으므로 쉽게 되돌아갈 수도 없었습니다. 그야말로 어려움이 사면으로 둘러싸고 있는 것 같았습니다.

사랑은 모든 것을 참으며 모든 것을 믿으며 모든 것을 바라며 모든 것을 견디느니라.

10달 동안 아무런 기약 없이 하나님의 응답을 기다리는 것은 참 어려웠습니다. 성경에 엘리야가 얼굴을 무릎 사이에 끼고 비 오기를 기도할 때의 그의 심정이 저절로 이해가 됐습니다. 구름 한 점 없는 파란 하늘 아래에서 비 오기를 기도하는 심정. 얼마나 간절했을까.

마른 땅에 비 오기를 갈망하듯 나의 기도는 가뭄에 타들어 가는 땅 같았습니다. 비록 하늘은 구름 한 점의 비 올 사인이 없어도, 그래도 기도를 쉴 수가 없었으며 믿으며 바라며 견디기를 그칠 수 없었습니다. 지금 생각해보면 자식을 향한 사랑이 그렇게 기도하게 하는 힘이었던 것 같습니다.

그렇게 갈망하던 기도는 응답되었고 드디어 병원으로부터 일할 수 있다는 축하 편지를 받았습니다. 며칠 후부터 그 병원에서 일하게 되었고 나와 나의 가족이 미국에서 살아갈 길이 열렸습니다. 병원에서의 일은 영어를 잘 알아듣고 말하지 못함으로 인하여 실수도 많이 하고 울기도 많이 했지만 하나님의 사랑과 은혜에 감사하므로 모든 것을 참을 수 있었습니다.

그 병원에 들어가 일을 하면서 또 하나 알게 된 사실은 왜 나를 채용하였는지 알 수 없었습니다. 언어에 장애가 없는 미국 간호사들을 얼마든지 채용할 수 있었거든요. 전적인 하나님의 은혜요, 나의 부르짖음에 대한 하나님의 응답이었습니다. 언어 소통부터 부족한 나에게 일할 곳을 주신 하나님과 병원에 감사한 마음을 담고 항상 기도하며 일을 했습니다. 아무리 까다로운 환자라도 주님이 나에게 맡겼다 믿고 돌보면 결국은 신뢰를 얻게 되었습니다.

간호사의 일을 그만둔 지가 15년도 넘었는데, 그 무렵 내가 돌보던 한 환자가 생각납니다. 그는 폐암 말기로 죽음의 문턱에 가까이 있었습니다. 그 당시 그 환자의 나이는 83세로 기억되는데, 나이와 걸맞지 않게 곱고, 미국식으로 표현한다면 큐트했습니다. 외로이 죽음의 문턱에 서 있던 그는 밤에 잠이 들면 잠꼬대를 하곤 했습니다. "마마" "파파"를 부르며 헛손질까지 했습니다.

그 환자가 잠에서 깨어나면 무슨 꿈을 꾸었느냐고 물었습니다. 그러면 그 환자는 닭장에서 계란을 꺼내 와서 엄마 아빠와 빵을 굽고 스프도 끓이고 닭 모이도 주었다는 등 꿈 이야기를 해주었습니다.

그 환자의 어린 시절 꿈속의 배경은 지금으로부터 100여 년 전 오클라호마에 사람들이 정착하기 시작했던 그 시절로 거슬러 올라갈 수 있을 것입니다. 그 환자는 너무 두렵고 외로운 죽음의 문턱에서, 가장 행복했던 어린 시절을 그리워하며 자신이 이미 80이 넘은 폐암 말기라는 사실을 잊은 듯 아직도 마마 파파의 어린 딸로 착각을 하는 듯했습니다.

삶의 마지막 순간, 가장 견디기 어려운 순간에 부모님의 사랑이 그리웠을 것이라 짐작됩니다. 이미 세상을 떠난 지가 오래된 어머니 아버지를 몹시 그리워하던 그 환자는 나로 여러 가지 생각을 하게 하였습니다. 나를 기르신 부모님 사랑의 소중함과 자녀를 기르는 나 자신은 우리 아이들에게 어떤 사랑을 주고 있는지…

간호사로 일을 한 나는 많은 환자들의 임종을 보아 왔는데, 보통은 사람들이 세상을 떠나기 전에 사랑하던 사람들을 보기 원합니다. 어떤 이들은 사랑하는 자녀들을 보기 전까지 눈을 감지 않으려 마지막 사투를 합니다. 미국의 많은 사람들이 부모님의 임종에 와서 마지막에 하는 말은 이렇습니다. 하늘나라 가시는 부모의 손을 잡고 귀에다 대고 말합니다.
"나는 괜찮아, 걱정하지 마세요."
"그러니 평안히 가세요."
"걱정하지 말고 평안히 가세요."

죽음 앞에서도 자녀를 사랑함이 끝이 나지 않는다고 생각이 됩니다. 사랑은 더 이상의 소망도, 누구를 원망하거나 미워할 힘과 시간이 없을 때까지, 떨어지지 아니하는 하나님이 사람 안에 심어 놓으신 가장 아름다운 감성인 것 같습니다.

- 백의의 천사로 불리는 간호사의 길을 걸으시다 이제는 고희古稀의 넉넉한 향기를 날리며 살고 계시는 권사님이시다. 닮고 싶은 마음이 있어 바라보는 시선에 미소가 실린다. 소녀처럼 수줍어하시며 건네주신 원고에 감사드리며 더욱 건강하고 행복하시기를 기도드린다.

일념 Conviction

조남희 집사

봄을 재촉하는 비가 연일 내리고 있다.

비가 잦아서인지 집주변의 잔디밭은 하루가 다르게 푸르름이 더해가고 있다. 그에 뒤질세라 나이 든 상수리나무 밑으로 우뚝우뚝 고개를 내미는 작은 상수리 새싹들이 서로 잘났다고 날마다 키를 자랑하고 있다. 평화롭게 빗물로 촉촉이 적시어진 풀밭들을 보고 있노라니 얼마 전 나무 밑에 앉아서 두 시간이 넘도록 땅속에 뿌리를 내려 가시같이 돋아난 상수리나무들과 실랑이를 하던 일이 생각난다. 어린나무들이지만 잔디 깎는 사람들이 밀고 간 자리에는 늘 날카로운 가시로 변해 뾰족하게 머리를 하늘로 드러낸다. 아무리 뽑아내고 긁어내어도 해마다 셀 수 없이 떨어지는 상수리 열매들이 뿌리를 내리고 싹이 터서 내가 좋아하는 고목나무 주변에 가시처럼 돋아난다. 그래서 봄이 시작되는 이때쯤이면 시작되는 전쟁이, 여름 동안 끊임없이 뽑아내야 하는 큰일이 된 지도 어느덧 여러 해가 지나고 있다.

어느 날, 부엌 바닥에서 발견한 핏방울들! 너무 놀라서 살펴보니 방금 떨어진 것 같다. 내 손을 살피다가 순간 우리 강아지 릴리 엉덩이에 묻어있는 피를 보았다.

가슴이 철렁 내려앉았다. 자세히 살펴보았다. 아마도 말 못 하는 이 어린 것이 쪼그리고 앉았던 자리가 웬수같이 가시 돋친 어린나무였음이 틀림없었다. 얼마나 아팠을까! 표현도 못 하고 그동안 얼마나 많이 찔렸을까! 화장실도 편히 못 가고 아픔을 겪다니 내 소중한 멍멍이가… 진즉 더 뽑아냈어야 했는데… 오늘은 하늘이 두 쪽이 나도 저 웬수들을 모조리 말살시킬 각오로 한순간의 망설임도 없이 스쿠르드라이버와 가위를 챙겼다. 일단 내 엉덩이도 찔리지 않아야 하기에 페티오 의자 쿠션을 챙기고 전화기도 챙기고 최대한 편안한 자세로 잔디 위에 깔고 앉았다. 멍멍이도 찔린 엉덩이를 대고 내가 깔아준 방석 위에 앉는다. 내가 움직일 때마다 멍멍이도 내 곁으로 다가와 몸을 기대고 기다림에 지쳤을 땐 잠을 청하곤 한다. 사랑스러운 나의 강아지!

오디오를 통해서 요한복음을 들으며 내 마음은 미운 뿌리에 대해 강퍅함과 뿌리 몰살에 대한 '일념'으로 가득했다. 드라이버로 잔뿌리를 쑤셔 올려 뽑아내기를 얼마 동안 했을까…, 어느덧 예수님이 부활하시고 제자들에게 이르신다. "성령을 받으라 너희가 누구의 죄든지 사하면 사하여질 것이요 누구의 죄든지 그대로 두면 그대로 있으리라." 그저 책을 읽듯이 귀로 전해 들려지는 말씀.

예수님! 지금은 제가 남한테 무관심하다 보니 내가 누구를 용서할 것도 없고 그대로 둘 죄도 없는 것 같은데… 이 또한 제 마음에도 죄가 잔뜩 들어 있는 오만함인가요.. 죄송해요.

문득 열 손가락들이 아프다고 아우성들이다. 날 보고 자신들을 너무 학대한다고 모두들 불평하며 따지고 드는 것 같다. 오 마이 로드! 이 아이들이 정말 성이 났나 보네…. 엉덩이와 쿠션을 함께 끌며 고목나무 주변을 쑤시고 뽑아댄 지 어느덧 두 시간이 넘었다. 그래도 요한복음을 거의 다 들었다는 뿌듯함으로 일어서려다 허리와 뒷목이 너무 아파서 털썩 주저앉아버렸다. 아이고 아버지 주님께서 주신 이 모든 삭신들이 연결이 되어 잘 움직여 줘야 하는데 왜 이렇게 큰 마디 작은 마디들 모두가 우두둑거리며 아프다고들 요란한 합창을 하는지요?

자가면역 질환 관절염으로 몇 년 전부터 고생하는 내 뼈마디 들이다. 많이 아끼고 조심을 해주며 의사가 처방한 약으로 그나마 제자리를 지켜 주고 있는 내 관절들이 다들 아프다고 난리를 부렸다. 화가 치민 마디들을 추스르고 달래며 몸을 틀며 하나씩 맞추었다. 간신히 모두를 이끌고 뜨거운 욕조물에 담가 주었다. 한참을 지나니 그 난리를 피우던 아이들이 한결 조용해진다. 기특한 생각이 들어서 근육을 완화시키는 topical cream을 바르고 특별 마사지도 해주었다.

아직 손가락 녀석들은 많이 부어 움직이기가 힘들고 아팠다. 그래도 어느 정도 제거된 잡초들을 생각하니 기분은 한결 후련해졌다.

멍멍이도 따뜻한 물에 씻어 주었더니 이내 잠자리에 들었다. 마지막 21절을 끝내고 싶어서 성경말씀을 읽는 중 예수님이 나에게 물으신다. '네가 나를 사랑 하느냐, 나를 위해 네가 무엇을 할 수 있느냐' 갑자기 나를 감싸는 죄의식… 그리고 나 스스로에게 물어본다. 이 오랜 세월을 살아오면서 단 한 시간이라도 나의 모든 영과 육을 다하여 주님을 위해 온전한 일념으로 희생을 해보았는가… 오늘 내가 나의 모든 걸 바쳐 멍멍이를 위해 나무 뿌리를 뽑아내던 그 열정을 비교하며 회개를 하기 시작했다.

가시 돋친 저 작은 나무 같은 모습으로 세상 속에 함께하고 있는 것은 아닌지, 나로 인해 상처받고 힘들어하는 이들은 없었는지, 주님이 택하고 허락하신 저를 통해 주님의 모습을 닮아 더욱 아름답게 빛내는 자로 살아가게 하옵소서.

- Real Estate 에이전트로 근무하다 정년퇴직을 하신 집사님이시다. 음악과 더불어 유채화를 그리며 보내고 있는 여유와 평온함이 글 속에 녹아 있다. 몇 년 전 떠나보낸 우리 집 애견 멍멍이를 생각하며 반려견 릴리에게 쏟고 있는 사랑에 박수를 보내고 싶다. 처음으로 써 보았다는 "일념"을 계기로 새로운 도전, 습작이 시작되기를 바라며 늘 건강하기를 기원 드린다.

사랑이란

송철주 집사

　미국에 살다 보면 남편들이 기억해야 할 날이 많은 것 같다. 적어도 우리 남편한테는. 그런 남편에게 이제부터는 이름 있는 날 아무것도 하지 말라고 했었다. 그렇게 말한 후 처음 맞는 생일. 그날 남편은 좋은 말이 가득 쓰여 있는 카드에 자필 사인 하나만 덩그러니 써서 나에게 주었다. 그런데 뭔가 손해 본 듯한 허전함이 들어 내가 잘못 말한 건가 되돌아보았다. 늘 받는 꽃은 언제나 좋았지만, 너무 빨리 시들어서 오래 두고 보는 난이 좋다 했더니 때마다 받은 난으로 넘쳐났었다.

　이젠 관리도 안 되고 점점 로맨틱보다 덤덤한 아내가 되어 가는 것 같다. 기념할 날이 돌아오면 잊지도 않고 꽃을 들고 늘 쑥스러운 듯 두 손 뒤에 감추고 나보다 더 좋아하던 그 순수한 마음. 이 또한 살아가면서 느끼는 소소한 기쁨이지 않았었나! 그리운 날들이다. 물론 습관이 되어 선물을 다시 하겠지만 오늘은 내 말대로 해준 배려심 많은 남편에게 사랑을 보낸다.

　따로따로 또는 함께……. 한 살씩 나이가 들면서 새로운 것에 대한 편치 않은 불편함 같은 것이 있다. 이를테면 무엇을 새로 배울 때 느리게 습득하는 어려움이 있다. 이것은 나뿐만이 아니라 우리 나이 또래 사람들은 다 같이 느끼는 것일 것이다. 하지만 변하지 않은 오래된 기억에서 시작되는 새로운 추억은 언제나 즐거운 진행형이다. 하나뿐인 딸이 결혼하여 멀리 떨어져 살기에 이젠 두 가족이 되었다. 우리는 만나면 어디든 여행하기를 좋아한다. 남편과 사위는 구경 다니거나 맛있는 것을 먹는 즐거움의 코드가 맞는 덕에 우리 또한 입과 눈이 즐거워 늘 만남을 기대한다.

사위는 우리 집에 오면 탁자에 놓인, 예전 파리 에펠탑에서 찍은 나의 사진을 보며 "어머니 제가 이 자리에서 똑같은 사진 찍어줄게요." 한다. 언젠간 다시 한번 가고 싶어서 늘 내 곁에 두고 보던 사진을 사위가 눈여겨보았나 보다. 나의 마음을 읽은 듯해서 "그래?! 꼭 가자고."하며 대답한다. 나는 그런 날을 생각만 하는 것으로도 참 좋았다.

Paris! Paris! 하더니, 정말 가족여행 기회가 왔다. 옛날 사진 지참하라고 해서 사진도 복사하고 조금은 들뜬 마음에 룰루랄라 노래 부르며, 바바리도 챙기고, 배낭에 한껏 모양을 내본다.

30년 만에 다시 찾은 파리. 기억도 가물가물. 그때 보았던 기억 속 상자를 열듯 유적지를 찾아 돌아보았다. 예전에 루브르박물관에 갔을 때 커다란 그림일 거란 상상과는 다르게 실제로는 작아서 실망했던 모나리자가 지금은 따로 전시되어 있었다. 줄 서서 잠시 보아야 했다. 그때 당시 아주 많이 아팠던 조카를 위해 기도했던 노트르담 성당. 그 자리에서 우리 세 명의 손자들 하율, 하민, 하원이도 눈 꼬옥 꼭 감고 기도한다. 우리 애기 천사들은 무슨 기도를 했을까! 귀여움과 대견함 벅찬 성스러운 마음에 숙연해졌다. 사랑하는 마음 또한 어찌할꼬! 아마도 같은 생각을 했을 남편과도 따뜻한 눈맞춤! 이 한 공간에 함께 하신 하나님께 감사기도를 하며 행복해한다.

새삼 오늘은 나만을 위한 여행인 듯 내가 주인공이 되어 다시 한번 옛날과는 또 다른 감성에 젖어 마음을 추스른다. 걸어서 내려오다가 길가에 쪼그리고 앉아 먹던 바게트 샌드위치가 왜 그리 맛이 있던지. 파리의 풍경 속에 같이 어우러져 어디서나 화보 같던 사진. 이 자유로운 호사를 즐기다가 화장실을 찾으니, 그 광장에서 화장실은 왜 그리 먼 거리에 있는지. 파리는 그대로이고 나의 감성도 그대로이나, 나이ㅣ나이듦은 동전을 준비하고 화장실 위치부터 확인해야 했다. "여행은 가슴 떨릴 때 하는 것이지 다리 떨릴 때 가는 게 아니더라는 말이 지금의 나한테 하는 말인 것 같다. 요즘은 100세 시대라던데 어른들한테 혼날 소리일 게다.

Same spot and same post.
가족 속엔 큰손주 낳기 전부터 키우던 티컵 치아와(강아지) 후니가 있다. 나이가 많은 후니를 보면 나이 들어가는 내 모습을 보고 있는 것 같아 짠하다. 그런 후니를 가방에 넣어 메고 다니며 힘들단 소리 없이 앞서가던 7살 손주. 어린아이가 어디서 그런 사랑이 나오는 건지 그렇게 간 파리 에펠탑 광장, 우린 그 넓은 광장을 걸어 걸어 삼십 년 전 그때 그 자리를 찾는다. "어머니, 여기예요?" "아니 여기 아닌 것 같은데 풀밭이 아니었는데!" "아, 그래요?!" 그럼 좀 더 거기인가 하며 찾은 곳에 가져간 옛날 사진을 꺼내 다리도 똑같이 하라던 사위, 나한테는 언제나 다정함이 많은 따뜻한 사람이다. 그래서 탄생 된 그때 그 자리의 사진, "Same spot and same post". 파리는 여전히 내일을 기약하게 만드는 묘한 매력이 추억을 만들게 한다.

큰손주의 애정 어린 보살핌에도 불구하고 파리 에펠탑 안으로는 강아지가 들어갈 수 없어서 잠시 우리는 이산가족이 되었다. 결국, 서로 같은 공간이지만 사위와 후니는 밖에서, 우리는 안에서 화려한 파리의 야경을 보았다. 많은 여정에도 잘 따라와 주던 아이들과 다르게 남편과 나는 늘 뒤처져 걸었다. 우리가 돌보던 아이들은 어느새 우리를 챙기는 어른이 돼 있었다. 사랑을 주는 관계에서 사랑받은 관계가 된 우리, 그 마음을 사랑으로 다시 담으며 파리 일정을 마무리했다.

파리 에펠탑은 아름다운 옛 모습 그대로였고, 사랑하는 우리 가족에게는 또 하나의 아름다운 추억으로 남을 것이다.

- 세상에서 가장 맛있는 스테이크를 구울 수 있는 남편 옆에 살고 있어 복 많은 집사님이시다. "Same spot and same post" 인증샷으로 보았던 파리 여행기 속의 감성과 함께, 글을 쓸 수 있는 기회를 줘서 고맙다고 하는 얼굴에 환한 웃음이 가득했다. 텍사스의 여름이 기울어 갈 즈음이면 집사님의 집 뜰에서 풍기던 스테이크 냄새를 올해는 맡지 못한 아쉬움이 남는다. 아름다운 가정의 행복한 여행이 계속되기를 기원드린다.

아들을 먼저 보내며

송화숙 사모

저는 유복한 가정에서 태어나 별 어려움 없이 부모님과 형제들의 사랑 속에 평탄하게 자랐습니다. 초등학교 4학년 때 친구의 전도로 처음 교회 여름 성경학교에 가게 되었고, 그 후 중학교 때 개인적으로 예수님을 영접하고 신앙생활을 시작했습니다. 불교를 믿는 아버지의 심한 핍박 속에서 신앙생활을 해야 하는 저는 믿는 가정의 친구들이 너무나 부러웠습니다. 언제나 믿음의 가정을 꿈꾸던 저는 신앙이 좋은 배우자를 위해 늘 기도하였고, 그 기도를 들어 주신 하나님께서 평생을 주님께 헌신하신 목회자 남편을 만나 가정을 이루게 하셨습니다.

첫째 아이를 낳은 후, 둘째 아이를 가졌을 때입니다. 매년 1월이면 교회에서 단체로 기도원에 가서 부흥회에 참석했었습니다. 금식하며 기도하는 중에 "아들을 주셔서 감사합니다"라는 말이 나왔고 병원에 갔더니 임신이라고 하였습니다. 그때부터 저는 이 아이는 하나님께서 주신 귀한 아들이구나 생각하며 열심히 기도하며 말씀을 보았고 태중에 있는 아기를 목회자로 드릴 것을 서원했습니다.

그런데 첫째 아이를 제왕절개 수술로 출산을 했기에 둘째도 당연히 수

술하려 했지만, 담당 의사가 자연분만을 권하였고 저희 부부는 상황을 보며 결정하겠다고 했습니다. 그러나 그 의사는 제가 진통을 겪는 중 보호자의 동의도 없이 분만대에 올려놓고 자연분만을 무리하게 시도했습니다. 결국에는 산모인 제가 기절한 상태에서 아기를 꺼내었고 그로 인해 아기는 출산 중 저산소혈증, 산소 부족으로 인하여 뇌세포가 죽어버린 뇌세포 손상이라는 심각한 상태에 빠지고 말았습니다.

하나님께서 주신 선물이라 믿었던 아기는 이 세상에 태어나서 울음소리도 못 내보고 대형병원 소아 중환자실로 후송되어 갔습니다. 계속되는 위험한 고비를 넘기면서도 하루하루 살아가는 아기를 보며 소아과 의사는 기적이라 했습니다. 이런 기적을 보면서도 주위에서는 가망 없다며 아기를 포기하라 했습니다. 그러나 우리 부부는 하나님께서 주신 생명을 차마 포기할 수 없었습니다.

그렇게 우리와 만난 둘째는 태어나서 한 번도 병원 밖에 나간 적 없이, 주님의 은총 같은 햇살도 받아보지 못하고 엄마가 해주는 맛있는 밥 한 끼도 먹어보지 못한 채 병상에 누워서 지냈습니다.

저희 부부는 그 아이의 이름을 하경이라 부릅니다. 하나님께 경배를 드린다는 의미로 하경이라 이름을 지어주었습니다. 하나님께서 주신 아들을 만난 기쁨에 들떠 있던 제게 너무나 순식간에 일어난 엄청난 일로 어떻게 그 시간들을 보냈는지 모릅니다. 눈물로 밤을 지새우며 산후조리는 생각도 못 한 채 오직 주님께만 매달렸습니다.

"어떻게 나에게 이런 일이 일어나게 하셨나요? 왜… 어째서.."

하나님을 원망하고 세상과 제 주위 모든 사람들을 원망하고 또 원망했습니다. 저를 담당했던 산부인과 의사는 의료사고를 인정하면서 병원을 떠났고 병원에서는 하경이가 이 세상을 떠날 때까지 모든 책임을 지기로 약속하였습니다. 이렇게 상황이 일단락되면서 받아들이기 힘든 현실을 위해 기도하는 중에, 하나님께서 하나밖에 없는 독생자 예수를 날 위해 보내주신 그 크신 사랑을 뼛속 깊이 느낄 수 있었습니다. 깊은 은혜를 체험한 저희 부부는 전과는 달리 남편은 강단에서 체험으로 인한 살아 있는 말씀을 선포하게 되었고 저 또한 모든 것을 기쁨으로 받아들이기로 결심하고 감사하면서 하루하루를 살았습니다.

그러나 고난은 끝나지 않았습니다. 한국 민주화운동의 여파로 병원에도 노조가 일어나, 병원장이 감옥에 들어가고 병원이 문을 닫게 된 것입니다. 하경이는 치료 중인 상태라 다른 병원에서 쉽게 받아주지 않았습니다. 갈 곳 없어 발을 동동 구르고 있을 때 주의 이끄심으로 하경이 이야기가 신문에 나면서 결국 서울 삼성동의 강남병원에 옮겨 입원을 하게 되었습니다.

그러나 병원비를 우리 부부가 부담하게 되므로, 시간이 흐름에 따라 경제적인 부담이 늘어나게 되었고 병원 측은 우리에게 엄청난 병원비를 청구하였습니다. 마음의 고통에 이어 물질적인 환란까지 닥친 것입니다. 목회하는 목회자의 형편으로는 어림없는 병원비를 위해 과외 교사로 힘써 일하면서 노력해보았지만, 비탈길의 눈덩이처럼 거세게 불어난 병원비를 더 이상 감당할 수 없게 되자 우리는 미국행을 결정하게 되었습니다. 아이를 미국에 데려가 치료를 받고자 함이었습니다.

그래서 남편의 교회 퇴직금으로 밀린 병원비를 갚고 남편은 먼저 미국으로 떠나갔습니다. 미국에 갈 때까지 한국에서 딸 아이와 있어야 했던 저는 하경이 거처가 결정되어서 미국으로 갈 날을 기다려야 했고 누구에게도 나의 절박한 어려움을 말하지 못한 채 오직 주께만 매달려 40일 작정기도를 드리게 되었습니다. 저의 간절함을 아시는 하나님께서 의료비가 무료인 서울시립아동병원으로 하경이를 기적적으로 옮길 수 있는 큰 은혜를 베풀어 주심으로 무사히 미국으로 올 수 있는 길을 열어주신 것입니다.

이렇게 제 삶의 모든 것 하나하나를 친히 간섭하여 주시는 사랑의 하나님께서 불행의 시작이라 생각되던 하경이를 통해 내 안의 교만을 버리게 하셨고 세상을 바라보는 시야도 넓혀 주셨습니다. 또한, 다른 사람을 섬기며 주님의 아이들을 바라보게 하셨고 기도로 훈련뿐 아니라 장애우들을 섬길 수 있는 귀한 자리까지 인도해 주셨습니다. 아들을 위하여 작정 기도를 하면 아들을 위한 기도는 안 나오고 다른 이들을 위해 기도하는 중보자로 세워주셨습니다. 다른 이들의 아픔을 내 아픔으로 여기게 하시며 아픈 자녀를 둔 부모들에게 나의 간증은 그들에게 힘과 격려를 주며 섬기게 하셨습니다.

예수님께서도 섬기려고 이 세상에 오신 것처럼 저도 성도뿐만 아니라 더 나아가서 사모님들을 섬기게 되었습니다. 하나님께서 사모님들을 사랑함이 저에게 흘러왔고, 그들과 아픔과 기쁨을 같이하게 하셨습니다. 바위틈 낭떠러지 은밀한 곳에서 신음하고 있는 사모님들을 향한 주님의 눈물이 저에게도 전달되어 같이 기도하다가, 공황장애가 있는 사모님의 치유함을 보며 같이 기뻐했고 그들의 잘됨이 나의 기쁨이 되었습니다. 교회 사역뿐만 아니라 사모 사역까지 그 지경을 넓히신 하나님께 지금도 감사드리고 있습니다.

매년 사모데이를 섬기면서, 갈수록 어려워지는 이민생활에서 사역하시는 사모님들이 새로운 쉼과 평안과 기쁨이 회복되어 성령 충만, 말씀 충만, 감사가 넘치는 사모로 다시 사역 현장에 행복한 사모로 나가도록 했습니다.

지금 생각해 보면 불교가정에 태어난 저를 택하여 저의 가정을 구원시켜 주셨고 아픈 아들을 통하여 저를 훈련 시켜서 다른 이들을 섬기는 자리에 서게 하셨습니다. 그리고 하나님께서 사랑하시는 독생자를 화목 제물로 삼으셔서 십자가에 달리게 하신 그 사랑을 몸소 느끼고 깨닫게 하셨습니다.

자녀를 먼저 보낸 부모들을 위로할 수 있는 위로자의 자격을 주셨으매 감사드립니다. 아들을 천국에 먼저 보내므로 저는 많은 것을 하나님께 받았습니다. 죽음을 앞둔 아들을 살려달라고 기도하는 저에게, 아들을 통하여 축복하신다는 하나님의 말씀이 이제야 뼛속 깊이 깨달아집니다. 과거에는 아들을 잃은 슬픔으로 왜 나에게만 이런 고난이 있어야 하는지 원망이 있었지만, 그것이 감사가 되고 축복이 되어 나에게 다가왔습니다. 하나님의 그 크신 사랑을 깨닫게 하셔서 다른 이들을 섬길 수 있는 기회를 주심에 다시 한번 감사드립니다.

"너희는 먼저 그의 나라와 그의 의를 구하라. 그리하면 이 모든 것을 너희에게 더하시리라(마 6:33)"는 말씀대로 살다가 천국에 먼저 간 아들을 만나러 가야겠습니다.

- 전직 수학교사이며 목회자 사모님이시다. 사모님 이름 석 자만 들어도 밝고 환한 모습이 먼저 떠오른다. 아팠던 마음 나눠 주심에 감사드린다. <달라스 에이레네> 대표 자리에서 이웃을 섬기는 사역이, 귀한 일의 지경을 넓히는 통로가 되기를 기원 드린다.

사랑을 말하다

김재율 장로

"사랑하는 것은 사랑을 받느니보다 행복하다. 사랑하였으므로 나는 진정 행복하였다." 어느 시인의 말이다. 우리 인간은 상대방을 소중히 여기면서 사랑이 싹튼다고 한다. 우리는 사랑을 참으로 흔하게 그리고 많이 사용한다. 사랑은 깊이 넓이 무게 부피로 측량을 할 수 없기에, 말과 글 또는 곡조를 더하여서 표현하려고 한다. 그래도 모두가 늘 조금은 부족함을 느끼게 된다.

사랑은 크게 네 종류가 있다고 하는데(에로스, 스토르게, 필리아, 아가페) 그중에서 하나님의 사랑은 아가페 사랑으로, 신·구약 성경 전체를 뜻하게 된다. 오래전에 하나님과 아들 예수님도 우리를 사랑하시면서 행복하였을까, 생각을 해본 기억이 있다. 태초부터 아버지 말씀에 온전히 순종하지 않도록 창조되었는지 우리는 지금도 끊임없이 하나님의 사랑에 반항하고 방황하며 살고 있으니 말이다.

에로스적 인간의 사랑은 희로애락이 언제나 끝이 있으나 하나님의 사랑은 끝이 없다. 하나님과 아들 예수님의 사랑은 한마디로 영원이다. 다시 말하면 완전한 사랑인 것이다. 사도 바울은 로마서 5장 8절에서 완전한 사랑을 말하고 있다.

"우리가 아직 죄인 되었을 때에 그리스도께서 우리를 위하여 죽으심으로 하나님께서 우리에 대한 자기의 사랑을 확증하셨느니라."

쓰임 받는 사랑.

우리가 상대를 소중히 여기는 마음에서 사랑이 시작되듯이 하나님은 나를 소중히 하시며 배우자를 통하여 하나님 앞에 나오게 하셨고 하나님의 몸 되신 교회에서 오랜 시간 여러 모양의 쓰임으로 사랑을 듬뿍 주셨다.

서울에서 지구 반대편 미국 동북부 보스턴으로 오게 되고, 하버드 대학교 앞에 있는 교회(초창기 청교도들에 의하여 건축되있고 특별히 채색 유리로 예수 그리스도와 열두 사도를 잘 표현한 아름다운 교회)를 임대하여서 한국교회를 개척하고 열심히 섬기시던 집사님은 금광회사의 과학자이기도 하셨다. 훗날 신학대학을 가시고 목사님이 된 집사님을 만나 그에 이끌리어 토요일 아침에 기독교 서점을 함께 가면서 일이 시작되었다.

Fox라는 이름을 갖은 작은 Audi 승용차에 나를 싣고, 만학을 꿈꾸며 보스턴에 오게 된 나에게 아름다운 찰스 강변을 사이에 두고 있는 하버드 대학과 엠아티 공과대학 그리고 보스턴 대학들을 보여 주었는데 우리의 종착지는 종교 서적과 문구를 파는 미국 상점이었다.

유대인이 많이 살고 있는 뉴우톤이라는 동네에 있는 이 다종교 서점은 그 당시 유일하게 교회에 필요한 물품들을 구매할 수 있는 장소였었다.

나는 그곳에서 교회에 필요한 절기 헌금 봉투 등 성만찬에 필요한 잔과

전병 그 밖의 물품들을 정말 오랜 기간 구입하였다.

세월이 변하여 인터넷으로 주문이 가능한 시대가 되어서도 그 상점은 보스턴에서 하나님 일에 쓰임 받던 최초의 장소로 기억이 되어 자주 방문하였다.

1970년대 말 한인 교회의 모습은 적었지만 모두가 가족 같았고, 나는 가리방을 잊을 수가 없다. 학창 시절에 숨죽이며 가리방으로 쓰고 그림도 넣고 편집을 참 많이도 하였는데, 1979년 미국에서 그것도 테크놀로지 최첨단 보스턴에서 우리는 한국의 60년대 방법으로 가리방을 사용하여 교회 주일 순서지와 신앙 간증 책자들을 만들었다. 그 당시 이 방법이 소규모로 인쇄하기에는 가장 적합했다. 가로세로 줄이 있는 파란 기름종이를 철판 위에 얹고, 가리방(철심 펜)으로 글자를 쓰고 기름 원지를 나무 등사판에 붙이고 콜타르같이 진한 검정 먹물을 롤러에 묻혀서 등사판 위로 굴리면 하얀 종이에 손 글들이 까맣게 찍혀 나오고, 왼손은 인쇄된 종이에 검정물이 안 묻도록 살포시 계속 집어내기를 반복했다. 이렇게 나의 쓰임 받는 사랑은 점점 시작되었다.

쓰임은 인정이 아니고 사용되면서 부족함이 채워진다. 다듬어지는 깊은 하나님의 사랑을 체험하는 그 과정에는 많은 시간과 좌절과 또한 기쁜 감격들이 있다. 어떤 사람은 목사로 또는 평신도로 부르시고 사용하신다. 믿음의 상대도 모르면서 주위 환경에 이것저것 맡겨진 일들을 그저 열심히 하였었다. 잘하였다는 칭찬과 격려 그리고 자기만족을 쓰임이라 착각하는 어리석음도 있었고 고집과 아집을 믿음으로 포장하기를 수없이 반복하였다.

"너희 안에서 착한 일을 시작한 이가 그리스도 예수의 날까지 이루실 줄을 우리는 확신하노라.(빌 1:16)"라는 말씀처럼 우리를 사랑하시어서 우리에게 주님의 일을 시작하게 하시는데 잘 깨닫지 못하여 넘어지고 포기하고 멀리하는 사람들을 보았다. 또한, 믿음이 좋아서 닮기를 원하였던 믿음의 선배들, 그리고 지금도 쓰임 받는 것을 기뻐하는 많은 사람들이 우리의 주위에 있어서 참으로 좋다.

쓰임 받는 사랑은 진행형이라 언제는 바로 알게 하시기도 하고, 어떤 경우는 오랜 시간이 지난 후에 기쁨과 감동으로 닦아 오시는 신실하신 하나님의 성품을 알게 된다. 또한, 꼭 필요한 만큼, 감당할 만큼만 주시는, 최다보다 최선을 알게 하시는 하나님은 참으로 전지전능하신 개구쟁이시다. 능력 밖의 일은 때때로 합당한 동역자를 붙여 주시고 또한 협력자를 만나게 하시어서 하나님의 일을 늘상 잘 끝맺음하게 하셨다.

믿음을 위하여 미국 땅에 온 청교도 교회인데, 믿음의 전수가 안 되어서 운영이 힘든 미국 교회를 구매하려는 미팅이 시작되었고, 익숙지 않은 영어로 그들 믿음의 유산을 우리 한국인들이 계속 이어 가겠노라 하였을 때 연로한 백인 성도들의 감사와 감격의 눈망울. 우리는 예배당과 목사님 사택마저도 헐값에 받았던 경이로운 하나님의 섭리를 경험하였다. 선교와 교육을 위한 각종 기금 마련과 참된 동역자들을 만나게 하셨고, 오랜 기간 하나님의 어린 자녀들을 섬기는 즐거운 기쁨도 주셨다. 짧아서 아쉬운 선교여행들과 두 번째 예배당 안팎을 보수할 때 보여 주셨던, 세밀하게 응답하시고 간섭하시고 인도하시는 하나님의 손길은 참으로 가슴 벅찬 감동이었다.

사랑하시고 부르시고 사용하시는 하나님의 은혜가 주는 감동과 눈물과 미소는 서로 사랑하는 부모와 자식 또는 연인의 모습 그 이상이다.

지금도 참으로 좋아하고 애용하는 성경말씀 "사랑을 입은 자녀같이 너희는 하나님을 본받는 자가 되고, 그리스도께서 너희를 사랑하신 것같이 너희도 사랑 가운데서 행하라(엡 5:1~2)"에서 하나님을 본받는 자가 되라고 말씀하신다.

결국, 우리 삶의 목적은 매일 하나님의 아들이신 그리스도를 닮아 가는 것이다. 다시 말하면 그리스도 예수의 사랑을 실천하는 것이다. 하나님께는 대견한 자녀로, 세상에는 좋은 그리스도인으로 기억되는 것이 바람이다. 쓰임의 사랑은 오늘도 모두에게 동력이 되어서 계속하여 아가페 사랑이 이어지게 한다.

- 미국 매사추세츠주의 보스톤에서 사십 년의 세월을 사시다가 공기 좋고 따뜻한 달라스로 이주하신 장로님이시다. 인생 제2의 전성기 Re-tire를 맞이하신 마음을 누구에게라도 나누어주시기를 기꺼이 하시는 분이다. 교육의 도시 보스톤의 중후함을 느낄 수 있는 장로님 내외분의 새로운 걸음이 더욱 복된 길로 향하시기를 기원드린다.

사랑은 여기 있으니

임명자 권사

저희 집안은 옛적부터 기독교 집안은 아니었습니다. 그러나 제가 어렸을 때 올케언니가 저희 집안에 시집을 오면서부터 온 가족이 하나님을 믿게 되고 신앙생활을 하게 되었습니다. 가족들과 가정예배를 매일 드리며 믿음으로 신앙 안에 살았습니다. 그러던 어느 날 친구 언니의 소개로 남편을 만나 결혼을 하여 안동의 종갓집 맏며느리가 되었습니다. 종갓집 맏며느리가 뭔지도 모른 채 결혼에 대한 환상만을 가지고 결혼을 했습니다.

자라온 환경과 문화, 종교가 너무나 다른 가치관을 가진 남편과의 결혼 생활, 그리고 시아버지, 시어머니, 시누이, 시동생, 온 가족이 모여 대가족으로 살아가는 것이 제게는 쉽지 않았습니다. 언제나 긴장 속에 있었고 시어머니의 훈계를 늘 들으며 순종하며 살아야 했습니다. 시어머님은 제게 남편을 하늘님으로 생각하고, 그다음에 네가 믿는 하나님을 믿으라고 말씀하셨으며, 시간만 나면 말과 행동과 습관들을 훈계하셨지요. 또한, 안동은 제사상 음식을 많이 하기 때문에 제삿날이 돌아올 때면 일주일 전부터 제사음식을 준비해야 했고, 대문부터 집 안 구석구석까지 청소하기에 분주하였습니다. 하루 종일 전을 부치고 음식들을 제사상에 높이 괴서 올려놓는 일이 저의 몫이었습니다. 제사 올리는 것을 보고 자라지 않아서 아침 새벽부터 밤 12시가 넘어서까지 제사 준비를 하는 것이 더 힘들게 느껴졌던 것 같습니다.

같이 살고 있던 시누이, 시동생 다 출가시키고 아이들도 어느 정도 다 큰 후, 앞으로 저의 삶을 계획하며 살려고 하였을 때 뜻하지 않은 질병이 제게 찾아왔습니다. 아랫배가 너무 아파서 병원에 갔는데 검사 결과 대장암 3기 말이라는 판정을 받았습니다. 의사 선생님은 하루빨리 입원 수속하고 수술해야 한다고 심각하게 말씀하셨습니다. 하늘이 무너지는 듯한 절망 속에서 하염없이 눈물만 흘렸습니다. 하나님의 은혜로 수술을 잘 마치고 회복을 위해 20일 입원해 있는 동안 수술한 배를 움켜쥐고 링거를 끌면서 하루도 빠지지 않고 대학병원 안에 있는 교회 새벽예배를 열심히 참석하였습니다.

일주일쯤 지나서 새벽예배 중에 감사의 눈물이 터지면서 그동안 감사하지 못하고 불평과, 원망 속에서 살아왔던 나를 발견하고 눈물을 쏟으며 회개하게 되었습니다. 그날 이후 하나님께서는 모든 것을 감사로 변화시켜 주셨습니다. 감사로 늘 기도를 마치게 되면 마음이 평안하고 기쁨이 용솟음쳤습니다.

퇴원하고 2주 후에 항암치료가 시작되었습니다. 말로만 듣던 항암 주사를 3일 동안 입원해서 50시간씩 1년 동안 맞았는데, 감사하게도 하나님의 은혜로 항암주사의 부작용인 머리도 빠지지 않고 식사도 잘할 수 있었으며 운동도 열심히 하면서 긍정적인 마인드로 항암치료를 잘 마쳤습니다. 전적으로 하나님의 은혜임을 저는 믿습니다.

퇴원해서 집에 도착하자마자 시어머님께 "어머님, 저는 이제부터는 제사상을 차리지 않고 하나님께 예배를 드리겠습니다"라고 확고하게 말씀드렸습니다. 그러자 어머니께서도 이제부터는 네 마음대로 하라고 하시며 흔쾌히 허락하시고, 어머님도 그때부터 열심히 교회 출석하시고 지금은 권사님도 되셨습니다. 이렇게 저는 암을 이기고, 저의 삶은 하나님께서 감사하는 삶으로 변화시켜 주셨습니다. 어머님도 구원받으심으로 하나님께서 저희 가정을 신앙 안에 단단하게 세워주시는 것 같았습니다. 하박국 선지자와 같이 환난을 통하여 견고한 믿음과 감사를 갖게 되었으며 오히려 환난과 시련의 때에 감사의 노래를 배우게 되었습니다.

지금은 시어머님 연세가 아흔이 훌쩍 넘으셔서 거동이 힘드시고 일상생활조차 혼자서는 하기 힘드십니다. 목욕부터 옷 입는 것, 그리고 식사 등 매일 챙겨드려야 하는 일들이 버겁고 힘들 때도 많이 있지만, 어머님과 어언 40년을 동고동락하며 힘들 때마다 하나님의 사랑을 묵상하며 깨닫습니다. "사랑은 여기 있으니 우리가 하나님을 사랑한 것이 아니요 오직 하나님이 우리를 사랑하사 우리 죄를 위하여 화목제로 그 아들을 보내셨음이니라.(요일 4:10)" 죄인 된 나를 위해 예수님을 보내주신 하나님의 사랑을 묵상하면 사랑하지 못할 것은 없는 것 같습니다. 화목제로 오신 예수님이 나와 함께 하시고 내게 능력 주시는 하나님이 이 모든 것을 견디고 이기게 하실 것을 믿기 때문입니다. 오늘도 그분을 찬양합니다. 할렐루야 감사합니다.

- 보배 같은 우리 며느리의 엄마이며 나의 사돈이신 권사님이시다. 사십 년 세월을 종가집 며느리로 살고 계시는 힘이 어디에 있으신가 싶어 나누어 주십사 부탁 드렸다. 노래에 재능이 있으셔 찬양하는 자의 자리에 늘 머무신다. 더욱 건강하시고 감사함의 노래가 가정에 가득하기를 기원드린다.

나의 기억 나의 아버지 하나님

홍은아 집사

나에게는 자연스레 떠오르는 어린 시절의 많은 기억이 있다. 초등학교 입학을 앞두고 아빠가 병원에 입원하셨던 때다. 엄마도 아빠도 모두 곁에 없었고 급하게 작은아버지 손을 잡고 학교 입학을 했던 기억이 난다. 그때부터 아빠에 대한 나의 기억은 오른쪽 옆구리에 거즈를 대고 네모 도시락 통에 집게를 넣어 뜨겁게 소독한 알코올 솜으로 아빠의 옆구리에서 나오는 고름을 엄마가 치료하시던 기억이다. 아빠의 아침 시작과 저녁의 끝은 치료로 시작하고 치료로 끝났던 기억이다. 그렇게 아프신 아빠 곁에서 아빠를 대신해서 일하고 살림도 하고 우리 삼 남매를 챙겨야 했던 엄마가 생각난다. 그런 어린 시절 기억 속에도 엄마는 늘 밝고 웃음이 넘쳤고 활기찼었다. 젊고 예쁘고 이마에 번쩍번쩍 광이 나게 피부가 좋았던 엄마는 아빠의 마지막까지 최선을 다하셨다. 아빠를 먼저 떠나보내고 혼자서 우리 삼 남매를 키우느라 닥치는 대로 일을 하던 엄마가 떠오른다. 늘 집에 안 계셨기에 엄마가 보고 싶어 일하는 곳에 찾아갔던 기억도 난다.

지금 내 나이는 엄마가 가장 힘들었던 엄마의 삼십 대 사십 대보다 더

먹은 나이가 되었다.

    나는 그때 엄마의 생활보다는 훨씬 어려움이 없고 혼자 아이 키우고 있는 것도 아닌데 힘들다고 생각할 때가 있다. 종종 그럴 때마다 엄마는 어떻게 버티어 왔을까 생각해 본다. 그런 어느 날 나에게 하나님께서 믿음이 작은 나의 마음을 깨닫게 해주셨다. 아 하나님의 은혜였구나, 하나님께서 엄마에게 큰 은혜를 부어주셔서 몸과 마음이 힘드셨을 엄마가 살아갈 수 있는 넉넉한 힘이 있었구나, 견디게 해 주셨구나. 그래서 궁핍한 살림에도 늘 엄마는 활기찼었구나. 어느새 그 생각을 하니 너무 감사했다. 마음속으로 아 하나님 감사합니다, 주님을 찬송합니다, 하는 기도가 절로 나왔다. 엄마는 하나님의 은혜로 세 남매를 홀로 키우고 일을 나가고 따뜻한 밥을 하고 홀로 이삿짐을 꾸리고, 아빠 대신 집 안에 못질하며 못하셨던 일이 없었구나! 새벽에 엄마를 따라가 새벽예배 때 방석에 누워서 엄마 무릎을 베고 졸았던 기억이며, 늘 종이돈을 깨끗하게 모아서 헌금을 주시던 기억, 새벽마다 예배 후에 집에 돌아와 식구들 밥을 하기 전 꼭 성미 쌀을 떼어 놓던 엄마의 모습이 기억난다.

    아빠는 아프시고 난 후에 하나님을 믿으셨다. 언제였는지 한번은 여름에 아빠와 함께 교회 사경회를 갔었다. 사방에 천막을 치고 마루가 깔려있던 그곳에서 며칠을 지내는 동안 새벽예배 때마다, 찬송을 부르는 소리에 잠이 깨었다. 쌀쌀한 새벽 공기 속에 이불을 덮고 앉아 엄마 아빠 곁에서 예배드렸던 기억들이 생각난다. 나에겐 아빠를 생각하면 가장 먼저 떠오르는 기억이 있다. 그날도 엄마는 일을 나가시고 혼자 방에 누워 계셨다. 그런 아빠와 함께 집에 있던 날이었는데 심방 오신 권사님들이 계셨다. 평소라면 여러 권사님들만 오신 자리가 불편하셔서 들어오시라 안 하실 거 같아 중간에 어찌지도 못하고 난감해하고 있었는데, 아빠가 들어오시라고 해서 놀랐었던 일이다. 누워계신 아빠가 일어나셔서 그분들께 찬송가를 청해서 같이 부르셨다. 아빠를 생각하면 심방 온 권사님들과 같이 앉아 찬송하던 모습이 떠오르고 그때가 아빠에겐 은혜의 시간이었겠구나 하는 생각이 든다.

다정한 아빠는 아니었지만, 음악과 책을 좋아했던 아빠가 생일 때 시집을 사서 주셨던 기억이 내겐 또 특별하다. 다 커서 언니와 얘기하다 알았지만 둘째인 내게만 주셨는지 알고 혼자 더 좋아했는데 알고 보니 언니에게도 생일 때 책을 사주셨다고 언니가 말해서 같이 웃음이 터졌다. 나는 둘째라서 그런지 그런 시샘이 있었나 보다. 그런 옛 기억들이 내겐 다 하나님께서 주신 은혜 속에 살았음을 알게 하셨다. 우리 삼 남매에게 아빠의 자리는 참 짧았던 것 같다. 근데 그만큼 아빠의 빈자리를 하나님께서 은혜로 채워주셨다. 그때부터 지금까지 아빠의 자리를 채워 주시는 하나님 아버지가 계시다는 생각이 드니 든든하다. 나의 아빠는 먼저 하늘나라에 가셨지만 이제 하얀 머리 할머니가 되어 내 곁에 계신 나의 엄마를 오늘도 생각해 본다. 둘째 딸인 나는 여전히 엄마에게 잔소리쟁이지만 엄마의 인생을 존경한다. 그리고 감사한다. 첫째 딸 나의 언니는 아빠를 닮아선지 무뚝뚝하지만 내게는 아빠와 같은, 일하느라 바쁜 엄마를 대신하는 속 깊은 사랑이 많은 언니다. 막내이자 우리 집에 장남인 내 동생은 이제 두 딸의 아빠가 되었다. 늘 동생에 대한 마음은 아프다. 왜 그럴까 이유를 다 설명할 수 없는 그저 안타까운 내 동생이다. 엄마가 받은 하나님의 은혜로 우리 삼 남매가 잘 자랐다. 엄마의 딸로 하나님 아버지를 만났고 은혜를 주셨으며 지금도 여전히 우리를 보호하시는 하나님 아버지가 계시다.

우리 가족은 현재 각자 자기 몫의 인생을 가지고 살아가고 있다. 우리 각자 몫의 인생 속에 하나님의 섭리와 은혜가 있음에 감사한다. 언젠가 다 같이 모일 날을 생각해 본다. 그런 날을 생각하면 오늘도 열심히 하나님께 감사하며 살아가자 다짐해본다.

- 예쁘고 총명한 딸 하나를 두고 있는 아름다운 가정의 현모양처이다. 나보다 어린 나이임에도 늘 멘토의 자리에 있음을 느낀다. '각자 몫의 인생 속에 하나님의 섭리와 은혜가 있음에 감사하다'는 고백에 울림이 있다. 어머님의 생애를 통한 믿음의 기도 자리가 자녀들에게 복의 통로가 되어 온 가족이 더욱 행복하기를 기원 드린다.

너희 집에 갈 거야

김정안 집사

지금도 내 귓가에는 생생하다.
"너희 집에 갈 거야"
거동이 불편해 집에 모시기가 불편했기에 그토록 딸 집에서 살고파 하시던 어머니께 가슴이 미어지도록 죄송하고 미안했다. 지금도 내 속에선 내가 울고 있다.

오랜 시간 양로원 생활을 하시던 어머니가 일 년 반 전에 천국 하나님 아버지 품 본향으로 돌아가셨다. 그 후 난 침묵 가운데 오랜 시간을 형제와 친구들을 멀리하며 어머니와의 대화 속으로 들어가 있었다.
"엄마 정말 미안해요. 조금만 더 어머니께 관심을 가졌으면 얼마나 좋아하셨을지 알기에 마음이 아파요."
"답을 알면서도 못해 드렸던 것 때문에 지금 울고 있어요."
엄마! 난 잘못을 용서받고 싶어서, 사랑한다고 의무적으로 대하고 엄마의 마음 헤아리기보다는 쌩 무시하고 예수님의 사랑으로 품지 못한 것에 마음이 아픕니다.

"나 너희 집에 갈 거야" 하시던 모습에 뒤돌아서 울었던 나의 마음을 지금은 보고 알고 계시지요?

양로원에서의 생활이 자유롭지 못하고 주님이 데려가실 날을 기다리던 당신은 매일 주님께 기도드리셨다. 자식들에게 약한 모습, 헝클어진 모습 보이기 싫다고 병치레 안 하고 돌아가시기를 기도하신다고 하셨다. 그런 어머니가 지금 난 몹시 그립다. 좀 더 정신을 차리고 자신을 추슬렀으면 하는 마음에 어머니께 상처도 많이 드렸기에, 난 아파서 후회로 울고 있다.

어머니와의 대화는 늘 지난 세월을 거슬러 올라간다. 현재 일은 기억 못 하셔도 옛일은 정확하게 기억을 하셨다. 재미있게 들려주시던 어린 시절과 우리 형제들의 모습들. 서 씨 집 안으로 시집을 와서 가정을 세워가는 여섯 며느리들을 보시면서 당신이 시집와 살아온 뒷모습을 보는 듯하시다며 늘 고맙다던 그 사랑의 마음, 조카들 이야기엔 "그 애가 몇 살이지?"

사업가의 아내로, 일곱 자식의 어머니로 살아오시면서도 삶의 고뇌를 참아오시며 인내 끝에 자식들이 믿는 예수님을 당신의 구주로 영접하신 후 열심을 다해 믿음생활을 하셨다. 매일의 삶을 감사하게 살아오시던 나의 어머니가 너무 그립고 감사하다.

아들 여섯에 딸 하나인 나에게 사랑 표현을 못 하시고 아들들과 똑같이 대하시던 어머니가 난 섭섭했다. 아들바보 엄마! 어린 시절, 이다음에 딸한테 아쉬운 소리 할 수도 있을 거라고 하였더니 어머니 왈, 인삼 뿌리 여섯인데 왜 딸한테일까 보냐... 하시던 어머니 그때의 모습을 잊을 수가 없다.

    결혼 후, 사업을 하며 두 아이 키우는 것을 버거워하자 안타까워하던 남편이 친정 부모님을 모셔 오자고 했다. 우리 아이들을 키우시고 나의 생활을 도우셨던 어머니. 미국 생활이 답답하셨기에 일 년이면 두어 차례 한국에 있는 아들들을 보러 가셨는데 좋아하시던 어머니의 모습이 눈에 선하다. 여행을 무척이나 좋아하셔서 교회에서 가는 봄가을 여행은 꼭 참석하셨었다.

    시간만 있으면 성경말씀을 읽고 쓰시던 어머니, 이젠, 저 천국에서 늘 거느리시는 주님 곁에 계시니 감사드린다.

    다행히 양로원에 계시는 동안 어머니에게 좋은 친구가 되어 주신 우리 집 김집사님 때문에 바깥바람을 쐬고 맛난 밥을 드시며 행복해 하였었다. 어머니를 대신하여 집사님께 감사를 드린다. 그리고 오랜 기간 동안, 양로원 섬김 사역으로 사랑을 베풀어 주신 영락교회 성도 내외분과 모 교회 목사님들과 장로님, 그 외 많은 성도님들께 진심으로 감사드린다. 또한 어머니를 사랑으로 보살펴 드렸던 우리 형제들과 조카들에게도 고마움을 전한다. 특별히 33년이란 긴 세월을 미국에 사시면서, 하나뿐인 사위가 어렵기는 하지만 늘 고맙다고 하셨던 우리 어머니!

    엄마에게 여러모로 마음 써 드렸던 남편에게도 고마움을 전한다.

    시간이 흘러 나이가 들어도 어머니는 사랑과 인내를 듬뿍 안겨 주신 나의 힘이요. 그리움의 대상입니다. 살아생전 좀 더 좋은 딸로 남지 못한 아쉬움과 잘해드리지 못한 마음에 지금도 울고 있어요.

"너희 집에 갈 거야" 하시던 어머니! 찬송가에 있는 "어머니의 넓은 사랑"으로 이 딸의 아픈 마음을 전합니다.

"어머니의 넓은 사랑 귀하고도 귀하다 / 그 사랑이 언제든지 나를 감싸줍니다.

내가 울 때 어머니는 주께 기도드리고 / 내가 기뻐 웃을 때에 찬송 부르십니다.

홀로 누워 괴로울 때 헤매다가 지칠 때 / 부르시던 찬송 소리 귀에 살아옵니다.

반석에서 샘물 나고 황무지에 꽃피니 / 예수님과 동행하면 두려울 것 없어라."

- 사업가의 내조자 아내로서 바쁘게 살고 있는 집사님이시다. 배려와 베푸는 일에 시간을 쪼개며 사는 삶이다. "너희 집에 갈 거야"라는 어머니의 목소리가 귓가에 생생하다는 그녀의 고백에, 양로원에 계시는 어른들 모습이 떠올라 마음이 먹먹해진다. 울음 섞인 이 한 편의 글로 효성 지극했던 마음이 치유되기를 바라며, 흘려보내는 복된 일들 위에 하나님의 은혜가 더 하시기를 기도드린다.

새로운 세상 새로운 경험

박신영(다문화가족 방문 교육지도사)

두려움 반 설렘 반으로 시작한 다문화가족 방문 교육이 올해로 벌써 13년째이다. 결혼 후 춘천에서 쭉 살다 남편의 직장 이직으로 인천 계양구 시청에서 통계 일을 하다가 2007년부터 방문 교육지도사로 이렇게 특별한 인연을 맺게 되었다.

그 당시만 해도 이태원을 가거나 해외여행을 가야지 외국인을 만날 수 있었지만, 내가 사는 계양구 안에서는 중국, 일본, 베트남, 필리핀, 몽골, 인도네시아, 카자흐스탄, 네팔이라는 다양한 사람들을 만나 갑절의 뜻깊은 것들을 경험할 수 있었다. 그동안 100명 이상의 지도 학생들이 걸쳐 갔으며 이제는 이민자들 사이에 '엄마'이자 '언니'라는 호칭을 갖게 되었다. 누군가에게 도움의 손길이 될 수 있다는 것에 늘 감사함을 느낀다. 무엇보다도 우리나라가 이렇게 다문화에 관해 관심과 투자를 아끼지 않은 면에서 자부심을 갖는다.

다문화 교육은 특별히 한국 남편이 외국인 아내를 둔 분들을 대상으로 하며 또한 한국어 실력이 아직 충분치 않아 아이들 교육이 어려운 초등학생들을 가르치기도 한다. 일대일 강습을 통해 타문화를 이해하고 받아들이는 자세가 중요하다는 것을 인지시키며 문화의 차이, 언어의 장벽, 현실의 어려움을 극복할 수 있도록 자신감을 북돋아 주는 역할도 한다. 어느 정도 의사소통이 이루어진 이민자들에겐 수업이 원활할 때도 있지만, 좀 더 신경을 써야 하는 사람에겐 맨땅에 헤딩하는 마음으로 책상 하나를 사이에 두고 두 머리가 맞대어 심혈을 기울일 때가 많다.

수업하는 데 긍정적이고 복습을 하면서 잘 따라오는 학습자가 있는가 하면 매사가 부정적이고 불만이 많은 학습자도 있고 열의는 있으나 생업에 종사해서 시간이 없어 안타까워하는 학습자도 있다. 또한, 학습자가 힘들어 할 때 제삼자로서 들어주고 조언해주려 해도 어느 순간 학습자와 동일시되어 마음고생 하는 나를 보고 깜짝 놀라 나 자신으로 돌아올 때도 많았다.

이 일을 하게 되면서 보람도 있지만 마음 한켠엔 아쉬움도 느낀다. 문화의 차이와 나이 차이로 인하여 이혼한 가정 자녀들을 가르치다 보면 마음이 아플 때가 많다. 아버지는 바깥일로 아이를 돌볼 시간이 없고 아이는 늘 혼자 컴퓨터 게임으로 시간을 보내며 아빠를 기다리는 모습이다. 한창 관심과 사랑을 받아야 할 때 그 아이 혼자 감당해야 하는 부분도 있다. 그런 아이들이 안쓰러워 그들의 하교 시간에 맞춰 나가서 좋아하는 자장면을 함께 먹으며 수업을 가르쳤던 기억이 난다.

친화력이 좋은 아이들로 인해 힘든 수업 진행도 있지만, 수업이 있는 날이면 아이들이 방과 후 받아쓰기 공책을 준비하고 책상에 앉아 나를 기다린다는 말에 더욱 책임감을 갖게 되었고 내가 하고 있는 것이 단지 수업만은 아니라는 것을 느끼게 된다.

현장 체험으로는 시장보기, 관공서 이용, 도서관 그리고 병원 가기 등등

학습을 통해 문화와 정서의 차이를 극복할 수 있도록 하였다. 그리고 수업 후 발음 교정을 위해 동화책 읽기, CD를 통해 읽기, 듣기를 반복하며 한국어에 대한 자신감을 갖게 했다.

동요를 불러주고 장난감 놀이를 하며 아이들과 친해졌고 때론 아이들이 아플 때 병원에 같이 가자는 부탁을 받을 때도 있다. 어린이날 행사 때는 아버지를 대신하여 참석해서 같이 놀아주고 친구처럼 고민을 상담하였다. 시간이 지나도록 내가 발견하지 못했던 것을 그들로 인해 제대로 된 나의 삶을 찾은 것 같다.

현관문을 열면 숫자를 가져와 내 무릎에 앉아 받아쓰기 공책을 준비하고 책상에 앉아 있는 아이들을 보면서 고마움을 느낀다. 5개월의 기간은 헤어짐을 준비하고 있지만 지나간 과거이 고미운 경험을 시우지는 못할 것이고 언제든지 놀러 오라는 고마운 인사가 나의 마음을 조금은 안심시킨다.

나는 운 좋게도 한국어를 잘하고 열심히 배우고자 하는 이민자를 만나 지난 13년을 수월히 보낸 것 같다. 처음 시작할 때 두려움이 앞섰는데 막상 하루하루 이민자를 대하다 보니 여느 한국인과 다르지 않다는 것을 느끼게 되었다. 수업을 하면서 느낀 점은 마음을 열고 서로에게 다가가는 것이 중요하다는 것을 느꼈다. 아이들에게는 더욱 그랬다. 내 주위에서 맴돌던 아이와 같이 노래를 부르고 숫자놀이를 하면 금방 친해진다. 어린아이들의 학습능력은 경계심이 없고 호기심이 많아 어른보다 훨씬 뛰어난가 보다.

그리고 수업 진행도 중요하지만, 학습자가 원하는 것이 무엇인가를 아는 것이 더 중요하다는 것을 느꼈다. 임신을 해서 수업 진행이 어려운데 눈치를 보며 임신 사실을 말하는 것을 주저할 때 "부담 갖지 말고 천천히 하자."

라고 하니 고마워했다. 그들에게 무엇을 해주는 것보다는 그들에게 다가가고 함께 어울리는 것이 먼저라고 생각한다. 아침 청소를 마치고 친구 집에 놀러 가 차 한잔 마시며 수다를 떨고 즐거운 시간을 보내고 오듯, 우리 일상의 또 다른 단면을 만드는 것이라 생각한다.

- 다문화가족 방문 교육지도사로 13년째 근무하고 계시는 분이다. 다문화가족 방문 교육지도사라는 직업이 생소하여 이면의 이야기를 듣고 싶었다. 어려운 이민자를 가르치면서 인생 공부를 더 하게 된다는 겸손한 고백 나누어주심에 감사드린다. 앞으로 더욱 많은 다문화가족들에게 엄마이자 언니로서 불리며 멘토의 역할을 담당할 앞날이 더욱 보람되시길 기원한다.

나를 찾아 떠나는 산사랑 여행

김영희

누군가 말한다. '저 높은 산을 왜 힘들게 오르느냐고?'

멀리서 올려다보면 다 보이는 걸, 관절보호를 위해서는 필요악이라고들 한다. 허나, 오르지 않는 자는 말하지 말라. 근력과 지구력이 향상되고 무릎 통증도 완화되고 정신건강에는 최고의 명의다. 결혼해서 자식들 키우고 생활에 터전을 이루고 30년 가까이 늘 함께 지냈지만, 둘만을 위한 특별한 추억도 애들 얘기 아니면 할 말도 없다. 이러한 삶에 회의를 느낄 즈음 우리 부부가 의기투합하여 선택한 야외활동이 야생화 키우기와 등산이었다.

본업을 접고 환갑이 지난 다음에 초가삼간 집을 짓고 사시사철 꽃피우는 앞마당을 가꾸면서 뒷산이나 열심히 다니자는 약속을 했지만, 그때 가서 경제적 육체적 환경이 우릴 허락해 줄지 몰라 간간이 시간을 내서 주어진 환경에 적응하기로 마음먹고 버킷리스트 1호로 100대 명산에 도전해보기로 했다.

우리 부부가 이 세상에서 여행을 마치고 또 다른 세상으로 소풍을 떠날 때, 이 모든 것들을 영상으로 만들어 우리가 이렇게 살았노라 말하고 우릴 배웅하는 친구들이 더 행복해지길 바라는 마음으로 사랑을 찾아 떠난다.

2017년 8월 27일 최남단 해남 달마산이 첫 산행지. 한더위가 한풀 꺾인 늦여름에 미황사를 기점으로 도솔암까지에 능선길은 엄청 힘들기도 했지만, 끊임없이 펼쳐지는 바다와 해남의 들녘은 지금도 눈에 선하다. 시원한 조망과 간간이 불어오는 한 움큼의 바람이 흐르는 땀을 식혀주고 등산로가 뚜렷하지 않아 헤매는 구간에서 무서움과 겸손함을 배웠고 사람들이 오가며 만들어 놓은 길이 얼마나 고마운지 몰랐다.

격주로 쉬는 일요일만 산행을 하는 바람에 너무 공백이 길어 추석 연휴와 여름휴가를 이용해서 산행했고, 목마름에 갈증이 해소되지 않는 것처럼 한 번 산행하고 나면 다음 산행을 위해서 열심히 생활하는 긍정맨이 되기 시작했다.

아침과 점심을 주먹밥으로 챙겨서 지리산을 찾아갔다. 천왕봉의 청명한 가을 날씨가 우릴 더없이 반겨주었고 노고단 지나가는 반야봉의 운무는 세상 그 어느 것과도 바꿀 수 없는 무릉도원의 한 장면이었다.

2019년 새해 첫날에는 해돋이를 보기 위해 발목까지 찬 눈을 밟으면서 바래봉에 올라 가족의 건강만을 소원하면서 내려왔고, 세찬 바람에 몸을 의지할 데가 없어 비닐을 쓰고 밥을 먹었던 기억이 새롭다.

그해 추석, 설악산 대청봉에 오르는 일은 세상 그 어떤 어려움이 닥쳐도 모든 걸 이겨낼 수 있는 자신감을 갖게 되는 계기가 되었다. 새벽 3시. 새벽 공기가 다소 쌀쌀하고 어둠이 걷히지 않아 몇 미터도 보이지 않는 산길을 헤드랜턴을 켜고 대청봉에 올랐다. 대청봉에 오르는 오색구간의 숲길 위로 하늘이 열려서 수많은 별들을 감상할 수 있었고 세차게 흐르는 계곡 물소리와 폭포수는 가는 이의 발걸음을 멈추게 하는 마법이었다. 정상에서는 속초시와 앞바다가 시원하게 보였고 중청대피소에서 소청봉으로 이어지는 길은 붉게 물든 단풍이 날 봐달라 아우성이었다.

소청봉에서 바라보는 내설악의 기암과 용아장성 그리고 외설악의 공룡능선과 여고시절 수학여행을 다녀온 울산바위가 한눈에 들어온다. 하산길 천불동 계곡길은 수많은 기암들이 합창을 하였고 크고 작은 폭포들은 내 목소리가 더 웅장하고 예쁘다고 흥얼거리는 독창 연주회같이 크고 작은 물소리로 하산길을 편안하게 인도했다. 14시간의 긴 여정을 마치고 유황이 많은 온천수에 모든 피로를 씻어내고 시간만 주어지면 또 가고 싶은 설악신의 여행도 끝을 봤다.

주상절리와 규봉암 시무지기 폭포 백마 능선에 철쭉. 사계절 어느 것도 빼놓을 수 없는 무등산을 오를 때는 언제나 새롭고 새롭다. 중머리재의 넓은 벌판과 중봉과 서석대 사이의 포근하기 그지없는 갈대밭을 보며 모든 근심 걱정을 갈대숲 사이의 어디에 숨겨놓고 내려오곤 했다. 그래서 무등산은 어머니의 산이요, 등급을 매길 수 없는 산이라고 하나 보다.

2019년 여름휴가는 너무나도 가보고 싶은 월악산을 갔다. 세 봉우리가 바위로만 구성된 '악'소리 나는 월악산. 영봉 아래로 펼쳐지는 충주호의 물색과 진록에 마루금을 따라 펼쳐진 구름이 어울려 또 다른 세상을 만든다. 하봉 중봉에 이어진 계단을 오르내리면서 되돌아보고 감탄하고 사진 찍었다. 깎아지른 하산길의 계단은 신비스럽기까지 했다. 옛날에는 엄두도 나지 않았을 절경을 가까이서 볼 수 있도록 철제계단을 설치한 노고에 감사했고 바로 위 눈앞에는 아찔한 절벽 사이에 아슬하게 걸려 있는 큰 바위가 기이하기도 했던 월악산이다. 또다시 찾아올 때까지 건강해야겠다.

또 빼놓을 수 없는 오대산이 있다. 오대산에는 우리나라 명승지 1호로 지정된 소금강과 월정사 그리고 멀리서 바라보면 노인의 머리 같다고 해서 붙인 노인봉 등 백두대간을 지나는 크고 작은 봉우리들이 많다.
이른 아침 진고개에서 시작한 산행은 고위 평탄면에서 첫 번째 탄성을 지르게 했다. 노인봉 정상에서 아침을 맞이하는 행복, 흰 구름에 쌓인 태양을 가슴으로 받으면서 갖가지 모양으로 변하는 구름을 보고 두 번째 기쁨에 아우성을 쳤다. 만물상, 연화당, 구룡폭포…… 굽이굽이 무룡계에 태곳적 신비로 남아있는 자연이 우리들의 눈을 호강시킨다.
오늘도 수많은 발자국을 남기고 간 산객들의 사연들을 맑은 물에 흘러내려 보냈듯이 나 또한 하늘 한번 쳐다보고 숨 깊이 들이마시면서 구룡폭포의 맑은 소리가 내 모든 잡념을 씻어 주고 파란 하늘이 가슴속 깊이 스며드는 하루였다.

철쭉이 아름답게 필 때 소백산 능선은 칼바람이 불어 정신줄을 놨다는 겨울 산객의 말이 무색할 만큼 봄바람이 살랑거렸다. 막 겨울 외투를 벗어버린 나의 상체를 간지럽고 뜨겁게 달아오르지 않은 태양열은 모자를 쓰지 않아도 된다고 귀띔하더라. 기대만큼의 철쭉을 만나지 못했지만 산 함박

꽃과 물망초의 새순을 본 것으로 위안을 받았다. 죽령에서 본 색다른 매발톱꽃은 씨앗을 얻어보고 싶었는데 방법이 없어서 인터넷을 뒤져 찾아볼 요량이다.

국립공원으로 지정된 산들은 시시때때로 또 보는 위치에 따라 달리 보인다. 지정된 이유를 알 것 같다. 특히 덕유산은 겨울 설경으로 유명해 매년 몇 번을 찾았다. 눈이 온다는 예보만 들으면 덕유산의 설경이 연상된다. 육십령에서 시작한 덕유산과 안성 탐방 지원센타에서 시작했던 산행은 무주 구천동으로 찾았던 향적봉의 설경과 함께 마치 스위스의 융프라워에 오른 기분과 비할 바가 없다. 이곳저곳이 포토존이 되고 그냥 서 있어도 모델이 된다. 그래서 겨울만 되면 덕유산을 찾는지 모르겠다. 여름에는 중봉으로 이어지는 능선의 원추리와 가을의 단풍 때문에 일 년 내내 관광객이 끊이질 않나 보다.

서울 근교의 수락산은 갖가지 동물을 닮은 바위들을 찾는 재미가 쏠쏠했고, 북한산에서는 인수봉 암벽 등반 모습을 보고 얼마나 아찔했던가. 또 관악산을 보고 온 후에는 정말 서울에 살고 싶다는 맘이 간절했다. 크고 작은 아름다운 산들이 즐비하게 있어서 언제나 아무 때나 대중교통을 이용해 찾을 수 있다는 강점이 내 마음을 흔드는 이유였다.

이렇게 크고 작은 가까이 멀리 있는 아름다운 산과 계곡을 수없이 드나들면서 많은 것을 느끼게 되었고 매사에 감사하면 감사하는 마음이 생기는 긍정맨이 되었다.

하지만 2차, 3차 똑같은 산을 오르지 못함이 아쉽다. 일단은 100대 명산을 완등하면서 우리나라 금수강산이 얼마나 아름답고 어느 지역에 자리하고 있는지를 파악하려고 한다. 이후 다시 오를 때는 여유롭게 정상에서 이 산 저산을 바라보는 정말로 산을 사랑하는 눈을 키우려 한다. 멀리 산 그림만 보아도 어떤 산봉우리인지를 가늠하는 멋진 눈을 가질 것이다. 아직은 미숙하여 그저 정상에서 인증하는 욕심에 쉬운 등산로도 찾고, 산을 감상하기도 전에 하산하기 바쁘고, 또 장거리 운전이라 마음에 여유가 없어 찬찬히 멀리까지 바라보지 못하고 있다. 그리고 우리 부부가 하고자 했던 원 취지하고 다르게 백명산을 도전하는 방법이 생기기도 하지만, 그래도 가능하면 앞만 보고 인증에만 목적을 두는 산악회를 따라다니지 않고 싶다. 여러 가지 좋지 않은 여건 속에서도 자동차로 전국 일주하면서 끝까지 포기하지 않고 서로를 의지하고 격려해주는 신랑이 너무나 고맙고 자랑스럽다.

남들은 하찮은 일에 목숨을 건 산행을 뭐하러 하느냐, 쉬는 날 잠이나 푹 자고 맛집 탐방하는 것이 사업에 득이 된다고 비웃을지 모른다. 신랑이 물병이라 놀리는 난 덩치에 비해 유난히 겁이 많고 뒤끝이 물러서 눈물도 많다. 그러나 이제는 산행 덕에 두려움이 완화되고 로프나 다리를 건너는 담력이 길러졌고 근력과 지구력도 상승하면서 무릎의 통증도 많이 완화되었다. 소소함에도 커다란 행복을 느낄 수 있고, 가치관과 생활 태도의 변화는 머리로 한 것이 아니라 몸으로 한다는 진리를 터득하는 계기가 되었다. 서로가 친구 되어 여행하는 기회도, 어떤 일에서도 스트레스를 주지 않으려는 마음도, 너의 행복이 나의 행복이라는 평범한 진리도, 부부동반 100대 명산

도전을 하면서 알게 되었다. 이 도전의 성공은 내 삶의 자부심이자, 자랑거리이다. 살아오는 동안 이루어 놓은 것이 없다는 허전한 마음에 커다란 재산이 될 것이라 믿는다.

목표를 설정하고, 사랑으로 함께 떠나며 하는 모든 것이 부부애를 돈독하게 해준다. 나란히 걷다 보면 허심탄회한 대화를 나누게 되고 흐르는 땀만큼 잡념들이 없어지고 마음의 여유가 생겨 표정이 밝아진다. 느림보 부부에게는 사랑을 찾아 떠나는 삼십만 리의 사랑길이 큰 행복이다. 대립각을 세우며 시련을 겪고 있는 모든 부부에게 자연바람과 맑은 공기와 함께하는 등산을 권하고 싶다.

- 수백여 종의 야생화를 키우며 등산을 즐기는 산악인이다. 오 남매 단톡에 철따라 올리는 꽃 사진과 전국 명산 100좌 도전 산봉우리 인증샷을 보면서, 꽃사랑 산사랑을 『사랑』으로 많은 분과 공유하고 싶었다. 내일 모래가 벌써 백좌기념 등반이라고 한다. 시작이 반이라 했던가, 동생의 또 다른 도전에 응원을 보낸다.

달님아 달님아

박서영

달님아 달님아

너는 아니?

우리 엄마 소원을…

하나같이 자식들이 건강하게 잘 살고

내가 결혼하는 거란다.

달님아 달님아

너는 내 마음 아니?

내 마음은 언제나 고향에 있단다.

봄에 씨앗을 뿌려 곡식을 심은 대로 거두었건만

아직 엄마의 소원은 이루지 못했단다.

달님아 달님아

너는 내 마음 아니?

아버지 돌아가시고 소쩍새 슬피 우는 날

칠흑같이 어두운 광에 등 돌려 슬피 우는 엄마의 뒷모습

난 다짐했노라.

귀하고 착한 딸이 되겠노라고…

달님아,

난 아직 엄마의 큰 소원을 이루지 못했단다.

아침 햇살 가득 블라인드 사이로 들어오는

온화하고 따뜻한 빛이 꽃나무들을 비추고 있노라면

오늘도 사무치게 엄마가 보고 싶단다.

- 하나님이 기회를 허락하시면 무슨 일이든 해낼 수 있는 다재다능한 아가씨다. 『사랑』을 엮는 데 많은 조언과 도움을 주고 있는 참으로 고마운 인연이다. 긴 문장을 녹여 짧은 시 행에 그녀의 소원을 담았다. 생전 처음으로 쓰는 글 속에 담아내지 못한 바람도 순박하다. 그녀의 온 가족이 주님을 만나는 것이다. 꼭 그 소원이 이루어지기를 함께 기도한다.

익어가는 삶

이혜옥 집사

　내가 미국에서 살기를 선택한 것에 대해 "왜"라는 질문을 스스로에게 던져본 적이 없었다. 제대로 살아가고 있는지조차도 생각해 본 적도 없다.
　단지 내가 살아가는 이 순간만큼은 성실히 살아가고 싶을 뿐이었다. 때로는 그 성실함이 가끔 흔들릴 때도 있다. 행동이나 생각이 다른 사람들과 부딪히게 되는 일이 생기면 그 상황이나 그 순간만큼은 도망가고 싶을 때가 있기 때문이다. 그렇지만 그것에 대해 심각하게 생각하지도 않았었다. 내가 의심하지 않는 것은 걸리는 시간이 다를 뿐 모두 지나가기 때문이다. 이 시간이 지나고 나면 모든 것이 해결된다는 것이다. 그래서 나는 오늘 두 가지 이야기를 함께 나누려고 한다.

　첫 번째 이야기는 나의 아이로부터 배우는 이야기다.
　나에게는 자녀가 셋이 있다. 나는 그 아이들에게서도 작은 것, 아니 많은 것을 배운다. 같은 부모에게서 태어났는데도 어찌 그리 다른지… 지금은 성인이 되어 버린 아이들.

아마도 큰딸 아이가 고등학교 다닐 때쯤일 것이다. 미술시간 숙제로 캔버스에 신문지를 뭉치뭉치 뭉쳐서 왼쪽 부분에서부터 붙여나가기 시작하여 오른쪽으로 가면서 조금씩 작게 붙이고 있었다. 보기엔 점점 줄어드는 듯하는 모습이어서 궁금하기도 하고 도와주고 싶은 마음에 곁에 다가앉아 물어보았다. "이 작품은 어떠한 주제로 만드는 것이니, 그리고 어떤 의미를 담고 있는 거니?" 딸 아이는 이렇게 말했다. "엄마, 우리 앞에 생기는 일들이 당장은 큰일 같아 힘들어하고 걱정하는데 시간이 지나고 나서 다시 돌아보면 작은 일이라는 걸 알게 되는 것을 표현해 봤어요" 설명을 듣고 나니 조금은 이해할 수 있었다.

그 시간 이후 나 자신에게 많은 질문을 하게 되었다. 어느 순간 우리에게 힘든 일들이 생기게 되면 나에게만 엄청 큰일인 것처럼 느껴지고 그것으로 인해 세상이 살기 싫어지기도 하며 때론 그 문제로 인해 다툼과 고민을 하게 된다. 그 고민으로 인해 자기 자신과 다른 사람을 힘들게 하는 시간이 오기도 한다.

"왜 이런 일들이 나한테만" 하는 질문과 원망도 하게 된다. 그러나 그 시간이 지나고 나서 다시 돌아보면 그땐 내가 왜 그랬지 하며 후회를 한다. '왜'라는 똑같은 질문을 하게 되지만, 처음에는 비관적이었다가 나중에는 그 질문이 아닌 것으로 바뀐다.

모든 사람들이 자기만의 문제로 고민하고 힘들어하고 지치고 좌절하는 일이 많이 있다. 그러나 그 시간들이 지나가고 나면 그때는 왜 그랬지 하는 질문과 그 시간이 지나 해결이 되는 것을 보고 나서야 '나'라는 하나의 존재가 완성되어가는 것을 알게 된다. 나에게 닥친 일들을 얼마나 현명하게 이해하고 해결해 나아가는지 그것이 제일 중요한 것 같다.

두 번째로 나눌 이야기는 젊은 청년에 관한 이야기다.

몇 해 전에, 성경모임을 한 적이 있다. 그리 크지 않은 모임이었지만 나는 그 성경모임을 통해 성장하는 중이었다. 어느 날부터인지 정확히는 알 수 없지만 한 젊은 남자분이 참석하기 시작했다. 가끔 그의 젊은 시절 이야기를 모임 중간에 들을 수 있었다. 그의 부모는 작지 않은 회사를 가지고 있었다. 그래서 부족하지 않은 삶을 살아왔던 것 같았다. 하지만 그의 풍족함은 그리 오래 가지 않은 것 같았고 그 풍족함에 여러 사람들과 어울리는 방법을 익히지 못한 그는 20대 후반을 힘들게 살아 온 것 같았다. 그는 가끔 이야기 중간에 눈물을 훔치는 모습을 보이기도 했다.

그날도 여전히 같은 인원이 모였다. 이런저런 이야기와 성경 말씀을 나누는 중에 그 남자분은 웃으면서 말을 시작하였다. "저는요, 예전에 죽지 못해 살았습니다. 그러나 지금은 죽지 않으려고 살아갑니다" 그의 말에는 깊은 뜻이 담겨져 있는 듯했다. 그를 인도하시는 분이 누구인지 알아가는 중이었기 때문인 것 같았다. 그 알아가는 순간 순간이 너무 행복해 보였.

우리는 얼마나 많은 어려움 중에서 힘들어하며 살고 있는가?

우리의 삶에 그러한 순간이 다가온다면 좌절하지 말고 잘 이겨내고 성장하여 잘 익어가는 어른이 되어 보는 것도 좋을 것 같다. 그래서 나란 사람은 지금도 열심히 움직이고 배워 나가고 있다. 잘 익어가는 삶을 살기 위하여…

- 다른 사람도 인정해 주지만 자신도 인정하는 성실한 직장인이다. 강한 삶의 이면에는 감성이 풍부하고 여린 마음이 있는데 글 또한 그러한 품성을 닮아서 미소가 지어진다. 기꺼이 편안한 마음으로 참여해 주어 고마움을 전하며, 선하고 좋은 것들의 알아감을 통하여 무르익어 가는 앞날을 기원해본다.

난 지금 행복합니다

정영자

　어릴 적 나의 아버지는 술만 드셨다 하면 집안을 송두리째 공포의 도가니로 몰고 가셨다. 그때가 아마 초등학교 때부터였던 것 같다. 늘상 초조한 맘으로 학창 시절을 보냈다. 그러한 나는 어떻게 사는 것이 잘사는 것인지조차 알지 못했다. 학창 시절 교회라도 갈라치면 여자가 집에 있어야지 교회는 왜 나가냐고 핍박하셨다. 아버지의 사랑을 배우지 못해서였는지 남편과의 결혼생활도 힘에 겨웠다. 난 잘살고 싶었다. 행복해지고 싶었다. 그러면서도 하나님을 믿는 것이 쉽지 않았다. 하나님 아버지를 받아들이지 못한 것도 아버지라는 그 단어 자체가 아픔이었기 때문이다.

　고난을 당하는 것이 유익이라는 성경말씀이 있는데 나는 그 구절을 좋아하지 않았다. 왜냐하면, 늘상 내 삶의 몫은 아픔이라 생각했기 때문이다. 난 차라리 누구에게든지 위로를 받고 싶었다. 하지만 누구도 날 위로해주진 못했다. 이것은 스스로 해결해야만 되는 문제 같았다. 교회에 적을 둔 지 10년이 지났다. 그저 하나님이 계신다기에 문을 두드리고 예배에 참석하고 열심을 내어보았지만 늘상 그 자리에 맴돌 뿐 나의 하나님은 내게 손을 내밀어 주시지 않으셨다. 아니, 어떻게 하는 것이 하나님을 만날 수 있는 것인지도 몰랐다. 아버지의 존재가 나에게 의미가 없었던 일이었으므로.

그런데 고난이 유익이라 하신 말씀이 나의 가슴에 파고드는 일이 생겼다. 그날은 교회가 가기 싫었다. 모두가 나를 손가락질 하는 것 같았다. 나는 죄인 중의 죄인, 하나님 앞에서는 그랬다. 사람들은 나를 착하다고 하지만 실제의 나는 아버지로 인한 악에 억눌려 있었다. 교회는 참석지 않았지만, 말씀은 늘 갈망했다. 그날도 예배를 참석하지 않는 대신 집에서 유튜브를 통해 설교 말씀을 찾다가 내가 좋아하는 이해인 수녀님의 시를 듣게 되었다.

그런데 갑자기 오디오 기기가 다른 수녀님의 말씀으로 넘어가게 되었고 그 말씀 중에 나오는 내용이 내가 아버지 때문에 힘들어하고 있는 상황과 똑같았다. 그녀의 고백에 나의 마음이 움직였다. 그 자리에서 육의 아버지가 아닌 영의 아버지 하나님을 나의 아버지로 받아들이는 놀라운 축복을 경험하게 되었다. 얼마나 감사한지.

이 세상 어떤 것과도 바꿀 수 없는 아버지의 사랑이 나의 가슴에 그대로 녹아내렸다. 그랬다. 그 수녀님은 하나님 아버지께 왜 그런 아버지를 내 아버지로 주셨냐고 따져 물었지만 나는 가슴속 깊은 곳에 묻어두었던 그 차이였다. 그는 문을 두드렸고 찾았으나, 나는 묻어두고 아파만 하며 하나님을 찾지 않았다. 아니 몰라서였던 것이 더 정확한 이유였을 것이다. 깊은 곳에 자리하고 있던 아픔이 그저 힘들다고만 느꼈을 뿐, 내 마음의 상처를 치유하는 방법을 모르고 있었던 것이다. 긴 세월을 돌고 돌아 이제 하나님을 나의 아버지로 나의 사랑으로 받아들인 지금, 그 어느 때보다 평온하고 행복하다. 세상에서 주지 못하는 이 행복, 이 가슴 찌릿한 행운을 걸머쥐고

나 혼자 누리는 것보다는, 주님을 위해, 믿지 않는 이들과 나누고 싶다.

그 이후로 난 깊은 사랑에 빠져 거의 매일 눈물을 훔쳐야만 했다. 매일 움직일 때마다 살이 아파 고통 속에서 살던 나를 해방시켜 주셨다. 긴 시간이었다. 병명조차 생소하게 들렸던 공황장애로 인해 폐인처럼 힘이 들었던 시간이었다. 고통받던 내가 하나님 아버지와의 사랑으로 인해 통증이 말끔히 사라진 것이다. 이것은 어느 날 갑자기 기적이 찾아온 게 아니라 사랑의 결과였다. 이글에서 나는 과감히 "하나님은 사랑이시다"라고 외치고 싶다. 하나님을 알지 못하는 모든 사람에게, 나처럼 아픈 이에게, 하나님은 살아계시며, 우리와 함께 호흡하시며, 언제나 손 내밀고 계신다고 알려주고 싶은 것이다. 가만히 두 눈을 감고 주를 찬양하는 중에도 성령이 충만하여, 하나님을 사랑하지 않을 수 없다는 것이 나를 행복하게 만드는 힘이 되고 있다.

그렇게 나의 사랑은 시작되었다. 내 속의 울고 있던 아이는 나와 작별 인사를 하고 또 다른 나는 행복을 찾아 나섰다. 행복을 알았기에 말씀과 기도와 찬양으로 무장을 하고, 사랑을 배워가는 중이다. 행복의 근원이 어디서부터 나오는지 이제 나는 안다. 주님을 믿는 믿음이 날 소생케 하며, 사랑의 기쁨이 나의 소망이 되어 버린 지금, 난 이후로도 영원토록 주와 함께 살아갈 것이다.

"하나님과 함께 동행함이 얼마나 복인지 아시나요? 사랑을 하고 행복을 인지하고 이 미묘한 감정이 얼마나 들뜨게 하는지요. 나 혼자만이 가지고 있기에는 너무 미안합니다. 하지만 이 순간만큼은 그동안 해보지 못한 사랑을, 아버지의 사랑을, 누군가와 나누고 싶답니다. 그 사랑을 힘입어 나를 세우고 가족을 세우기 원합니다. 아버지의 은혜와 사랑으로 온전히 주님만을 바라보길 원합니다."

나, 눈감으면 홀연히 나타나 그리움으로 다가오는 그대의 조건 없는 사랑에 눈을 감는다. 온전히 그대만을 바라보노라면 이 세상의 어떤 보배보다도 더 귀한 그대의 존귀함이, 가슴을 요동치게 만들고 눈물샘에서 솟아나는 기쁨은, 또 다른 나를 일깨운다.

성령의 충만함이 오늘 하루를 살아가는 밑거름이 되길 기도해본다.

- 이민지기 30년 삼총사 친구 중 한 사람이다. 오랜 세월 공황장애로 인한 고통이 컸기에 현재 만끽하는 삶의 행복이 남다른 친구다. 그 마음 한번 나누라 했더니 일필휘지로 속내를 열어준 친구가 고맙다. 더욱 건강하고 행복하기를 바라며, 더불어 골방기도와 그 맘으로『사랑』출간을 돕고 있는 또 다른 친구 "문"에게도 고마움을 전한다. 지기지우의 우리 삼총사가 더욱 행복하길 기원한다.

1988년 8월에

정규미

명석이에게

지난 우러운 서울 땅에를 벗어나 와주어
떠나는 명석이를 위해 여러 선생님들과
친구들이 아쉽게 생각 한단다.
명석! 반년이 넘은 성음교회와의 친분과
착하고 커다란 명석이의 자리를 잊지 않을것을 믿는다.
좋으신 부모님과 동생을 사랑하는 마음 언제나
잊지 말고 명석이가 어느곳에 있든지 꼭 필요한 사람이
되길 바란다.
88년은 너무도 우리사회에 있어 뜻깊고 자랑스러운
해이다. 때마침 명석이는 우리 나라, 명석이의
고향인 한국의 이미지를 오래 간직하길 바라는 마음으로
오늘이를 준비 하였단다.
혼돌이 인형을 볼때마다 명석이와 오애를 생각할때,
선생님이 명석이에게 조금 더 좋은 선생님으로서 대하였더라면
아쉬움이 없을텐데 …
명석아 언제나 타국같을 빌고 사랑하는 마음
늘 잊지 말고 성공하길 바라며 너의 앞길과
가정에 건강과 행운을 성음 교회 선생님들이 바란다.
그리고 명석이는 성공하고 잘 적하단다. 그런데 조금
활발했으면 좋겠단다. 그러면 더 좋은 명석이가
될 거야. 그럼 긴 여행을 잘 떠나길 …

1988. 8. 9.
정 규미

- 서울 올림픽을 앞두고 미국으로 떠나는 다섯 살과 일곱 살 남매에게 호돌이를 안겨 주셨던 주일학교 선생님이시다. 팬데믹 기간에, 집 안 정리하다가 발견한 편지의 손글씨가 너무 반듯하여 허락을 받지 않고 싣는다. 선생님들의 축복해주심과 바램으로 두 아이가 믿음 안에서 건강하고 평온한 삶을 살고 있음에 감사드리며, 이들 또한 선생님들처럼 교회학교 교사의 자리에서 필요한 사람으로 쓰임 받고 있음도 알려드린다. 늘 건강하시고 더욱 복된 가정들이 되시기를 기원드리며, 엄마의 글모음에 격려와 응원을 아끼지 않는 나의 자녀들에게도 사랑을 전한다.

그리고 나누다

By this the love of God was manifested in us, that God has sent His only begotten Son into the world so that we might live through Him. In this is love, not that we loved God, but that He loved us and sent His Son to be the propitiation for our sins(요한일서 1John 4:9~10). 아멘.

또 내가 보매 거룩한 성 새 예루살렘이 하나님께로부터 하늘에서 내려오니 그 준비한 것이 신부가 남편을 위하여 단장한 것 같더라.

And I saw the holy city, new Jerusalem, coming down out of heaven from God, made ready as a bride adorned for her husband(요한계시록 Revelation 21:2). 아멘.

- <달라스세움교회> 담임목사님이시다. '나는 죽고 예수로 사는' 것을 모토로 삼고 목회하고 계신다. 첫 번째 글모음 『믿음』이 출간되었을 때 격려해 주시던 일이 생각나서 세 번째 책 『사랑』 소식을 전해 드렸다. 부탁드렸던 요한계시록 일곱 번째 복을 알파와 오메가가 되시는 창조주 하나님의 섭리로 풀어서 나누어 주셨음에 감사드리며 영육 간의 강건하심을 위하여 기도드린다.

를 대적하여 일어나겠고 곳곳에 기근과 지진이 있으리니 이 모든 것은 재난의 시작이니라"(마태복음 24:7~8)고 말씀하셨고, "그때에 사람이 너희에게 말하되 보라 그리스도가 여기 있다 혹은 저기 있다 하여도 믿지 말라 거짓 그리스도들과 거짓 선지자들이 일어나 큰 표적과 기사를 보여, 할 수만 있으면 택하신 자들도 미혹하리라"(마태복음 24:23~24)는 말씀을 통해서 마지막 때를 알아차릴 수 있는 징조를 미리 말씀해 주셨습니다.

마지막 때를 살아가는 성도들에게 요한계시록 22:13-14절의 메시지가 전해지길 소망합니다. 하나님은 보이지 않는 세계와 보이는 세계에 존재하는 모든 피조물들의 알파와 오메가가 되시는 분이라는 것, 하나님께서는 그리스도 예수를 통하여 구원을 시작하셨고 받은 구원을 그리스도 예수 안에서 이루어 가는 자들에게 사랑으로 충만한 영원한 나라를 복으로 주신다는 메시지입니다. 그러기에 그리스도 예수의 다시 오심을 통해서 완성되는 하나님의 나라를 기다리는 성도들은 날마다 자기 두루마기를 빠(씻)는 삶을 살아가는 사람들입니다. 왜냐하면, 이것이 복 있는 사람의 삶이고, 하나님의 사랑 안에서 살아가는 삶의 모습이기 때문입니다.

하나님의 사랑이 우리에게 이렇게 나타난 바 되었으니 하나님이 자기의 독생자를 세상에 보내심은 그로 말미암아 우리를 살리려 하심이라 사랑은 여기 있으니 우리가 하나님을 사랑한 것이 아니요. 하나님이 우리를 사랑하사 우리 죄를 속하기 위하여 화목 제물로 그 아들을 보내셨음이라수님께서 "이미 목욕한 자는 발밖에 씻을 필요가 없느니라"(요한복음 13:10) 라고 베드로에게 말씀하신 것과 같다고 할 수 있습니다.

그러기에 요한계시록 22:14절에서 "두루마기를 빠는 자들은 복이 있으니"라는 말의 의미는, 그리스도 예수 안에서 하나님의 구원을 받은 사람들이 구원을 완성하시기 위해 다시 오실 그리스도 예수를 기다리는 삶의 여정에서 날마다 그리스도인의 정체성인 거룩함을 지키며 살아가는 것이 중요하다는 것입니다. 왜냐하면, 복이 있기 때문입니다. 하나님께서 구원하신 분명한 목적이 있기 때문입니다.

두루마기를 빠는 자들이 받는 복은 생명나무에 나아가며, 문들을 통하여 성에 들어갈 권세를 받는다는 것입니다.
아담과 하와의 불순종으로 말미암아 막혔던 생명나무로 가는 길을 여시기 위해 하나님께서는 아들의 생명을 내어주셨습니다. 그리스도 예수를 믿어 구원을 받은 사람들이 하나님의 뜻 가운데 살아가도록 하나님의 영을 보내 주셨습니다. 궁극적으로 하나님께서는 친히 구원하신 하나님의 백성들과 함께 계시면서 그들의 모든 눈물을 그 눈에서 닦아주시고, 다시는 사망이 없고 애통하는 것이나 곡하는 것이나 아픈 것이 다시 있지 아니하는 사랑으로 충만한 영원한 나라를 성도들에게 주신다는 것입니다.

하나님께서 시작하신 구원 역사의 마침이 점점 가까워지고 있음을 실감하는 때를 살아가고 있습니다. 예수님께서도 "민족이 민족을, 나라가 나라 하나님께서는 첫 사람 아담의 불순종으로 인하여 죄와 사망의 굴레 아래 신음하며 살아가는 사람들의 구원을 약속하셨고, 약속하신 구원의 역사를 그리스도 예수 안에서 이루셨습니다. 하나님은 사랑이시고, 하나님은 하나님이 만드신 사람과 세상을 사랑하셨기 때문입니다. "하나님이 세상을 이처럼 사랑하사 독생자를 주셨으니 이는 그를 믿는 자마다 멸망하지 않고 영생을 얻게 하려 하심이라"(요한복음 3:16)

사람의 몸을 입고 이 세상에 오신 그리스도 예수는 십자가에서 죽으시고 부활하셨으며, 승천하사 하나님 보좌 우편에 앉으셨습니다. 그리고 시작하신 구원을 완성하시기 위하여 다시 오시겠다고 약속하셨습니다. 그리스도 예수를 통하여 하나님의 구원을 받은 사람들은 장차 그리스도 예수 안에서 주어질 영광에 참여하게 될 것입니다. 그리스도 예수는 구원사역의 알파와 오메가이시기 때문입니다. 구원을 받은 사람들은 다시 오실 주님을 기다리면서 날마다 해야 할 과제가 있는데, 그것은 두루마기를 빠(씻)는 것입니다.

두루마기를 '빤다' 또는 '씻다'라고 할 때 사용된 헬라어 단어는 플루논테스πλύνοντες로 원형은 플루노πλύνω입니다. 요한계시록에서는 7장 14절과 22:14절에서만 사용되었습니다. 7장 14절에서는 '부정 과거시제'로 사용되어 역사적으로 그리스도 예수의 십자가에서 이루어진 구속 사역에 참여한다는 의미에서 사용되었고, 22장 14절에서는 '현재 시제, 분사, 능동'으로 사용되어 그리스도 예수의 구원사역에 참여한 사람들이 구원의 완성을 향해 나아가는 삶의 여정에서 지속적으로 해야 하는 행위를 나타내고 있습니다. 이것은 예

자기 두루마기를 빠는 자들은 복이 있으니

서상호 목사 · 달라스세움교회

"나는 알파와 오메가요 처음과 마지막이요 시작과 마침이라." 자기 두루마기를 빠는 자들은 복이 있으니, 이는 그들이 생명나무에 나아가며 문들을 통하여 성에 들어갈 권세를 받으려 함이로다. 요한계시록 22:13~14

"I am the Alpha and the Omega, the first and the last, the beginning and the end." Blessed are those who wash their robes, so that they may have the right to the tree of life, and may enter by the gates into the city. Revelation 22:13~14

알파(A)와 오메가(Ω)는 24개의 알파벳으로 이루어진 헬라어의 처음 알파벳과 마지막 알파벳입니다. 알파와 오메가는 존재하는 모든 것에 처음과 마지막, 시작과 마침이 있다는 것을 의미하는 표현입니다. 66권의 책으로 이루어진 성경의 알파와 오메가는 "창세기"와 "요한계시록"입니다. 그리고 창조 사역의 알파와 오메가는 창조주가 되시는 하나님이십니다. 하나님은 스스로 존재하시는 분으로, 하늘과 땅 그리고 땅 아래에 거하는 모든 피조물 위에 계시는 분이시고 "나는 am"이라고 말하실 수 있는 유일한 분입니다. 그분을 찬양합니다.

의 listen입니다. 신 6:4 "이스라엘아 들으라 우리 하나님 여호와는 오직 하나인 여호와시니".

결국, 우리는 6번째 복음에 대해 깊이 묵상해야 합니다. "이 책의 예언의 말씀을 지키는 자"가 복이 있다고 합니다. 순종하기 위해 예수님에 대해 알기 위해 성경을 읽고, 들어야 합니다. 예수님을 바로 알아야 순종할 수 있습니다. 결국, 복 받는 사람은 말씀을 통해서 예수님을 알아야 합니다. 그래서 그 사랑을 알 때 그분을 사랑하고, 그분의 말씀에 순종할 수 있습니다.

- <참빛교회> 담임목사님이시다. 작년에 소천하신 시어머님의 하관예배 때에 들었던 설교 말씀이 귀한 인연으로 이어졌다. 탄생, 죽음, 부활, 승천, 재림을 통해 기독교의 5대 진리를 강조하며 전하시던 모습이 눈에 선하다. 오직 예수그리스도의 복음만 전하는 일을 가장 귀한 소명으로 삼고 목회하고 계신다. 주신 글과 격려에 감사드리며 영육 간의 강건하심을 위하여 기도 드린다.

이루어집니다. 로마서 10:17절에서 "그러므로 믿음은 들음에서 나며 들음은 그리스도의 말씀으로 말미암았느니라."

광야에서 이스라엘 백성들은 수많은 기적을 주신 분을 깊이 묵상하지 않고, 기적을 통해서 얻는 축복만 생각하여 순종하지 않았습니다. 예수님에 대한 온전한 믿음에서만 순종이 나오게 됩니다. 히 12:2 "믿음의 주요 또 온전케 하시는 이인 예수를 바라보자 저는 그 앞에 있는 즐거움을 위하여 십자가를 참으사 부끄러움을 개의치 아니하시더니 하나님 보좌 우편에 앉으셨느니라" 우리의 눈을 예수께 고정하는 이유는 그분이 믿음의 주인이시고, 그분만이 믿음을 공급하실 수 있기 때문입니다.

6번째 복을 묵상하면서 계시록 "지키기" 위해서는 즉 순종하기 위해서는 믿음이 있어야 합니다. 믿음이 어떻게 생기는가? 믿음은 성경을 열심히 공부하고 기도를 많이 한다고 생기는 것이 아닙니다. 믿음이란 주 예수 그리스도에 대한 믿음입니다. 믿음은 영어로 "페이스faith", 충성은 영어로 "페이스풀faithful"입니다. 충성은 믿음이 꽉 찬 상태입니다. 예수님으로 꽉 찬 상태가 믿음입니다. 그러므로 믿음은 예수 그리스도를 통해 공급됩니다. 롬 10:17 "그러므로 믿음은 들음에서 나며 들음은 그리스도의 말씀으로 말미암았느니라" 믿음을 갖게 하는 그리스도의 말씀을 읽고, 듣고, 순종하는 것입니다. 성경읽기와 듣기를 통해서 예수님을 알게 됩니다. 즉 성경읽기를 통해서 순종할 수 있는 에너지가 공급됩니다. '순종'이란 영어의 'obedience'의 어원은 'obaudire'입니다. 라틴어 'ob'는 영어의 'obey'(복종하다), 라틴어 'audire'영어서 받으니 은혜 위에 은혜더라"

지키는 자(순종)가 복이 있다고 했는데 이 점을 깊이 생각해 보겠습니다. 순종하기 위해서 성경을 읽어야 하는데 우리는 성경을 읽는 것과 순종의 관계를 잊지 말아야 합니다. 성경을 읽는 목적은? 예수님을 믿는 자들이 예수님이 누구시며, 나를 위해서 어떤 일을 행하셨으며, 그 예수님이 행하신 결과 어떤 축복들이 있는가를 알기 위해 성경을 읽어야 합니다. 성경에서 교훈을 얻는 초점으로, 성경을 삶의 적용을 위해, 성경에서 예수님을 잘 따르기 위해서 성경을 읽는 것이 아닙니다.

성경을 읽는 것과 성경을 듣는 것은 바로 예수님을 바로 아는 것이라는 것을 잊지 말아야 합니다. 그래서 요한 20:31절에서 예수님을 믿게 하려 함이라고 첫 번째로 강조하고 있습니다. 여기서 끝나지 않고 그 이름을 힘입어 생명을 얻게 하려 함이라고 합니다. 즉 계속적으로 생명을 얻어 삶의 변화와 순종하게 하려는 것이라고 합니다.

그래서 성경은 예수님에 대한 말씀이고, 그 예수님을 기초로 순종하게 하기 위해 기록한 것입니다. 그래서 계 1:3절, 계 22:7절과 눅 11:28절에서 "하나님의 말씀을 듣고 지키는 자가(순종) 복이 있느니라"라고 합니다. 로마서 1:5절에 "믿어 순종"이라는 단어가 나옵니다. 이 말씀은 예수님을 믿어, 순종하게 하려는 것이라는 뜻입니다. 예수님에 대한 온전한 믿음이 없으면, 순종이 없습니다. 예수님에 대한 온전한 참된 지식과 사랑이 있어야 순종이 그리고 지키는 자들이 복이 있다고 합니다. 지키는 자들이 복이 있다의 뜻은 순종하는 자라는 뜻입니다.

우리는 여섯 번째 "이 책의 예언의 말씀을 지키는 자가 복이 있으리라" 묵상할 때 요한복음 20:31절과 연관이 됩니다. 요한복음 20:31절에서 성경을 기록한 목적을 분명하게 강조하고 있습니다. 요 20:31 "오직 이것을 기록함은 너희로 예수께서 하나님의 아들 그리스도이심을 믿게 하려 함이요 또 너희로 믿고 그 이름을 힘입어 생명을 얻게 하려 함이니라". 첫 번째, 예수님의 본질이 하나님이시며, 그분이 행하신 그리스도를 믿게 즉 알게 하려 함이요, 두 번째, 그 예수님을 믿고, 예수님을 힘입어 생명을 얻어 변화를 계속적으로 받게 하려 함입니다. 예수님에 대한 참되고 실제적 지식과 그 예수님에 대한 지식과 삶이 함께 가는 것입니다. 실천은 예수님에 대한 이해와 그 결과이며 삶에서 함께 가는 것입니다. 어떤 사람들은 첫 번째 측면만, 어떤 사람들은 두 번째 측면만을 강조합니다. 예수님으로 말미암아 변화를 얻는 것입니다. 즉 예수님이 하나님의 아들, 그리스도이심을 믿는 데 그치지 말고, 그 증거를 삶으로 보여 주어야 합니다. 예수님에 대한 참된 교리에서 예수님으로부터 생명이 흘러나오고, 체험이 오며, 우리에게 필요한 모든 것이 옵니다. 기독교의 메시지는 그리스도가 구주시다, 모든 구원이 그 안에 있고, 모든 것이 예수님으로부터 나온다는 것입니다. 일차적으로 우리의 구원은 그의 가르침이 아닌, 그의 위격(본질)과 사역에서 나온다는 것입니다. 기독교의 구원은 가르침을 알고, 그 가르침을 실천하고자 노력하는 것이 아닙니다. 우리가 받은 것, 우리에게 오는 것은 은혜 위의 은혜입니다. 그의 충만한 데서 나옵니다. 요한 1:16절 "우리가 다 그의 충만한 데

세 번째, 16:15 절에서 "보라 내가 도적같이 오리니 누구든지 깨어 자기 옷을 지켜 벌거벗고 다니지 아니하며 자기의 부끄러움을 보이지 아니하는 자가 복이 있도다".

네 번째, 계 19:9절에서 "천사가 내게 말하기를 기록하라 어린 양의 혼인 잔치에 청함을 입은 자들이 복이 있도다 하고 또 내게 말하되 이것은 하나님의 참되신 말씀이라 하기로".

다섯 번째, 계시록 20:6절에서 "이 첫째 부활에 참여하는 자들은 복이 있고 거룩하도다. 둘째 사망이 그들을 다스리는 권세가 없고 도리어 그들이 하나님과 그리스도의 제사장이 되어 천 년 동안 그리스도로 더불어 왕 노릇 하리라.

여섯 번째, 계시록 22:7절에서 "보라 내가 속히 오리니 이 책의 예언의 말씀을 지키는 자가 복이 있으리라 하더라".

일곱 번째, 계시록 22:14절에서 "그(자기의) 두루마기를 빠는 자들은 복이 있으니 이는 저희가 생명나무에 나아가며 문들을 통하여 성에 들어갈 권세를 얻으려 함이로다".

요한계시록은 기독교 역사상 가장 핍박이 가장 심할 때 고난 가운에 있는 성도들에게 예수님으로 말미암은 소망을 주기 위해서 쓴 서신입니다. 7가지 복의 공통점은 모두 예수님과 연결이 되어 있다는 것입니다.

여섯 번째 복은 첫 번째 복과 같은 내용으로 되어 있습니다. 복음이신 예수님에 대해 대표로 한 사람이 읽고, 그 복음에 대해 듣는 청중들이 있고,

계시록에 나타난 7 복 중 6번째 복에 대하여

김승학 목사 · 참빛교회

"또 그가 내게 말하기를 이 말은 신실하고 참된지라. 주 곧 선지자들의 영의 하나님이 그의 종들에게 결코 속히 될 일을 보이시려고 그의 천사를 보내셨도다. 보라 내가 속히 오리니 이 책 예언의 말씀을 지키는 자가 복醜이 있으리라 하더라." 요한계시록 22:6~7

"The angel said to me, These words are trustworthy and true. The Lord, the God who inspires the prophets, sent his angel to show his servants the things that must soon take place." "Look, I am coming soon! Blessed is the one who keeps the words of the prophecy written in this scroll." Revelation 22:6~7

마태복음 팔 복에는 "심령이 가난한 자는 복이 있나니 천국이 저희 것임이라"로 시작해서 "의를 위하여 박해를 받는 자는 복이 있나니 천국이 저희 것임이라"라고 천국에서 시작하여 천국으로 끝나는 것을 보게 됩니다. 성경의 마지막 책 계시록에는 7가지 복이 나옵니다.

첫 번째, 1:3절에서 "이 예언의 말씀을 읽는 자는 듣는 자들과 그 가운데 기록한 것을 지키는 자들이 복이 있나니 때가 가까움이라".

두 번째, 14:13 절에서 "주 안에서 죽은 자들은 복이 있도다".

교에 이른다고 할지라도 마침내 그리스도의 제사장이 되어 심판하는 권세를 받게 될 뿐만 아니라 그리스도와 더불어 왕 노릇 할 것이기 때문입니다. 문제는 성경에 기록된 말씀을 그대로 믿느냐 하는 것입니다. 그래서 예수님은 "보지 못하고 믿는 자들은 복되도다.(요한복음 20:29)"라고 하신 것입니다. 이제 우리에게 남아있는 것은 선택입니다. 말씀대로 믿을 것이냐, 아니면 여전히 우물쭈물하다가 세상 방식대로 그냥 남아있을 것이냐 하는 것입니다. 바라기는 이제는 말씀대로 믿고 살아내는 자의 자리에 서시는 복된 자가 모두 되시길 축복합니다.

- <플라워마운드 교회>의 목사님이시다. <한국정부 국책금융기관>에서 오랫동안 근무하시다가 뒤늦게 목회의 길을 걷게 되셨다. 전도부에서 잠깐 교육을 받았던 인연으로 글 부탁을 드렸다. 여려가지 바쁜 일정 가운데서 참여하여 주셔서 깊은 감사를 드린다. 앞으로 세워 가실 새로운 교회 위에 하나님의 인도하심을 바라며 영육 간의 강건 하심을 위하여 기도드린다.

심판의 때에 우리가 받은 구원이 기쁜 소식, 복음일 수밖에 없는지를 알게 되는 것입니다.

성경은 비록 그리스도인들이 이 땅에 사는 동안 청지기의 삶을 감당하면서 때로는 고난을 겪게 될 것이지만, 마침내 인내로써 의의 길을 포기하지 않고 순종하는 자에게 부활의 때에 상급을 허락하실 것을 분명히 계시하고 있습니다.

"또 내가 보좌들을 보니 거기에 앉은 자들이 있어 심판하는 권세를 받았더라 또 내가 보니 예수를 증언함과 하나님의 말씀 때문에 목 베임을 당한 자들의 영혼들과 또 짐승과 그의 우상에게 경배하지 아니하고 그들의 이마와 손에 그의 표를 받지 아니한 자들이 살아서 그리스도와 더불어 천 년 동안 왕 노릇 하니… 이 첫째 부활에 참여하는 자들은 복이 있고 거룩하도다. 둘째 사망이 그들을 다스리는 권세가 없고 그들이 하나님과 그리스도의 제사장이 되어 천 년 동안 그리스도와 더불어 왕 노릇 하리라"(요한계시록 20:4,6)

보드게임을 하던 어린아이들은 자신들이 하는 게임을 마치고 집에 돌아가면 자신들을 보호하며 때마다 먹이고 키우는 따뜻한 집과 부모가 있다는 것을 잊고 있었습니다. 그래서 게임의 승리 여부에 따라 일희일비하는 모습을 보였습니다. 그 아이들을 달래며 웃지도 못하고 슬퍼하지도 못하며 난감하였던 어른들도 마찬가지입니다. 이 땅에서의 삶 가운데 세상의 가치관에 빠져 일희일비하는 것이 아니라 우리의 본향인 하늘나라에 대한 바른 인식을 바탕으로 하는 종말론에 입각한 구원 신앙을 가져야 합니다. 그렇다면, 비록 이 땅에서 때로는 말씀에 따라 순종하다가 고난과 어려움, 심지어 순만 이렇게 이미already 주어진 구원은 아직 완성된 것이 아닙니다not yet. 우리는 그 구원을 이 땅에서 주님 다시 오실 재림의 때까지 이루어 나가야 합니다. 물론, 이것도 우리의 행위나 공로로 할 수 있는 것은 아닙니다. 마찬가지로 하나님의 은혜로 우리에게 오신 성령님의 중보와 간구를 통해 구원을 이루어 가는 것입니다. 그러므로 구원받은 우리는 하나님의 뜻에 따라 순종하며 각자마다 맡겨진 사명에 따라 충성되이 청지기로서의 사명을 감당하는 삶을 이 땅에서 살아야 합니다.

그런데, 문제는 이 땅에서 우리의 왜곡된 가치관으로는 이러한 청지기의 삶을 살아낼 수 없다는 데에 있습니다. 우리는 구원받고 부활하는 것뿐만 아니라 이 땅에서의 삶을 위해서도 하나님의 말씀을 배우고 익혀야 합니다. 그래서, 하나님은 하나님의 백성에게 다음과 같이 명령하셨습니다.

"마음을 다하고 뜻을 다하고 힘을 다하여 네 하나님 여호와를 사랑하라 오늘 내가 네게 명하는 이 말씀을 너는 마음에 새기고 네 자녀에게 부지런히 가르치며 집에 앉았을 때든지 길을 갈 때든지 누워 있을 때든지 일어날 때든지 이 말씀을 강론할 것이며 너는 또 그것을 네 손목에 매어 기호를 삼으며 네 미간에 붙여 표로 삼고 또 네 집 문설주와 바깥 문에 기록할지니라"(신명기 6:4-9)

또한, 우리가 받은 구원은 최종적으로 부활에 이른 후 심판 날에 평가를 받게 되는 것을 잊지 말아야 합니다. 어른들이 보드게임의 증권과 부동산에 매이지 않을 수 있듯이 그리스도인들은 현실의 삶에 얽매여 살지 말고, 하나님이 이미 약속하신 부활 이후의 삶을 온전히 바라볼 수 있어야 합니다. 이것이 바로 구원의 마지막, 종말론적인 완성일 뿐만 아니라 왜 부활 이후 크게 차이가 없다는 것이 문제입니다. 꽤 오래전의 일이었습니다. 한국에서 고위 관료층에 있는 이들이 재벌들의 로비를 받아 청문회에 서는 일이 20여 년 전에 있었습니다. 이름하여 '옷로비 사건'이었습니다. 그런데, 문제는 청문회장에서 그들이 서로를 호칭하면서 장로님, 권사님 하며 부르는 것이었습니다. 이때부터였던 것으로 추정이 됩니다. 한국의 기독교가 그간 성장세 속에 '천만 성도'를 부르짖던 때가 있었지만 이때 이후로 급격히 교세가 위축되고, 심지어 이후 기독교는 '개독교'라는 오명을 뒤집어쓰기 시작하였습니다.

그렇다면 무엇이 잘못되었고, 문제였을까요? 우리의 신앙이 올바르지 못했기 때문입니다. 교회가 급성장하자 여기저기에 십자가 간판만 올리면 교인이 늘어나던 시기가 있었습니다. 절대 가난을 극복하자는 국가의 정치적 캐치프레이즈에 발맞추어 교회가 '하나님을 믿으면 복 받는다'라는 말씀을 전하기 시작하였습니다. 문제는 그 복에 대한 정의와 제대로 된 가치관이 왜곡되었다는 것입니다.

우리의 구원은 우리의 행위나 공로가 아니라 오직 하나님의 은혜로 예수님을 통하여 우리에게 주어졌다는 교리로, 하나님께서 우리를 얼마나 사랑하시는지를 단적으로 드러내시는 사랑의 이야기입니다. 하나님께서는 당신이 창조하신 피조물인 인간을 사랑하시기에 비록 인간이 죄를 지었음에도 끝까지 구원하시기 위하여 독생자이신 예수님을 사람의 모습으로 이 땅에 보내시고, 마침내 예수님께서 우리의 죄를 대속하시기 위해 십자가에 달려 죽으심으로 우리의 죄가 사해졌습니다. 그리고, 부활의 첫 열매가 되신 예수님을 믿는 자마다 영생을 얻는 복음의 은혜를 허락하여 주셨습니다. 하지

되는 일이었기 때문입니다.

그런데, 문제는 그때였습니다. 아이들이 반응이 제법 심각했기 때문입니다. 드디어는 모든 채권, 증권과 부동산을 획득하게 된 가정의 아이는 자신이 갖게 된 각종 증서를 들어 보이며 환호하는 것이었습니다. 또, 반대로 갖고 있던 모든 재산을 빼앗기거나 한 번 순서가 돌아올 때마다 월급 정도만 받는 가정의 아이들은 얼굴 표정이 변하면서 깊은 한숨을 쉬는 것이었습니다. 심지어 어떤 아이는 눈물을 글썽거리며 힘들어하는 아이도 있는 것이었습니다. 부모들은 그 아이들을 달래고 이것은 그저 게임이라고 말하며 위로하느라 웃픈(?) 상황이 벌어졌습니다. 같이 게임에 참여하고 이 상황을 지켜보면서 실은 이 상황이 결코 아이들만의 문제가 아님을 직감하게 되었습니다.

어른들은 이것이 게임이고 현실이 아니라는 것을 잘 알기에 아이들을 위로하였지만, 그렇다면 정작 현실에서는 어떻습니까? 실은 어른들도 현실의 물질 문제에 있어서는 아이들이 보였던 그러한 반응과 전혀 다르지 않다는 것을 우리는 알 수가 있습니다. 현실이라는 눈에 보이는 세계 속에서 매몰되어 살아가는 다 큰 어른들도 물질을 추구합니다. 자신의 선택이 적중했을 때 얻게 되는 여러 재산의 증식을 통해 만족감을 누리며 살고 있고, 또한 반대로 재산을 잃게 되었을 때 많은 이들이 좌절감을 느껴, 때로는 극단의 상황에까지 이르는 것을 쉽게 발견할 수 있기 때문입니다.

문제는 이 땅에서 어떻게 사느냐 하는 가치관에 있어 그 게임을 하던 아이들이나 어른들이나 크게 별다를 게 없다는 것입니다. 그런데 심지어는 그리스도 예수를 구주로 삼고 구원을 받았다고 하는 신앙인마저도 많은 경우

오래전의 일입니다. 평신도 시절 같은 나이 또래의 교회 지체들의 가정들과 인근 휴양지에서 수련회를 하였습니다. 전 가족이 같이 갔기에 아침저녁으로 경건의 시간도 가졌지만, 아이들과 함께 놀면서 즐기는 시간도 있었습니다. 그런데, 한 가족이 모노폴리Monopoly라는 보드게임을 하자고 했고, 특히 아이들이 참 좋아하여 같이 재미있는 시간을 보낸 적이 있습니다. 마치 인생의 축소판처럼 설계된 이 게임은, 한 사람이 자신의 인생 결정을 통하여 어떻게 이후의 경제적 삶이 펼쳐지는지를 경험하게 하는 것이었습니다. 비즈니스를 할 것인지, 상급 학교에서 공부를 더 할 것인지에 따라 이후의 일들도 보이고, 또 때로는 좋은 성과를 내어 이득을 보기도 하고, 반대로 뜻대로 되지 않아 손해를 보는 일도 경험하게 됩니다. 게임 자체가 재미있기도 했지만, 특히 아이들에게는 경제적인 관념을 심어줄 수 있는, 교육적으로 효과도 있어 좋은 게임이라 여겨집니다.

그런데, 이 게임을 하면서 재미있는 일이 있었습니다. 부모와 한 편이 되어 돌아가면서 주사위를 던지는 아이들의 모습이 너무나 흥미진진했기 때문입니다. 아이들은 자신이 던져서 나온 주사위에 따라 선택되어지는 상황에서 좋은 결과를 얻게 되면 소리를 지르며 흥분하고, 또 반대로 손해를 보게 되는 상황이 오자 심각한 표정을 짓기까지 하는 것이었습니다. 게임이 막바지에 이를 때 즈음이면 게임의 이름대로 부wealth, money가 대부분 한 가정에 집중되는 독점monopoly의 현상이 나타납니다. 게임의 승부를 가리기 위해서 계획된 게임의 수순이지만 사뭇 이러한 결과는 현실을 너무나도 정확하게 반영하는 것을 알 수 있습니다. 사역자가 되기 전 경제학을 전공하고 투자, 금융 분야에서 일했던 저의 경험을 통해 생각해 보더라도 쉽게 동의가

그리스도와 더불어 왕 노릇 하는 제사장

김영성 목사 · 플라워마운드교회

"또 내가 보좌들을 보니 거기에 앉은 자들이 있어 심판하는 권세를 받았더라 또 내가 보니 예수를 증거와 하나님의 말씀을 인하여 목 베임을 받은 자의 영혼들과 또 짐승과 그의 우상에게 경배하지도 아니하고 이마와 손에 그의 표를 받지 아니한 자들이 살아서 그리스도와 더불어 천 년 동안 왕 노릇 하니(그 나머지 죽은 자들은 그 천년이 차기까지 살지 못하더라) 이는 첫째 부활이라. 이 첫째 부활에 참여하는 자들은 복이 있고 거룩하도다. 둘째 사망이 그들을 다스리는 권세가 없고 도리어 그들이 하나님과 그리스도의 제사장이 되어 천 년 동안 그리스도와 더불어 왕 노릇 하리라." 요한계시록 20:4~6

"I saw thrones on which were seated those who had been given authority to judge. And I saw the souls of those who had been beheaded because of their testimony about Jesus and because of the word of God. They had not worshiped the beast or its image and had not received its mark on their foreheads or their hands. They came to life and reigned with Christ a thousand years(The rest of the dead did not come to life until the thousand years were ended). This is the first resurrection. Blessed and holy are those who share in the first resurrection. The second death has no power over them, but they will be priests of God and of Christ and will reign with him for a thousand years." Revelation 20:4~6

예수님을 믿고 예수님의 제자가 되는 것은 참된 복을 누리며 사는 것이다. 그 참된 복은 앞으로 우리가 경험해야 할 어린 양의 혼인 잔치에서만 경험하는 것은 아니다. 예수님이 나를 처음 불러주신 그때부터 나는 완벽하지는 않지만, 부분적으로 복을 경험하며 살게 되어 있다. 어린 시절 혼인 잔칫집에서 맛있게 먹었던 잔치국수를 지금도 먹고 있는 기분이다.

- <달라스드림교회>담임목사님이시다. 건강하게 세워져가는 교회에서 목회하고 계신다. 저녁식사 한 번 함께하며 이야기 나누었던 일이 인연이 되어 글 부탁을 드렸는데 잔치국수의 진미를 통한 참된 복을 나누어 주셨다. 감사드리며 늘 영육 간의 강건하시기를 위하여 기도드린다.

로 회피하는 순간들 또한 얼마나 많았던가? 목소리가 터지도록 싸움을 하면서도 전화가 오면 목소리를 가다듬고 전혀 아무 일이 없었던 것처럼 명랑하게 전화를 받았던 적도 있지 않은가. 나는 다른 사람들을 평가하고 정죄하면서 스스로는 괜찮은 사람이라고 착각하지 않았던가.

이런 나의 가식적인 모습이 철저하게 벗겨지는 곳은 가정이다. 나의 어리석은 존재가 아내에게, 자녀들에게 벌거벗은 부끄러운 모습으로 보인다. 얼마나 오랫동안 이 부끄럼을 부끄러워하지 않고 당당하게 살아왔던가. 나는 전에 보지 못했던 나의 부끄럼을 지금 알고 있듯이 나중에 또 나의 더 부끄러운 모습을 볼 수 있을 것 같아 두렵다. 나는 지금 나의 부끄러운 모습을 직시하고 있는가?

예수님을 믿는다고 하면서 이렇게 살면 정말 복된 삶인가, 나 자신에게 스스로 질문해본다. 나의 대답은 그렇다. 예수님이 나에게 주신 복은 내가 거짓된 삶을 살고 있다고 알려주신 것이다. 예수님은 그 거짓된 삶을 바꾸기 위해서 나에게 복을 주시고 진실된 마음을 허락하여 주셨다. 진실된 마음은 이웃에게, 믿음의 형제·자매에게 시작하는 것은 아니다. 나의 진실됨이 드러나는 곳은 바로 가정에서 시작한다. 예수님은 아내를 더 진실되게 사랑하라고 가르쳐 주셨다. 예수님이 나의 마음을 바꾸어 주시니 아내를 사랑하기에 봉사하고 섬기는 것이 어려웠는데, 지금은 전보다 너무 쉬워졌다. 내가 하는 것이 아니다. 지금도 내가 나 됨을 만들어 가는 것이 아니라 예수님이 일하신다는 것을 새롭게 경험하고 있다. 그래서 행복한 것이다.

주고도 하나님께 회개기도라는 종교적 절차를 통해서 자신의 책임을 다한 것이라고 주장한다. 그리고, 그 뒤에 찾아오는 잠시의 마음의 평정은 하나님이 주시는 복은 결코 아닐 것이다.

나도 이런 것들을 복으로 믿으며 살았던 적이 있다. 아니, 지금도 나의 삶의 구석에는 찌꺼기 같이 비틀어진 하나님의 복의 개념이 자리 잡고 있다. 나의 비틀어진 복이 하나님의 은혜로 다시 새롭게 되기를 기다린다.

나에게 있어서 참된 복은 나의 죄를 깨닫는 것이 순간일 수 있으나, 그것을 회개하고 돌아서는 일은 지루하고 힘겨운 싸움이며, 시간이 걸리는 싸움이라는 것을 나의 신앙생활에서 배워가고 있다. 이 긴 싸움으로 누가 나의 등을 떠밀고 있다. 내 안에 작은 기쁨들을 채울 수 있도록 나의 등을 밀고 계신 것이다. 그분이 나에게 나 자신을 포기하지 않도록 도우시는 것 같다. 내가 죄인이라는 사실을 깨닫는 순간이 싸움이 시작하는 순간이며, 하나님의 복을 누리는 첫걸음이다.

두 번째로, 나에게 복된 것은 나와 관계를 맺고 살아가는 식구와 사람들에게 나의 마음이 진실해지고 있다는 것이다. 나는 나 자신이 살아온 삶의 경험에서 내가 얼마나 깨지기 쉬운 존재이며, 내가 표현하는 언어, 표정으로 나의 존재를 속일 수 있는 존재인지를 잘 안다. 나는 거짓덩어리다.
나는 얼마나 많은 순간에 용기가 없어 불의를 보고도 보지 않은 척 넘어갔던가. 때로는 손해를 볼 것 같아서 침묵을 선택하고 불편한 마음을 억지

이면, 신부는 누구인가? 혼인 잔치에 초대를 받은 사람들은 이미 역사 속에서 예수님을 믿고 따르는 제자로 부르심을 받은 사람들이다. 부르심을 받은 사람들이 하나둘씩 모여서 교회를 이루고 함께 믿음의 생활을 하는 사람이 복된 것이다. 예수님의 혼인 잔치에 초대를 받은 형제·자매들은 잔치에서 복을 받은 것이 아니라, 이미 예수님이 그들을 부르실 때부터 복은 시작된 것이다.

지금까지 예수님을 믿으며 살아오며 나를 가장 행복하게 했던 것은 무엇일까? 나의 의견과 함께해주실 분들이 얼마인지는 잘 모르지만, 지금 함께 나누려고 하는 것은 나의 개인적인 고백이며 생각임을 밝혀둔다.

첫 번째, 나에게 가장 복된 것은 내가 죄인이라는 사실을 깨닫는 순간이다. "내가 죄인이다."라는 사실을 깨달아도, 나에게 복된 것으로는 순간에 일어나지 않는다.

고등학교 3학년에게는 대학입학 시험에서 좋은 성적을 얻고, 본인이 원하는 대학에 입학하는 것이 가장 큰 기쁨일 것이다. 그러나 하나님이 주시는 복된 것은 대학에서 합격 통지서를 받는 것처럼 되지 않는다.

배고픈 허기를 채우기 위해 빅맥 햄버거를 주문하여 나의 혀에서 느끼는 맛과 빈 위를 채우는 것이 복된 것은 더욱 아니다.

신자들이 자신의 죄를 깨닫고 회개하며 눈물로 카타르시스를 느끼며 하나님의 은혜와 혼동을 한다. 다른 사람에게 물질적 육체적 정신적 고통을 그 쉬운 대답을 입 밖으로 내고 싶지 않다. 내 입술로 말하기보다는 내 마음 깊숙이 그 의미를 되새기고 싶다.

나의 신앙 여정은 어머니와 함께 시작했다. 교회에서 내가 가장 처음 배운 것은 예수님이 다시 오신다는 것이다. 예수님이 다시 오시면 이 세상의 슬픔과 고난은 다 사라질 것이다.

그래서일까? 삶의 길에서 만나는 수많은 상처들을 몸으로 받으며 살아도 희망을 잃어버리지 않았다. 내 안에서 만나는 '나'는 나를 어둠의 아골 골짜기를 지나게 만들어도 언제나 소망의 빛이 나를 이끌었다. 요한은 요한계시록 19:9절에서 예수님을 다시 만나는 장면을 어린 양의 혼인 잔치로 비유하고 있다. 맞다. 예수님이 다시 오실 때 내가 그 자리에 있다면 얼마나 기쁘고 행복할까? 예수님을 만나고 싶은 사람들이 예수님을 만났으니 얼마나 행복한 일인가. 예수님을 만나기를 고대했던 믿음의 형제·자매들에게는 얼마나 행복한 순간인가?

나는 잔치에 대한 기억이 좋다. 마을에 혼인 잔치라도 벌어지는 날에는 경쾌하고 웃음이 넘치는 시간이다. 잔칫집에서 먹을 수 있는 많은 음식이 있으나 가장 맛있는 것은 소박하지만 고명이 올라간 잔치국수이다. 유대인의 잔치와 한국 사람의 잔치는 문화적으로 다르겠으나 사람들이 함께 어울려 그 행복한 순간을 공유하는 것은 동일하다.

어린 양의 혼인 잔치에 초대를 받은 모든 사람들은 복되다고 하였다. 혼인 잔치에 초대를 받은 사람들은 누구일까? 혼인 잔치에서 신랑이 예수님

지금 나는 잔치국수를 먹고 있다

윤성은 목사 · 달라스드림교회

"천사가 내게 말하기를 기록하라 어린 양의 혼인 잔치에 청함을 입은 자들이 복(福)이 있도다 하고 또 내게 말하되 이것은 하나님의 참되신 말씀이라 하기로 내가 그 발 앞에 엎드려 경배하려 하니 그가 나더러 말하기를 나는 너와 및 예수의 증거를 받은 네 형제들과 같이 된 종이니 삼가 그리하지 말고 오직 하나님께 경배하라 예수의 증거는 대언의 영이라 하더라." 요한계시록 19:9~10

"Then the angel said to me, Write this: Blessed are those who are invited to the wedding supper of the Lamb!" And he added, These are the true words of God." At this I fell at his feet to worship him. But he said to me, "Don't do that! I am a fellow servant with you and with your brothers and sisters who hold to the testimony of Jesus. Worship God! For it is the Spirit of prophecy who bears testimony to Jesus." Revelation 19:9~10

나는 어린 시절에 어머니의 손을 잡고 교회에 첫발을 내디뎠다. 어머니는 누구의 전도를 받은 것도 아니었다. 어머니는 스스로 교회에 나가셨고, 예수님을 믿고 지금까지 신앙생활을 하고 계신다. 나는 생각해 본다. 무엇이 어머니를 예수님께로 인도한 것일까? 나는 쉬운 대답을 알고 있다. 나는 예수님은 비유를 통해 이 사실을 기억에 남게 가르쳐 주셨다. 일만 달란트 빚을 진 사람이 주인에게 그 빚을 탕감받았다. 일만 달란트는 금 34kg으로 오늘날 27조 원이 넘는 큰돈이다. 그러나 그는 자신에게 일백 데나리온, 지금으로 말하면 천만 원 정도의 돈을 빚진 사람을 용서하지 않았다. 이 소식을 듣고 주인은 화를 내며 그에게 빚을 갚으라고 독촉하고 그를 감옥에 가두게 했다.

그리스도인들은 사랑할 수 있는 축복을 받은 사람들이다. 원수마저도 사랑할 수 있을 만큼 큰 사랑을 받은 사람들이다. 사랑하는 사람처럼 행복한 사람은 세상에 없다. 더 많은 사람을 사랑할 수 있다는 것은 더 큰 복을 누리고 산다는 증거이다.

사랑할 수 없다고 말하고 미움으로 내면을 채우는 일은 독이 든 음식을 일부러 먹어서, 몸에 병을 채우는 행위와 같다. 배신당하고 상처받으면 미워하는 마음이 생기는 것은 당연할 수밖에 없지만, 그리스도인의 삶에 쏟아 부어진 하나님의 사랑은 그 모든 상처를 녹여 버리고도 남을 힘이 있다.

- <달라스드림교회>담임목사님이시다. 15년 전, 지역 신문에 실린 목사님의 "인연"에 관한 칼럼이 계기가 되어 『사랑』에도 글을 올려 주시게 되었다. 여전히 좋은 칼럼을 쓰고 계시며 아름답게 가꾸는 교회에서 목회하고 계신다. '그리스도인들은 사랑할 수 있는 축복을 받은 사람들'이라는 말씀 나눔에 감사드리며 영육 간의 강건하심을 위하여 기도드린다.

되었던 우리를 사랑하셔서 구원하신 분이시기 때문이다. 인간은 원래 하나님의 사랑 받는 존재였다. 하나님은 인간을 너무나 사랑해서 자신의 형상대로 만드셨다. 모든 것을 다 선물로 주고 선악과만 따 먹지 말라고 하셨다. 선악과를 왜 만드셔서 인류를 죄를 범하게 만드셨냐고 반문하는 사람도 있지만, 선악과는 하나님의 어마어마한 선물이다. 인간을 완전한 자유의지를 가지고 모든 것을 자의로 선택할 수 있는 독립체로 지으셨음을 보여 주는 표시이기 때문이다.

하지만 인간은 사단의 유혹으로 선악과를 따 먹고 말았다. 과정도 기가 막힌다. 선악과를 따 먹으면 하나님처럼 된다는 사단의 말에 속은 것이다. 하지만 죄를 범한 인간을 여전히 사랑하신 하나님은 우리를 구원하시기 위해 예수님을 보내주셨다. 인간들은 그 예수님마저 십자가에 못 박아 죽이고 만다. 사람들은 철저히 하나님의 원수가 되었다.

실제로 오늘날 사람들을 지배하고 있는 생각 중에 가장 큰 하나가 있다면, 하나님 없이도 잘살 수 있다는 것이다. 하나님이 필요 없다는 것이 얼마나 황당한 생각인가? 심판받아도 할 말이 없는 존재이다. 그런데 하나님은 인간을 사랑하셨고 독생자 예수님을 십자가에 죽게 하시면서까지 구원하셨다. 믿는 자는 누구든지 행위가 아닌 믿음을 통해서 구원받는 은혜를 베풀어 주신 것이다. 그리스도인들은 그런 사랑을 받은 존재들이다. 원수였다가 하나님의 자녀가 되는 신분을 얻은 사람이다. 그 은혜를 얻었으니 예수님은 이제 말씀하시는 것이다. "내가 너희를 사랑한 것처럼 너희도 서로 사랑하라" "원수를 사랑하라".

하는 것이 너무 당연한 것 아닌가? 하나님이 원수를 아끼셔서 그럴 리도 없는데 말이다. 왜일까? 그 이유는 우리를 염려해서다. 미움을 품으면, 가장 손해를 보는 사람은 원수가 아니라 우리 자신이기 때문이다.

미움은 원수가 아닌 미워하는 당사자를 상하게 한다. 원수에 대한 미움과 분노는 밤잠을 설치게 하고, 사람을 병들게 한다. 설령 보복을 할 수 있다 할지라도 그 보복은 원수로부터 더 큰 보복을 불러올 수 있다.

미워하다 보면 판단력이 흐려진다. 사도 요한은 "형제를 미워하는 자는 어둠에 있고, 어둠에 행하며 갈 곳을 알지 못하나니 이는 그 어둠이 그의 눈을 멀게 하였음이라(요일 2:11)."라고 했다. 미움에 사로잡히면 분별력을 잃게 된다. 무엇이 중요하고 중요하지 않은지를 제대로 알지 못하고 복수심에 불타 그릇된 일을 행하게 된다.

대표적인 예가 사울 왕이다. 그는 괜찮은 왕이었다. 하지만 다윗을 시기하고 미워하면서 망가지기 시작했다. 12년이나 되는 긴 시간을 다윗을 잡는 일에 혈안이 되었고, 다윗을 도와준 제사장들을 85명 죽이는 만행을 저질렀다. 미움은 자신의 눈을 멀게 한다. 망가지게 한다. 예수님이 우리에게 원수를 사랑하라고 말씀하신 것은 원수가 아닌 우리를 보호하시고 복되게 살게 하고자 하신 것이다.

예수님이 원수를 사랑하라고 말씀하신 또 하나의 이유는, 하나님은 원수하면, 나의 큰 실수에도 불구하고 "사람이 실수가 없는 사람이 있나요." 하면서 허허 웃고 오히려 감싸주고 위로해주었던 사람도 있었기 때문이다.

　인간관계가 어려운 더 근본적인 이유는 나 자신에게 있는 것처럼 보인다. 목회자라는 신분에도 불구하고, 좋아하고 사랑하고 믿었던 사람을 어떤 사건을 계기로 미워하거나 원망할 수밖에 없게 된 경우가 있었기 때문이다. 하나님의 일을 하는 사람이라는 위치 때문에 내면의 감정을 감추고 이 문제를 가지고 하나님과 씨름하며 보내야 했던 시간을 되돌아보면 지금도 가슴이 저려온다.

　사람에게 미움의 감정이란 음식을 먹지 않으면 배가 고픈 것처럼, 상처를 받거나 배신을 당할 때, 자연스럽게 생기는 감정적 생리 현상 중의 하나라고 할 수 있다. 미워하고 증오하면서 자신의 스트레스를 풀어 헤쳐 버리려는 본능이다.

　하지만 예수님은 우리의 무조건 반사적인 미움의 감정을 고려해 주지 않으시면서 이렇게 말씀하셨다. "원수를 사랑하라" "또 네 이웃을 사랑하고 네 원수를 미워하라 하였다는 것을 너희가 들었으나 나는 너희에게 이르노니 너희 원수를 사랑하며 너희를 박해하는 자를 위하여 기도하라(마 5:43-44)".

　왜 예수님은 그렇게 말씀하셨을까? 왜 원수를 사랑하라고 하셨을까? 하나님은 공의로운 분이고 악을 싫어하시는 분이시라면 우리가 악인을 미워

사랑할 수 있는 복

기영렬 목사 · 달라스드림교회

"보라 내가 도적 같이 오리니 누구든지 깨어 자기 옷을 지켜 벌거벗고 다니지 아니하며 자기의 부끄러움을 보이지 아니하는 자가 복이 있도다" 요한계시록 16:15

"Look, I come like a thief! Blessed is the one who stays awake and remains clothed, so as not to go naked and be shamefully exposed." Revelation 16:15

사람을 행복하게 해주는 것도 관계요, 고통스럽게 만드는 것도 관계다. 아무리 돈이 많고 훌륭한 명성을 가진 사람이라도 깨진 관계 속에서 살아가는 삶은 지옥과 같다. 반면, 가난하고 천대받는 삶을 살아도 아름다운 관계 속에서 사는 사람은 천국을 사는 사람이다. 사람들이 좋은 관계를 동경하는 이유는 인간은 관계 속에서 기쁨을 누리는 존재이기 때문이다. 하지만 사람과 좋은 관계를 유지한다는 것이 그렇게 쉽지만은 않다.

필자는 25년 이상 목회를 했다. 수많은 사람을 만나고 헤어졌지만 지금도 인간관계에는 자신이 없다. 성심을 다해 잘해줬지만, 아무것도 아닌 것으로 오해하고 미워하고 상처를 주고 일방적으로 관계를 끊어 버린 사람이 있는가도 쉰다. 만약 우리에게 잠이 없다면 얼마나 힘든 인생이겠는가? 불면증은 말 그대로 잠을 못 이루는 질병인 것이다. 그래서 하나님께서는 사랑하는 자에게 잠을 주신다고 했다.

죽음은 편안한 안식을 누리는 잠이라 할 수 있으며, 마치 우리가 평상시 자는 것과 같은 것이다. 그래서 하나님께서는 우리들에게 죽음을 통해서 모든 짐을 내려놓고 쉬라고 하시는 것이다. 그러므로 죽음을 두려워하지 말자. 우리 모두가 주님 안에서 잘살고, 주님 안에서 잘 죽을 수 있는 Well Being과 Well Dying의 축복이 있기를 바란다.

- <소망교회> 담임목사님이시다. 성악을 전공하셔서 찬양의 은혜를 함께 나누고 누리며 목회하고 계신다. 자주 뵐 수 있는 기회가 있어서 요한계시록의 두 번째 복을 부탁 드렸다. 주님 안에서 사는 자와 죽은 자의 행복을 나눠 주심에 감사드리며 영육 간의 건강하시기를 위하여 기도드린다.

성경은 우리에게 이렇게 말씀한다.

"또 내가 들으니 하늘에서 음성이 나서 가로되 기록하라 자금 이후로 주 안에서 죽는 자들은 복이 있도다 하시매 성령이 가라사대 그러하다 저희 수고를 그치고 쉬리니 이는 저희의 행한 일이 따름이라 하시더라"(계 14:13)

성경은 단연코 주 안에서 죽는 자들이 복이 있다고 말씀한다. 우리가 행복한 죽음을 맞이하기 위해서는 주님 안에서 죽을 때라는 것이다. 주님 안에 있는 삶이 행복한 죽음을 준비하는 것이다.

불행한 죽음을 맞이하지 않도록 주님 안에서 날마다의 삶을 사는 자가 되도록 하자. 또한, 성경은 죽음 이후 저희가 모든 수고를 그치고 쉼을 얻는다고 말씀한다.

죽음은 세상적으로 보면 불행한 것일 수 있지만 성경적으로 보면 축복이라 할 수 있다. 우리가 살아가는 삶은 힘들고 어려운 고난의 삶이라고 할 수 있다. 아무리 돈이 많고 권력이 많은 사람이라고 할지라도 인생은 고난의 삶 그 자체일 뿐이다. 그러므로 죽음은 이와 같은 무거운 인생의 짐을 지고 가는 사람들에게는 축복인 것이다. 성경이 말씀하는 죽음이란 이제는 그만 무거운 인생의 짐을 내려놓고 편안히 쉬라는 하나님의 섭리요 은혜인 것이다. 죽음을 통하지 않고는 인생의 모든 어려운 문제를 해결할 수는 없다. 하나님께서 죽음을 주심으로 힘들고 어려운 우리의 삶에 쉼을 주시는 것이라고 생각하면 죽음이 얼마나 큰 축복인지 깨닫게 된다.

성경은 죽음을 가리켜 잠을 자는 것이라고 했다. 우리가 하루 중 가장 행복한 시간이 잠을 자는 시간이라고 해도 과언이 아니다. 잠자리에 들어가면 모든 근심과 걱정과 어려움을 다 잊고 편안히 쉬게 된다. 육신도 쉬고 정신 마지막이 행복한 죽음이 된다는 것이 얼마나 큰 복인지를 말해준다.

'다 가서 문지방을 못 넘어간다.'라는 속담이 있다. 끝맺음을 제대로 못하여 헛수고했다는 속담이다. 우리나라 역대 대통령들을 보면 한결같이 끝이 좋지 않음을 보게 된다. 이승만 대통령은 국부로 칭송받으며 대통령이 되었지만 결국 비극적인 종말로 끝이나 미국으로 망명하여야 했다. 박정희 대통령은 장기집권을 꿈꾸다가 부인도 자신도 총에 맞아 비참하게 세상을 떠난 것은 알려진 일이다.

그러나 남아공의 전 대통령 만델라는 달랐다. 그의 장례식에 국가 정상급 인사만 91명, 추모객 20만여 명이 모여 그의 마지막을 배웅했다는 것이다. 누군가 '고마워요, 타타(아버지를 뜻하는 현지어)'라며 노래를 시작하자, 사람들은 서로 손을 잡고 합창했다고 한다. 오전부터 비가 세차게 내렸지만, 누구도 아랑곳하지 않았고 빗줄기가 굵어질수록 오히려 노랫소리는 더 커졌다고 한다. 그는 아름다운 퇴장을 할 줄 알았다. 그는 27년간 감옥생활을 하였지만 76세에 대통령이 되었고 수백 년 동안 골 깊은 흑백 갈등을 화해로 풀어 노벨 평화상을 받았다. 그는 자신이 할 수 있는 일과 할 수 없는 일을 아는 사람이었다. 수백 년의 흑백 갈등을 화해로 푸는 것은 자신이 할 수 있는 일이었지만 남아공의 사회 경제문제는 자신이 풀 수 없다는 사실을 알았다. 그는 재선할 수도 있었지만 더 이상 권력에 집착하지 않고 타보 음베키에게 다음 대통령 자리를 넘겨주고 정계를 은퇴하였다. 그는 86세에 화가로 데뷔하기도 했다. 프랑스에서 실시된 한 국제 여론조사에 의하면 만델라는 '지난 20년 동안 지구상에서 가장 탁월한 정치 지도자'라는 것이다. 웰빙Well Being도 중요하지만 웰 다잉Dying도 얼마나 중요한가를 보여 주었다.

우리가 흔히 하는 말 중의 하나가 Well Being이라는 말을 하는데 이 말은 Well Dying과 같은 말이다. 즉, 잘 살고 잘 죽어야 한다는 말이다.

우리 인생은 행복하게 살고 행복하게 죽을 수 있어야 한다. 인생을 성공적으로 살았다고 하는 사람도 마지막 노년이 편안하지 못하고 행복한 죽음을 맞지 못하는 경우가 많이 있음을 보게 된다. 잘 죽어야 잘 살았다고 말할 수 있는 것이다.

풀러 신학교의 리더십 교수인 J. 로버트 클린턴 박사는 광범위한 연구를 통해 리더들의 70% 이상이 결말이 좋지 않다고 밝혔다. 그는 결말이 좋지 않은 리더들의 공통적인 성향은 여섯 가지가 있다고 말한다. "첫째, 학습 태도를 잃는다. 둘째, 성격적으로 매력이 없어진다. 셋째, 이들은 더 이상 신념에 근거해 살지 않는다. 넷째, 결과적으로 사회에 공헌하는 데 실패한다. 다섯째, 이들은 자신의 영향력과 운명을 인식하려는 노력을 멈춘다. 마지막으로, 초기에 맺었던 하나님과의 활력 있는 관계를 저버린다." 등입니다. 그에 의하면 미국에서 명성이 있고 '성공'한 목회자라고 칭송 들었던 사람들도 놀랍게 90% 이상이 끝이 좋지 않았다고 한다.

이미 한국은 OECD 가입 국가들 중 자살률 1위를 기록한 것이 벌써 여러 해 전이다. 또한, 2019년에 발표된 2018년의 총 자살자 수는 하루에 약 37.6명꼴로 자살로 인생을 끝마쳤다고 한다.

최근에 한국의 수도인 서울 시장이 갑작스럽게 비극적인 자살을 하여 충격을 준 일이 있다. 한때 인권 변호사로, 또 여성 인권신장에 앞장섰던 사람이기에 더욱 놀라운 일이었다. 자살로 마감한 그의 불행한 죽음은 인생의

Well Being Well Dying

이구광 목사 · 소망교회

"또 내가 들으니 하늘에서 음성이 나서 가로되, 기록하라 자금 이후로 주 안에서 죽는 자들은 복ᅤ이 있도다 하시매 성령이 가라사대 그러하다 저희 수고를 그치고 쉬리니 이는 저희의 행한 일이 따름이라 하시더라" 요한계시록 14:13

"Then I heard a voice from heaven say, Write this: Blessed are the dead who die in the Lord from now on. Yes, says the Spirit, they will rest from their hard work; for their good deeds follow them" Revelation 14:13

Well Being and Well Dying

사람이 살면서 가장 복된 일이 무엇일까?

인생을 잘 살다가 잘 마무리하기를 원하는 것은 모든 사람의 소원일 것이다. 그러나 마지막까지 육체적으로나 정신적으로 건강을 유지하고 아름답고 행복한 마감을 하는 것은 마음대로 그리 쉽지는 않다.

우리가 인생을 잘 산다는 것이 무엇일까? 살아 있는 동안에도 잘 살아야 하지만 죽을 때도 잘 죽어야 한다는 것이다. 행복하게 죽어야 한다는 것이다.

을 지키는 자들에게 영원, 영원무궁한 참된 복이 있다.

- <광명교회> 담임목사님으로 시무하시다가 지금은 은퇴하셨다. 직장에서 만난 인연이 하나님 말씀으로 이어져 더욱 귀하다. 목사님의 설교는 언제나 성경말씀으로 시작하여 말씀으로 끝맺음하셔서 많은 신학생들에게 도움을 주고 계신다. 주신 글 감사드리며 영육 간에 늘 강건하시기를 기도드린다.

는 사람은 주님께서 능력의 손으로 붙들어 주신다. 자기의 있는 힘을 다하여 말씀을 지키고 나아가면 피곤하여 쓰러질 때도 하나님께서 만능으로 붙들어 주신다. 말씀을 지켜야 신앙의 열매가 맺히고 하늘나라의 상급이 하나씩 생기게 된다. 말씀을 지키면서 예수를 믿는 사람은 받은 증거가 많아진다. 히브리서 11:1에 "믿음은 바라는 것들의 실상이요 보지 못하는 것들의 증거니라"라고 하셨다.

말씀을 지키며 믿는 사람들에게는 보지 못하는 것들의 증거가 생기고 바라보는 것들의 실상이 되어간다. 그러므로 말씀을 지킬 때 세상 사람이 알지 못하는 증거들이 있고 영적 유익이 풍성하며 신앙 인격이 만들어져 나간다. 하나님의 말씀을 지키면 그만큼 하늘나라가 커진다. 예수 그리스도를 믿으면 누구나 구원을 얻는다. 그러나 상급은 하나님의 말씀을 지켜야 받게 되고 지키지 않으면 상급이 없다.

하나님의 말씀을 지키지 않으면 하늘나라에서 상급이 없을 뿐만 아니라 이 세상에서도 하나님의 징계를 받게 되는 것이다. 일생동안 예수님을 믿었다고 하여도 말씀을 지키지 않았으면 모래 위에 집을 지었다가 홍수가 나서 무너지는 것과 같이 마지막은 실패요 낙망뿐이다.

그렇지만 예수님을 믿었으므로 천국에는 가는데 마치 불붙는 집에서 벌거벗고 나온 사람과 같은 부끄러운 구원을 얻는 것이다(고전 3:15 참조). 그러므로 이 예언의 말씀을 읽는 자와 듣는 자들과 그 가운데 기록한 것이 말씀을 지키는 자는 점점 자신의 신앙 인격이 만들어지고 반석 위에 집을 지은 것처럼 실패가 없이 견고하게 구원을 이루어 나아가게 된다. 말씀을 지키면 그 말씀이 실상이 된다. 현재는 말씀의 세계를 바라보고 있지만, 적극적으로 힘을 써서 지켜 나아가면 그 말씀이 이루어진다.

계속해서 하나님의 말씀을 힘써 지켜 나아가는 사람에게는 많은 것이 이루어진다. 말씀을 지키려고 전심전력을 기울이다가 연약하여 넘어졌을 때는 자기의 연약함을 깨달아 다시 한번 자기를 부인하고 말씀만 붙들고 하나님을 의뢰하며 나아가야 한다. 그리하면 하나님의 능력이 그 사람에게 임하게 된다.

시편 42:5에 "내 영혼아 네가 어찌하여 낙망하며 어찌하여 내 속에서 불안하여 하는고. 너는 하나님을 바라라 그 얼굴의 도우심을 인하여 내가 오히려 찬송하리로다"라고 하셨고, 고후 12:9에 "내게 이르시기를 내 은혜가 족하도다. 이는 내 능력이 약한 데서 온전하여 짐이라 하신지라. 이러므로 도리어 크게 기뻐함으로 나의 여러 약한 것들에 대하여 자랑하리니 이는 그리스도의 능력으로 내게 머물게 하려 함이라"라고 하셨다.

말씀을 지키려고 힘쓰는 자가 복이 있다. 마태복음 5:19에 "누구든지 이 계명 중에 지극히 작은 것 하나라도 버리고 또 그같이 사람을 가르치는 자는 천국에서 지극히 작다 일컬음을 받을 것이요 누구든지 이를 행하며 가르치는 자는 천국에서 크다 일컬음을 받으리라"라고 하셨다.

하나님의 말씀을 생명보다 더 귀히 여기며 그 말씀을 지키려고 힘을 쓰

발견하려고 노력하면서 읽어야 한다. 이렇게 성경을 읽으면서 은혜를 받고 성령의 감동으로 깨닫는 자가 복이 있다. 성경을 읽으면서 은혜를 받으면 말씀이 꿀보다 달고 자기를 인도하는 등불이 된다(시 119:105).

성경을 읽을 때에 마음과 정성을 들여서 읽고, 그 말씀에서 두려움을 느끼며 그 말씀에 비추어 자기 죄를 회개하면서 읽어야 한다. 그리하여 읽은 그 말씀이 자기의 영적 양식이 되어야 한다.

둘째, 하나님의 말씀을 듣는 자들이 복이 있다.

말씀을 은혜 가운데 받으려면 미리 기도를 많이 하여야 한다. 하나님의 말씀을 들을 때에 사람의 말로 듣지 말고 하나님의 말씀으로 들어야 복이 된다(살전 2:13). 성령의 감동으로 말씀을 듣고 영의 양식으로 말씀을 받아야 한다(살전 1:6). 도를 받을 때에 온유함으로 받고 마음에 심어 영의 양식이 되어야 한다(약 1:21). 하나님의 말씀을 들을 때에 자기를 다 부인하고 어린아이와 같이 순전한 마음으로 받되 마음 문을 활짝 열어 성령의 감동으로 받고 기쁨으로 받아야 한다.

하나님의 말씀을 성령의 감동으로 받을 때는 큰 역사가 일어난다. 슬픔이 변하여 기쁨이 되고, 낙망이 변하여 소망이 된다. 하나님의 말씀을 성령의 감동으로 받으면 인격이 변하여 새사람이 되고, 하나님이 기뻐하시는 자가 되는 복을 받는 것이다.

셋째, 하나님의 말씀을 지키는 자가 복이 있다.

한 것), 유호덕(덕을 좋아하며 즐겨 행하는 것), 고종명(인간의 수명을 다하고 편안히 죽는 것) 등이다. 이 5 복은 육신적인 것이요, 물질적이요, 현세적인 것들이다. 자기 하나 부귀를 누리며 평안히 살다 죽는 것뿐이다. 죽음으로 끝나는 것이다.

하나님도 모르고, 영이 살지 못하고, 내세에 영생을 얻지 못하는 것은 참된 복이 아니다. 그런데 오늘 본문에 복 받는 방법들을 말씀하고 있다.

첫째, 이 예언의 말씀을 읽는 자가 복이 있다고 하셨다.
모든 성경은 성령의 감동으로 하나님께 받아 쓴 말씀(딤후 3:16)이기 때문에 성경을 읽는 사람도 성령의 감동으로 읽어야 그 말씀이 복이 된다(벧후 1:19~21).

에티오피아의 여왕 간다게의 모든 국고를 맡은 큰 권세가 있는 내시가 예배하러 예루살렘에 왔다가 병거를 타고 돌아가면서 성경말씀을 읽었는데, 그때 성령께서 빌립을 시켜 가서 가르쳐주게 하셨고, 빌립이 말씀을 가르쳐 줄 때 성령이 역사하여 그 말씀을 깨달았다(행 8:29~38).

성령의 감동을 받으려면, 항상 성경을 읽으려고 힘을 써야 하고, 성경을 읽을 때에 하나님께서 자기에게 직접 주신 말씀으로 읽어야 한다. 성경을 읽으면서 성경 말씀에 비추어 자기의 죄와 자기가 고쳐야 할 것을 깨닫기 위해 힘을 써야 한다.
성경을 읽으면서 하나님의 뜻을 찾으려 힘을 쓰고, 자기가 걸어갈 길을

영원하고 참된 복이란

강대중 목사 · 광명교회

"예수 그리스도의 계시라 이는 하나님이 그에게 주사 반듯이 속히 될 일을 그 종들에게 보이시려고 그 천사를 그 종 요한에게 보내어 지시하신 것이라 요한은 하나님의 말씀과 예수 그리스도의 증거 곧 자기의 본 것을 다 증거 하였느니라 이 예언의 말씀을 읽는 자와 듣는 자들과 그 가운데 기록한 것을 지키는 자들이 복福이 있나니 때가 가까움이라"
요한계시록 1:1-3

"The revelation from Jesus Christ, which God gave him to show his servants what must soon take place. He made it known by sending his angel to his servant John, who testifies to everything he saw—that is, the word of God and the testimony of Jesus Christ. Blessed is the one who reads aloud the words of this prophecy, and blessed are those who hear it and take to heart what is written in it, because the time is near." Revelation 1:1-3

복은 모든 사람들이 다 좋아한다. 복은 육신적인 복과 영적인 복이 있는데, 세상 사람들이 찾는 육신적인 복은 수, 부귀, 강녕(건강하고 마음이 편

- <플라워마운드교회> 담임 목사님이시다. 선물로 받으셨던 조그만 액자를 소중하게 간직하던 모습이 생각나서 『사랑』에 그 마음을 나눠 주십사 부탁드렸다. '사랑의 첫걸음은 말에 있고, 사랑의 언어는 따뜻한 말이라'는 말씀이 마음에 남는다. 기도하는 사람을 귀하게 여기시듯 기도의 자리에 늘 머물며 목회하고 계신다. 나누어 주신 글 감사드리며 영육 간의 강건하심을 위하여 기도드린다.

하나님의 사람들이 곁에 있다는 사실로 인하여 외롭지 않기 때문입니다. 저는 어머니 나이 43세 때 5남매 중 막내로 태어났습니다. 막내아들을 주의 종으로 드리겠다고 헌신하신 어머니의 기도를 먹으며 자라났습니다. 새벽마다 어머니의 기도 소리는 잠을 깨우는 자명종과 같았습니다. 노후에 어머니는 심한 관절염으로 무릎을 꿇고 기도할 수 없었습니다. 배를 방바닥에 붙인 채 기도하기를 멈추지 않으셨습니다. 주의 종으로 어렵게 헌신하였을 때와 교회를 개척하였을 때에도 어머니는 나의 신실한 기도의 사람으로 곁에 계셨습니다. 어느 날 하나님께서 어머니를 천국으로 부르셨을 때 큰 슬픔에 빠졌습니다. 육신의 헤어짐보다는 소중한 기도의 사람을 떠나보내야 했기 때문입니다. 그래서 "하나님의 사람 그대를 위해 기도합니다", 이 한마디가 나를 살리는 사랑의 언어로 자리 잡게 되었습니다.

사랑의 말 한마디가 사람을 살리는 힘이 있습니다. 현장에서 간음하다 잡힌 여인이 예수님 앞에 끌려왔습니다. 사람들은 율법에 따라 죽여야 한다고 돌을 든 채 흥분하고 있었습니다. "너희 중에 죄 없는 자가 먼저 돌로 치라(요 8:7)"라는 예수님의 말씀에 사람들은 돌을 내려놓았습니다. 흐느끼는 여인을 향하여 예수님이 말씀하십니다. "나도 너를 정죄하지 아니하노니 가서 다시는 죄를 범하지 말라(요 8:11)". 사랑의 첫걸음은 말에 있습니다. 사랑의 언어는 따뜻한 말입니다. 작은 초상화 액자가 소중한 것은 그 속에 따뜻한 사랑의 언어가 있기 때문입니다. "따뜻한 말은 생명나무와 같지만, 가시 돋친 말은 마음을 상하게 한다(잠언 15:4)".(새번역)

작은 초상화 액자

김경도 목사 · 플라워마운드교회

사람마다 소중히 아끼는 물건이 있습니다. 세월이 흘러도 여전히 소중한 존재로 남는 것은 그 속에 얽힌 사연이 있기 때문일 것입니다. 사무실에 들어올 때마다 눈길을 빼앗고, 힘들 때마다 시선을 멈추게 하는 것이 있습니다. 서재 위에 올려놓은 작은 초상화 액자입니다. 오래전 타 주에 사시는 분이 잠깐 달라스에 머물며 함께 신앙생활을 하셨습니다. 떠나기 몇 주를 앞둔 어느 날 목사님의 모습을 사진에 담고 싶다며 카메라 셔터를 누르셨습니다. 그리고 떠나는 날 선물을 주셨는데 바로 그날 찍으셨던 사진 한 장을 작은 액자에 담은 것입니다. 흑백 얼굴 사진에 소중한 말을 적으셨습니다. "하나님의 사람 그대를 위해 기도합니다."

말 한마디가 사람을 살리기도 죽이기도 합니다. 10년이 지난 지금 그분의 이름도, 얼굴도 기억나지 않습니다. 그러나 이 한마디의 말에 아직도 힘을 얻고 있습니다. 목회의 길에서 낙심이 될 때마다 나를 위해 기도해 주는 피어난 시각장애인들 서로의 사랑은 힌두문화 속에 깊숙이 뿌리박힌 죄로 인한 벌 받은 삶이 아니다. 앞을 볼 수 있는 이들도 하기 어려운 사랑의 공동체로 함께 도우며 열심히 살아가는 한 인간으로의 삶을, 그리고 그리스도인으로의 사랑의 아름다운 공동체를 저들에게 보여 주는 아름다운 사랑의 이야기가 되었다. 이제는 이웃 주민들도 따지지 아니하고 오히려 이들을 돕는다. 공동주택 시각장애인들이 길을 못 찾고 길을 헤매면 친절히 안내하여 집까지 데려다주고 있다. 정말 주님의 크신 사랑이 시각장애인들과 이웃 주민들을 변화시켜 진정한 사랑의 공동체로 살아가게 되었다. 할렐루야! 아멘.

- <Neighbors Love & Friendship Mission>의 네팔 선교사님이시다. 척박한 땅, 네팔에 10여 년 동안 계시면서 사십여 개의 교회를 세우시고 시각장애인의 재활을 돕고 계신다. 하시는 선교 사역이 너무 귀하여 글 한 편 부탁 드렸다. 큰 지진으로 인하여 갈 곳이 없었던 시각 장애인들의 사연을 나누어 주셨음에 감사드리며 늘 영육 간의 강건하시길 기원 드린다.

을 이웃 학교에 보내주는 장학사역을 하기 시작하였다. 그리고 학교에서 돌아오면 자녀들을 부모들이 돌아올 때까지 맡아주는 방과 후 교실을 운영하였다. 말로만 서로 사랑하라고 강요하기보다 우리가 먼저 저들을 사랑하고 저들의 자녀를 사랑함으로 그리스도의 사랑을 보여 주어야겠다고 기도 중에 생각한 것이다. 이렇게 저들의 이웃이 되어 그리스도의 사랑으로 이웃사랑을 해야 한다는 사실을 보여 주면서 저들에게 다가가 이웃사랑의 진정한 사랑은 그리스도의 사랑임을 나누는 것을 보여 주다 보니 어느 틈에 그 사랑이 그들 속에 녹아들기 시작한 것이다.

시각장애인들은 볼 수가 없기에 일어나는 의심과 자기 상상에 의한 오해가 많다. 보지 못하기에 언성이 커지며 싸움이 격해지게 되는 특성이 있다. 말로 권면을 해도 이런 특성은 깨어지질 않는다. 우리는 그들을 책망하기보다 사랑으로 접근하고 사랑으로 그들의 자녀들과 함께 하며 학교를 보내주고 공부를 도왔다. 그 가운데서 시각장애인이 가진 장애의 장벽을 하나둘씩 이해하게 됐다. 그들이 베데스다 공동주택에 입주한 지 2년, 지금은 자기들끼리 서로 돕고 자녀들도 돌보고 어려울 때는 생필품도 나누며 사랑의 공동체로 살아간다. 이제 동네 사람들은 항의보다는 시각장애인들을 사랑과 정성으로 돌보는 우리들에게 오히려 감사하다며 열심히 살아가는 삶을 통하여 아름다운 모습을 보게 되었다고 말한다. 그리스도의 사랑은 사람과 사람 사이를 가로막는 간격의 담을 무너뜨렸다. 그리고 서로의 신뢰를 쌓아갔다.

사랑은 나눌 때 더 큰 사랑을 받을 수가 있다. 베데스다 공동주택 속에 그런데 문제는 이때부터 일어나기 시작했다. 각기 다른 성향의 가정들이 들어와 함께 살다 보니, 사소한 문제들로 분쟁들이 일어나기 시작한 것이다. 자녀들의 문제, 청소 문제 쓰레기 처리 문제 등등 별것도 아닌데 시각장애인 가정 간의 싸움은 점점 심각해졌다. 급기야 주변의 동네 사람들은 시각장애인들의 공동주택임을 알게 되었고, 밤마다 시끄럽게 싸움을 하는 것에 못마땅하여 경찰에 고발하겠다고 하였다. 시각장애인들은 보이지 않기 때문에 말로 싸우다 보니 언성이 높아지게 된다. 더군다나 낮에는 향을 팔러 다니고 저녁에 들어오다 보니 말다툼의 싸움은 늘 밤에 이루어진다. 그래서 동네 사람들이 시끄러워 못 살겠다고 한 것이다. 동네 사람들이 여러 차례 말리고 조용히 하라고 주의를 줘도 이들의 다툼은 멈추지 않고 지속되니 나에게 항의를 하기 시작했다. 조용하지 않으면 경찰에 고발할 수밖에 없고 시각장애 거주자를 없애겠다는 것이다. 정말 동네 사람이 들고일어나 공동주택을 다른 곳으로 옮겨달라고 진정하면 난처한 일이다.

우리는 하나님께 기도하기 시작하였다. 그들을 나무라며 무조건 조용히 하라고 해서 될 일이 아니었기 때문이다. 그리고 주일 저녁마다 공동체 예배를 드리기 시작했다. 그리스도의 사랑을 전하고 그리스도인의 이웃사랑을 전하면서 시각장애 공동체가 어떻게 아름다운 공동체로 사는지 이웃들에게 보여 주어야 한다는 것을 가르쳤다. 그리고 이웃 주민들이 시각장애인 공동체 주택을 인정하고 더불어 살아갈 수 있다는 것을 보여 주어야 한다는 것을 말씀으로 전했다. 우리가 먼저 이들에게 더욱 사랑을 나누어야 한다고 생각해서 계획한 방과 후 교실을 열고 시각장애인 가정의 자녀들이때부터 나의 사역을 도우러 한국에서 온 시각장애인 선교사 부부인 손 선교사와 함께 하나님께 간절히 기도했다. 시각장애인 가정들이 안전하게 쉴 장막을 마련하게 해달라고…. 손 선교사와 나는 이런 소식을 후원자와 교회에 전하며 시각장애인을 위한 공동주택건축을 놓고 기도하기 시작했다. 하나님은 우리의 기도를 들으시어 한국의 손 선교사와 관련된 한 교회의 권사님을 통하여 기쁜 소식을 듣게 되었다. 우리의 기도 소식을 들은 권사님이 그동안 고이 간직해보던 5천만 원을 헌금해 주신 것이다. 정말 너무도 기뻐 하나님께 감사하고 땅을 수소문하여 장기임대하고 시멘보드 판넬로 건물을 짓기 시작했다. 건축비가 초과되는 바람에 우리는 사역비 중 일부를 충당하며 우여곡절 끝에 공동주택을 완성하게 되었다. 1층에는 방과 주방이 딸린 룸에 화장실과 목욕실을 갖춘 원룸 형태의 집 일곱 채를 마련하고 2층에는 이들의 자녀들을 위한 방과 후 교실을 할 수 있는 교육실을 갖추어 미팅룸과 스터디룸을 마련하였다.

　우리의 기도를 들어주신 하나님과 권사님께 감사하며, 2017년 4월에 시각장애인 가정들이 입주하게 되었다. 네팔의 셋집들은 방 한 칸에 침대 놓고 한쪽에는 가스대를 올려놓고 산다. 부엌이 따로 없고 방이자 부엌이다. 물은 수도가 따로 없어 우물에서 길어다 쓰고 설거지물은 밖에다 버리고 산다. 화장실은 여러 집이 같이 쓰는 공동화장실을 사용하며 불편하지만 그렇게 살고 있다. 그런데 베데스다 하우스는 원룸식의 방에 수도가 설치된 주방이 있고 목욕실 겸 화장실이 따로 마련되어 있어 살기에 편하도록 내가 직접 설계하여 지었다. 입주가정들은 마치 호텔 같다고 하며 즐겁게 살기 시작했다.

사랑의 공동체가 된 베데스다 하우스

서정수 선교사 · 네팔

New Light-Bethesda House는 네팔의 시각장애 가정을 위하여 지은 공동주택으로 일곱 가정이 모여 살고 있다. 2015년 네팔에 강도 7.2의 대지진이 일어나고 많은 집이 허물어져서 셋집들이 모자라 자연히 방세가 비싸지게 되었다. 시각장애인들은 셋돈을 올려주지 못하게 되어 셋집에서 쫓겨나 갈 곳이 없어 방황하게 되었다.

산타마야네 가정은 남편이 중도 실명자가 되어 일할 수 없게 되어 혼자 벌어야 했다. 시각장애자가 된 남편과 슬하의 네 자녀를 키우며 근근이 살아갔는데, 지진 때 세 들어 살던 집이 무너져 내려 새로운 셋집을 찾아야 했다. 시각장애 가정에 아이들이 넷이나 되다 보니 누가 셋방을 내주려고도 하지 않았고, 혹여 준다고 하는 집은 셋돈이 너무 비싸 허물어진 집에서 하늘을 지붕 삼아 발을 동동 구르고 있었는데, 그때 지진구호를 하다 이 가정을 만나게 되었다. 임시로 교회당에 와서 잠을 자게 하며 셋방을 구해 셋돈을 대신 내주며 살게 하면서, 의외로 시각장애 가정들이 지진으로 인해 산타마야네 같은 형편의 가정들이 많다는 것을 알게 되었다.

3부